琛（左）田本娜（中）丰向日（右）

田本娜教授和侯秉琛

丰向日教授和侯秉琛

与专家在一起

◆ 我是一名小学语文教师

◆ 我在天津市教学研讨会上教学《猫》

◆ 我在华辰学校上《好的故事》

◆ 我与青年教师谈语文教学

◆ 我的特级教师是在刘招庄小学（现合并为辰风小学）评上的，我常回母校参加青年教师培训

◆ 我曾任北辰区实验小学教导主任，现回母校参加市级教学研讨会

◆ 我在上《少年闰土》

◆ 我曾任北仓小学副校长。这是我回母校听青年教师上课

◆ 我在上《长征》

◆ 我在北仓小学给青年教师评课

◆ 我从市师毕业就分配到刘招庄小学，我的a、o、e是从这里教起的。这是我与青年教师在说课

◆ 我在讲怎样上好语文课

◆ 我在给青年教师评课

◆ 我在上《慈母情深》

◆ 我在上《匆匆》

◆ 我在上《牛与鹅》

素养本位的
小学语文教学

——名师课堂教学录评

侯秉琛 著

陕西师范大学出版总社

图书代号:JY21N1116

图书在版编目(CIP)数据

素养本位的小学语文教学:名师课堂教学录评 / 侯秉琛著. —西安:
陕西师范大学出版总社有限公司,2021.7
ISBN 978 − 7 − 5695 − 2248 − 8

Ⅰ.①素… Ⅱ.①侯… Ⅲ.①小学语文课—教学研究
Ⅳ.①G623.202

中国版本图书馆 CIP 数据核字(2021)第 114370 号

素养本位的小学语文教学:名师课堂教学录评
SUYANG BENWEI DE XIAOXUE YUWEN JIAOXUE
MINGSHI KETANG JIAOXUE LUPING

侯秉琛 著

责任编辑 /	周 耘	
责任校对 /	李 岩	
美术策划 /	陶安惠	
美术设计 /	吴鹏展	
出版发行 /	陕西师范大学出版总社	
	(西安市长安南路 199 号 邮编710062)	
网 址 /	http://www.snupg.com	
印 刷 /	陕西隆昌印刷有限公司	
开 本 /	787mm×1092mm 1/16	
印 张 /	30.5	
插 页 /	2	
字 数 /	620 千	
版 次 /	2021 年 7 月第 1 版	
印 次 /	2021 年 7 月第 1 次印刷	
书 号 /	ISBN 978 − 7 − 5695 − 2248 − 8	
定 价 /	128.00 元	

读者购书、书店添货或发现印装问题,请与本社营销部联系、调换。
电话:(029)85251157 传真:(029)85307636

绘形进境入情，培养核心素养

田本娜

侯秉琛老师是天津市小学语文教学名师。他中师毕业被分配到市北辰区刘招庄小学(农村小学)任教直至任教导主任，后曾在北辰区实验小学任教导主任、北仓小学任副校长，之后调至区教研室担任教研员多年，后又调至区教师进修学校培训教师。几十年来不离讲台，亲自教学，培养青年教师，积累了丰富的小学语文教学的成功经验，现集成《素养本位的小学语文教学——名师课堂教学录评》这本书。

我和侯老师交往已有30多年了。在20世纪80年代初期，有一次读到侯老师写的一篇文章《增强语感——培养学生的想象能力》。这篇文章给了我很大的惊喜，一位农村的小学老师，虽身处偏远的课堂，但传给闹世这么好的一篇文章。我读鲁迅著作时，对于语感教学有所领悟，这在我写的《以语感教学为基础，以语言规律为指导》这篇文章中有所论述，但是只是从原则方面谈的，并没有具体展开，而侯老师的这篇文章对语感教学谈得就具体多了，我非常欣赏！该文被选为1984年全国小学语文教学研究会在广西南宁召开的全国会议的论文，侯老师应邀参加了这次会议。

从此，我就经常去听侯老师的课，有时给他评课，我们的交往也越来越多，对于他的教学也越来越熟悉，因此，我才敢于为他的这本教学集子写一点我向他学习的收获，以作为序。

侯老师的这本书汇集了他一生教学的成果，内容非常丰富，教法变化多样，将语文课教得多姿多彩，学生学得生动活泼。通过学习，我收获颇丰。这些课例，不仅反映出侯老师在小学语文教学上的特点、教学的风格以及丰富的教学经验，更重要的是，我们看到他不仅是在教学,而且是在不断的读书学习中研究小学语文教学,希望其达到更完美的境界。

一

　　侯老师的教学成就,主要体现在构建了小学语文阅读教学过程模式。小学语文教学的目的就是要培养学生会识字、读书、说话、作文,从而提高听、说、读、写的水平,提高思维能力和思想认识,丰富知识。具体到一篇文章,题材不同、体裁不同、文学内涵不同,各有特点,在教学上不能采用同一种方法,但是我们可以从不同中找到相同的规律。经过长期的教学实践,侯老师逐步构建了其教学过程模式,可归纳为"解—读—思—品—练"的教学过程及教法,这既体现了教学过程"感知—理解—巩固—运用"的基本认知规律,又符合学生学习语文的认知特点。而在侯老师的课中,运用这一教学模式时,又是相互联系、千变万化的,这就反映出侯老师教学的功力。

　　解——解什么? 首先是解"文题"。一篇文章的题目往往概括了文章的主题,理解了文题,就会初步理解文章的主要思想内容。其次,在阅读篇章时随时要解词、解句、解段、解文意、解文体等。凡学生自学不解之处都要"解",学生可"自解",学生解不开时,侯老师就"助解"。

　　读——学习语文的主要方法就是读,有朗读和默读、精读和略读。侯老师非常重视读书方法的训练。侯老师的课就是要教会学生朗读和默读、精读和略读,就是要教会学生读书。读的目的不同,文章表述详略不同,读法各异,如《猴王出世》一课中,先精读第1自然段,理解课文内容,进行品词、品句后,再深入理解课文内容地读;然后略读第2、3、4自然段,通过略读,训练学生的概括欣赏、判断等阅读能力。哪些内容需要精读,哪些内容需要略读,侯老师会依课文内容而定。

　　思——要把一篇课文读明白还得会思考,如:这个词怎么讲? 作者为什么用这个词而不用那个词? 这句话说明什么? 这句话换个说法可以吗? 这段话说明什么? 这篇文章有几个要点? 等等,都需要思考。侯老师的课依据课文需要而定,随时向学生提问,从而提高学生的思维能力。

　　品——语文教学要培养学生的文学欣赏能力和美感,因此,对于文章表达的精要之处,侯老师总是引导学生去品——品词、品句、品段、品文。通过品味一些意蕴深邃的精美词句,体味作者的用笔之妙,以提高学生的写作能力。

练——语文教学的最终目的就是要训练学生会读书,会作文。为此,侯老师的课最后总是提出练写的项目,使读、说、写相结合。

以上过程从表层看属于形式——语文教学的必经之路,从深层看就是教师的教和学生的学,是丰富的教与学内涵的紧密结合。侯老师的课基本上依据这一过程进行教学,而更为重要的是,在这个过程中,侯老师通过读书、思考、品味、欣赏、写作等活动,配合课文内容的彩绘、课件,引入文境并创设与作者的对话,让这一过程充满着情感的体会、入情、感悟,渗透着"绘形、进境、入情"的语感训练,使"文形统一、文道统一、文思统一、文情统一",从而形成独特的教学风格。这方面的教学事例丰富多彩,可以仔细研究,尽情欣赏。

二

在这个丰富多彩的教学过程中,侯老师特别重视以下几个方面:

语言基础知识教学。一篇文章的形成来源于语言,语言是文学的根本。一篇文章的语言可以反映出作者的文化根底,要理解一篇文章的思想内容,必须从语言入手,所以语文教学的基础在于使学生学好语言;而语言的基础就是字、词、句,只有将文章中的字、词、句读明白了,才能理解课文内容。虽然这是常识,但往往被忽视。而侯老师的课对课文中的字、词、句的教学非常重视。对于重点字,他不仅要求弄懂字的音、形、义,还要使学生理解该字的构造、发展,理解汉字文化;对于重点词、句,他不仅要求学生理解其字面含义,还要使学生理解字面义后的含蓄之义、比喻之义。

汉字教学的文化性。例如对于汉字的教学,侯老师不仅使学生明白汉字的含义,有的字还要讲出字源,如教学《匆匆》一课中的"匆"字。书写课题"匆匆"(故意少写一点,写成了"勿"),当学生指出错误,教师用红笔补充一点为"匆"。教师指出:这个点可不能缺啊,知道为什么吗? 我来告诉你们——出示甲骨文的 (匆),它有一个短竖,这个短竖表示什么呢?

出示:作"丨"在"心"上,为指事字,示心中急促。(《字源》)

意思是:心,其中的短竖指明心在怦怦地跳,"匆"就表明心急剧地跳动。又提问学生什么时候心会怦怦跳动。侯老师从"匆"字的字源上讲解字的意义,并进一步讲解这一课的主题思想。这样的实例几乎每课都有。

词句教学的多样性。一句话由词语组成,词语是组成句子的基础。教学词语,既要使学生明白该词语的一般含义,还要理解其在句中的含义。有的词语体现了某一段落的主要思想,有的词语体现了文章的主题思想,都要有重点地使学生理解;还有叠词、关联词等,都采用不同方法使学生理解掌握。侯老师在教学中善于抓住文章的重点句子;同时,使学生从句子中理解文意;对于重点词句,在理解词句的基础上进行品赏和运用。

三

侯老师非常重视提高学生的读书能力,训练读书方法,重视阅读实践,读写结合,培养学生的语感。侯老师在课上经常针对课文特点,给学生充分的阅读时间,一篇课文的教学,一般情况下学生的读书时间大约为 20 分钟,而且采用多种读法:精读、略读;朗读——引读、轮读;默读——带着问题读,通过读书理解语言、鉴赏语言、记忆语言、陶冶情感,学生也读得主动积极。例如教学《圆明园的毁灭》这一课时,侯老师采用了多种读书方法,深化语感训练,做到语感与语言规律相结合。这篇文章,文情并茂,必须突出读的训练。教师要求学生熟读、背诵,这是非常必要的。侯老师采用了多种方法指导读,如比较读、想象读、边读边指导语言规律等。以下分段来欣赏:

第 1 自然段,两个分句与一句话比较读。教师把原文中的两个分句改写成一句话,去掉了一个"不可估量的损失"和"也是",并将感叹号改为句号。

原句:圆明园的毁灭是中国文化史上不可估量的损失,也是世界文化史上不可估量的损失!

改后:圆明园的毁灭是中国文化史上和世界文化史上不可估量的损失。

通过反复读,体会原文多一个表达强烈感情的短语——"不可估量的损失"及感叹号的作用,不但可使学生理解这句话的深刻含义,而且在语感上起到强化情感的作用,增强了学生对中国文化被毁灭后的惋惜之情和对敌人掠夺、毁灭中国文化的憎恨之情,激发了学生的爱国主义情感。由于反复读,学生很快就将这一段话背诵下来。最后概括出对祖国艺术瑰宝的爱、对强盗行径的恨,并以这两点指导读下文。

第 2 自然段,改换词语比较读。这一段主要写圆明园的布局之美。通过把"众星拱月"改为"倒置的'品'字形"比较读以及学生想象比较,使学生从语感上体会到"众星拱月"这样一个带画面的形容词,比"倒置的'品'字形"内涵更丰富,更形象,更富有美感。

第3自然段,改换关联词比较读。

原文:圆明园中,有金碧辉煌的殿堂,也有玲珑剔透的亭台楼阁;有象征着热闹街市的"买卖街",也有象征着田园风光的山乡村野。

该段的前一句话,用了两次"有……也有……",这里教师没有孤立地讲分号的作用,而是指导学生改换关联词为"有……有……有……还有……",并去掉了分号。侯老师通过反复地对照比较读,使学生体会改后的句子只表达建筑样子多,而原文因有分号,不仅写了建筑,而且写了景点,不仅表达建筑样式多,而且反映出不同层次、不同风格,从而使学生意识到分号的作用,并在读时流露出一种自豪感。

第4自然段,同样方法,改换关联词比较读。把"上自……下至……"改为"有……也有……"比较读,使学生体会出"上自……下至……"表示了时间久远、经历的朝代多,所以才构成当时世界上最大的博物馆、艺术馆。

文章最后一段通过"凡是……统统"这一关联词的理解,引导学生认识祖国文化之丰富,被侵略者毁灭而造成不可估量的损失,从而更加深入地理解第1自然段。

以上都是从语感上使学生认识到不同的关联词所表达的思想内涵不同,在句子中所起的作用也不同,从而指导学生掌握这一语言规律,使语感训练和语言规律指导密切结合。

这样指导学生读书有何优点呢?其一,通过比较反复读,学生可以深入体会原文含义,加深理解和记忆,能轻松背诵下来。除了读得多,学生还习得读记方法。其二,学生在语感基础上掌握一定的语言规律,可以提高阅读的理解水平,加强语言记忆,掌握一定的阅读方法。其三,使学生认识到不同的词语在语言环境中表达的思想、感情分寸不同,训练学生理解和运用语言的准确性,从而体会作者用笔之妙,这样,学生既能感受到祖国语言的丰富性,又能从读中学习写作。

四

许多小学语文教材对于我国古典文学四大名著都有选文,如《三国演义》中的《草船借箭》,《水浒传》中的《景阳冈》,《西游记》中的《猴王出世》和《红楼梦》中的《"凤辣子"初见林黛玉》,前三篇选文都选在部编版五年级下册,《"凤辣子"初见林黛玉》为人教版

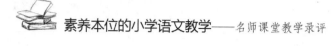

五年级下册选文。侯老师对这四篇选文都有教学案例,我曾对侯老师所教学的这四篇选文都做过专题评论。

这四篇选文都是小说,文风各异,反映了人物的不同个性和风格。侯老师在教学这四篇文章时确实下了很大的功夫,既指导学生理解每篇课文中所反映的事物、人物特点,理解文章的思想内容,又教学生读书方法,从而认识祖国传统文学之丰富,进一步引导学生对阅读原著产生浓厚的兴趣。

如《景阳冈》和《猴王出世》两篇选文,文章较长,侯老师都采取了精读、精讲和略读、略讲相结合的方法。因为两篇选文的叙述详略不同,《景阳冈》采取了先略读后精读的方法,《猴王出世》采取了先精读后略读的方法。在教学《景阳冈》时,主要教学生如何精读课文,指导精读要读得精细、读得精深、读得精实;在教学《猴王出世》时,主要教学生如何略读课文:该课第 2、3、4 三个自然段,每一段都要求学生读后概括出要点,以训练学生的概括能力。这两课的教学中,侯老师通过精读和略读,使学生理解武松打虎的勇敢,理解石猴是怎么出世,又怎么成为猴王的。

又如《草船借箭》一课,该课主要写了诸葛亮草船借箭的故事。作者主要以对话形式的语言,突出表现了诸葛亮的神机妙算。侯老师教学这一课主要教给学生多种读书方法。叶圣陶先生指出:"阅读方法不仅是机械地解释字义,记诵字句,研究文法、修辞的法则,最要紧的还在多比较、多归纳、多揣摩、多体会,一字都不能轻易放过,务必发现它的特点。"侯老师就是遵照叶老的教导去做的,将教师的教法和学生的学法结合在一起,指导学生多种学法,如解题法、理解思路法、概括法、对比法、前后文联系读法、理解关键句子读法、换词理解法等。其中教学重点放在"通过对话体会人物心理活动",把文中的一句或几句话加以概括,从对话中揣摩、概括两人的心理活动,形成鲜明的对照。如第 2 自然段周瑜和诸葛亮的对话,如果从字面上理解,是不会看出二人的心理活动的,只有通过揣摩、归纳,才能揭示出二人智斗的心理过程。具体见下面的分析:

人物	语言	心理活动
周 瑜	水上交战,用什么兵器最好?	明知故问
周 瑜	想请先生赶造十万支箭	逼入圈套
诸葛亮	都督委托,当然照办	态度诚恳
周 瑜	十天造得好吗?	进一步紧逼

诸葛亮	只要三天	决定智取
周　瑜	军营里不能开玩笑	心起怀疑
诸葛亮	我怎么敢跟都督开玩笑？	成竹在胸
	我愿意立下军令状，三天造不好，	
	甘受重罚。	
周　瑜	当面立下军令状	置于死地
诸葛亮	从明天算起，到第三天，请派五百个	把握十足
	军士到江边来搬箭	

侯老师在处理课文四大部分的教法上，各有侧重：第一部分主要抓对话语言和人物心理的体会；第二部分主要抓重点、要点，指导学生写小标题；第三部分主要抓重点句，演示、想象对话相结合；第四部分指导学生运用前后文联系读法。由于教法、学法多样，教法落实在学法上，教师的主导作用落实在学生主动积极的学习上，师生协调地完成了教学过程。

五

上课就要备课，这是每位教师必做的工作，但是如何备课也多种多样。一般来说，小学语文课的备课，先熟悉课文，将课文中的字、词、句弄明白；接着理解课文的主要内容是什么，分几大段，找出重点段和主题思想；再就是考虑作者是怎样表达的，在表达上有何特点；最后，要考虑选用什么方法使学生能更好地理解并学好这篇课文，哪些地方需要朗读，哪些地方需要默读，朗读时请哪些学生读，等等。

侯老师的备课除了以上这些工作外，他还要学习课文的背景材料，不但学习，而且是进行一定的研究。例如他教学我国四大名著的选文，除了熟读课文外，他都认真读了原著，特别是教学《"凤辣子"初见林黛玉》这篇课文时，除了读《红楼梦》，还读了一些背景材料。这篇课文写的是林黛玉初进贾府与王熙凤——"凤辣子"见面的经过。该文不到千字，通过简练而内涵丰富的语言，反映了王熙凤的性格特点。对于《红楼梦》原著小学生读得少，这篇课文在内容的理解上具有一定的困难。侯老师在备课上狠下了一番功夫，他不但读了《红楼梦》这本书，而且还读了俞平伯对《红楼梦》的评论文章，尤其难能可贵的是将俞平伯的评论加以概括。如果对《红楼梦》读得不深入，对王熙凤的人品了解不深的话是概括不出来的。他依据俞平伯和脂砚斋对这一段内容的点评,用心精读体会,结合课文内容,用精确的语言将原文概括如下:"不同凡响的独特出场""出类拔萃的衣着打扮""独一无二的写形追像""机巧异常的赞美夸奖""工于心计的逢迎取宠""职任在兹的关心问候"。这六句话概括了这篇课文的思路、要点,揭示了王熙凤的外貌、穿戴、待人、处事及性格特点,也提出了教学思路。侯老师依据这六句话展开教学过程,学生理解了这六句话的内涵,就会清楚全文的概要,对课文的理解学习也能更有序地进行。

小学语文教材是给儿童阅读"垫底"的读本,能为儿童储存、积累语言,丰富文化科学知识,能奠定儿童精神生活的根基,启发儿童的聪明智慧,小朋友们从课文中学习读书,学习写作,学习做人。作为一名小学语文教师,侯老师既有较高的教学能力,又有一定的科研水平,他刻苦读书、探索、研究,因此,他的课是立体的、深刻的,学生获得的知识是多方面的。

侯老师一生以教学为主,同时他还不断地进行教学研究。侯老师的论文特点,大都是用语文教学理论、心理学、教学论以及美学等理论,指导教学;在教学水平提高的基础上,在一定的理论指导下,理论联系实际,对教学进行一定的改进并总结成文。如《遵路 入境 悟神——〈语文教学二十韵〉学习体会》一文,是他认真学习叶圣陶先生的《语文教学二十韵》的深入体会;他结合教学实践,具体理解叶老的思想,概括出叶老关于语文教学的指导思想。文章深入浅出,有理论、有实例,有分析、有体会,对小学语文教学具有一定的指导意义。

侯老师的每一份教学实例和每一篇论文都很有特点,我不能一一列举,请读者去欣赏!

写在前面的话

侯秉琛

第一次接触古典名著——看小人书

我的童年是在一个小胡同中的一个四合院中度过的。这个胡同有五个门儿。一到四号的院子结构、大门都一样:一个门楼,两扇紫漆大木门,门框下各有一个正方石头门墩。我们家在中间那个门,统称三号院,院中住着七家。

凑巧得很,我住的院子与邻近的俩院,跟我年龄相仿的孩子都是女孩,于是我小时候的玩伴就是一帮小女孩,玩的也不是踢球、弹球儿、扇毛片儿,而是跳房子、抓子儿。这么多玩伴中,我与邻院四号院的一个小小女孩玩得最好,俩人从不搅合,从不打架,常常是从放学后玩跳房子,一玩玩到天黑,她妈妈喊她回家吃饭,我俩才恋恋不舍地道别回家。

她的父母很有文化,父亲是大学毕业,母亲是滦县师范学校毕业,但她母亲不工作,全职教育两个女儿。那时她家里就懂得知识投资,为孩子买了不少小人书,《林冲雪夜上梁山》《庚娘》《柜中缘》都有。那些小人书非常馋人,我与她是最好的玩伴,自然可以优先阅览了。我很珍惜看小人书的机会,也就是从那时候起,我知道了古典文学中有四大名著,讲鬼故事的有《聊斋》,小人书成了我古典文学的启蒙书。

难忘第一位恩师——爱心接力

上小学时,我遇上了一位好老师。

她是位年轻的女老师,扎着两根刷子辫,现在回想起来可能还是位刚出校门的老师。我爱听她读课文,她读得绘声绘色,还不时结合课文读一些课外书。

— 1 —

有一次她给我们读方志敏《可爱的中国》的片段，至今我还记得扉页上的那句话："清贫，洁白朴素的生活，正是我们革命者能够战胜许多困难的地方。"这样的思想品德教育使我颇为受益，至今我仍不敢乱花一分钱。她读过后，我竟走上前去，找老师借这本书。我这个完成抄书作业从来都是跳着抄的学生，平生第一次决心借书来抄写。

　　学一篇课文，再找几篇相关的文章读，这就是现在的课文链接。我当语文老师后，也学着这样做。后来我编了几本美文链接类的书，也是受到这位老师的影响。

　　她还为我们在天津市河北区私立儿童图书馆办借书证，推荐我做图书馆的服务员。做图书馆服务员，除去为同学借书还书，还要修补图书。尤其是抄写残书中的缺页——那必须认真，一行25个字，一个不多，一个不少，这就叫责任心。我因此得到的优待是可以多借书，甚至还有那时禁看的书。

　　于是，还在上四年级的我接着"小人书"《林冲雪夜上梁山》读起了《水浒传》；接着《柜中缘》读起了《岳飞传》。小学毕业前我读了当时流行的战斗小说《吕梁英雄传》《林海雪原》《铁道游击队》，读了巴金的《家》《春》《秋》……

　　老师影响了我，我学着老师的样子做。为了培养学生的阅读兴趣，提高阅读能力，我也想让学生多读书、爱读书。可在那穷乡僻壤，可读的只有他们的课本。于是我就用小学时与市少年图书馆的交情，为学生借书看。那时我还在市内住，于是我每周日到图书馆借上三四十本书，周一再背着书走二三十里路到学校。学生一见着书，眼睛都发亮了。

生平第一节课——蝴蝶翩翩

　　师范学校毕业后，我被分配到刘招庄分校刘马庄校区，教一年级。我人生上的第一节课是数学课，教的是"1＋1"。

　　教室里，破旧的黑板上用图钉摁着一张雪连纸，上面画着草地、野花。花朵上用大头针扎着一只纸剪的黄蝴蝶。

　　我对孩子们说：草地上落着几只蝴蝶？

　　孩子们大声回答：一只蝴蝶！

　　我又说：你看，又飞来一只蝴蝶，（用大头针在草地上再扎上一只花蝴蝶）一共有几只？

　　两只！这声音不只是教室内的，还有从窗口传来的，原来，一群校外不上学的孩子趴在窗台上听课呢。

那是一节令我难忘的课，那一双双眼睛里充满了稚气、惊喜、好奇……无论窗内还是窗外的孩子我都喜欢。我真的喜欢他们。

第一节课的刹那成了永恒。

几十年过去了，我没变的是"死心眼"，绝不得过且过，绝不敷衍了事，就是我妈说我的"一趟道走到黑，不到黄河心不死，不见棺材不落泪"。变了的是由在一张雪连纸上画，变成了在屏幕上放幻灯片；由只是把抽象的数字变成具体的物象，而变为移情的审美。

没变的是仍有一颗童心，变了的是一头黑发成了白发。

没变的是我常背的"路漫漫其修远兮，吾将上下而求索"，变的是脚步加快了——人生只有到了倒计时才更感到时间的紧迫。

第一次教复式班——无心插柳

一年级没教完一学期，我就"升"为五、六年级复式班的班主任了，地点是巴掌大的二闫庄分校。两间旧式的"穿靴戴帽"（房基、房檐用砖，中间用土坯）的房子做教室。大的一间是一至四年级复式班教室，小的一间截出三分之一做办公室兼两个老师的宿舍，三分之二当五、六年级复式班教室，还有一间矮土坯房当库房兼厨房。饭要自己做，常吃的是抓上一把盐煮的疙瘩汤，喝的是土井里的浑浊苦涩的水。

我是全包五、六年级的课程：语文、数学、珠算、地理、历史、自然、唱歌、体育。

每一天我都过着充实的生活。早晨五点左右起床，做饭、备课、批改作业，接着是上一天的课，晚上又是备课、批改作业。想偷懒不备课都不成，因为都是没有教过的课。这时从家背来的那些书起了作用，从教法书上找教好复式班的方法，从参考书中查某学科教学过程的设计，从《国语辞典》（学校没字典，是从家中带的黎锦熙编写的词典）中查读不准的字音和不会解的词……要不是我在师范学校苦读三年简直无法胜任。

在复式班上，一节课45分钟，老师对一个班只有二十几分钟的授课时间，学生自己练二十几分钟。我接手复式班时，教室里简直是"百子闹学"，一个班读书，另一个班就无法听老师讲课。于是我改读书为抄书。学生总抄就腻了，就变相地罢抄，听另一个班讲课，玩东西，说话，逗着玩。怎么办？得改变教学方法。

比如教《草船借箭》的第一部分内容。我先在黑板上写出预习提纲：

1. 周瑜是怎样为难诸葛亮的？

2.诸葛亮是怎样对待的？

请你先画出有关语句,然后分条抄写下来。再想一想他们为什么这样想,这样说。

你可别小看这两个思考题和附加的要求,这里藏着从言行体察内心的读书方法。对于懵懵懂懂地在暗胡同里摸索前行的小学生来说,这无异于点亮了一盏灯。于是学生就可以静下心来读书了。他们要读书、要思考、要抄写,还要表达自己的想法,够他们20分钟干的了。学生越学越有趣,越学越有劲头,即使不感兴趣的学生,也得赶着完成练习,顾不上玩了。

后来,五、六年级复式班还搞起了"小先生"活动,六年级的学生可以帮助五年级的。六年级的学生在帮助五年级学生时,自己也复习了旧知识。其实这就是合作学习。

地理、历史课我都上成阅读课,历史是按史的线条串起来的历史故事,老师讲不如学生在老师的指点下读。学了历史课,增长了阅读能力。其实这就是现在的"自主学习"。

一年下来,六年级的全部升学,五年级的也都升班了。

一年中忙忙乎乎,一年中朦朦胧胧。教学的困境逼着我将教法与学法结合在一起。阅读课上要紧抓两点:一是要给学生创造读书机会,使学生真正读书;二是指导学生读书方法。我又一次从泥泞中走了出来。后来读到叶圣陶先生的一段话才茅塞顿开。他是这样讲的:"语文教材无非是例子,凭这个例子要使学生能够举一而反三,练成阅读和作文的熟练技能;因此,教师就要朝着促使学生'反三'这个标的精要地'讲',务必启发学生的能动性,引导他们尽可能自己去探索。"我试试改改,改改试试,学学用用,用用学学,竟糊里糊涂地取得了较好的成绩,为后来的教学启了蒙,这叫"无心插柳柳成荫"。

20年后,教法与学法统一成了我教学的特点。田本娜教授对我教学的评价是:侯秉琛老师的教学,重在教师教读、学生学读的过程指导上,重在指导学生掌握阅读方法,重在指导学生体味文章的思想感情。他善于将阅读方法的指导和思维训练统一起来,善于将语言训练和陶冶思想情感的审美教育融为一体,善于将教法、学法相结合。

我在教《冬阳·童年·骆驼队》时,课文中的一句话引起了我的共鸣:要学骆驼,沉得住气。看它从不着急,慢慢地走,总会到的;慢慢地嚼,总会吃饱的。我常跟青年教师开玩笑说:要学骆驼,沉得住气。努力地教,总会教好的;认真地教,总会成为特级教师的。

第一次发表论文——驽马扬蹄

1982年冬,天津市小语会成立前征集论文。我花了一冬时间在农村的热炕头上写了一篇论文,自定名《语感三部曲》。现在想起来都好笑,怎么起了这么个不伦不类的名字。但就这样寄了出去。不久接到了回信。信是市教研室宋德福主任委托和平区教研室的徐筱梅写的。大意是:评委们觉得你的论文不错,只是建议你把题目改为《增强语感——培养学生的想象能力》。三天内等候您的意见。那时候,农村电话很难接通,交通又不便,等我来到市内时,论文早已送到全国小语会会长、北京人教社的编辑袁微子那里去了。

1983 年 4 月 6 日,我应邀参加天津市小语会成立大会暨首届年会。那天早上我身穿蓝色的中山装,脚穿一双粘着黄泥的军用球鞋——因为我早上刚刚浇过自留地,骑着加重自行车去天津市群众艺术馆参加大会。

会上安排我宣读论文,我走上台刚刚坐在讲台旁,一位老教师从主席台的座位上起身,带着慈祥的笑容,向我走来,悄悄对我说:"你的论文写得不错,不要紧张,不要受 15 分钟的限制,可以放开来讲。"一个微笑,几句悄悄话,带着几分鼓励,让我感到无限温暖。过后,我才知道这位老师就是田本娜教授。

那天,全国小语会会长袁微子先生在报告会上肯定了我关于在阅读教学中要培养学生的语感,增强学生对语言的感受力,提高学生理解语言与运用语言的能力这一教学经验。田本娜教授也充分肯定了我的论文,认为抓住语感培养学生的想象能力是很重要的,提出绘形、进境、入情的过程,使语言与画面结合、语言与意会结合、语言与情感结合,分析了绘形、进境、入情三者的关系,由感性认识到理性认识,并阐明形象思维和逻辑思维的关系。

会后由陈文彰老师推荐,把《增强语感——培养学生的想象能力》这篇论文发表在《小学语文教学》1983 年第 4 期上。

现在回想起来,写文章之初根本不知道"语感"是什么。有一次进城办事,在书店看见了《叶圣陶语文教育论集》,上下两册,于是我饿了一顿饭,省下两块多钱买下这两本书。"训练语感"那一节里,叶先生讲道:"不了解一个字一个词的意义和情味,单靠翻字典词典是不够的。必须在日常生活中随时留意,得到真实的经验,对于语言文字才会有正确丰富的了解力,换句话说,对于语言文字才会有灵敏的感觉。这种感觉通常叫作'语感'。"

讲得多透彻啊!讲出了我一直想说,但又一直无法说出的话。这些论述一下子把我激活了,这才有了我的第一篇论文,有了开篇的第一句话:"语感就是对语言的感受力。语感强的学生会把眼前的文字变成生动的画面、鲜明的形象、丰富的情感,从而能更好地体会文章中词语的含义、语句的优美、思想的深刻。培养学生的语感我分三步:绘形、进境、入情。"

也正是从宣读论文那天起,我有了田本娜教授这样的好先生。田先生常常告诫我们:"我们当教师的,不论你教什么课程,当学生毕业以后,再遇到自己所教的学生时,应该不感到脸红才是。"

怎样才能不脸红?田先生认为要加强人格修养。要做到"三有":有爱心,有责任感,有诚信。

田先生常对语文老师说:"要做一名好的小学语文教师,案头要有一部《古文观止》和一本《唐诗三百首》,要有一本《文心雕龙》和一本《说文解字》,对这些书要时选时读,常用常新。这是因为语文教学要薪火相传。"听了田先生的话,我的案头上总放着一本《说文解字》,翻来翻去,翻得我会查了,会翻译了,翻成儿童版的《说文解字》了。

田先生对传统的、现代的、外来的教育学、语文教育学都有相当深切的理解与体察:"教学思想是历史的产物,在历史的长河中曾产生过各种各样的教学思想。虽然不同时代具有不同的教学思想,但是每种教学思想大都是在继承中发展的。只有继承教学思想发展的历史经验,才能发展当今的教学。"

她告诫我们不要丢掉传统:"传统的语文教学是我国语文教学的根,是否坚持以传统语文教学为根基,是关系到我国语文教学的发展方向的问题,并直接影响语文教学研究的创新和研究成果的质量问题。因为语文教学的根基不牢固,是无法成长为参天大树的。"

于是我读叶圣陶先生的书,读张志公先生的书,读更多的书……

听了田先生的话,我研读了,实践了,撰写了,更多的论文发表了。

有人说一次机遇可改变人生。正如我的人生,邻家那个小女生、小学的那位好老师、田先生这位伯乐、《叶圣陶语文教育论集》……这些都是机遇。没有无数本书垫底,没有农村生活的磨炼,没有学者专家的指导,就没有我的今天。

最后以田本娜教授的一句话作结:

教师的工作,不仅仅是职业,

而是一种使命。

使命是一种责任,

也是一种心灵的呼唤。

我对小学语文教学情感缠绵……

目录 / Contents

教学设计类

《草原》教学设计 …………………………………………… 2

《狼牙山五壮士》教学设计 ……………………………… 8

《少年闰土》教学设计 …………………………………… 17

《圆明园的毁灭》教学设计 ……………………………… 22

《梅花魂》教学设计 ……………………………………… 28

《草船借箭》教学设计 …………………………………… 40

《景阳冈》教学设计 ……………………………………… 48

《猴王出世》教学设计 …………………………………… 61

《猫》教学设计 …………………………………………… 72

《"凤辣子"初见林黛玉》教学设计 …………………… 78

课堂实录类

《书戴嵩画牛》课堂实录 ………………………………… 89

《狼牙山五壮士》课堂实录 ……………………………… 101

《丁香结》课堂实录 ……………………………………… 116

《桥》课堂实录 …………………………………………… 131

《少年闰土》课堂实录 …………………………………… 141

《夏天里的成长》课堂实录 ……………………………… 155

《七律·长征》课堂实录 ………………………………… 167

《北京的春节》课堂实录 ………………………………… 181

《匆匆》课堂实录 ………………………………………… 199

《腊八粥》课堂实录 ……………………………………… 218

《梅花魂》课堂实录 ………………………………………233

《慈母情深》课堂实录 ……………………………………… 250

《父爱之舟》课堂实录 ……………………………………… 261

《少年中国说（节选）》课堂实录 ……………………………… 276

《鸟的天堂》课堂实录 ……………………………………… 297

《草船借箭》课堂实录 ……………………………………… 309

《一只窝囊的大老虎》课堂实录 ……………………………… 331

《爬山虎的脚》课堂实录 …………………………………… 341

《王戎不取道旁李》课堂实录 ……………………………… 353

《牛和鹅》课堂实录 ………………………………………… 365

《白鹅》课堂实录 …………………………………………… 376

《乡下人家》课堂实录 ……………………………………… 391

《美丽的小兴安岭》课堂实录 ……………………………… 403

《麻雀》课堂实录 …………………………………………… 420

《好的故事》课堂实录 ……………………………………… 430

论文类

增强语感——培养学生的想象能力 ………………………… 446

遵路　入境　悟神

　　——《语文教学二十韵》学习体会 ………………… 449

在阅读教学中培养学生的直觉思维能力 ………………… 457

小学散文教学如何让学生基于内容想开去

　　——以《丁香结》一课为例 ………………………… 460

后记：聚焦课堂教学，汲取名师智慧 …………………… 468

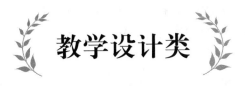

教学设计类

执教　侯秉琛

评点　田本娜

《草原》教学设计

教学目标

1. 培养学生热爱草原、热爱草原人民的思想感情。

2. 学习景物描写的方法,体会景物描写在文章中的作用。

3. 用分析—概括—分析的阅读方法指导学生阅读。

4. 学会生字,理解新词。

(说明:在教学目的中将双基、教育、方法融为一体。)

教学时数

两课时。

教学过程

第一课时

预习。(略)

第二课时

一、板书课题:草原

二、理清思路

1. 齐读第一句"这次,我看到了草原",体会其作用。

点拨:比较读,哪句更好些? 好在哪儿?

这次,我看到了草原。(此句好。)

我看到了草原。

(①点题。②表达作者凤愿终偿的快感。③引出下文。)

2. 读全文,概括一下老舍先生写了草原的几大特色。

(草原美丽,草原宽广,草原人好客。)

(说明:在初读课文时,抓住全文的总起句"这次,我看到了草原",体会作用,概括出草原的三大特色,既理清了文章的思路,又训练了学生的概括能力。)

三、学习第 1 自然段

过渡:学习第 1 自然段,欣赏一下草原怎样美。

1. 引读:(师)这次——(生)我看到了草原。(师)那里的天——(生)比别处的更可爱……表示我满心的愉快。(师)在天底下——(生)一碧千里,而并不茫茫。(师)怎么不茫茫呢?看四面——(生)都有小丘,(师)平地——(生)是绿的,(师)小丘——(生)也是绿的。(师)羊群——(生)一会儿上了小丘,一会儿又下来,走在哪里都像给无边的绿毯绣上了白色的大花。(师)那些小丘的线条——(生)是那么柔美……又想坐下低吟一首奇丽的小诗。(师)在这境界里——(生)连骏马和大牛都有时候静立不动,好像回味着草原的无限乐趣。

体会一下这样引读有什么作用。

(①顺序清了:天—地—感受。②突出了特点。)

(说明:用引读的方法,寓分析于读书之中,这样既理清了文章的顺序,又在琅琅书声中将学生带入了文章的意境中。)

2. 看草原风光的录像,结合课文概括一下草原的景色有几美。

一美:大——不空旷(理解"茫茫";结合课文理解"不茫茫")

出示 PPT:

> 茫:本义,水势浩渺无边。广阔无边。(《汉字源流字典》)
>
> 茫:模糊不清。(《辞海》)
>
> 茫茫:辽阔;深远。(《辞海》)
>
> 茫茫:形容水或其他事物没有边际,看不清楚。(《现代汉语词典》)
>
> 茫茫:广大貌。(《国语辞典》)

众生解:不茫茫:一眼望去,一碧千里,辽阔深远,不空旷,不单调,不是一味地平坦,地势多姿。

(多查几本词典,读读不同角度的注释,可拓宽我们的思路。)

点拨:这情境一下让我们想到《敕勒歌》:"敕勒川,阴山下。天似穹庐,笼盖四野。天苍苍,野茫茫。风吹草低见牛羊。"

二美:绿——不单调("一碧千里"——绿得辽阔;"绣上白花"——绿得明丽;"翠色欲流"——绿得浓重;"轻轻流入云际"——绿得有生机。)

点拨:"翠色欲流"的"欲"是将要的意思。

想象:轻轻流入云际——到处碧绿一片,风吹草浪起伏,像轻轻的流水,流向远方,一直和天上的云相连。

三美:静——蕴含动(羊群一会儿上了小丘……到处翠色欲流……)

(说明:这里,将草原的风光美浓缩为"大、绿、静"三大特色,抓住这三大特色细细体味,使语言训练与思想感情的陶冶融为一体。)

3.在这种境界中老舍先生怎样了?(陶醉了。)

醉得怎样?(①"既……又……"连用,表明各种情感兼有,不知怎样才好。②骏马和大牛也有了情感,老舍先生太爱草原了,觉得连动物也和他一样回味着草原的无限乐趣。)

引领:"惊叹"什么?(惊叹如画的草原景色。)如何"舒服"?(辽阔的视野令人心胸开阔,新鲜的空气使人呼吸舒畅。)

4.小结学法:分析—概括—分析。(先初读课文概括有几美,然后再精读课文,体会怎样美,这样理解就更深刻了。)

(说明:通过总结学法,将教师教读、学生学读的双边活动统一起来了。)

四、学习第2自然段

1.读一读,感受作者是怎样描写草原辽阔的。

引领:一百五十里   全是草原。

　　　　再走一百五十里   也还是草原。

(这样写重复吗?起到了什么作用?)

(结合课文体会"洒脱"的作用。洒脱:自然;不拘束。)

2.把提示汽车行驶过程的词语画出来。

(初入草原—走了许久—快了,快到了。)

3.轮读课文。

(一女生)初入草原……忽飞忽落的小鸟。

(一男生)走了许久……快了,快到了。

(女生齐)忽然……在汽车左右与前面引路。

(全体齐)静寂的草原热闹起来:(女齐)欢呼声,(男齐)车声,(女齐)马蹄声,(男女齐)响成一片。

4.体会这样读有什么作用。(草原由静寂变成了热闹。)

草原上为什么会热闹起来?(欢迎远客。)

表达了草原人民的什么情感?(热情好客。)

5.课文中作者是怎样描写草原人民的热情的?想象场面怎样美。

(1)飞马迎客:忽然,像被一阵风吹来似的,远处的小丘上出现了一群马,马上的男女老少穿着各色的衣裳,骏马疾驰,襟飘带舞,像一条彩虹向我们飞过来。这是主人来到几十里外欢迎远客。

（①一个"吹"字，写出了动态美：骏马疾驰，襟飘带舞，彩虹飞来。②色彩斑斓：各色衣裳。③场面壮观：像一条彩虹向我们飞过来。④几十里外欢迎远客，写出了草原人民的热情。）

（2）用声音烘托热情：主人们立刻拨转马头，欢呼着，飞驰着，在汽车左右与前面引路。静寂的草原热闹起来：欢呼声，车声，马蹄声，响成一片。

（用"声"的排叠，增强了节奏感和场面的热烈感。）

（说明：这里用轮读的方法创设了一个由静到动的情境，巧妙地完成了从景到情的过渡。）

五、学习后三个自然段（合作学）

1. 先概括后三个自然段是在什么地方，出现了什么事，草原人民的情感怎样。

包外　相见　（激情）

包内　款待　（盛情）

草地　话别　（深情）

2. 体会作者是怎样把这些情感表达出来的。

（1）包外相见（激情）：作者抓了两个特写镜头，准确地用了两个动词，请找出来。（握、说）

引领："握"是怎样握的？（"总是热乎乎地握着，握住不放。"）

"说"是怎样说的？（"你说你的，我说我的"，这里，蒙汉语言不通但意思一样，讲的意思可意会出——民族团结互助。）

（2）包内款待（盛情）：菜肴丰盛，民族风味；相互敬酒，气氛隆重；歌声响亮，场面热烈。

引领：（"奶茶倒上了，奶豆腐摆上了"句式复叠显出丰盛。）

（干部敬酒，老翁敬酒，"我们"回敬；主人再举杯，"我们"再回敬。反复相互敬酒凸显隆重。）

（相互献歌的场面与细节特写结合——鄂温克族姑娘唱歌既大方，又稍有点儿羞涩。"大方"：各民族一家亲；"羞涩"：少女在欢迎远道而来的客人时难免有点儿紧张——烘托场面热烈。）

（3）草地话别（深情）：①解诗的第一句："蒙汉情深何忍别。"②解诗的第二句："天涯碧草话斜阳。"

想象联欢场面，演示"话别"内容。

使学生感受到草原的景美，草原的人更美。

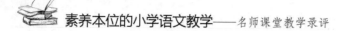

（说明：在合作学习中，指导学生先概括每个自然段的要点，然后再理解作者是怎样表达的，体现了从形式到内容，又从内容到形式的双向阅读过程，使读与写融为一体。）

小结：先写景，再由景过渡到情。结尾将美景与深情融为一体，化作诗句："蒙汉情深何忍别，天涯碧草话斜阳！"

附板书：

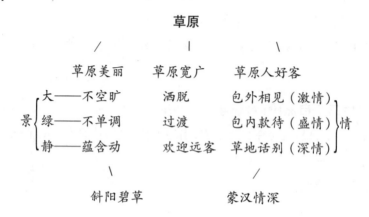

总评 zongping

《草原》是老舍先生的一篇颇具特色的抒情散文。文章记述了作者初到草原所看到的风景如画的草原风光和蒙古族人民热情欢迎远客的动人情景。作者赞美了祖国美丽的河山，歌颂了民族团结友好的情谊。文章充溢着诗情画意和作者热爱祖国的深情！

侯秉琛老师对于该篇课文体会较深，把握了文章的写作特点和学生理解老舍作品的基础，对教学做了恰当的设计。

一、教学目标确定明确

《草原》一课，侯老师共提出四项教学目标：(1)培养学生热爱草原、热爱草原人民、热爱祖国山河和祖国各民族大家庭的思想感情；(2)学习景、物、情相交融的描写方法；(3)学习分析—概括—分析的阅读方法，进行思维训练；(4)学会生字，理解新词。

二、教学内容安排适当

侯老师用两课时完成教学：第一课时预习，第二课时讲读。从讲读课来看似乎紧了些，但侯老师是从他教学本班学生的实际情况出发的。第一，学生已有一节课的预习基础。学生已初步理解了文章内容大意和脉络。第二，该班学生平时已有一定的阅读方法训练。教师对课文的三大部分做了不同的处理：第一部分指导精读，第二、三部分指导略读。从学生对第二、三部分课文的理解来看,教师由扶到放,学生在教师指导下,分析概括得比较准确、迅速。第三,在小学语文教材中,老舍先生的作品已选了若干篇,学生对于老舍先生的作品特点已有些了解,是有一定基础的,用一节课讲读也不会影响学生对文章中情感与思路的理解。

三、教学过程的指导

特点之一,依据该篇作品的特点,阅读教学过程突出了一个"情"字,即作者对草原的热爱之情、蒙汉人民的友爱之情。而教师激发学生对于"情"的感受、理解,又是紧紧抓住了语言训练这一基本任务进行的,使语言训练和情感陶冶统一于一体。

特点之二,从始至终贯串着阅读方法的指导。重点指导学生学习—分析—概括的阅读方法,而指导阅读方法的过程又和思维训练统一于一体。如开始,教师抓住了"这次,我看到了草原"这句开篇语,引导学生理解开篇语的作用,师生共同概括出三点:点题;表达作者夙愿终偿的快感;引出下文。在通读全文后,要求学生概括作者写了草原的几大特色——草原美丽、草原宽广、草原人好客,这就是课文三大段意的概括训练。通过这样的概括,学生初步理解了作者的写作思路和文章脉络。这就是初读课文,理解课文大意。

特点之三,读中学写,读写结合。每一段大都采用先分析概括出要点,再从写的角度理解作者是如何把这些要点表达出来的,从而指导学生对字、词、句加以运用。例如学生概括出草原美景:大——不空旷;绿——不单调;静——蕴含动。教师通过这三个要点,使学生深入地体会,从阅读上理解具体内容,展开想象,从写作上体会作者的用笔之妙,理解"一碧千里"——绿得辽阔、"绣上白花"——绿得明丽、"翠色欲流"——绿得浓重、"轻轻流入云际"——绿得有生机,语言和画面结合,读与写相结合。学生既学了读书,又学了写作。在这里,分析—概括—分析的阅读方法又一次得到了巩固训练。同时,指导学生体会作者的感受,教师提出一个问题:在这种境界中老舍先生怎样了?学生回答得很好——"陶醉了"。教师抓住"陶醉了"反过来再启发学生理解"醉得怎样?",提出"既……又……"关联词的运用,说明作者感情的丰富。从马和大牛的静立不动,说明作者觉得连动物也和他一样,回味着草原的无限乐趣,表达了作者对祖国草原美景的赞美。

特点之四,重视学生的阅读实践。针对课文特点,给学生充分的阅读时间,尤其是朗读,学生在课堂上的朗读时间约15分钟,而且采用了多种读法:精读、略读;朗读—引读、轮读;默读—带着问题读,理解语言,鉴赏语言,记忆语言,陶冶情感。

从这一节课的教学过程来看,教师在有目的地指导学生理解文章写作顺序,抓住文章要点,体会作者情感。

《狼牙山五壮士》教学设计

教学目标

1. 有感情地朗读课文,背诵壮烈跳崖部分。
2. 指导阅读方法,适当点拨语言规律。
3. 体味文章的场面、人物、细节的描写,引起共鸣,激发爱憎情感。
4. 积累本课的四字词。

教学时数

两课时。

教学过程

第一课时

一、板书课题:狼牙山五壮士

1. 解题。

师:我自豪:(1)狼牙山在河北省易县,我的老家在河北省霸州市,与易县比邻。可以说,狼牙山在我的家乡河北省。(2)五壮士中有四位是我的老乡河北人,只有宋学义的家乡在河南,还与河北相连。

什么人可称"壮士"?

(1)壮士:意气勇壮之士。(《国语辞典》)

(2)壮士:豪壮而勇敢的人。(《现代汉语词典》)

(人们从不同角度为"壮士"下了定义,使我们朦朦胧胧知道了壮士是勇敢的人,是豪壮的有气概的人。)

(人们创造了不少成语,来歌颂在祖国危亡之际挺身而出,献出自己的青春,献出自己生命的人。)

(3)视死如归 勇往直前

以身殉国 大义凛然

赴汤蹈火 舍生取义

气壮山河　力挽狂澜

（这样做的人可称"壮士"。）

(4) 狼牙山在河北省易县,狼牙山旁有一条在历史上就很著名的河——易水。

易水歌

荆　轲

风萧萧兮易水寒,壮士一去兮不复还!

两千多年前正是战国时期,那时有齐、楚、燕、韩、赵、魏、秦七个诸侯国,史称"战国七雄"。秦国欲称霸,燕国太子丹派荆轲去刺杀秦王。在易水河畔,燕太子丹和他的门客们穿着白衣,戴着白帽,为西行秦国刺杀秦王的荆轲送别。荆轲的好朋友高渐离击筑,荆轲高歌,送别的人痛哭流涕。而后荆轲高唱"风萧萧兮易水寒,壮士一去兮不复还",登车而去,没有回头。

"数风流人物,还看今朝",刺秦王的壮士已成历史,今天让我们一起了解和缅怀抗日战争中的五壮士吧!

2.读课题:狼牙山五壮士。

二、读全文,想想课文的叙述顺序,概括小标题

接受任务→（　　　　　）→（　　　　　）→（　　　　　）→跳下悬崖

1.指名读课文。

2.分段。

3.概括小标题。指点规律:①一段围绕一个意思。②段中一般会有概括本段意思的关键句或关键词语。③确定小标题。

例:为了拖住敌人,七连六班的五个战士一边痛击追上来的敌人,一边有计划地把大批敌人引上了狼牙山。（小标题:引敌上山）

学生练习概括小标题:

接受任务→（引敌上山）→（引上绝路）→（顶峰歼敌）→跳下悬崖

三、学习第一段——接受任务

（战斗片,开头总有一个作战参谋,介绍形势,交代任务。读第 1 自然段明确形势和任务。）①任务;②形势;③日寇猖獗。

1.形势:

日寇集中兵力
向我大举进犯　　　↔　　六班掩护转移
敌众我寡(指导学生概括)

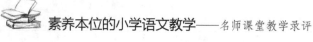

2.解字并体会"日寇""进犯"的感情色彩。（表现出侵略者其势汹汹,穷凶极恶。）

（1）寇,暴也。（《说文解字》）即:暴乱,劫掠,强盗。

寇:表示手执器械（攴）闯到人家屋内（宀）打人的头（元）。

（2）犯,侵也。（《说文解字》）即:侵犯,侵略,侵害。

四、学习第二段——引敌上山

接受任务→（　　　　　　）→（　　　　　　）→（　　　　　　）→跳下悬崖

（①答出班长的命令"狠狠地打"。②分别读出战士是怎样做的。③圈出关键词填在括号内。④分角色读。）

1.班长下了什么命令？战士们是怎样执行的？（默读课文,抓细节,填空）

班长:狠狠地打!

副班长葛振林:打一枪就大吼一声,好像细小的枪口喷不完他的满腔怒火。（"满腔怒火"地打）（这个"火"用得真妙啊! 妙在哪儿? 一语双关。）

战士:宋学义扔手榴弹总要把胳膊抡一个圈,好使出浑身的力气。（"使出浑身的力气"打）胡德林和胡福才这两个小战士把脸绷得紧紧的,全神贯注地瞄准敌人射击。（"全神贯注"地打）

2.分角色读,全体读"满腔怒火""使出浑身的力气""全神贯注"。（通过读,渲染战斗的气氛。）

3.分别用的是什么描写？

体会:"满腔怒火"（心理）,"使出浑身的力气"（动作）,"全神贯注"（神态）。

（1）感悟:"满腔怒火"的"火"燃烧得炽热啊!（是枪膛的火,更是战士胸膛的火。）

（2）推敲:描写副班长葛振林的"满腔怒火"与描写两个小战士的"全神贯注"能调换吗？（不可调换。表现出老战士身经百战,奋勇当先;小战士严阵以待,全力以赴。）

4.作者对我们的战士用的是赞美的词语,对敌人是怎样描写的？

（贬义词"横七竖八":有的横着,有的竖着。形容纵横杂乱。）

第二课时

五、学习其余三个战斗场面——引上绝路、顶峰歼敌、跳下悬崖

默读课文,思考每个阶段班长是怎样指挥的,各用一字概括出。（"走""砸""跳"）

六、认真读一读"引上绝路"这一段,看看五位战士面对怎样的选择

出示PPT：

　　五位战士胜利地完成了掩护任务,准备转移。面前有两条路:一条通往主力转移的方向,走这条路可以很快追上连队,可是敌人紧跟在身后;另一条通向狼牙山的顶峰棋盘陀,那儿三面都是悬崖绝壁。

1."；"这可不是一般的分号！如果走分号前面那条路,就选择了什么？如果走分号后面那条路,就选择了什么？各用一字表达("生""死"),换成成语表达(舍生取义)。

2.舍生取义,这是中华民族传承下来的浩然之气。

出示PPT：(指导学生浅释并诵读)

　　生,亦我所欲也;义,亦我所欲也。二者不可得兼,舍生而取义者也。

　　　　　　　　　　　　　　　　　　　　　　　　　　——孟子

3.课文中有几处称"五位战士",有几处称"五位壮士",从哪里开始改变称呼的？为什么？(舍生取义)

七、指导自学

1.引上绝路。

　　　　　　　　在什么情况下(命令)

　　　　　　　　　　走!

　　　　　　　班长？　　战士？

班长马宝玉斩钉截铁地说了一声:"走!"("走"这一声命令,力量有多大？)

战士们热血沸腾,紧跟在班长后面。(战士们跟在班长后面走,就选择了什么？此时的心情:热血沸腾。)

(1)读中解:斩钉截铁:斩,砍断。截,切断。形容言行果断,坚决。(诵读中体会班长命令之坚决、果断。)

(2)读中想:"热血沸腾"的壮士刹那间在想什么？(例:为祖国赴汤蹈火的时候到了!)

2.顶峰歼敌。

　　　　　　　　在什么情况下(命令)

　　　　　　　　　　砸!

　　　　　　　班长？　　战士？

(1)情况一:

五位壮士:居高临下

敌人:坠落山涧,粉身碎骨

(2)情况二:

五位壮士:只剩下一颗手榴弹

指导读:(动词连用更铿锵有力,画出写班长的动词。)

(这一串动词,表现了班长的大智大勇。)

马宝玉抢前一步,夺过手榴弹插在腰间,猛地举起一块大石头,大声喊道:"同志们!用石头砸!"(五个动作连续,读起来铿锵有力,表达了班长的坚决果断、一马当先。)

五壮士的精神感天动地,读下文看感动了谁?(感动了石头。)

顿时,石头像雹子一样,带着五位壮士的决心,带着中国人民的仇恨,向敌人头上砸去。

学生体会"带着……带着……"的表达作用。[①有情:感天动地,石头也有了感情,投入战斗。②有力:同仇敌忾,既有五位壮士的决心,又有中国人民的仇恨。③与上一句比较:班长,奋勇当先;五壮士同仇敌忾(个体与群体结合)。句法多样,不重复。]

敌人:叽里呱啦叫,滚落山谷

(拟声词用得妙,"叫""滚"与"砸"相呼应,写出了敌人的狼狈。)

3.跳下悬崖。

在什么情况下(命令)

跳!

班长?　　战士?

(1)指导朗读,欣赏雕塑画面。(插图与文字对照)

(眺望:此时怀着怎样的情感?满怀深情。想想会说什么。)

(望望:此时怀着怎样的情感?充满蔑视。想想会说什么。)

五位壮士屹立在狼牙山顶峰,眺望着群众和部队主力远去的方向。他们回头望望还在向上爬的敌人,脸上露出胜利的喜悦。

① 屹立:像山峰一样高耸而稳固地立着。牢牢站立,不可动摇。(换词语理解:岿然不动、巍然屹立、巍然不动)

② 眺望(满怀深情)向群众告别说……

望望(充满蔑视)怒斥敌人说……

(2)分角色朗读"跳下悬崖"部分。

(一生饰)班长:班长马宝玉激动地说:……第一个纵身跳下深谷。

(一生)叙述:战士们也昂首挺胸,相继从悬崖往下跳。狼牙山上响起了他们壮烈豪迈的口号声:

(五生饰)五壮士:打倒日本帝国主义!中国共产党万岁!

全体:这是英雄的中国人民坚强不屈的声音!这声音惊天动地,气壮山河!

师:让我们用《易水歌》为五位壮士壮行吧!

女:风萧萧兮易水寒,壮士一去兮不复还!

男:风萧萧兮易水寒,壮士一去兮不复还!

全体:风萧萧兮易水寒,壮士一去兮不复还!

(练习背诵全段。)

作业:1. 积累四字词。

2. 用三个或四个含褒义的成语写一段话,歌颂你仰慕的抗日英雄。

◤ 总评 zongping

《狼牙山五壮士》是一篇传统课文,几十年来,无数语文教师都教过它,但大都突出政治性、思想性,学生只记住五位壮士为抗击日寇跳崖捐躯的英雄事迹。当然,这篇文章思想性很强,教育学生要永远记住在抗日战争中以身殉国的英雄们以及抗击外来侵略是中华民族的优良传统。文章也写得非常生动,文中运用了大量的四字词语。教学时,怎样通过生动形象的语言,使学生既学会一些词语的用法和读书方法,又深刻理解五位壮士舍生取义、气壮山河的豪迈壮举,从而将五位壮士永记心间呢? 让我们看看侯秉琛老师是怎样教学这篇课文的吧!

一、狠抓语言教学的根基——词语教学

这篇课文思想性很强,语言非常形象生动。在语言表达上有着显著的特点,即四字词语丰富多彩,全文有十几个,还有一些关键的二字词。为了使学生深入理解课文,教师还补充了8个四字词。侯老师紧紧抓住这个特点,将词语教学贯串始终。当然,他不是孤立地讲词语,而是随课文揭示词语内涵、思想、情感以及用法,从而使学生理解五壮士的精神世界及其舍生取义的壮举。

教师对于词语的解释采用了多种方法。有的词从字的本义上理解。如日寇的"寇"字,侵犯的"犯"字,引入《说文解字》上的解释,学生就非常形象地了解了"寇"和"犯"字的本义,从而体会出侵略者的穷凶极恶。

教师为什么课前要求学生读记那8个四字词? 主要是为了解释"壮士"一词。在那8个词中,"舍生取义"是"壮士"的本质,因此对"舍生取义"做了详细的解释,补充了"生,亦我所欲也;义,亦我所欲也;二者不可得兼,舍生而取义者也",这就是"壮士";这项知识的引入,不仅使学生理解了"舍生取义"这个词的来历,而且激发学生学习历史知识的兴

趣;同时,用前面的8个词来说明"壮士"的行为,指出壮士和战士的区别,从而使学生深刻地理解"壮士"之伟大。

有的词从写作用词上讲解。例如"满腔怒火"和"全神贯注"的讲解,使学生理解"满腔怒火"写出了战士对敌人愤恨的心情,"全神贯注"写出了小战士打击敌人时的精神状态——神态。

有的词用比较的方法解释。例如"眺望"与"望望"相比较。"眺望"——从高处往远处看,而且含着深情;而"望望"——随便看看,充满蔑视,指出用词的褒贬之义的不同。

有的词就一般解释,如"斩钉截铁""横七竖八""崎岖山路"等,这些词,学生从字面上可以理解,不必多加解释。

由于这篇课文四字词集中,最后教师还留了两个作业:将四字词抄录在本子上,积累词语;选用三个或四个含褒义的成语写一段话。这样的作业,既体现了读写结合,又将本课需要学生掌握的词语落在实处。

侯老师为什么重视词语教学?因为他很明确,词语是一篇文章的基础,对词语不理解就很难理解全文,词语教学是小学语文教学的主要组成部分;同时,也说明侯老师抓住了这篇文章语言的特点,体现出他备课的深入,他会根据每个词语在这篇文章中的地位、作用、难度等,而采取不同的教学方法。

二、充分体现阅读教学过程特点——两个过程统一

教师对阅读过程的设计,将教学全文分两个过程:(1)初读——从语言到内容。要求学生概括全文、给全文加小标题,教师指出方法,每一段都围绕一个意思;每一段中一般都有概括这段意思的关键词;引导学生概括出全文的五个小标题:接受任务—引敌上山—引上绝路—顶峰歼敌—跳下悬崖。(2)细读、深读——从内容到语言。这一过程,师生一起对文本做了详细、深入的阅读,学生有朗读、默读、齐读、个别读等,教师指导层层深入:

第一段:接受任务。主要解释了"日寇""进犯"两个词语。

第二段:引敌上山。主要引导学生理解"满腔怒火"和"全神贯注"两个词。教师不仅使学生深入理解了"满腔怒火"表达了战士对日寇憎恨的心情,"全神贯注"表达出小战士的神态,而且使学生深入体会到"细小的枪口喷不完他的满腔怒火"一句写得入情,小战士因为没有经验,怕打不准枪,所以才"把脸绷得紧紧的,全神贯注地瞄准敌人射击"一句写得入理。教师指出如果将这两个词换一下位置,那就不当了,所以用词必须恰如其分。

第三段:将"引上绝路、顶峰歼敌、跳下悬崖"三小段一同阅读。在这三小段中,教师又引导学生分为两个过程来学习。先要求学生用三个字(走、砸、跳)概括这一大段,并指

出方法,看班长是怎样命令的,然后再进一步深入学习这三小段:

走——走哪条路?通过读来理解"斩钉截铁"这个词,表达了班长的果断;让学生思考每个战士在当时是怎么想的,想了些什么,来训练学生的想象力。

砸——将石头砸向敌人;学习了"带着……带着……"这个词,带着什么?指出:带着感情——感动天地;带着力量——战士的决心和人民的仇恨。指出了此段句法的多样性。

跳——五位壮士屹立在山顶上,在跳之前,眺望——含着深情看着群众和部队主力远去的方向;再用充满蔑视的心情看看还在向上爬的敌人。五位壮士脸上露出胜利的喜悦。为什么?我们的大部队胜利前进了,自己要为革命做出惊天动地的壮举——跳下悬崖!

教学过程中,学生读全文的方式有很多,但是每次读都有不同的要求。特别是最后的朗读,学生从朗读中感受到五位壮士的英雄形象。

从全过程来看,教学思路清晰,层层深入。全过程体现出语言和思维的结合,语言和思想的结合;学生对五位壮士所采取的英勇果断的战斗策略、壮烈豪迈的抗敌精神、视死如归的英雄壮举,不是从空洞的说教中理解的,而是教师给他们做了文道统一的解析、激发、感悟,使他们从具体语言的读、思、悟中既学到了丰富的语言,提高了思维能力,同时也接受了一次爱国主义教育。

有人提出,阅读教学不必分两个过程,而侯老师为什么两次将教学分为两个过程?因为他很清楚阅读的两个过程的作用。我们清楚地看到:第一个过程的主要作用是不仅能使学生阅读时感到条理清楚,更重要的是还可以训练学生的概括能力,发展逻辑思维能力,学会概括要点的读书方法。目前,在阅读教学中,这个过程是非常薄弱的,因此,学生读书抓不住要点,可以说不会读书。第二个过程的主要作用是学生不仅熟悉了课文内容,而且认识了作者是怎样用词、造句的,读写结合起来,学生从读中学写。为什么学生往往读了若干篇文章而不会作文?关键就是语文课只读内容,不学语言表达。而侯老师对教学过程的设计,真正体现出阅读教学过程的特点,符合学生感知—理解—感悟—熟记—应用的认知过程。

三、渗透阅读教学的灵魂——情思

师生满怀深情阅读全文。从解题开始,教师以充沛的感情把学生一下子就带入到感情的氛围里:

(1)以"我"和五壮士中的四位是同乡,都是河北人,而感到自豪;

(2)从历史上的《易水歌》引入,中华儿女历来都是为正义而勇于牺牲的。使学生感受到一种历史的厚重感,为中华民族而自豪。这一历史知识的引入,不仅丰富了学生的知识,更使学生感受到中华民族文化的深远,受到了为正义而战的爱国主义教育。

从语言解释中,使学生感悟五位壮士的伟大。如对日寇,壮士"满腔怒火""全神贯注"等词语,教师以爱憎分明的感情进行了解释;就是对一个分号,教师也没有放过,而是带着充沛的感情使学生理解五位战士对分号前后的选择,选择前即生,选择后即死,而五位战士果断地选择了后者,他们视死如归,成为"壮士"。

从班长的指导中,走——走绝路;砸——狠狠地砸,使石头也带着感情;跳——眺望自己的队伍和群众走远了,敌人横七竖八死在山脚下,五位壮士胜利完成了掩护大部队的任务,他们昂首挺胸、视死如归,高喊着"打倒日本帝国主义,中国共产党万岁",勇敢地跳下悬崖。这样学生永远不会忘记班长马宝玉那斩钉截铁的话语;能进一步感受到五位壮士那壮烈豪迈、坚强不屈、惊天动地、气壮山河的英雄壮举!学生以充沛的感情朗读课文,背诵片段!

最后,师生高唱《易水歌》,以激发学生的情感升入高潮!从始至终,教师都以自己深厚的感情激发学生深入体会,感受五位壮士气壮山河的爱国之情,从而产生对五位壮士的尊敬之情、爱戴之情!

总之,侯秉琛老师将一篇传统课文教得有声有色,学生学得扎扎实实;从语言到思想,学生的获得是实实在在的,充分体现出语文教学的本质特点。

《少年闰土》教学设计

《少年闰土》是从大作家鲁迅先生的《故乡》中节选的。鲁迅先生在《故乡》中写了三个"故乡":回忆中的故乡,现实中的故乡,理想中的故乡。今天我们读的《少年闰土》就是"回忆中的故乡"的一部分。

教学过程

一、开篇就是一幅美丽的画,让我们欣赏这幅美丽的画

指名读:

深蓝的天空中挂着一轮金黄的圆月,下面是海边的沙地,都种着一望无际的碧绿的西瓜,其间有一个十一二岁的少年,项带银圈,手捏一柄钢叉,向一匹猹尽力的刺去,那猹却将身一扭,反从他的胯下逃走了。

(猹:野兽,像獾,喜欢吃瓜。见于鲁迅小说《故乡》)

1. 有三部分。每一部分用一字概括出它描写的是什么。(景、人、猹)

2. 什么样的景? 什么样的人? 什么样的猹? 在这三个字前各加一个修饰语。(美丽的景,勇敢的人,伶俐的猹)

美丽:深蓝的天空　金黄的圆月　碧绿的西瓜

勇敢:手捏一柄钢叉　尽力的刺去

伶俐:将身一扭　反从胯下逃走了

3. 看图背诵。

【评点】第1自然段的学习,教师先让学生用一个字概括,学生概括得很准确:景、人、猹;教师再让学生在这三个字前加上修饰语,说明是什么样的景、什么样的人、什么样的猹。这个过程既呈现了具体—概括—具体的思维过程,又是理解作者如何将景、人、猹写具体的过程;既是思维训练过程,又是学习理解语言和表达语言的过程,也是教学生掌握学习方法的过程;同时教师指出背诵方法,学生很快将这一段话背诵下来,这就是学习语文的基本功。

二、这里交代了"我"与闰土的身份,要弄明白

这少年是谁呢? 是干什么的呢?(忙月的儿子管祭器的,叫闰土,会装弶捉小鸟雀的。)

三、按下面的小标题分段

默读课文,课文中写了他俩之间的几件事?(用笔划分出段落)

第一次见面

谈乡间趣事

分别与友谊

四、第一次见面

读外貌描写,闰土给你怎样的印象?

紫色的圆脸,头戴一顶小毡帽,颈上套一个明晃晃的银项圈,这可见他的父亲十分爱他,怕他死去,所以在神佛面前许下愿心,用圈子将他套住了。

他见人很怕羞,只是不怕我,没有旁人的时候,便和我说话,于是不到半日,我们便熟识了。

1.相貌:紫色的圆脸,头戴一顶小毡帽,颈上套一个明晃晃的银项圈,这可见他的父亲十分爱他,怕他死去,所以在神佛面前许下愿心,用圈子将他套住了。

写人物的相貌要抓住特点。作者抓住了几个特点来写?你觉得闰土是怎样一个孩子?(海边的孩子,江浙农村的孩子;看上去健康、可爱。)

2.性格:见人怕羞,见"我"爱说。

【评点】阅读先要分段,概括出每段的要点,如第一次见面、谈乡间趣事、分别与友谊。接着细读"第一次见面"。这一段,主要教学生学习作者是如何写闰土的,如何抓住闰土的外貌特点等。

五、谈乡间趣事

闰土谈了几件事?写出小标题。

雪天　捕鸟

海边　捡贝壳

月夜　看瓜

潮汛　看跳鱼

(先写干什么,再加上什么时候或在哪里。)

1."雪天捕鸟"闰土讲得清楚,"我"写得具体,我们细致读一读。

他说:"这不能。须大雪下了才好。我们沙地上,下了雪,我扫出一块空地来,用短棒支起一个大竹匾,撒下秕谷,看鸟雀来吃时,我远远地将缚在棒上的绳子只一拉,那鸟雀就罩在竹匾下了。什么都有:稻鸡,角鸡,鹁鸪,蓝背……"

(1)捕鸟分几大步骤?

(2)圈出动词。

(3)讲出每一步的特点。

"看鸟雀来吃时,我远远地将缚在棒上的绳子只一拉……"

(1)"时"可以换成"食"吗?

(2)"只一拉"可以去掉"只"吗?

【评点】这一段,主要教学生学习写动作的要点:分清步骤,用准动词,写出特点。不仅理解,而且要求学生去仿写,读写结合。

2.分角色读闰土与"我"的对话。品评一下谁的语言更生动,更流畅,更富有感染力。

(1)"海边捡贝壳"。

①你见到了什么样的贝壳?

"我们日里到海边检贝壳去,红的绿的都有,鬼见怕也有,观音手也有。"

②你看到了多少种颜色的贝壳?

"红的绿的都有"(连红的绿的都有,那一般的颜色更有了。看到了五颜六色的贝壳。)

③你见到多少样子的贝壳?

"鬼见怕也有,观音手也有"(连最奇形怪状的贝壳都有,那贝壳的样子一定是千奇百怪了。)

④读句子。

"我们日里到海边检贝壳去,红的绿的都有,鬼见怕也有,观音手也有。"

(点拨:简洁,唤起联想。)

也:表示强调。(有时跟上文的"连"字呼应。)

　　七八岁的孩子也学会电脑了。

　　连爷爷也乐得合不拢嘴。

都:表示总括。

　　全家都搞文艺工作。

　　他无论干什么都很带劲儿。

(2)"月夜看瓜刺猬"。

①你步入怎样的环境中? 心情如何?

"月亮地下,你听,啦啦的响了,猹在咬瓜了。你便捏了胡叉,轻轻地走去……"

(点拨:口语,栩栩如生。"你"把读者带入情境,让你也紧张起来。)

(静谧　紧张)"啦啦的响了"以声衬静。

②你见到了怎样的阵势?

"有胡叉呢。走到了,看见猹了,你便刺。这畜生很伶俐,倒向你奔来,反从胯下窜了。"

(点拨:刺得敏捷,窜得伶俐,出其不意,敏者胜。"攻其无备,出其不意"乃孙子兵法。)

读:"这畜生很伶俐,倒向你奔来,反从胯下窜了。它的皮毛是油一般的滑……"

(3)"潮汛看跳鱼"。

"我们沙地里,潮汛要来的时候,就有许多跳鱼儿只是跳,都有青蛙似的两个脚……"
你想用哪个词形容此景?

【评点】海边拾贝、月夜刺猹、潮汛跳鱼这三段,主要运用了幻灯片,非常形象地展示了各种贝壳的颜色、形状,尤其是"鬼见怕"和"观音手"两种贝壳很少见,学生看见图像,非常惊奇。还有跳鱼有两只脚,也很奇特,使学生大开眼界。这就是教学的形象手段用得恰当。

3.再看听者的感慨。

阿! 闰土的心里有无穷无尽的希奇的事,都是我往常的朋友所不知道的。他们不知道一些事,闰土在海边时,他们都和我一样只看见院子里高墙上的四角的天空。

(闰土讲的趣事,"我"是听也没听过,见也没见过,只会说一个词——不知道。)

读一读,看"我"有多少"不知道":

①我那时并不知道这所谓猹的是怎么一件东西——便是现在也没有知道——只是无端的觉得状如小狗而很凶猛。(书面语,深奥难懂。)

②我素不知道天下有这许多新鲜事:海边有如许五色的贝壳;西瓜有这样危险的经历,我先前单知道他在水果店里出卖罢了。

③阿! 闰土的心里有无穷无尽的希奇的事,都是我往常的朋友所不知道的。他们不知道一些事,闰土在海边时,他们都和我一样只看见院子里高墙上的四角的天空。

并不知道:一样也不知道。　(并:犹言完全。《国语辞典》)

素不知道:长这么大也不知道。　(素:素来;向来。《现代汉语词典》)

所不知道的:也许不知道。　(所:通"许",约计之辞。《辞海》)

看见	天空。
看见	院子里的天空。
看见	院子里高墙上的天空。
看见	院子里高墙上的四角的天空。
只看见	院子里高墙上的四角的天空。

【评点】这一段,教师在引导学生理解"并不知道""素不知道""所不知道的"这三个"不知道"其含义的区别,说明鲁迅语言的准确性。更主要的是,通过对三个"不知道"的理解,使学生进一步理解鲁迅当时的心情和感想。

为什么闰土和鲁迅两个人的语言不同,闰土的语言更生动鲜活?因为鲁迅和闰土之间有一道高墙。这道高墙,就是两个人的不同身份,闰土是农民的儿子,鲁迅是一个少爷。

六、分别与友谊

两人怎样哭?一样吗?

◤ 总评 zongping

语文教学的本真就是语言、思维、情感、审美四要素。侯秉琛老师教学的《少年闰土》这节课,很好地体现了这四个要素。

在语言训练上抓住从理解语言到语言表达的过程,从具体语言(具体)—语言要点(概括)—语言表达(具体)的思维双向流程。在这个过程中,既有形象生动的阅读,又有细致深入的分析和理解。侯老师指导学生读书、表达,分层理解、体会,非常细致,这样既使读和写结合起来,又训练了学生的思维能力。

在教学过程中,侯老师很自然地体现出语言和思想、感情的融合,使学生记住并喜欢上了闰土这个知识丰富、勇敢、活泼的农村少年。通过"并不知道""素不知道""所不知道的"这三个"不知道",使学生理解了鲁迅当时的心情和感想。为什么"我"不如一个农村孩子知道的多?那是一座"高墙"导致的,学生从而理解了为什么两个人的语言不相同,为什么闰土的语言更生动,主要是两个人的身份不同,生活环境不同。这里并没有说教语言,但是学生会感悟到鲁迅思想的深邃。

侯老师的这节课,体现出了语文课的本质特点——生动、扎实、有实效。"生动"体现在教师的启发、引导、讲解得当,体现在形象的幻灯片运用得当,体现在学生回答问题的及时、活泼;"扎实"体现在每一项活动大都落实在学生的读写方面;"实效"体现在学生学到了读书方法,即怎样概括文章要点,怎样将要点写得具体、生动等,语言和思维、思想和情感都得到了一定程度的发展。

《圆明园的毁灭》教学设计

教学目标

1.通过对语言文字的理解,想象当年圆明园的样子,了解它毁灭的经过,激发学生热爱祖国的思想感情和振兴中华的责任感。

2.培养学生语感,指点语言规律,在诵读的基础上,理解重点句子。

3.有感情地朗读课文,背诵课文。

教学重点

在诵读的基础上,理解描写性语言之美,概括性语言之简洁,批判性语言之准确。

教学过程

第一课时

看录像。预习、了解、讲解圆明园的地点、位置、不同风格的建筑知识和相关历史知识。

第二课时

一、出示课题:《圆明园的毁灭》

二、看文中的插图,说说看过的心情

三、学习第一段(第1自然段)

出示 PPT:

圆明园的毁灭是中国文化史上不可估量的损失,也是世界文化史上不可估量的损失!

圆明园的毁灭是中国文化史上和世界文化史上不可估量的损失。

提示感叹号和反复的作用,指导学生有感情地朗读。从语感上体味句子所表达的作者对圆明园的爱和对强盗行径的恨。

（小结：作者有意识地反复说"不可估量的损失"，充分表达了她对圆明园这一艺术瑰宝的爱、对强盗行径的恨。）

四、指导分段

指名分别读其他自然段。

思考：哪些自然段写的是对圆明园这一艺术瑰宝的爱？哪些自然段写的是对强盗行径的恨？（根据指导分段。）

五、学习第二段（第2、3、4自然段）

1. 指名读，学习第2自然段，说说每一句的意思。

出示PPT：

此外，还有许多小园，分布在圆明园东、西、南三面，众星拱月般环绕在圆明园周围。

此外，还有许多小园，分布在圆明园东、西、南三面，像倒置的"品"字形环绕在圆明园周围。

（1）指导理解"众星拱月"。

（2）比较两句写法，看看哪句好。提示：带着想象朗读，体味"众星拱月"的形象美。

（小结：作者用"众星拱月"这样一个带画面感的形容词表达出了对圆明园的爱。）

2. 指导学生根据过渡句，概括出第3、4自然段的小标题。

3. 学习第3自然段。

出示PPT：

圆明园中，有金碧辉煌的殿堂，也有玲珑剔透的亭台楼阁；有象征着热闹街市的"买卖街"，也有象征着田园风光的山乡村野。

圆明园中，有金碧辉煌的殿堂，有玲珑剔透的亭台楼阁，有象征着热闹街市的"买卖街"，还有象征着田园风光的山乡村野。

（1）比较内容是否相同。

（2）比较表达方式的不同。（标点不同，关联词语也不同。）

（3）理解"金碧辉煌""玲珑剔透"对比的作用。

（4）通过朗读体会"；"和"有……也有……"的作用。

（小结：作者用"金碧辉煌""玲珑剔透"的对比和"有……也有……"关联词语的反复运用，强调了建筑风格千姿百态，景观别具特色，流露出自豪感。）

（5）读下文,看圆明园建筑还有什么特点,按顺序说一说。

4.学习第4自然段。

（1）指导学生找出重点句。

出示PPT:

> 上自先秦时代的青铜礼器,下至唐、宋、元、明、清历代的名人书画和各种奇珍异宝。
>
> 有先秦时代的青铜礼器,也有唐、宋、元、明、清历代的名人书画和各种奇珍异宝。

（2）比较读,思考:哪句好? 为什么? (第一句好。因为"上自……下至……"不但突出时间久远,还表明经历的朝代多。)

（小结:圆明园建筑如此宏伟,文物如此多,所以说它是当时世界上最大的博物馆、艺术馆。)

六、学习第三段(第5自然段)

1.指名读第5自然段,看看作者控诉了强盗的几大罪行。

2.一一列出。

出示PPT:

> 凡是能拿得动的东西,统统掠走。
>
> 能拿得动的东西掠走。

3.比较读,看看哪句好,为什么? (第一句好。因为"凡是""统统"写出了侵略军的贪得无厌。)

出示PPT:

> 实在运不走的,就任意破坏、毁掉。
>
> 运不走的,就破坏、毁掉。

4.比较读,看看哪句好,为什么? (第一句好。因为"实在""任意"写出了侵略军的无恶不作。)

5.指名读第三大罪行。

七、总结

这样宏伟的建筑,这么多珍贵的文物,凡是能拿得动的,统统掠走了;拿不动的,就用大车或牲口搬运;实在运不走的,就任意破坏、毁掉,最后还大火连烧三天。侵略者真是太可恨了。这是我们中国人民的耻辱,我们要记住这一国耻。

八、指导背诵

附板书：

圆明园的毁灭

不可估量的损失, 不可估量的损失

爱　　　　　　　恨

艺术瑰宝　　　　强盗行径

众星拱月　　　　　闯进园内

建筑宏伟　有 …… 也有 ……　　凡是……统统……掠走毁掉

文物珍贵　上自 …… 下至 ……　　实在……任意……火烧三天

◆ 总评 zongping

《圆明园的毁灭》是一篇历史知识性散文。这篇短文从内容上看,概括了侵略者火烧圆明园这一历史事件;从语言表达上看,语言简洁而富有激情。历史知识离学生较远,语言又简洁概括,因此学生学习这篇文章是有一定难度的。为了降低课文的难度,取得较好的教学效果,侯老师对这篇课文的教学,做了如下设计:

一、合理地处理教材难点

课文中的知识性内容,如圆明园的地点、位置、不同风格的建筑知识和有关的历史知识,都放在第一课时通过录像和讲解解决。第二课时主要从语言上进行训练,从思想感情上进行教育。

通过本节课教学,一方面,使学生认识圆明园的建筑之宏伟、风格之多样、历史文物收藏之丰富,是一座举世闻名的皇家园林;理解描写性语言之美,激起学生对祖国文化的热爱之情。另一方面,使学生认识侵略者对这一园林艺术瑰宝、建筑艺术精华掠走毁掉的滔天罪行,理解批判性语言的准确性,激起学生对侵略者的仇恨,认识圆明园的毁灭不但是中国文化史上不可估量的损失,也是世界文化史上不可估量的损失,使认知教学目的和情意教学目的有机地统一起来。

二、突出读的训练，将语感训练与指点语言规律相结合

这篇文章文情并茂，必须突出读的训练。让学生在诵读中使作品的语言及其表达的思想感情出之于口，入之于耳，了然于心。因此在这节课中，采用了多种方法指导读。

1. 用复句与单句比较读。如：

圆明园的毁灭是中国文化史上不可估量的损失，也是世界文化史上不可估量的损失！

圆明园的毁灭是中国文化史上和世界文化史上不可估量的损失。

这里把书中的由两个分句组成的复句，变成了一个单句，去掉了一个"不可估量的损失"，末尾将感叹号改成句号，让学生从读中体会原文中反复运用两次"不可估量的损失"及感叹号的作用。这样，不但可使学生理解这句话的深刻含义，同时在语感上起到了强化感情的作用，增强了学生对圆明园遭到毁灭的惋惜之情，对侵略者恶劣行径的憎恨，激发了学生的爱国主义热情。

2. 改换词语比较读。课文的第2自然段写圆明园的布局之美。侯老师通过把"众星拱月"改为"倒置的'品'字形"比较读，引起学生的想象，唤起学生对"众星拱月"一词的美的感受。

3. 改换关联词语比较读。如：

圆明园中，有金碧辉煌的殿堂，也有玲珑剔透的亭台楼阁；有象征着热闹街市的"买卖街"，也有象征着田园风光的山乡村野。

圆明园中，有金碧辉煌的殿堂，有玲珑剔透的亭台楼阁，有象征着热闹街市的"买卖街"，还有象征着田园风光的山乡村野。

课本中的原句是两个分句，用了两次"有……也有……"。这里，侯老师没有孤立地讲分句的作用，而是指导学生将其改为"有……有……有……还有……"，并去掉分号。侯老师通过反复比较对照读，使学生体会改后的句子只表达了建筑物样子多，而原文因有分号，不仅表达了建筑物样子多，而且还反映出了不同层次；"有……也有……"的反复运用，强调了建筑风格的千姿百态，景观别具特色，流露出作者的自豪感。

在指导学生读"上自先秦时代的青铜礼器，下至唐、宋、元、明、清历代的名人书画和各种奇珍异宝"这句话时，侯老师仍用了改换关联词比较读的方法，把"上自……下至……"改为"有……也有……"，比较读，使学生体会出"上自……下至……"表明时间久远、朝代之多。

复句中的关联词语，都表示的是分句与分句之间的抽象的逻辑关联，小学生不好理解，然而在比较的诵读中，却能从语感上体味到关联词语在复句中所表达的思想内涵以及它们在句子中所起的作用。

通过这些训练,可达到以下目的:

1.学生在比较中诵读,便于抓住词句的特性加以品味,体味出词句所表达的思想感情,从而体味语言的情趣感、意蕴感。

2.学生在比较中诵读,可认识不同的词语在语言环境中表达的思想、感情及分寸不同,学会把握语言运用上的分寸感。

3.学生在语感训练的基础上可掌握一定的语言规律,不仅可以提高阅读的理解水平,而且可以加强记忆。

三、由教读到学生自读

在设计这节课时,侯老师没有平均使用力量,而是抓难点来教读,较易学习的地方就让学生自读。如第 3 自然段的后半部分,就设了"读下文,看圆明园建筑还有什么特点,按顺序说一说"这一问题,让学生自读。学习最后一个自然段时,也是设了"读第 5 自然段,看看作者控诉了强盗的几大罪行"这一问题,让学生自读。指导学生自读的这两个问题,实际上是让学生用分类法读书。这样不但可提高学生的自读能力,同时也训练了学生的分析能力和记忆的条理性。

《梅花魂》教学设计

1. 有感情地朗读课文,感悟外祖父对祖国的思念之情。

2. 指导学生运用"移情""联想"等阅读方法感悟"梅花魂"的蕴意,学习文章的表达方法。

3. 积累诵梅花精神的语句。

教学过程

一、审题,捕捉题眼

1. 标题中点睛的是哪个字?(魂)

2. 结合语境,多角度理解"魂"。

"魂"有如下解释:

(1)魂:阳气也。(《说文解字》)(魂是人的能离开形体而存在的精神。)

(2)魂:凡物之精神亦曰魂,如言花魂。(《国语辞典》)

(3)魂:特指崇高的精神,如国魂、民族魂。(《现代汉语词典》)

(本文"梅花魂"中的"魂"有丰富的含义。)

二、开头,见花思人

1. 读课文。

故乡的梅花又开了。一年一度,那朵朵冷艳、缕缕幽芳的梅花,总让我想起漂泊他乡、葬身异国的外祖父。

2. 讲了几点意思?

(1)见花:朵朵冷艳、缕缕幽芳。

(2)思人:"我"想起外祖父。

3. 解词:幽芳。

幽:隐也。(《说文解字》) 译:隐蔽不显。幽,表示细微之物(丝)隐于大山(山)。

幽芳:袅袅清香,隐隐飘来。

4.诵读《梅花》诗,形象感悟"朵朵冷艳""缕缕幽芳"。(哪一句写的是"朵朵冷艳"?哪一句写的是"缕缕幽芳"?)

梅 花

王安石

墙角数枝梅,凌寒独自开。(朵朵冷艳)

遥知不是雪,为有暗香来。(缕缕幽芳)

三、速读,理清思路

提示:"我"对外祖父有"三昧"(不明白),外祖父对"我"是"两赠送"(寄予厚望)。

要求:速读课文,标出每一部分的起止。

1.概括"三昧"。

认真默读课文,思考"我"对外祖父有哪"三昧",并找出关键句。

(1)老人总是摇摇头,长长地叹一口气,说:"莺儿,你还小呢,不懂!"

(2)我心里又害怕又奇怪:一幅画而已,有什么稀罕的呢?

(3)想不到外祖父竟像小孩子一样,呜呜呜地哭了起来……

2.概括"两赠送"。

认真默读课文,划分出外祖父对"我"的"两赠送"的段落,并找出关键句。

临走时送"我"墨梅图。(关键句:离别……郑重地递给我……墨梅图。)

船开前送"我"梅花巾。(关键句:船快开了……递给我一块手绢……绣着血色的梅花。)

四、精读,品味语言

细品味,"三昧"语中情。

1.画出文中点出"三昧"的关键词。

(1)老人总是摇摇头,长长地叹一口气,说:"莺儿,你还小呢,不懂!"

(2)我心里又害怕又奇怪:一幅画而已,有什么稀罕的呢?

(3)想不到外祖父竟像小孩子一样,呜呜呜地哭了起来……

2.品味:表达"三昧"用词讲究,不重复。

不懂——不知道。

奇怪——不理解。

竟——想不到。

(从不同角度写出了"三昧",体现出用词的丰富性。)

3."一昧"读诗落泪。

这时候,我会拍着手笑起来:"外公哭了!外公哭了!"老人总是摇摇头,长长地叹一口气,说:"莺儿,你还小呢,不懂!"

(1)读懂诗句,点关键词,体味情感。

(说说诗句的意思,从外祖父的角度,点出关键词。)

①独在异乡为异客,每逢佳节倍思亲。(我独自客居他乡,每逢佳节倍加思念亲人。)

②春草明年绿,王孙归不归?(明年春天芳草绿的时候,朋友啊,你回来不回来?)

③自在飞花轻似梦,无边丝雨细如愁。("飞花"和"梦"相似在"轻";"丝雨"和"愁"相似在"细"。)

梦似飞花,愁如丝雨。

(2)师生创设情境,对话读。

生读:独在异乡为异客,每逢佳节倍思亲。

"莺儿":外公您为什么落泪呢?

"外祖父":我独自漂泊海外,每逢佳节倍加思念家乡,思念亲人啊!过年了,多想与本家人吃顿团圆饭啊,清明节多想祭拜祭拜父母和祖先啊,九月九多想与童年的玩伴们插上茱萸再去登一次高啊!这都难以做到了。

生读:春草明年绿,王孙归不归?

"莺儿":外公您为什么落泪呢?

"外祖父":明年春草绿的时候,不归,不归。老了禁不起长途奔波了。

生读:自在飞花轻似梦,无边丝雨细如愁。

"莺儿":外公您为什么落泪呢?

"外祖父":我闭上眼,梦就像飞花一样纷纷扬扬飞来。梦到家乡那老屋、童年的伙伴,看到家乡的皮影剧……睁开眼却是一场梦。剩下的是乡愁,愁,愁,愁啊!

(3)你从"一昧"中悟到了外祖父怎样的情感?

(是眷眷的亲情;是浓浓的乡情。)

4."二昧"惜墨梅图。

我心里又害怕又奇怪:一幅画而已,有什么稀罕的呢?

(1)表达外祖父对"墨梅图"的情感,仅用一词贯串,请找出来。

(唯独书房里那一幅老干虬枝的墨梅图,他分外爱惜,家人碰也碰不得。)

(2)作者用了哪些细节描写表达了外祖父对"墨梅图"的爱惜之情?

(我第一次听到他训斥我母亲:"孩子要管教好,这清白的梅花,是能玷污的吗?"训罢,便用刀片轻轻刮去污迹,又用细绸子慢慢抹净。)

（3）比一比,那种表达方式好?

第一组:

我第一次听到他训斥我母亲:"孩子要管教好,这清白的梅花,是能玷污的吗?"

我第一次听到他训斥我母亲:"孩子要管教好,这梅花,是不能玷污的。"

（反问句所表示的质问,更能表达"训斥"女儿的语气,突出"清白"不容"玷污",更能表达"珍惜"之情。）

第二组:

训罢,便用刀片轻轻刮去污迹,又用细绸子慢慢抹净。

训罢,便用刀片刮去污迹,又用细绸子抹净。

（一个"轻轻",一个"慢慢",表达了外祖父对"墨梅图"的珍爱之情。一个"轻轻",一个"慢慢",所表达的情感,不仅是"爱惜",还有"珍惜"。）

（4）外祖父这"爱惜""珍惜"绝不是"小气""吝啬",何以见得?

（外祖父家中有不少古玩,我偶尔摆弄,老人也不甚在意。唯独书房里那一幅老干虬枝的墨梅图,他分外爱惜,家人碰也碰不得。）

（5）师引读。

师:外祖父家中有不少古玩,我偶尔摆弄,老人也不甚在意。唯独书房里那一幅老干虬枝的墨梅图,他分外爱惜。爱惜到——

生读:家人碰也碰不得。

师:"我"不小心在墨梅图上面留下了个脏手印,外祖父竟顿时拉下脸来训斥"我"母亲——

生读:"孩子要管教好,这清白的梅花,是能玷污的吗?"

师:训罢,外祖父——

生读:便用刀片轻轻刮去污迹,又用细绸子慢慢抹净。

师:童年的作者看到外祖父这一切实在不理解——

生读:一幅画而已,有什么稀罕的呢?

师:同学们,若不读后文,能理解外祖父为什么爱惜"墨梅图"吗?（不理解,存疑。）

小结:紧紧围绕"爱惜"一词,正反对比,层层深入地展开来写,这就叫写得具体。

5."三昧"有国难归。

想不到外祖父竟像小孩子一样,呜呜呜地哭了起来……

（莺儿要回中国去了,莺儿"喜",外祖父却"哭"了,为什么? 找出有关语句读一读。）

（1）指导朗读。

哦！祖国，就是那拥有长江、黄河、万里长城的地方吗？我欢呼起来，小小的心充满了欢乐。

（2）词条选项。

哦（ó）：表示将信将疑。

哦（ò）：表示领会、醒悟。如：①哦，我懂了！②哦，我想起来了。

（朗读时，要表达出"领悟""醒悟"的语气。）

（3）学生试读。

哦！祖国，就是那拥有长江、黄河、万里长城的地方吗？我欢呼起来，小小的心充满了欢乐。

（表达出领悟后的惊喜。）

我跑进外祖父的书房，老人正躺在藤椅上。我说："外公，您也回祖国去吧！"

想不到外祖父竟像小孩子一样，呜呜呜地哭了起来……

（读出拟声词所表达的悲痛。）

（4）分角色朗读本段。

（5）外孙女懂得外祖父的"心"了吗？（海外赤子思念祖国的挚情。）

五、临走时送"我"墨梅图

（外祖父送别的话有三层，分层理解。）

分层理解外祖父的叮嘱。

1.第一层：这梅花，是我们中国最有名的花。旁的花，大抵是春暖才开花。她却不一样，愈是寒冷，愈是风欺雪压，花开得愈精神，愈秀气。她是最有品格、最有灵魂、最有骨气的！

（按下面要求理解三层意思。）

（1）意思：赞傲霜斗雪的梅花。

（2）佳句欣赏。（哪些词语用得好？）

（3）有感情地朗读。

①诵读：

女生领读：旁的花，大抵是春暖才开花。她却不一样，

男生齐读：愈是寒冷，愈是风欺雪压，

女生齐读：花开得愈精神，愈秀气。

②感悟：你从"愈是……愈是……愈……愈……"的呼应中，感悟到梅花怎样的精神

(魂)？（挟而不服、压而不弯、遇抗则强、坚不可摧）

2.第二层：几千年来,我们中华民族出了许多有气节的人物,他们不管历经多少磨难,不管受到怎样的欺凌,从来都是顶天立地,不肯低头折节。他们就像这梅花一样。

解释"折节"：

节：竹约也。（《说文解字》）译：意为竹节。

折节：改变平日的志节行为。

低头折节(近义词)——卑躬屈节：形容没有骨气,谄媚奉承别人。

(1)意思：赞颂注入梅花魂的中华民族。

(2)佳句欣赏。

(3)有感情地朗读。

①诵读：

生齐读：几千年来,我们中华民族出了许多有气节的人物,

一男生读：他们不管历经多少磨难,

一女生读：不管受到怎样的欺凌,

生齐读：从来都是顶天立地,不肯低头折节。他们就像这梅花一样。

②感悟：从"不管……不管……都……"的关联中,你眼前屹立起哪些中华民族有气节的人物?

古有：

南宋民族英雄文天祥："人生自古谁无死,留取丹心照汗青。"

明末民族英雄史可法在扬州抗击清兵,在梅花岭泣血,清代诗人黄燮清写诗赞曰："留得岁寒真气在,梅花如雪照芜城(扬州)。"

今有：

抗日战争中殉国的张自忠将军。战史记载,将军的最后一刻已经被数弹洞穿。但他仍然站着,在距日军几十米的地方挥舞着早已空膛的手枪,围护他的卫兵此前已全部阵亡。将军是一座不倒的山。

抗日战争中殉国的左权将军。朱德赋诗悼念左权将军："名将以身殉国家,愿拼热血卫吾华。太行浩气传千古,留得清漳吐血花!"

3.第三层：一个中国人,无论在怎样的境遇里,总要有梅花的秉性才好!

(1)意思：做有梅花秉性的中国人。

(2)佳句欣赏。

①选哪项注释为好?

出示PPT：

> 秉性：性格。（《现代汉语词典》）
>
> 秉性：天性。（《国语辞典》）

②诵读：一个中国人，无论在怎样的境遇里，总要有梅花的秉性才好！

③感悟：梅花的天性：斗雪傲霜　冰清玉洁　傲然挺立　暗香疏影

　　　　中国人的秉性：坚忍不拔　高风亮节　威武不屈　逸韵高致

小结：外孙女对第二昧理解了吗？（是对梅花的衷情。）

六、船开前送"我"梅花巾

雪白的细亚麻布上绣着血色的梅花。

思考：这血色的梅花寄托了外公怎样的情怀？（指导联想）

（船要开了，外祖父递给莺儿一块绣有"血色梅花"的手绢，来不及嘱托，这"血色梅花"巾寄托着外祖父怎样的情怀呢？此时莺儿要联想到外祖父平日的嘱托。外祖父殷殷嘱托过莺儿做一个中国人要有"梅花魂"，一个海外赤子要有"赤子之魂"，我们中华民族要有"国魂"。）

（我们不知道这些背景，还可根据课文内容联想，一个青少年回国读书，将来报效祖国，那么，这"血色梅花"巾寄托着外祖父怎样的情怀呢？）

由"血色梅花"联想到外祖父的夙愿。

由"血色梅花"联想到外祖父对莺儿寄托的希望。

由"血色梅花"联想莺儿从中获得的精神力量。

七、尾声回味全篇

当年的我，还过于稚嫩，并不懂得，我带走的，岂止是我慈爱的外祖父珍藏的一幅丹青、几朵血梅？我带走的，是身在异国的华侨老人一颗眷恋祖国的赤子心啊！

1.画出点睛之笔。（一颗眷恋祖国的赤子心。）

画出关键词。（眷恋）

2.选择注释，品味眷恋之情。

出示PPT：

> 眷：顾也。译：回头看。（《汉字源流字典》）
>
> 恋：慕也。译：因爱慕不忍离开。（《汉字源流字典》）

选择：

①眷恋：对自己喜爱的人或地方深切的留恋。（　√　）

②眷恋:犹言思慕。(　　)

3. 回顾全篇。

老人这颗眷恋祖国的赤子心饱含着:

眷眷的亲情;浓浓的乡情。

对中华民族圣洁的爱情。

思念祖国的挚情。

(这些情感铸造了老人的"魂魄"——梅花魂。)

总评 zongping

现在大家都在议论:"语文课教什么?"这个问题还需要谈吗? 如果语文课不知教什么? 还能当语文教师吗? 语文课当然要教语文(语言文字)。但是要明确语言是和思想、思维分不开的,因此,语文课必须坚持文道统一,坚持语言和思维的统一,就是要提高学生的思想、认识及人文素养;还必须明确阅读与阅读教学的区别,一般阅读,读懂内容就可以了,阅读教学还要教学生会读、会写,因此,阅读课还必须教给学生读书方法,让他们从读中学习写作。总之,阅读课,教学生学习语言,教学生学习做人,教学生提高智慧,教学生会读、会写。

问题是怎么教? 我们要研究的是怎么教学,使学生有所受益。

《梅花魂》是一篇借物抒情的文章。文中的外祖父是一位漂泊他乡,最终客死他乡的爱国华侨,文章通过几件事和一段论述,写出了老华侨对梅花精神、品格的赞颂、爱慕,反映出他对祖国的眷恋、热爱之情。

这一课的主题思想:既赞颂梅花精神又歌颂老华侨的爱国情结。该课语言生动,词句丰富,佳句迭出,诗情画意,文美情深,叙述流畅。不论语言、思想、情感、方法,学生从中学到的东西都很多。

该课叙述的顺序:由梅花想到外祖父—读诗落泪—珍爱墨梅图—送墨梅图—阐述梅花精神—离别送梅花巾—尾声。

教学的重点、难点:教师提出"三昧"为重点;以外祖父要"我"好好保存墨梅图时所讲的梅花精神为难点。

让我们看看侯老师是怎样教学的。

一、引导学生理清文章脉络

1. 审题,解题眼——"魂"。

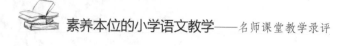

2.学习第1自然段。为什么先学习第1自然段？因为第1自然段：见花，想起外祖父，引出下文。先学习。

通过读，概括出：

见花：朵朵冷艳、缕缕幽芳。

思人："我"想起外祖父。

然后学习该段中的词句。

3.默读全文，理清思路。概括出：

"我"对外祖父有"三昧"。（重点）

外祖父对"我"是"两赠送"。（难点）

4.精读课文，感悟语言，体味情感。

具体理解"三昧"和外祖父的赠予。

我们可以看到：

总思路：由具体语言到概括地掌握要点；再从要点具体学习语言表达。这是阅读教学的两个过程。其作用：教会学生如何读书，即先要理顺文章脉络，再具体理解语言表达和思想感情，从中学习写作方法，训练逻辑思维能力。

二、引导学生理解、学习语言——体现了语言训练的科学性与多样性

语言训练的科学性，主要体现在对于语言理解和训练的规范性、准确性、扎实性。

1.对语言理解性训练。这节课很重视语言基础教学，对重点词语的解释是规范的、科学的。

提出题眼——"魂"字的含义，概括《说文解字》等词典上的讲解，帮助学生理解本义和引申义。又如对"冷艳""幽（从《说文解字》解释：隐蔽不显、细微）芳"这两个词的解释，引出王安石的《梅花》：墙角数枝梅，凌寒独自开。（理解"朵朵冷艳"）遥知不是雪，为有暗香来。（理解"缕缕幽芳"）——补充诗句。

又如对于"三昧"的理解，先找出关键词："不懂"——不知道，"奇怪"——不理解，"竟"——意料之外，启发学生理解不同的遣词的作用——用词不重复，作者用词很讲究。

对于"折节""秉性""血色"这三个词的解释很准确，尤其是对"秉性"的解释，举出八个词语，非常具体；对于"血色"的理解，引导学生联想，揭示了外祖父对外孙女的厚望——如朝霞般灿烂，如烈火般炙热，如鲜血般艳丽。（还有一层意思：那些顶天立地，不肯低头折节的民族英雄，是他们用鲜血换来了民族解放。）这就把一个词的内涵挖掘出来了。这一点是需要老师的语言素养的。另外，对于"眷恋"的"眷"字的理解，通过对本义的理解，回顾全文。侯老师启发学生理解这些词的词义及用法都很到位，引导学生对于

三首诗中的诗句的理解也很准确。

2.对语言运用的训练。

如比较两次训斥的话,语气不同,含义也不同。前者表达"训斥"的语气,突出"清白"不容"玷污",更表达了珍惜之情。

又如讲"便用刀片轻轻刮去污迹,又用细绸子慢慢抹净"一句,比较有"轻轻""慢慢"和无这两个词的不同含义,表达了外祖父对墨梅图的珍爱之情。

又对"哦"字的读音做了区别。由于音调的不同,表达了不同的语气和不同的意思。

还有对"愈是……愈是……愈……愈……"句子的训练,对于"不管……不管……都……"关联词的训练,也是让学生学会使用这些关联词。

总之,这些词语、句子的训练,主要帮助学生学习如何用词、造句,学生在语言上有所获得,既学习了写作,又体现了语感训练。

三、引导学生感悟思想、情感——体现了阅读教学中语言和思想、情感的统一

第1自然段作者是含着深情来回忆的,教师引导学生理解作者的感情,通过"朵朵冷艳、缕缕幽芳的梅花"引出作者对外祖父的回忆,初步表达了对外祖父的思念之情。

理解"三昧"所体现的感情。"一昧"帮助学生感受到外祖父"眷眷的亲情,浓浓的乡情","二昧"帮助学生理解外祖父对墨梅图的"爱惜之情","三昧"帮助学生理解外祖父"思念祖国的挚情"。总之,侯老师通过这"三昧"的讲解帮助学生理解了外祖父对祖国的深切热爱、对墨梅图的珍爱、对家乡的眷恋之情;从外祖父对梅花品格的阐述,转而论到中华民族许多有气节的人物;从爱梅花转到对中华民族顶天立地、不肯低头折节的民族精神的赞扬,表达了老华侨思恋祖国的情感。

如对于"愈是……愈是……愈……愈……"这句话,先理解道理,再感悟到梅花的精神——魂;下面的文字,同样是先理解意思,再感悟中华民族具有气节的人物的精神境界。也就是说,教师引导学生先理解、感悟到一定的道理,再以饱满的热情来引导学生体会、感悟,使学生的思想、情感受到触动,体现出景、情、语的交融,这样品格高贵的梅花、具有气节的人物的丰富情感和规范、生动的语言统一起来,在灵活而又愉悦的学习过程中,学生不仅在语言上受益,也激起一瞬间情感的波动,心灵得到震撼。这就使情感教育有了一定的实际效果。

最后,尾声,深入理解、感受"梅花魂"的深刻含义。对"梅花魂"提出四条:是眷恋的亲情,是浓浓的乡情;是对象征着祖国的梅花的真爱之情;是对祖国圣洁的爱情;是身在异国他乡的华侨老人一颗眷恋祖国的爱国心。

四、训练学生的思维方法——体现出语言和思维训练的统一

一是将具体语言概括地掌握。如学习第 1 自然段：先概括出：见花——朵朵冷艳，缕缕幽芳；思人——想起外祖父；然后解词——幽芳、冷艳。

通过默读课文，概括出"三昧"，再阅读。读"一昧"时，读三首诗中的佳句，第一句"独在异乡为异客，每逢佳节倍思亲"，概括出"思乡"；第二句"春草明年绿，王孙归不归"，概括出"不归"；第三句"自在飞花轻似梦，无边丝雨细如愁"，概括出"乡思、乡愁"。这样读诗并概括，可以培养学生科学的思维方法和习惯。这就是教给学生读书方法。

二是将概括的语言具体掌握。例如，侯老师通过对外祖父叮嘱的分层讲解，引导学生具体理解赞傲霜斗雪的梅花；从"愈是……愈是……愈……愈……"的佳句的呼应中，引导学生具体感悟梅花魂(要求用成语表示：挟而不服、压而不弯、遇抗则强、坚不可摧)；例举中华民族具有气节的人物，帮助学生理解注入梅花魂的中华民族精神；从"不管……不管……都……"的关联中，引导学生想象出中华民族有气节的人物。侯老师这样的引导阅读，一方面帮学生具体理解了文章内容，另一方面又活跃了学生的思维，训练了他们的想象能力，教学生将句子写具体。

五、引导学生学读、学写

侯老师很重视对学生默读和朗读的训练。(依据常规，五年级重点应是默读训练，但是由于过去重点在朗读训练上，学生的默读能力稍差，所以侯老师今天仍将朗读作为重点，这是适应学生情况的。)侯老师在指导学生如何朗读，如对话读、比较读、分角色读、引读、佳句欣赏读后，我们看到学生的朗读水平有所提高。同时，也训练了学生的语感。

一句话：阅读教学的实效性主要体现在学生会读书、爱读书的习惯养成上。侯老师非常重视读书习惯的养成，在阅读过程中，阅读三组诗句时，要求学生课下读原文，增大学生体会读诗的兴趣。

前面谈到的语言训练，其目的就是教学生如何写作，这就将读书与写作自然地结合起来了。

六、教学全过程体现出细而实

侯老师在教学过程中指导学生对字、词、句、段、篇做了详细的阅读。这里提出一个问题：这样教学是否将文章讲碎了？我认为如果我们依据各年级段的语言训练重点来讲，五年级的语文课这样教学，是有些过细了。但是我们的教学设计的依据，一要看教材，二要看学生。对于这篇课文，我认为放在五年级是深了一些，依据这篇文章的难度，应该放在六年级比较合适。

因为该文的主题思想是两个方面,一是梅花的品格,一是老华侨的爱国精神,这二者是结合的。老华侨为什么眷恋祖国? 他在异国他乡奋斗一生,一定经过不少苦难,深深感到祖国的温暖。而他为什么那样爱梅花,对于梅花精神那样珍视? 作为小学生没有一定的历史知识是不好理解的。

再就是,我们的学生对于默读的训练不够,缺乏一定的历史知识,如果放手自学、讨论,恐怕难以收效。

基于以上两点,侯老师采取细读、熟读的方法,我认为是适合学生水平的。

阅读一篇文章,如果在语言上有所积累,这是阅读课的实效之一;如果在思想上有所悟,情感上有所动,心灵上有所净化,这是阅读课的实效之二;如果学到一点读、写方法,懂得作文必须"情动而辞发",这就是阅读课的实效之三。我认为侯老师的课,基本上从这三方面引导学生学习,在这三方面,学生是有所获得的。这就是一堂具有实际效果的课。

《草船借箭》教学设计

教学目标

1.通过读我国四大名著之一《三国演义》中的《草船借箭》（改编），使学生喜欢上四大名著。

2.点拨阅读方法，让学生初步感受到文章布局谋篇、遣词造句的绝妙。

3.朗读课文，读出说话人的不同语气。

教学时数

两课时。

教学过程

第一课时

一、谈背景，审清题目

师生谈故事背景。

要点：

1.《草船借箭》出自哪儿？

《草船借箭》这篇课文是根据古典长篇小说《三国演义》第四十六回"用奇谋孔明借箭"一段改编的。

2."三国"是哪"三国"？ 各国的代表人物是谁？

魏、蜀、吴。曹操是魏国丞相；诸葛亮是蜀国刘备手下军师；周瑜是东吴孙权手下的都督，鲁肃为赞军校尉。

3.当时，"三国"处在怎样的形势下？

当时，曹操大败刘备，又集结大军百万，陈兵江北，欲消灭孙权，吞并东吴。是和是战，孙权犹豫不决。刘备派诸葛亮出使东吴，说服孙刘两家联合破曹。

二、理思路，分出段落

1.指导学生理清思路，分出段落。

文章围绕"借箭"写了诸葛亮为什么要借箭（起因）；又写借箭前的准备（发展）；接着

写了怎样借箭(高潮);最后写借箭成功(结果)。

2.读课文,指导学生写出小标题。

答应借箭—准备借箭—草船借箭—借箭成功

三、抓主旨,圈出题眼

1.仔细思考,找出揭示全文主旨的重点语句。

(周瑜大吃一惊,长叹道:"诸葛亮神机妙算,我真比不上他!")

2.圈出关键词——题眼。(神机妙算)

3.理解"神机妙算"。

神、妙:形容高明。机、算:指计谋。"神机妙算"形容智谋特别高明。

四、为大局,答应借箭(学习第一部分)

1.开篇只一句话,看交代了几个问题。

读:周瑜对诸葛亮心怀妒忌。

(1)交代了故事的主人公是诸葛亮与周瑜。

(2)故事的起因就是周瑜妒忌诸葛亮。

2.师生谈周瑜"妒忌"诸葛亮的由来。

(1)理解"妒忌"。

(2)师生谈周瑜"妒忌"诸葛亮的由来。

①诸葛亮到东吴舌战群儒,智激周瑜,联合抗曹成功。周瑜心生妒忌,担心久之必为东吴之患,几欲杀诸葛亮,经鲁肃力劝才罢。

②《草船借箭》之前还有一个故事《蒋干盗书》。曹操派周瑜同窗蒋干过江劝降,周瑜施计使蒋干盗假书一封回报。信是假托曹操的两员水军都督写给周瑜的。内容有:"得其便,即将曹贼之首献于麾下。"曹操生性多疑,见信立马杀了两员大将。

周瑜为此自鸣得意,派鲁肃去探听诸葛亮是否知道此计谋。谁知,诸葛亮一见鲁肃便贺喜。原来诸葛亮早已知道周瑜所施计谋。诸葛亮嘱咐鲁肃在周瑜面前不要说自己知晓此事,怕周瑜心怀妒忌,又要寻事害自己。鲁肃虽答应了诸葛亮,但回去见了周瑜把诸葛亮"贺喜"一事如实说了。周瑜大惊,说:"此人决不可留!吾决意杀之!"鲁肃说:"若杀孔明,却被曹操笑也。"周瑜说:"吾自有公道斩之,叫他死而无怨。"要知何以"公道斩之?"今天咱们且读《草船借箭》。

3.默读第2自然段,讨论问题。

(1)周瑜是怎样为难诸葛亮的?诸葛亮是怎样面对的?画出有关语句,并揣摩两人内心。

①周瑜为难诸葛亮。

"水上交战,用什么兵器最好?"(明知故问)

"对……想请先生负责赶造十万支。这是公事,希望先生不要推却。"(逼入圈套)

(思考:为什么用"赶造",而不用"制造"?)

"十天造得好吗?"(步步紧逼)

"军情紧急,可不能开玩笑。"(置于死地)

②诸葛亮的态度。

"用弓箭最好。"(如实回答)

"都督委托,当然照办。"(诚恳接受)

"只要三天。"(将计就计)

"我愿意立下军令状。"(胸有成竹)

"到第三天,请派五百个军士到江边来搬箭。"(稳操胜券)

(2)这场智斗的结果如何? 谁输谁赢?

(学生意见必不一,争辩中,悟到诸葛亮"神机妙算"。)

(3)总结学法:抓对话,揣摩人物内心活动。

(4)分角色朗读。

五、做准备,私下借船(学习第二部分)

1. 速读第3、4、5自然段,分层抓要点。

生汇报要点:

(1)周瑜要求鲁肃做两点:

①不备齐造箭材料;

②探听诸葛亮的打算。

(2)诸葛亮请鲁肃做两点:

①请鲁肃备船;

②不让周瑜知道。

(3)鲁肃听谁的了?

①果然不提借船之事;

②周瑜疑惑起来。

(品"果然",可见诸葛亮料事如神。品"疑惑",显见周瑜在懵懂之中。)

2. 分析第二回合的智斗结果如何。

(诸葛亮:私下借船,准备借箭,"胜"。周瑜:"疑惑"不知如何,"败"。)

3. 诸葛亮让鲁肃备什么样的船? 诸葛亮提了几项要求? 把有关句子画出来。

（借船二十条；每条船上要三十多名军士；船要用青布幔子遮起来；要一千多个草把子，排在船的两边。）

4."自有妙用"，有何"妙用"？

（为学习借箭部分设下伏笔。）

第二课时

六、趁迷雾，草船借箭（学习第三部分）

1.读课文，看诸葛亮是怎样指挥二十条船借箭的。找出重点句，并概括小标题。

（出发—佯攻—受箭—凯旋）

2.思考诸葛亮的神机妙算表现在哪些地方。

（联系前文思考）

预设：

前文"只要三天"，后文"第三天大雾漫天"。（识天）

前文"让鲁肃备船"，后文鲁肃私自为诸葛亮备齐所有，"等诸葛亮调度"。（知人）

前文"曹操一定不敢派兵出来"，后文曹操下令"不要轻易出动"。（知人）

3.演示，品味船的妙用。

前后座同学，以铅笔盒为船，连接起来"一字摆开"。将前文借船的要求与现在的指挥借箭照应着读，看诸葛亮借的船有多少"妙用"。

（比一比哪组悟到的"妙用"多。）

学生抢答预设：

"一字摆开"，受箭面积大，二十条船横排远看显得多；"一千多个草把子，排在船的两边"，草把子松软易受箭，草把子排在两边，不易伤到船上士兵；"船用青布幔子遮起来"，可迷惑曹兵；草把子"排在船的两边"可两边受箭，保障船两边的重量平衡；先是"船头朝西，船尾朝东，一字摆开"受箭，后是"把船掉过来，船头朝东，船尾朝西"，江水从西流向东，被曹军发现后，船头朝东可"顺风顺水"驶回南岸；每船"三十多名军士"可以飞快划船；每船"三十多名军士"总共六百多名军士"擂鼓""呐喊"声势浩大；六百多名军士齐声高喊"谢谢曹丞相的箭"，既得了箭，又气了曹操，斗争艺术高超……

4.诸葛亮与鲁肃对比。

船出发后，诸葛亮与鲁肃神态有何不同？

鲁肃："你叫我来做什么？"（吃惊）

诸葛亮（谈笑）沉着指挥，成竹在胸。

5. 看插图,想象对话:(插图:诸葛亮、鲁肃相对把盏,谈笑风生。谈些什么呢?)

师扮鲁肃,生扮诸葛亮。

预设:

"鲁肃":诸葛先生真神人也!

"诸葛亮":岂敢!岂敢!

"鲁肃":您三天之前,怎么会料到今晨有大雾?

"诸葛亮":我只不过略懂天文,推测出今天必有大雾。

"鲁肃":原来先生可识天,借船时您为什么不让我们都督知道?

"诸葛亮":我深知你们都督妒忌我,想害我。

"鲁肃":原来先生早已看出我们都督妒忌您了,您怎么那么信任我,如果我告诉了都督您可怎么办?

"诸葛亮":我深知您忠厚,以大局为重,为了共同抗曹,您绝不会告诉你们都督的。

"鲁肃":谢谢您对我的信任。那您怎么知道曹操必不出兵,一定放箭呢?

"诸葛亮":曹操这个人本来疑心就大,大雾天,看不清虚实,就更不敢出兵了,只得放箭。

"鲁肃":先生知人、识天,再加上您的巧指挥,必然不费吹灰之力就得十万支箭。诸葛先生您真是神人也!

"诸葛亮":不敢当!不敢当!

七、船靠岸,如期交箭(学习第四部分)

1. 读最后一段,看讲了几点意思,分别找出与前文照应的句子,对照着读,然后谈顿悟。

(1)后文:二十条船靠岸的时候,周瑜派来搬箭的五百个军士已经等在江边了。

前文:从明天算起,到第三天,请派五百个军士到江边来搬箭。

(足见诸葛亮——神机妙算)

(2)后文:每条船有五六千支箭,二十条船总共有十万多支。

前文:你借给我二十条船……第三天管保有十万支箭。

(足见诸葛亮——神机妙算)

(3)后文:鲁肃见了周瑜,告诉他借箭的经过。

前文:诸葛亮秘密地把鲁肃请到船里。鲁肃问他:"你叫我来做什么?"

师生互动:"做什么"? 回去好请你鲁肃告诉周瑜借箭的经过。(足见诸葛亮——知人善用,神机妙算!)

箭是借的吗?(骗的)。那课题应改成《草船骗箭》,为什么还是叫《草船借箭》?(因为有借有还,交战时再还给曹操。以其人之"箭",还"射"其人之兵。足见诸葛亮——神机妙算!)

(4)后文:周瑜大吃一惊,长叹道:"诸葛亮神机妙算,我真比不上他!"

前文:周瑜对诸葛亮心怀妒忌。

师生互动:周瑜以"妒忌"开始,结果以"叹服"结束。(诸葛亮既借了箭,又教育了周瑜,保障了联合抗曹。足见诸葛亮——一石二鸟,神机妙算!)

2.文中几次提到"二十条船"?为什么反复提"二十条船"?

你借给我二十条船—鲁肃私自拨了二十条快船—诸葛亮吩咐把二十条船用绳索连接起来,朝北岸开去—二十条船靠岸的时候—二十条船总共有十万多支。

师生互动:反复提了几次"二十条船"?(五次)

为何反复五次提借船?(因为只靠二十条船就得了十万支箭。)

二十条船哪里来的?("借"的。)

这二十条船是公开借的吗?("私自"拨的。)

靠偷偷摸摸借的二十条船就得了十万支箭,可见诸葛亮如何?(神机妙算)

八、赞孔明,齐诵古诗

《三国演义》中有诗:

一天浓雾满长江,远近难分水渺茫。

骤雨飞蝗来战舰,孔明今日伏周郎。

总评 zongping

《草船借箭》一课是小说体裁,主要写诸葛亮草船借箭的故事。作者主要以对话形式,突出表现了诸葛亮的神机妙算。

侯秉琛老师教学这一课是成功的。他非常重视阅读理解,千方百计教学生读懂这篇课文。读懂一篇文章,主要是理解文章中字、词、句的含义,理解文章内容,能概括文章要点,能理解作者的写作意图。为此,教师采用指导学生初读—细读—深读的教学方法,并紧紧抓住两点:一是给学生创造读书的机会,使学生真正读书;二是指导学生读书方法。这里仅就指导学生读书方法,进行简要评述。

叶圣陶先生指出:"阅读方法不仅是机械地解释字义,记诵字句,研究文法修辞的法则,最要紧的还在多比较、多归纳、多揣摩、多体会,一字都不轻易放过,务必发现它的特

点。"侯老师就是遵照叶老的教导去做的。将教师的教法和学生的学法结合在一起,指导学生多种学法。主要有以下几种方法:

1.解题法。读书先要解题,因为文题和文章内容、中心思想有着密切的关系。教师指导学生理解文题中的重点词"借箭",提出围绕重点词写了什么,从而理解作者的思路和文章的主要内容。

2.理解思路法。也可称分析法,指导学生分析围绕文题的重点词写了什么。学生依据教师的引导,初步理清了作者的思路:为什么借箭(起因)— 借箭前的准备(发展)— 怎样借箭(高潮)— 借箭成功(结果)。这样一来,将全文按作者的思路分析清楚,在理清作者思路的基础上分段,使学生学会按作者思路分段的方法。

3.概括法。教师曾在几处引导学生进行概括性阅读。一种是对段或层的概括。如开头在分段基础上,要求学生概括文章要点;第二部分分层找要点;第三部分看诸葛亮是怎样借箭的,概括出每一自然段的小标题:出发—佯攻—受箭—凯旋。这种训练很重要,读过的书,只有把全文要点或每段、每节的要点掌握住,才能记忆吸收。另一种是把文中的一句或几句话加以概括,如第一部分第2自然段写周瑜和诸葛亮的对话,从这段对话中揣摩、概括两人的心理活动,形成鲜明的对照。这是对具体语言的概括性理解,也是对语言言外之意的深入理解。这两种概括性读法,都可以训练学生语言和思维的概括性。

4.对比法。教师很重视词句比较方法,指导学生从对比中理解。如第三部分借箭的过程,侯老师通过让学生读课文进行对比:鲁肃吃惊、诸葛亮谈笑,说明诸葛亮胸有成竹;诸葛亮谢箭、曹操上当,说明诸葛亮足智多谋。此外,还有周瑜和诸葛亮二人心理活动的对比,前后文联系对比等,都起到了加深学生理解的作用。

5.前后文联系读法。这是教师在本课中要教会学生读法的重点之一。在第三、四两个部分的教学中,都采用此法。如第三部分中,后文有第三天"大雾漫天""三天后等诸葛亮调度""不要轻易出动",读时要求和前文的"只要三天""让鲁肃备船""曹操一定不敢派兵来"对照,使学生进一步理解作者表现诸葛亮神机妙算的前后思路。第四部分中,后文有"二十条船靠岸……总共有十万多支",和前文"到第三天……到江边来搬箭"联系对比,再一次表现诸葛亮神机妙算。课文最后一句周瑜的长叹一声和开头周瑜对诸葛亮心怀妒忌的对照理解,帮助学生体会周瑜由妒忌到认输的心情,说明诸葛亮确是一位足智多谋的政治家。

6.理解关键句子读法。例如第二部分结束,教师提出:诸葛亮让鲁肃备什么样的船?诸葛亮提出几项要求?学生齐读。要求学生读课文并找出文中有关句子。运用这一方法找出关键句子,为借箭部分做好铺垫。

7.换词理解法。为了使学生对词句理解得准确,教师常采用换词理解法。如"赶造"

改换为"制造"加以比较,体会"赶"字在这里具有"逼迫"之意。

以上几项读法指导,教师重点抓了两项,一是抓对话体会人物心理活动,二是注意前后文联系。这两项读法,教师有意加以总结并要求学生掌握,学生要做到真正会用,还要不断练习。其他几项方法,教师虽然未加总结,但由于经常使用,时间长了,学生自然会从教法中学到学法。

此外还有两种方法运用得也很有效果。

1.演示法。第三部分"草船借箭"共有四小节,每一节都有一句写诸葛亮怎样指挥借箭的关键句子。教师让学生把这四句话画出来,读一读。再让学生把这四句指挥借箭的句子与诸葛亮借船的一小节对照读。之后,让学生用铅笔盒当船,前后座的同学把两三个铅笔盒连在一起,"一字摆开",看一看诸葛亮让的船有多少妙用。当时学生思维非常活跃,争相回答,先后共总结出十四项妙用。最后教师加以小结:一字摆开——受箭面大,横排远看显得多;两边草把——迷惑曹兵,草把子松软易受箭可两面受箭;回来顺风顺水。学生进一步体会出诸葛亮高妙的谋略。教师把读书、演示、谈话几种教学法结合运用,效果很好。

2.师生谈话法。第三部分的教学总结,教师不是简单概括,而是要求学生进行总结。然而教师又不是简单地要学生重复课文。此处,教师设计了一场师生扮演小说人物来想象对话:教师扮鲁肃,学生扮诸葛亮,通过鲁肃向诸葛亮提问启发学生一一作答,学生对此环节的设计兴趣极浓。通过谈话,总结第三部分。教师所设计的问题很有启发性。这次简短的对话可以起到这样几个作用:①检查学生理解课文的水平;②进一步明确本文的中心思想;③突出表现了诸葛亮(神机妙算——知人、识天)、周瑜(妒忌)、鲁肃(忠厚)、曹操(多疑)四人的性格,加深了对课文的理解;④进行了敏捷性训练和口头表达能力训练。

这两种方法侧重教师教法,但落实在了学生学法上。由于教师引导、启发得恰当,学生可对课文达到逐步深入的理解。

教师在处理课文四大部分的教法上,各有侧重:第一部分主要抓对话语言和人物心理的体会;第二部分主要抓重点要点,指导写小标题;第三部分主要抓重点句,演示、想象对话相结合来指导阅读;第四部分指导前后文联系读法。由于教法多样、学法多样,学生从始至终处于积极读书和思考之中。教法落实在学法上,教师的主导作用落实在学生主动积极的学习上,师生协调地完成了教学过程。

《景阳冈》教学设计

教学目标

1. 学习用精读、略读的方法读小说。

2. 通过言行感悟人物性格。

3. 用说评书的方法讲武松打虎。（复述）

教学过程

一、解题，谈小说读法

1.《景阳冈》出自何处？（四大名著之一《水浒传》）

2. 四大名著读过哪一部？谈谈小说读法。（精彩部分细致地读，多读几遍欣赏欣赏——精读；次要内容快速读，抓要点——略读。）

3. 三碗不过冈（略读。一目十行地读，连滚带爬地读。）

景阳冈武松打虎（精读。"一字未宜忽，语语悟其神。"）

二、略读，三碗不过冈

1. 考一考略读能力如何。

（1）"三碗不过冈"这部分，武松说话常带一"笑"，看有几处，迅速找出来。

（2）汇报：武松共有四次笑着说。

出示 PPT：

　　①武松笑道："原来恁地。我却吃了三碗，如何不醉？"

　　②走出门前来，笑道："却不说'三碗不过冈'！"手提梢棒便走。

　　③武松听了，笑道："我是清河县人氏，这条景阳冈上少也走过了一二十遭，几时见说有大虫！你休说这话来吓我！便有大虫，我也不怕。"

　　④武松看了，笑道："这是酒家诡诈，惊吓那等客人，便去那厮家里宿歇。我却怕甚么！"

2. 品"四次"笑谈。

（1）品一品"一、二笑谈"。读——

出示PPT：

　　武松笑道："原来恁地。我却吃了三碗,如何不醉?"

　　走出门前来,笑道："却不说'三碗不过冈'!"手提梢棒便走。

（英雄海量,爽直倔强）

①"笑"谈什么?（酒）

②武松对"三碗不过冈"怎样看?（读:武松笑道："原来恁地。我却吃了三碗,如何不醉?"　走出门前来,笑道："却不说'三碗不过冈'!"手提梢棒便走。）

③可见武松如何?（引领:英雄海量,爽直倔强）

师(插酒文化):

《水浒传》中有浓浓的酒文化。《水浒传》之前的文学作品中多写文人喝酒,或浅斟低唱,或豪饮高歌,表现的是文人墨客的雅趣。自打《水浒传》开始,英雄豪杰,绿林好汉,走进了乡间酒家、城镇酒肆。大碗喝酒,论斤吃肉,表现的是英雄好汉的豪放。武松说过："你怕我醉了没本事。我却是没酒没本事。带一分酒,便有一分本事;五分酒,五分本事。我若吃了十分酒,这气力不知从何而来。"这里写武松怎样喝酒?（预设生:写武松大碗喝酒,大块吃肉。这实则告诉我们武松是——英雄也。）

（2）品一品"三、四笑谈"。

①"笑"谈什么?（虎）

②一般人谈虎会怎样?（谈虎色变）

③武松谈虎如何?（谈笑风生,谈笑自若）

④足见武松此人如何?（引领:血气方刚,骁勇无惧）

出示PPT：

　　武松听了,笑道："我是清河县人氏,这条景阳冈上少也走过了一二十遭,几时见说有大虫!你休说这话来吓我!便有大虫,我也不怕。"

　　武松看了,笑道："这是酒家诡诈,惊吓那等客人,便去那厮家里宿歇。我却怕甚么!"

（血气方刚,骁勇无惧）

虎

（3）分角色读笑谈。

酒家道："……但凡客人来我店中吃了三碗的，便醉了，过不得前面的山冈去。因此唤做'三碗不过冈'。……"

武松笑道："原来恁地。我却吃了三碗，如何不醉?"

（齐）（武松）绰了梢棒，立起身来道："我却又不曾醉。"走出门前来，笑道："却不说'三碗不过冈'!"手提梢棒便走。

酒家道："……这早晚正是未末申初时分，我见你走都不问人，枉送了自家性命……"

武松听了，笑道："我是清河县人氏，这条景阳冈上少也走过了一二十遭，几时见说有大虫! 你休说这话来吓我! 便有大虫，我也不怕。"

（武松）抬头看时，上面写道："近因景阳冈大虫伤人，但有过往客商，可于巳、午、未三个时辰，结伙成队过冈。请勿自误。"

武松看了，笑道："这是酒家诡诈，惊吓那等客人，便去那厮家里宿歇。我却怕甚么!"

3. 武松不听店家好心劝告，"乘着酒兴，只管走上冈子来"。

读：（见榜文）武松读了印信榜文，方知端的有虎。欲待发步再回酒店里来，寻思道："我回去时，须吃他耻笑，不是好汉，难以转去。"

存想了一回，说道："怕甚么! 且只顾上去，看怎地!"

品：

师：两句话的主要意思是什么?（尊严胜于生命。）

可见武松性格如何?（明知山有虎，偏向虎山行。英雄的神威。）

4. 师生共赏英雄上山冈肖像照。

读：武松正走，看看酒涌上来，便把毡笠儿背在脊梁上，将梢棒绾在肋下，一步步上那冈子来。回头看这日色时，渐渐地坠下去了。

预设：

师：好美呀!

师：读一读，品一品动词之美。

（生读）

品:

师:赞美赞美英雄的身姿。(众生:飒爽英姿。雄赳赳,气昂昂。)教你一词:豪健。

师:一连串的动词让我们感受到英雄的生命的动感。

师:再看看背景。

生读:回头看这日色时,渐渐地坠下去了。

师:这是怎样一幅画?

(生1:红日映英雄,英雄衬红日。)

(生2:夕阳下,走上有虎的山冈,悲壮。)

师引领:我想到毛泽东主席的一句诗:"苍山如海,残阳如血。"

点拨:青山起伏,像海的波浪;夕阳鲜红,像血一样的颜色。

生:苍凉之美。

三、精读,武松景阳冈打虎

(一)老虎出场。

读:只见发起一阵狂风来。那一阵风过处,只听得乱树背后扑地一声响,跳出一只吊睛白额大虫来。

师插:这虎,好——(生:厉害、凶猛、威猛)

读:武松见了,叫声:"呵呀!"从青石上翻将下来,便拿那条梢棒在手里,闪在青石边。

师插:武松,好——(生:机敏、机灵、敏锐)

师:这才叫读小说,心情跟着小说的情节一起起伏。

(二)人虎决战三回合。

师:人虎决战几回合?(划分层次:三回合。)

第一回合:

1.默读:思考虎用了哪些招数,武松怎样应对。

第一招:大虫"一扑"——武松"一闪"。

第二招:大虫"一掀"——武松"一躲"

第三招:大虫"一剪"——武松"一闪"

2.大虫、武松双方在应对中的气势如何?

一扑:

那个大虫又饥又渴,把两只爪在地下略按一按,和身望上一扑,从半空里撺将下来。

武松只一闪,闪在大虫背后。

引领:

师:双方气势如何?

点拨:扑:用力向前冲,全身伏向。(《汉语大字典》)

(预设生:

大虫:"又饥又渴""按—扑—掀"——饿虎扑食,气势汹汹。

武松:一闪,闪在大虫背后。)

二掀:

大虫背后看人最难,便把前爪搭在地下,把腰胯一掀,掀将起来。武松只一躲,躲在一边。

师:双方气势如何?

点拨:掀:翘起。(《汉语大字典》)

结合句意:腰胯一掀,像尥蹶子,颠屁股。

(预设生:

大虫:背后看人最难,但又不甘示弱,只能无可奈何地把腰胯一掀——不甘示弱,无可奈何。

武松:一躲,躲在一边。)

三剪:

大虫见掀他不着,吼一声,却似半天里起个霹雳,振得那山冈也动。把这铁棒也似虎尾倒竖起来,只一剪。武松却又闪在一边。

师:双方气势如何?

点拨:剪:挥动。(《汉语大字典》)

(预设生:

大虫:"吼一声"像"霹雳""振得那山冈也动"。多了一声"吼",气急了,虎尾"倒竖"一剪——气急败坏,恼羞成怒。

武松:又闪在一边。)

3.短评:双方气势如何?谁略胜一筹?

(预设:虎,盛气凌人,势不可当。但白白耗费了力气。武松,在猛虎面前一闪再闪,避开了大虫的突然袭击,躲过了大虫的凌厉攻势,挫伤了大虫的锐气,表现出机智敏捷,显然武松略胜一筹。)

师:弱势的武松,何以略胜一筹?(生议)

揭示:

避其锐气,击其惰归。(《孙子兵法·军争篇》)(避开敌人来犯时的凶猛气势,等到敌人疲劳、松懈退回时予以痛击。)

师生评论:武松原来是用了孙子兵法的策略:避其锐气,击其惰归。

第二回合:

1. 赔了力气的大虫,哪肯罢休。

读:原来那大虫拿人,只是一扑,一掀,一剪,三般提不着时,气性先自没了一半。那大虫又剪不着,再吼了一声,一兜兜将回来。

2. 第二回合开始。

(1)武松如何迎战?

读中评点。

读:武松见那大虫复翻身回来,双手轮起梢棒,尽平生气力,只一棒,从半空劈将下来。师插:夸赞一声——生:好!

读:只听得一声响,簌簌地将那树连枝带叶劈脸打将下来。定睛看时,一棒劈不着大虫。原来慌了,正打在枯树上,把那条梢棒折做两截,只拿得一半在手里。师插:慨叹一声。——生:哎!

(2)师生议。

预设:

师:为何叫好?(生:武松反击了。)

师:为什么"哎"?(生1:遗憾,机会失掉了。生2:可惜,唯一的武器"梢棒"剩了一半。)

3. 第二回合结果如何?(结果武松两失:一是失手没中;二是失了半截棒。)

第三回合:景阳冈武松打虎

1.读:那大虫咆哮,性发起来,翻身又只一扑,扑将来。武松又只一跳,却退了十步远。那大虫却好把两只前爪搭在武松面前。

师:大虫把两只前爪搭在武松面前了。武松怎么办?(武松丢下半截梢棒,打虎开始。)

2.师:作者用了几个动词写打虎?妙在哪里?(揪、按、踢、打。)

(1)打虎只用四个动词:揪、按、踢、打。

武松将半截梢棒丢在一边，两只手就势把大虫顶花皮揪住，一按按将下来。那只大虫急要挣扎，早没了气力。被武松尽气力纳定，那里肯放半点儿松宽。武松把只脚望大虫面门上、眼睛里只顾乱踢。那只大虫咆哮起来，把身底下扒起两堆黄泥，做了一个土坑。武松把那大虫嘴直按下黄泥坑里去。那大虫吃武松奈何得没了一些气力。武松把左手紧紧地揪住顶花皮，偷出右手来，提起铁锤般大小拳头，尽平生之力，只顾打。

（2）品"揪"妙在哪儿。

预设：

（就势"揪"顶花皮，可见武松机敏。揪住大虫头皮，就揪住了要害之处。）

"揪"了几次？

预设：

（从开头"揪"到尾，还紧紧地"揪"，让虎处于被动，不能反扑。）

（3）品"按"妙在哪儿。

预设：

（① "一按按将下来"，大虫的头动弹不得。

② "纳定"，大虫挣扎不了。

③ "按下黄泥坑里去"，大虫纹丝不能动。嘴张不开，咬，咬不到；眼睁不开，看，看不见；鼻子堵住，气，喘不出。

④这黄泥坑谁挖的？）

预设：

（大虫自掘坟墓。

真是奇绝妙绝！"那大虫咆哮起来，把身底下扒起两堆黄泥，做了一个土坑"，正好埋自己的头。

这叫虽出人意料，却全在情理之中。妙!）

（4）品"踢"之奇绝。

为何先踢不打？ 为何必踢眼睛？

预设：

（虎拼命挣扎，武松双手放松不得，只得脚踢。

别处踢而不入，踢"眼"最绝妙，一双眼恰似一对葡萄珠，脚到珠迸。）

（5）品点睛之笔："打"。

① 怎样打？

读：武松把左手紧紧地揪住顶花皮，偷出右手来，提起铁锤般大小拳头，尽平生之力，只顾打。

②把老虎打得怎样？

读：打得五七十拳，那大虫眼里、口里、鼻子里、耳朵里都迸出鲜血来。那武松尽平昔神威，仗胸中武艺，半歇儿把大虫打做一堆，却似躺着一个锦布袋。

（6）欣赏精彩一笔。

①为何"里"字排叠？（强调：七孔——七窍出血）

②为何用"迸"出鲜血，而不用"流"出鲜血？

迸：散走也。（《说文·辵部》新附）译：奔散，逃散。引申：喷射而出，溅出。

③再读：打得五七十拳，那大虫眼里、口里、鼻子里、耳朵里都迸出鲜血来。那武松尽平昔神威，仗胸中武艺，半歇儿把大虫打做一堆，却似躺着一个锦布袋。

3.朗读，感受打虎节奏之美。读——

生1：（武松就势）揪住——

生2：按下——

生3：纳定——

生4：按下黄泥坑里

生5：左手揪住——

生6：右手只顾打——

齐：大虫眼里、口里、鼻子里、耳朵里都迸出鲜血来。

预设：

（师：打得怎样？

生1：打得节奏铿锵。

生2：打得痛快淋漓。

生3：打得势如破竹。）

出示PPT：

故善战者，其势险，其节短。（《孙子兵法·势篇》）

点拨："势险"，就是气势要迅猛；"节短"，就是节奏要短促。

生：就是我们刚才说的，武松徒手打虎，靠的是气势猛，节奏快。

生：前两回合虎占上风，就是它的气势逼人。第三回合武松揪住虎头打，灭掉了虎的威风，压住了它的气势。

4.师生品动词简约之美。

生读板书：揪，按，踢，打。

计数:1、2、3、4。

师生评:

预设:

(四个动词,打死一只景阳冈老虎,成了名著名段。可见汉字——简约之美。)

(三)生说评书:武松打虎。(复述)

四、尾声回味无穷尽

1.师:落幕,落在哪个场景上?

读:武松再来青石坐了半歇,寻思道:"天色看看黑了,倘若又跳出一只大虫来时,我却怎地斗得他过?且挣扎下冈子去,明早却来理会。"就石头边寻了毡笠儿,转过乱树林边,一步步挨下冈子来。

(1)关键词语:一步步挨下冈子来。(疲惫不堪)

(2)回顾,武松上山冈光彩画面。

读:武松正走,看看酒涌上来,便把毡笠儿背在脊梁上,将梢棒绾在肋下,一步步上那冈子来。回头看这日色时,渐渐地坠下去了。

①咱们也读写结合一把,写个"光彩"的武松下山冈的画面。

(预设:

生写例句:大踏步走下冈来;雄赳赳走下冈来……

生评:这样的结尾有点虚假。一场鏖战,耗尽了武松的精力,还怎能"雄赳赳走下冈来"?这反而损害了武松的形象。)

②请看清人金圣叹的点评:

写极骇人之事,却尽用极近人之笔。

骇人之事:惊心骇目的事。

用极近人之笔:写得入情入理。

③师生议:结合武松打虎,谈谈你们的理解。

(预设:

生:武松打虎,人虎相搏,写得险象环生,惊心动魄,这是惊心骇目之事。

生:作者没瞎掰,老虎是真厉害,才显出武松是真英雄,这才合情合理。

师:正因"武松打虎"写得真实可信,不歪曲夸大,不故弄玄虚,武松的形象才神采飞扬,永葆艺术的生命力。)

2.与施耐庵对话。

师：作家施耐庵知道我们正读"景阳冈武松打虎"，他想与同学们讨论几个问题。

施：我写"武松打虎"，开始却用一大段写"三碗不过冈"，为何？

（预设：喝酒，是显示武松英雄海量；谈虎，是表现武松骁勇无惧。全是为打虎做铺垫。）

施：我写武松，酒后醉得"踉踉跄跄"，见虎惊得"酒都做冷汗出了"，你们不觉得有损英雄形象吗？

（预设：虎突然袭击，武松紧张惊愕，是渲染虎的猛；转瞬间武松挥棒迎战"猛虎"，方显出英雄的风采。）

施：人虎相遇，虎一扑、二掀、三剪。我却写武松一闪、一躲、又一闪，你们知道我有何用意吗？

（预设：一扑、二掀、三剪，渲染了虎的猛、凶、狠；一闪、一躲、又一闪，让我们看到了武松"避其锐气，击其惰归"的机警敏捷。）

施：我写武松关键时刻打虎失手，梢棒折断，是何目的？

（预设：梢棒折断，才逼出"武松打虎"。您这是为武松赤手空拳打虎找契机。这是个大转折——武松反击了。）

施："武松打虎"是重点段，我才用了四个动词，两百多字，是不是少了些？

（预设：罗贯中写的周瑜，是"谈笑间，樯橹灰飞烟灭"，您笔下的武松是弹指一挥间，大虫气息奄奄。武松——英雄也！）

施：哈哈！你们是读了我的故事，还取了我写故事的秘籍，后生可畏。

（预设：哪里，哪里，只是学了点讲故事的方法而已。）

◤ **总评** zongping

　　《景阳冈》是一篇小说的节选。小说的教法多种多样，但大多数就是让学生读读，体会一下文中的人物形象、思想等。可是侯秉琛老师执教的这篇《景阳冈》的特点是教给学生读书方法。这篇文章主要分两大部分，前一部分采用略读法教学，后一部分采用精读法教学。学生掌握了读书方法，才能读得好、读得快；同时，从阅读中体会作者的写作方法，才能写得好。侯老师的《景阳冈》教学设计，主要体现在阅读教学中让学生学习读书、写作，从而学习如何读小说，感受武松打虎的英勇气概，以完成最基本的教学任务。

一、略读法教学

什么叫略读？略读并不是马马虎虎地读。如果说精读的目的在于教给学生读书方法，形成阅读能力，那么略读的教学目的，就在于让学生运用已掌握的精读方法提高阅读能力。所以略读训练必须在精读的基础上进行，因为学生已受过一定的精读法训练，此课开始略读课文前一部分，可运用学生已经掌握的精读法。

略读的目的，第一，要读得快；第二，要理解内容。侯老师在这堂课上的略读指导，就是依据这两项教学目的进行的。他让学生略读课文的前半部分，要求学生要读得快，并提出问题，检查学生读后是否理解。即提出一个问题："三碗不过冈"这部分中武松四处笑谈的内容是什么？第一、二次笑谈内容——谈酒。侯老师在此处通过文人墨客和英雄豪杰喝酒的不同，突出了武松的酒量之大。这样就检查了学生是否抓住了武松笑谈的内容，从而体会武松对于酒的英雄海量。接着提出第三、四次笑谈内容——谈虎。在这里使用了对比法：平常人谈虎——谈虎色变；武松谈虎——谈笑风生，谈笑自若，学生可以感悟到武松的血气方刚、英勇。这四次笑谈的讲解让学生理解了武松打虎和他的酒量之间的关系。最后教师又让学生品了武松"明知山有虎，偏向虎山行"的英雄气概。这几段内容的理解为学习下文武松打虎做了扎实的铺垫。略读课就要向学生提出问题，通过提问来了解学生是否理解了内容，是否感悟到了文中人物的性格特征等。

二、精读法教学

精读法就是要读得精细，深入理解，掌握读书方法，形成独立阅读的能力。叶圣陶先生曾说："应当条分缕析的，能够条分缕析；应当综观大意的，能够综观大意；意在言外的，能够辨得出它的言外之意；义有疏漏的，能够指得出它的疏漏之处；到此地步，阅读书籍的习惯也就差不多了。"这就是精读法的要领，侯老师的精读法教学就是这样训练学生的，依据叶老提出的"一字未宜忽，语语悟其神"的精读要求，进行精读法教学。

1.读得精细。精读"武松景阳冈打虎"这一部分课文，必须读得精细。精细就是要将字、词、句、段都读明白。侯老师将这部分课文分为"老虎出场—人虎决战三回合—尾声"三部分，每一部分的字、词、句都指导学生认真阅读、思考，而且特别重视一些词语的用法，例如品动词的运用之妙：在武松打虎第一回合时，老虎用了"一扑、一掀、一剪"来扑杀武松，侯老师对于"扑、掀、剪"及武松的"一闪、一躲、又一闪"都做了详细的解释。其次，如对"按下、纳定"的解释；体会"里"字的排叠，那只大虫眼里、口里、鼻子里、耳朵里都迸出血来，以强调大虫被打得七窍出血等，都引导学生进行了较详细的解释和体会。说明精读之细。

2.读得精深。所谓精深,就是要"语语悟其神",不仅要读懂字面含义,还要引导学生读出字面背后的含义。学生先读课文,然后教师引导学生悟出这段文字所表达的内涵,提出要点,感悟精神,例如老虎出场,学生读第一段,学生读完,教师插话:这虎,好——学生悟出"厉害、凶猛、威猛";下面学生接着读,教师又插话:武松,好——学生悟出"机敏、机灵、敏锐"。这一对比,说明老虎的凶猛和武松的机智、敏锐。

又如,学生通过读,理解了武松打虎的三个回合中,老虎杀人只有三招,武松以战法应对,提高了概括能力。学习第一个回合时,教师提出问题,让学生思考:老虎用了哪些招数?武松怎样应对?学生概括出:"大虫用了三招:一扑、一掀、一剪。"读到此处,教师又向深引入:"一扑"说明饿虎捕食,气势凶猛——饿疯了;"一掀"说明不甘示弱,无可奈何——恼透了;"一剪"说明气急败坏,恼羞成怒——气急了。这一设计,就引导学生读出了字面背后的含义。此时,武松怎样应对呢?武松用了"一闪、一躲、又一闪",说明武松的机智敏捷。经过三个回合,老虎伤了锐气。这时教师指出:武松的战法虽然很简单"一闪、一躲、又一闪",但是他用了孙子兵法中的"避其锐气,击其惰归",这就使学生进一步理解了武松打虎是有战法的。第二个回合,使学生理解武松失手、失了半截棒,但是武松并没有泄气,继续猛打,说明武松的勇气十足。第三个回合,使学生体会武松打虎时的绝招,猛打老虎的头部,用了"揪、按、踢、打"的动作,使学生品味用词之妙。四个动词打死一只景阳冈老虎,成为名著名段,可见汉字简约之美。

3.读得精实。侯老师的这堂课,学生不仅理解了武松为什么能把老虎打死,感受到武松的英勇,更主要的是,每一步都落实在学生的听、读、思、说、写的能力训练上,尤其训练了说与写的能力。

训练说的能力。除了课中学生的回答问题之外,最后,让学生依据说评书的方法,说一说武松打虎这个片段。这不仅检查了学生是否真正理解了武松打虎的精神,激发了学生的读书兴趣,而且激发了学生说评书的兴趣,提高了学生说的能力。

训练写的能力。先是在课堂的尾声,请学生"写个'光彩'的武松下山冈的画面"。预设——有的学生写了例句:大踏步走下冈来;雄赳赳走下冈来……有的学生写出:武松把猛虎打死,心里很高兴!但是他已精神疲惫,慢悠悠地走下冈来……教师请学生评讲哪位同学写得好,大家都赞成第二个同学写得合情合理。此时,侯老师提出金圣叹的点评:"写极骇人之事,却尽用极近人之笔。"正因为老虎是真厉害,才显出武松是真英雄,这才入情入理。正因为"武松打虎"写得真实,入情入理,才真实地显示了武松形象的神采。

最后,教师又设计了学生和作者施耐庵的想象对话。此活动一方面检测学生对课文的理解,一方面使学生进一步学习作者的写作方法。第一,骇人之事,写得入情入理。如果没有第一部分武松喝酒以及与酒家的对话,写出武松酒量之大,武松能把老虎打死吗?说明前一部分和后一部分之间的紧密衔接关系。第二,武松打虎是只凭着力气大吗?不是,他是有战法的。第三,写武松关键时刻打虎失手是何目的?是让学生明了写故事要写得跌宕起伏才能引人入胜。第四,写武松打虎只用了四个动词,可谓惜墨如金,学生写作要文字简练。所以作者写作之前,思考很细致,有他的写作思路,写下来很自然,让你感受不到事先的准备,这就是写作的功夫。从这项教学设计中,可以看到侯老师教学之用心,学生在与作者的对话中,不仅启发了想象力,而且从作者的语言中学习到了写作的方法。

这是《景阳冈》课文的教学设计,在实际教学中还要依据学生的学习情况灵活运用。

《猴王出世》教学设计

1. 读《猴王出世》,漫话《西游记》。

2. 精读学习欣赏词句之美,略读培养概括能力。

3. 喜欢读四大名著之一的《西游记》。

教学过程

一、审课题,话西游

1. 师生谈。

出示PPT:

这是演什么(类型)的电视剧?(神话剧)

要是小说叫——(神话小说)鲁迅先生把它叫——(神魔小说)

文学史专家林庚教授是这样描绘的:动物世界、儿童的游戏性、天真的童心与非逻辑的想象,这一切形成了弥漫在《西游记》中的童话的气氛。

2. 师生谈。

知道了是"神魔小说",接着马上会问什么?(这神话小说有趣吗? 好看吗?)(有趣、好看。)鲁迅先生称它为"谐剧"。

出示PPT:

61

作者禀性,"复善谐剧",故虽述变幻恍惚之事,亦每杂解颐之言,使神魔皆有人情,精魅亦通世故,而玩世不恭之意寓焉。(鲁迅《中国小说史略》)

读读看,你一定能读懂鲁迅先生这段话。(生读)

师生谈:

《西游记》多逗哏儿,是滑稽、诙谐的剧,学名叫"谐剧"(一种介于曲艺与戏剧之间的艺术形式,由一人扮演角色,内容多风趣幽默)。"每杂解颐之言",在讲故事的过程中,总加上点逗你开颜欢笑的话。(解颐:开颜而笑。颐,面颊。)这些笑话使神魔都有了人情,妖精鬼魅也通人情世故,在这神魔鬼怪的故事中往往隐含着轻视和嘲弄当时的礼法或对现实的不满。(你们能读懂吧?读四大名著,查查资料有助于我们阅读。)

3. 师生谈。

《西游记》的第一回是:"灵根育孕源流出,心性修持大道生。"课本节选了前一部分"灵根育孕源流出"并略有改动。

二、仙石迸,石猴出

1. 听老师说评书。

师仿评书人读:海外有一国土,名曰傲来国。国近大海,海中有一座名山,唤为花果山。

师:听着是否有点似曾相识,这种讲法仿佛在哪儿听过,听谁这样讲过。(……从前有座山,山上有座庙,庙中有个老和尚……老奶奶讲神话故事的开头讲法。)

2. 你发现句子有什么特点了吗?

前一个"国"牵出后一个"国"……读时努力读出节奏感,旋律美。(不讲"顶真"修辞,只在读中悟语言之美。)

3. 列位我下面必讲什么故事?你期待什么?(那花果山怎样神奇?)

师读:那座山正当顶上,有一块仙石。其石有三丈六尺五寸高,有二丈四尺围圆。

师:神奇吗?(生争论神或不神。)

师:神不神,看你历法知多少?

师生议:"三丈六尺五寸"应了地球绕太阳一周是365天—— 一年;"二丈四尺"应了一年有二十四节气。《西游记》原文:"三丈六尺五寸高,按周天三百六十五度;二丈四尺围圆,按政历二十四气。"

4. 用说书的语气读,读得神乎其神。

海外有一国土,名曰傲来国。国近大海,海中有一座名山,唤为花果山。

那座山正当顶上,有一块仙石。其石有三丈六尺五寸高,有二丈四尺围圆。

5. 师继续说书。

四面更无树木遮阴,左右倒有芝兰相衬。盖自开辟以来,每受天真地秀,日精月华,感之既久,遂有灵通之意。

师:列位你仿佛来到了什么境界? 从哪儿可见?

生读:四面更无树木遮阴,左右倒有芝兰相衬。盖自开辟以来,每受天真地秀,日精月华,感之既久,遂有灵通之意。

(一股仙气向我们扑来。一些语句是专用来描述仙境的:

①芝兰:古代用来象征祥瑞。

②天真地秀:即天地真秀,天地间最精淳、最秀丽的灵气。

③日精月华:即日月精华,日月的光辉。)

6.灵根孕育奇迹出,请圈出下句中惊天动地的一字。

内育仙胞,一日迸裂,产一石卵,似圆球样大。因见风,化作一个石猴。

(1)生圈出并齐读"迸"。

出示PPT:

    (金文大篆)   (小篆)

(2)解"迸"。

①金文大篆 ⬚ 中的 ⬚(并)表示合在一起。加上"辶"(走之底)就表示,本是合在一起的走散了。

②词的本义《说文·走部》新附解:迸,散走也。译:奔散,逃散。

③由本义的"散走,奔散"可引申出:爆开,断裂;涌出,喷射;弹,跳。

(3)我们想象那情景是怎样惊心动魄吧! (那山石一时间"爆开,断裂";"散走,奔散";似洪水涌出,喷射;一石卵从乱石中"弹出"。)

7.请一生用说书人语气读这段话,全体想象你眼前跳出一只怎样的猴。只填一字,(神)猴,有神性的猴。

海外有一国土,名曰傲来国。国近大海。海中有一座名山,唤为花果山。那座山正当顶上,有一块仙石。其石有三丈六尺五寸高,有二丈四尺围圆。四面更无树木遮阴,左右倒有芝兰相衬。盖自开辟以来,每受天真地秀,日精月华,感之既久,遂有灵通之意。内育仙胞,一日迸裂,产一石卵,似圆球样大。因见风,化作一个石猴。

8.读下面一段话,你眼前会出现一只什么样的猴? 再品品语言之美。

63

那猴在山中,却会行走跳跃,食草木,饮涧泉,采山花,觅树果;与狼虫为伴,虎豹为群,獐鹿为友,猕猿为亲;夜宿石崖之下,朝游峰洞之中。

一品:品动词之美

大声朗读下面的句子,先点出三字语中的动词,说说你看到怎样一幅画面。你眼前出现一只什么样的猴。(仿佛看到一只在山林中行走跳跃、采着野果,机灵、敏捷、顽劣的猴。)

再品品动词之美,(动词在前,三字一句,读起来,猴是跳动的,有节奏感的。)

那猴在山中,却会行走跳跃,食草木,饮涧泉,采山花,觅树果。

二品:品搭配之当

与狼虫为伴,虎豹为群,獐鹿为友,猕猿为亲。

看看"伴""群""友""亲"分别与谁搭配,谈谈搭配之当,你觉得这是怎样的一只猴?

师生谈:

狼虫为伴

虎豹为群

獐鹿为友

猕猿为亲

动物 + 关系

前面两字写的是什么动物,后面一字表明什么关系,用"为"衔接,一个四个字的短语。妙在——

简洁。"伴""群""友""亲"与前面的动物搭配,道出了石猴与七类动物的关系。

精准。"獐鹿"均温顺,与它们为友;"猕猿"是同类,自然为亲;"狼虫""虎豹"虽凶恶,"我"不招惹它,也不怕它,与它们为伴为群,相安无事。由此可见石猴处事的精明与胆略。

三品:品对仗之美

夜宿石崖之下,

朝游峰洞之中。

师生谈:

对偶句:看上去对得整齐(整齐美),读起来有节奏(音乐美),既简洁又形象地用12字道出石猴生活在山野之中的情景,有简洁、凝练之美。

9. 朗读石猴山野生活一段,用一字形容这是一只什么样的猴。(野猴,具有十足猴性的猴。)读:

那猴在山中,却会行走跳跃,食草木,饮涧泉,采山花,觅树果;与狼虫为伴,虎豹为群,獐鹿为友,猕猿为亲;夜宿石崖之下,朝游峰洞之中。

三、群猴拜,美猴王

师:我们精读了石猴出世,感受到了石猴出世之神奇,品到了语言之优美。

现在我们略读下文石猴称王的三个自然段。默读这三个自然段,迅速捕捉每段的点睛之笔(关键句),然后汇报交流。

1.课文第2自然段,点睛之笔:

碣上有一行楷书大字,镌着"花果山福地,水帘洞洞天"。

段意:石猴发现"花果山福地,水帘洞洞天"。

2.课文第3自然段,点睛之笔:

"我们都进去住,也省得受老天之气。"

段意:为了少受老天之气,石猴带群猴搬进水帘洞。

3.课文第4自然段,点睛之笔:

自此,石猴高登王位,将"石"字儿隐了,遂称美猴王。

段意:石猴将"石"字儿隐了,遂称美猴王。

4.三个段落合成一大段,应以哪句为段意?

自此,石猴高登王位,将"石"字儿隐了,遂称美猴王。

5.阅读与欣赏。

一读,溯源瀑布飞泉:

一女生读:一朝天气炎热,与群猴避暑,都在松阴之下顽耍。

一男生读:一群猴子耍了一会,却去那山涧中洗澡。见那股涧水奔流,真个似滚瓜涌溅。

生齐读:古云:"禽有禽言,兽有兽语。"众猴都道:"这股水不知是那里的水。我们今日赶闲无事,顺涧边往上溜头寻看源流,耍子去耶!"

师读:喊一声,都拖男挈女,唤弟呼兄,一齐跑来,顺涧爬山,直至源流之处,乃是一股瀑布飞泉。

二读,水帘洞的景色(补充原著中对水帘洞景色的描写文字):

师引读:好壮观的瀑布啊!

女齐读:一派白虹起,男齐:千寻雪浪飞。

女齐读:海风吹不断,男齐:江月照还依。

女齐读:冷气分青嶂,男齐:余流润翠微。

生齐读:潺湲名瀑布,真似挂帘帷。

三读,石猴三思而行:

师引读:众猴拍手称扬道:

生齐读:"好水!好水!原来此处远通山脚之下,直接大海之波。"

男齐读:"那一个有本事的,钻进去寻个源头出来,不伤身体者,我等即拜他为王。"

女齐读:"那一个有本事的,钻进去寻个源头出来,不伤身体者,我等即拜他为王。"

生齐读:"那一个有本事的,钻进去寻个源头出来,不伤身体者,我等即拜他为王。"

师读:连呼了三声,忽见丛杂中跳出一个石猴,应声高叫道:

一男生读:"我进去!我进去!"

思考:众猴三呼后,石猴才应,由此让我们联想到哪一个成语?(三思而行)由此可见石猴处事怎样?(石猴遇事三思而行,绝非鲁莽之辈。)

点拨:

季文子三思而后行。子闻之,曰:"再,斯可矣。"(《论语·公冶长》)

大意:季文子(鲁国正卿)考虑再三而行动。孔子听说这事说:"两次,这就可以了。"成语"三思而行",意思是反复考虑后再去做。

四读,喜见洞天福地:

生齐读:他瞑目蹲身,将身一纵,径跳入瀑布泉中,忽睁睛抬头观看,那里边却无水无波,明明朗朗的一架桥梁。

一生读:他住了身,定了神,仔细再看,原来是座铁板桥。桥下之水,冲贯于石窍之间,倒挂流出去,遮闭了桥门。却又欠身上桥头,再走再看,却似有人家住处一般,真个好所在。

一生读:看罢多时,跳过桥中间,左右观看,只见正当中有一石碣。

生齐读:碣上有一行楷书大字,镌着"花果山福地,水帘洞洞天"。

读上面句子中加点的字,哪一字最能表现出石猴的艺高胆大,毫不犹豫?(径)

出示 PPT:

徍　徑　徑

(金文大篆)　(繁体隶书)　(小篆)

师解"径":

径:步道也。(《说文解字》)

"彳"表示街道,"坙"表示直的经线。

"徑":像经线一样直的人行小路。

引申:径直;疾速。

生议:"径跳入瀑布泉中",意思是径直跳入瀑布泉中(可见石猴毫不犹豫),急速跳入瀑布泉中(可见石猴艺高胆大)。若没有石猴"径跳入瀑布泉中",世人哪还见得着福地洞天?

五读,准备乔迁省得受气:

一生读:石猴喜不自胜,急抽身往外便走,复瞑目蹲身,跳出水外,打了两个呵呵道:"大造化! 大造化!"

生齐读:众猴把他围住,问道:"里面怎么样? 水有多深?"

一生读:石猴道:"没水! 没水! 原来是一座铁板桥。桥那边是一座天造地设的家当。"

生齐读:众猴道:"怎见得是个家当?"

一生读:石猴笑道:"这股水乃是桥下冲贯石窍,倒挂下来遮闭门户的。桥边有花有树,乃是一座石房。房内有石锅、石灶、石碗、石盆、石床、石凳。中间一块石碣上,镌着'花果山福地,水帘洞洞天'。真个是我们安身之处。里面且是宽阔,容得千百口老小。我们都进去住,也省得受老天之气。"

哪句话只有石猴之口才能说出? 看过《西游记》电视剧的同学,可以想想此处与哪场世人皆知的戏相呼应。("我们都进去住,也省得受老天之气"如此说话,不是石猴,谁说得出? 此句与孙悟空"大闹天宫"呼应。)

六读,众猴雀跃入新居:

师引读:"我们都进去住,也省得受老天之气。"

一生读:众猴听得,个个欢喜。都道:"你还先走,带我们进去,进去!"石猴却又瞑目蹲身,往里一跳,叫道:"都随我进来! 进来!"那些猴有胆大的,都跳进去了;胆小的,一个个伸头缩颈,抓耳挠腮,大声叫喊,缠一会儿,也都进去了。跳过桥头,一个个抢盆夺碗,占灶争床,搬过来,移过去,正是猴性顽劣,再无一个宁时,只搬得力倦神疲方止。

师:众猴为乔迁欢呼雀跃时,可曾记得前文与此照应的句子。读:

男齐读:"那一个有本事的,钻进去寻个源头出来,不伤身体者,我等即拜他为王。"

女齐读:"那一个有本事的,钻进去寻个源头出来,不伤身体者,我等即拜他为王。"

生齐读:"那一个有本事的,钻进去寻个源头出来,不伤身体者,我等即拜他为王。"

七读,众猴称美猴王:

石猴端坐上面道:"列位呵,'人而无信,不知其可'。

你们才说有本事进得来,出得去,不伤身体者,就拜他为王。

我如今进来又出去,出去又进来,寻了这一个洞天与列位安眠稳睡,各享成家之福,何不拜我为王？"

师生评石猴说的这三句话的水平和分量。

一评：石猴端坐上面道："列位呵，'人而无信，不知其可'。"（有王者之气，引经据典，义正词严，天津话——够派。）

二评：你们才说有本事进得来，出得去，不伤身体者，就拜他为王。我如今进来又出去，出去又进来，寻了这一个洞天与列位安眠稳睡，各享成家之福，何不拜我为王？"（以子之矛，攻子之盾。天津话——够板。）

（三句话，有理有据，滴水不漏，动之以情，晓之以理，最后得出结论——何不拜我为王？）

生齐读：众猴听说，即拱伏无违。一个个序齿排班，朝上礼拜，都称"千岁大王"。自此，石猴高登王位，将"石"字儿隐了，遂称美猴王。（众猴顶礼膜拜，天津话——够格。）

总评：众猴何以拜石猴为王？

石猴有王者之气（够派），讲话有理有据（够板），众猴顶礼膜拜石猴（够格）。

四、增兴趣，读《西游》

师生谈：

开头石猴出世，我们见到了一个天地造化、神性十足的神猴，还见到了一个机灵敏捷、猴性十足的野猴，现在读了"登位称王"后又见到了一个什么猴呢？动笔批在书上。（人猴，人性十足的猴。）

这"神性""猴性""人性"成了美猴王的灵魂，于是幻化出孙悟空的一个个神奇通灵的故事，我们耳熟能详的西游故事就有"孙悟空大闹天宫""孙悟空三打白骨精""孙悟空三借芭蕉扇"……读此书是一大快事。

古人云：日见闻之，厌饫（yù）不起；日诵读之，颖悟自开也！故闲居之士，不可一日无此书。

◆ 总评 zongping

《猴王出世》这篇文章选自我国四大名著中的《西游记》。《西游记》这部作品对小学生来说并不陌生，因为学生们大都看过电视剧《西游记》，对美猴王孙悟空是比较熟悉的。但是对于这个猴王的来历并不清楚，所以这个故事对学生来说具有很大的吸引力。

侯老师针对该课的特点，主要解决三个问题：一、《西游记》是一部什么样的作品？

二、石猴是怎么出世的？三、石猴又是怎么成为猴王的？这个猴是个什么样的猴？

课文选取的是《西游记》原文中的一部分，内容丰富，词句精美，读起来朗朗上口，而理解词句内涵特点还需要教师的启发和引导。教师采取了边读原文边揭示词句内涵和特点的方法，引导学生理解三个问题，在理解问题的过程中，品读词句之精美、情义之深邃。

这篇课文较长，教师采取了精读和略读相结合的方法，即第1自然段精读，第2、3、4自然段略读。

一、理解《西游记》这部作品的特点

教师为什么首先提出这个问题？因为《西游记》与四大名著的其他三部作品不同，书中不仅写了人，还写了动物、神、妖等，这样的作品属于什么类型的文学作品呢？这就需要给学生解答。一般称为"神话小说"。由"神话小说"，提出鲁迅称它为"神魔小说"，并认为《西游记》是一部"谐剧"，而"谐剧"的含义是什么，侯老师又给学生介绍了鲁迅的看法。鲁迅提出《西游记》："作者禀性，'复善谐剧'，故虽述变幻恍惚之事，亦每杂解颐之言，使神魔皆有人情，精魅亦通世故，而玩世不恭之意寓焉。"通过这段话，使学生明确了"谐剧"的含义。也就是说，这些笑话使神魔都有了人情，妖魔鬼魅也通人情世故，在这神魔鬼怪的故事中往往隐含着轻视和嘲弄当时的礼法或对现实的不满。这就是《西游记》这部作品的特点之一。

侯老师还介绍了文学史专家林庚教授"动物世界、儿童的游戏性、天真的童心与非逻辑的想象，这一切形成了弥漫在《西游记》中的童话的气氛"的意见，说明《西游记》这部作品的特点之二是为儿童所喜欢。

通过对《西游记》一书特点的介绍，教师使学生进一步认识这部作品的特点，有助于学生对课文的阅读理解。

二、解答石猴是怎样出世的

侯老师带领学生认真地精读了文章的第1自然段，对文中的词句做了详细的解释和品味，使学生感受到文章中的语言之精美。

1.读文章开头句："海外有一国土，名曰傲来国。国近大海，海中有一座名山，唤为花果山。"指出"上句的结尾，牵出下句的开头，上递下接，环环相扣"。教师指导学生读，读时有节奏感、旋律美，一下子就把学生带入神话境界。

2.读第二句："那座山正当顶上，有一块仙石。其石有三丈六尺五寸高，有二丈四尺围圆。"教师引导学生解释了"三丈六尺五寸高"，应了一年三百六十五天；"二丈四尺围圆"，正是一年二十四个节气。说明作者用笔之妙，渗透着一种神奇色彩。

3. 读：“四面更无树木遮阴，左右倒有芝兰相衬。盖自开辟以来，每受天真地秀，日精月华，感之既久，遂有灵通之意。”教师引导学生理解“芝兰”的含义；理解“天真地秀、日月精华”两个词语，从而体会“灵通之意”是个什么境界，使学生体会到是人间之外的一种神妙的气氛。

4. 读：“内育仙胞，一日迸裂，产一石卵，似圆球样大。因见风，化作一个石猴。”石猴是怎么出世的？教师引导学生从古汉字“迸”体会到石猴是石头裂开蹦出一块石头，见风而化作一石猴。说明了石猴的来历。

5. 读：“那猴在山中，却会行走跳跃，食草木，饮涧泉，采山花，觅树果；与狼虫为伴，虎豹为群，獐鹿为友，猕猿为亲；夜宿石崖之下，朝游峰洞之中。”这段话写得非常有特点，有文采，教师引导学生加以品味、体会。

一品动词之美。如“食草木，饮涧泉，采山花，觅树果”。

二品搭配之当。如石猴与七类动物的关系，搭配适当而简洁，“伴”“群”“友”“亲”与前面的动物搭配，道出了石猴与七类动物的关系：“獐鹿”均温顺，与它们为友；“猕猿”是同类，自然为亲；“狼虫”“虎豹”虽凶恶，“我”不招惹它，也不怕它，与它们为伴为群，相安无事。教师指出：“由此可见石猴处事的精明与胆略。”

三品对仗之美。如“夜宿石岩之下，朝游峰洞之中”。

以上通过读原文，理解，品味，欣赏，最后学生认识到这只石猴是一只什么样的猴。答案：是一只野猴，具有猴性；又是一只具有灵性的猴。

三、认识石猴是怎样成为美猴王的

1. 概括能力的训练。

文章的第 2、3、4 自然段，教师采取了略读方法，学生阅读之后，概括出每段的要点。如第 2 自然段，学生读后概括出：花果山福地，水帘洞洞天。第 3 自然段，学生读后概括出：为了少受老天之气，石猴带着众猴住进水帘洞。第 4 自然段，学生读后概括出：石猴高登王位，称为美猴王。最后，教师提出，将前面的三句话合起来看，应以哪一句为重句，也就是点睛之笔？学生提出：“自此，石猴高登王位，将‘石’字儿隐了，遂称美猴王。”

以上既训练学生的阅读能力，同时也训练学生的概括能力。会读书主要体现在会概括阅读内容，因为只有理解了才能概括出来。

2. 欣赏能力的训练。

在阅读第 2、3、4 自然段时，学生边读，教师边引导学生欣赏词句之美、表达之含义。

一读引导学生欣赏瀑布飞泉，欣赏自然之美。

二读水帘洞的景色，补充原著中对水帘洞景色的描写文字。

三读石猴三思寻源头。教师指出“三思而后行”源于《论语》，并说明石猴做事三思而行,可见石猴做事非常谨慎。

四读喜见洞天与福地。教师指导学生理解了"径跳入"中"径"字的含义,欣赏"径"字用字之妙。

五读"省得受老天之气"这句话所蕴含的深意。这里教师引导学生从《西游记》电视剧中孙悟空是"齐天大圣"来说。欣赏作者用"省得受老天之气"这句话,为《西游记》中孙悟空大闹天宫的种种活动做了铺垫。

六读众猴雀跃入新居。引出与前文照应的句子。

七读众猴拜石猴为美猴王。理解与欣赏猴王不是自封的,是众猴在先和石猴有约,说明石猴做事讲道理。

以上主要训练学生的阅读能力,在读中既欣赏语言之精美,又训练学生的概括能力。

侯老师引导学生对美猴王进行了评论:一评美猴王有王者之气(够派)。二评美猴王说话有理有据,滴水不漏,动之以情,晓之以理(够板)。因为众猴曾说过"有本事进得来,出得去,不伤身体者,就拜他为王",美猴王用自己的行动获得了众猴的信任而为王者(够格)。

从以上可看到,侯老师在教学这篇课文时,所用方法之多,不仅使学生理解了三个问题,了解了美猴王的性格特点,还学到了精读和略读的方法,提高了学生的读书能力、欣赏能力、思维能力。最后,侯老师引导学生课后去读《西游记》,培养读整本书的能力。

《猫》教学设计

教学目标

1. 学会生字新词,理解课文内容,背诵最后一个自然段。

2. 通过学习课文,了解作者是怎样抓住猫的性格特点进行具体细致的描述的,并体会作者的爱猫之情。

3. 练习围绕一个意思,举两三个事例,把一段话写具体。

教学重点

指导学生学习老舍先生语言的条理性、准确性、生动性,增强学生的语感。

教学过程

一、出示课题,揭示学习要点

1. 老舍先生描写的猫可爱在哪儿?

2. 文章是怎样表达老舍先生的爱猫之情的?

3. 学习具体明确的表达方法。

二、理清思路,认识文章结构特点

1. 指名读课文。

2. 根据本文总起分述的特点,给文章分段,画出中心句,写出小标题。

(板书:大猫古怪　小猫可爱、淘气)

三、学习第1、2自然段

1. 理解"古怪"。(推测、存疑,进一步结合课文理解"古怪"。)

2. 默读课文,思考作者是从哪几个方面写猫的性格的。

(板书:老实　贪玩　尽职)

3. 课文中哪一个表示转折的连词把这三方面的性格特点连接起来了?("可是")

4. 前两方面的性格特征后都用了一个语气词,把它圈出来。("吧")

5. 读课文感悟"可是""吧"对表达"古怪"的作用。

(第2自然段中两次用"可是"转折,表现出了猫的性格让人捉摸不透。用"吧"使语气不十分确定,带有让人捉摸不透的意味。)

板书:

$$老实 \xrightarrow[吧]{可是} 贪玩 \xrightarrow[吧]{可是} 尽职$$

6. 分层品味遣词造句之妙。

(1)老实:老实的突出表现是什么?(读:说它老实吧……无忧无虑,什么事也不过问。)

比较 $\begin{cases} 说它老实吧 \\ 它很老实 \end{cases}$ 体会这两种语气的不同效果

比较 $\begin{cases} 说它老实吧,它的确有时候很听话。 \\ 说它老实吧,它的确有时候很乖。 \end{cases}$

("乖"用得好,拟人化,把猫当可爱的孩子写,表达了爱猫之情。)

(2)贪玩:贪玩的突出表现是什么?(读:可是,它决定要出去玩玩……要不怎么会一天一夜不回家呢?)

比较 $\begin{cases} 谁怎么呼唤,它也不肯回来。 \\ 任凭谁怎么呼唤,它也不肯回来。 \end{cases}$

("任凭"写出了猫要玩就尽情尽兴地玩,"不管"谁,"无论"谁怎么呼唤都不会回来。)

(3)尽职:怎样描写尽职的?

填空练习:想一想填什么词语,为什么要填这些词语?

听到老鼠响动 $\begin{cases} 它屏息凝视 \quad (\quad\quad)心 \\ 一连就是几个钟头 \quad (\quad\quad)心 \\ 非把老鼠等出来不可 \quad (\quad\quad)心 \end{cases}$

(猫在捉老鼠时尽职的表现:"屏息凝视"是专心;"一连……"有耐心;"非……不可"有决心。)

7. 感悟古怪的猫最可爱。

如果只允许从"老实""贪玩""尽职"这三种性格中,选只有一种性格的猫养,你选哪一种?(成天睡大觉的猫是"懒"猫;整天不回家的猫是"野"猫;整日动也不动的猫是"呆"猫。只有既"老实"又"贪玩";既"贪玩"又"尽职",性格"古怪"的猫最可爱。)

四、学习第 3 自然段

1. 从猫的情绪上看,写了两个方面,找出词语概括。(高兴:温柔可亲。不高兴:一声不出。)

(板书:温柔可亲　一声不出)

2.用了几个细节把"温柔可亲"写具体的？

（1）老舍先生家的猫独有的"温柔可亲"的表现是哪个细节？

在你写作的时候,跳上桌来,在稿纸上踩印几朵小梅花。

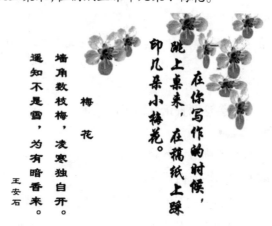

（想象对话。猫:你写的字真漂亮啊！我给你配上几朵小梅花吧！老舍:这不是一幅字画吗？朵朵梅花馨香四溢。老舍先生轻轻地吟起了王安石的《梅花》:"墙角数枝梅,凌寒独自开。遥知不是雪,为有暗香来。"）

（2）听着猫的"丰富多腔"的叫声,老舍先生仿佛在欣赏什么？

它还会丰富多腔地叫唤,长短不同,粗细各异,变化多端。在不叫的时候,它还会咕噜咕噜地给自己解闷。

（3）发现加点部分的用词之妙了吗？（"不同""各异""多端",可见其"丰富多腔"。）

五、学习第4自然段

从胆量上看又写了两个方面,用短语概括出来。

（板书:什么都怕　那么勇猛）

六、总结前四自然段内容

（紧紧围绕"大猫古怪"写了"三怪",全面展示了猫的古怪性格。）

七、学习第6自然段

用第1、2自然段的学法,指导学习。

（1）齐读中心句。

（2）分清层次:从哪些方面可以看出来小猫可爱、淘气？（概括小标题。）

分述 { ①要个没完没了。
②撞疼了也不哭。
③抱着花枝打秋千。

(3)你发现了加点的三字之妙吗?(都是动词,都写淘气,都当孩子来写。)

(4)你发现老舍先生仅用一字就把"大猫古怪"与"小猫可爱、淘气"衔接起来了吗?是哪一个字?("更")

八、总结全文

老舍先生写的猫非常可爱,他是怎样表达爱猫之情的?

〔(1)把猫人格化。(2)抓住了猫的性格特点写。(3)结构上,大猫"三怪"与小猫的"三淘"用"更"连成一体,这样写不但使文章的结构严谨,而且使我们看到了猫的多方面性格,更觉得猫可爱。〕

九、作业

围绕一个特点,举两三个事例,写一个小动物。

附板书:

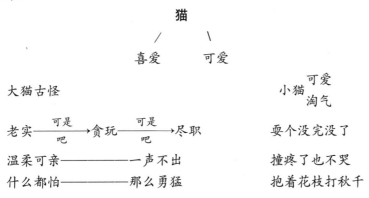

《猫》这篇课文是老舍先生写的一篇散文。作者将猫人格化了,对大猫的"三怪"、小猫的"三淘"的可爱性格,用准确、生动、有条理的语言描述得既具体又生动,作者爱猫的情感流露于课文的字里行间,读后让你情不自禁地感到猫是非常可爱的。侯老师在教学这篇课文时,把学习老舍先生的语言作为重点,在语言训练过程中对学生进行思维训练,并指点学习方法。

一、指导学生学习老舍先生语言的条理性、准确性、生动性

1.学习老舍先生语言的条理性。

课文的第1、2自然段,老舍先生总写一句"猫的性格实在有些古怪",接着巧妙地将

"老实""贪玩""尽职"这三方面特征用转折连词"可是"与语气助词"吧"连接起来,层层深入地写出了猫的性格怎样古怪。针对这一语言特点,侯老师先指导学生将这一部分概括成下面的层次结构:

$$老实 \xrightarrow[\text{吧}]{\text{可是}} 贪玩 \xrightarrow[\text{吧}]{\text{可是}} 尽职$$

学生体会到老舍先生是怎样条理清晰地写出了猫那令人难以捉摸、不易理解的古怪性格的。

2.学习老舍先生语言的准确性。

《猫》一文用词准确的例子不胜枚举。教学中侯老师抓住了几个用词准确的例子指导学生理解、体会,以达到举一反三的效果。例如老舍先生为什么用"更"而不用"很"呢?"很"的确可以写出小猫十分可爱,但不如"更"准确。因为"更"不但写出小猫十分可爱,而且写出小猫比大猫更可爱,并且将前面写大猫古怪与后面写小猫淘气可爱的内容连成了一体。这些都是"很"不能代替的,让学生在比较中体会到"更"用得十分准确。

3.学习老舍先生语言的生动性。

《猫》这篇课文,通篇用的是拟人化的写法,读起来十分生动有趣味。侯老师就抓住这些词句让学生体味。

如:说它老实吧,它的确有时候很听话。

说它老实吧,它的确有时候很乖。

让学生在比较中,体味到"乖"不但有听话的意思,而且让人读起来觉得"猫"像个活泼、机灵的小孩,十分可爱,同时也表达了老舍先生的爱猫之情。

二、将语言训练与思维训练统一起来

学生在阅读一篇文章或一段话时,思维都要经历具体—概括—具体的过程。指导学生学习猫尽职的那部分时,侯老师就是遵循这一思维过程设计的。

第一层是从具体到概括的训练。

$$听到老鼠的响动 \begin{cases} 它屏息凝视 \quad (\quad) 心 \\ 一连就是几个钟头 \quad (\quad) 心 \\ 非把老鼠等出来不可 \quad (\quad) 心 \end{cases}$$

要求学生能概括出"专心""耐心""决心"。这是将学生的思维由具体引向概括的训练。这种概括训练,既可深入理解猫的"尽职",又可训练学生的概括能力和表达能力。

第二层是从概括再到具体的训练。

请同学们想一想为什么要概括成"专心""耐心""决心"?当学生讲"屏息凝视""一连就是……""非……不可"的作用时,又把学生的思维引向了具体内容,启发学生思考

"专心""耐心""决心"是用怎样的语言表达的。

从具体到概括,这是训练学生在阅读中抓要点,理解主要内容,提高阅读能力;从概括到具体,是训练学生抓住课文的主要内容去体会作者是怎样表达的,提高学生的理解能力和表达能力。

在学习第3自然段时,如何理解"温柔可亲"。教师设计了老舍先生和猫的对话,从而引出王安石的《梅花》一诗。这不仅使学生欣赏了诗句,感受到猫的"温柔可亲",而且激发了学生的想象能力。

三、注重指导学习方法

教学《猫》这一课时,侯老师教给学生三条读书方法:(1)抓中心法;(2)分层理解法;(3)抓重点词句法。这三种方法,在第2自然段的教学中,由老师进行了详细指导,在学习第3、第4自然段时,老师只稍加指导,由学生运用学的理解段的方法,自己去读。学习小猫淘气可爱那一段时,老师就完全放手,由学生自读。两大段的教学体现出教—扶—放的过程,力图体现出学生是学习的主体,教师的主导作用应放在指导学生的读法上。

在指导学生理解重点词句时,教师很注意作者爱猫的思想感情的表达,使学生理解作者写出大猫"三怪"的可爱,小猫"三淘"的可爱,主要体现了作者的爱猫情感,从而感染学生。通过该课学习,学生既学到一定的语言及表达方法,又受到一定的思想教育和情感陶冶。

总之,在教学《猫》这一课时,侯老师狠抓了语言训练,努力做到语言训练上有层次,有深度,重点突出,方法多样,从而使学生受到严格的语言训练,提高了阅读能力。

《"凤辣子"初见林黛玉》教学设计

教学目标

1.正确流利地朗读课文。

2.品味欣赏名著语言,喜欢读《红楼梦》。

3.适当点拨脂砚斋、俞平伯的评点,使学生有顿悟感。

教学过程

一、背景介绍,了解人物

1.《"凤辣子"初见林黛玉》节选自《红楼梦》第三回:托内兄如海酬训教　接外孙贾母惜孤女。

2.了解课文中的人物关系。

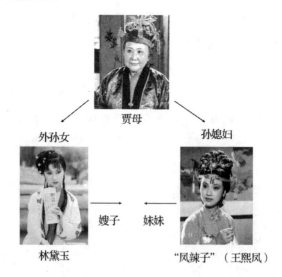

3.林黛玉为何寄住外祖母家?

(1)林黛玉父亲对黛玉讲的话。

读:汝父年将半百,再无续室之意;且汝多病,年又极小,上无亲母教养,下无姊妹兄弟扶持,今依傍外祖母及舅氏姊妹去,正好减我顾盼之忧……

(2)黛玉父亲向黛玉嘱咐了什么?

二、审题

贾母为什么称王熙凤为"凤辣子"?

读:贾母笑道:"你不认得他。他是我们这里有名的一个泼皮破落户儿,南省俗谓作辣子,你只叫他'凤辣子'就是了。"

(1)"凤辣子"为何加引号?(绰号)

("凤辣子"在这里是贾母给王熙凤起的绰号,有贾母的独有的解释:"泼皮破落户儿,南省俗谓作辣子,你只叫他'凤辣子'就是了。")

你对"辣子"有何感觉?(看上去红彤彤,尝一口辣酥酥。)

(2)词典中的注释。(同学们可边读课文边参考注释,想想你心目中的王熙凤是怎样的"泼皮破落户儿"。)

辣:①辛味也。(《篇海类编》)指姜、蒜等有刺激性的味道。

　　②厉害,狠毒。

(想:选哪一个注释?)

泼皮破落户:泼皮,无赖。破落户,"泼辣户"的谐音。(《红楼梦辞典》)

泼辣:①凶悍而不讲理。(《现代汉语词典》)

　　　②有魄力;勇猛。(《现代汉语词典》)

　　　③谓勇于做事。(《国语辞典》)

(想:王熙凤是哪种"泼辣"?)(不急于回答,品过全文后再答。)

三、初读课文,理清脉络

课文中一些语句突出表现了人物的性格特点,依据下面的小标题,从课文里找一找最能表现王熙凤性格特点的句子,读一读,体会这样写的好处。

不同凡响的独特出场

出类拔萃的衣着打扮

独一无二的写形追像

机巧异常的赞美夸奖

工于心计的逢迎取宠

职任在兹的关心问候

四、精读语句,品味欣赏

1. 不同凡响的独特出场。

(1)读:

（齐）一语未了，只听后院中有人笑声，说：（一女生）"我来迟了，不曾迎接远客。"

（2）师：此出场独特在哪儿？（生议，师点拨：未写其形，先使闻声。这是脂砚斋眉批。）

（3）师：此语哪些字用得妙？（生品："我""迟"。表现出凤姐神情活泼，睥睨一切，显得地位特殊，与贾母的关系非同一般。凤姐这活灵活现的出场，引起读者的阅读兴趣。）

（4）师：黛玉初进贾府，听到"我……迟……"是怎样思忖的？

黛玉纳罕道：这些人个个皆敛声屏气，恭肃严整如此，这来者系谁，这样放诞无礼。

（5）师插叙："这些人"是指为迎接黛玉，先到贾母屋内候着的人：贾母的儿媳、贾母的孙媳妇、贾母的三个孙女等。

（6）黛玉"纳罕"，"纳罕"是何意？（生查词典。纳罕：诧异；惊奇。）

（7）黛玉为何而"纳罕"？（别人个个皆"敛声屏气""恭肃严整"，只有这来者"放诞无礼"，这鲜明的对比让黛玉纳罕。）

（8）小结：王熙凤"不同凡响的独特出场"，独特在哪儿？（神情活泼，放诞无礼。）

2. 出类拔萃的衣着打扮。

（1）师：透过照片，你描绘一下"凤辣子"的衣着打扮出类拔萃在哪儿，然后概括成一句话。

这个人打扮与众姑娘不同，彩绣辉煌，恍若神妃仙子：

（2）文中是怎样具体描述的？

一读：读准字音，断好句子，读出节奏。

头上戴着/金丝八宝/攒珠髻，

绾着/朝阳五凤/挂珠钗；

项下戴着/赤金盘螭/璎珞圈；

裙边系着/豆绿宫绦/双鱼比目/玫瑰佩；

身上穿着/缕金/百蝶穿花/大红洋缎/窄褃袄，

外罩/五彩刻丝/石青银鼠褂，

下罩/翡翠撒花/洋绉裙。

（3）师：咱们来配合读，边读边体会漂亮在哪儿。（提示：凡是王字旁的字都和什么有关？凡是金字旁的字都和什么有关?）

二读：概括出王熙凤的佩戴物品。

（一生）头上戴着（齐）金丝八宝攒珠髻，

（一生）绾着（齐）朝阳五凤挂珠钗；

（一生）项下戴着（齐）赤金盘螭璎珞圈；

（一生）裙边系着（齐）豆绿宫绦双鱼比目玫瑰佩；

（一生）身上穿着（齐）缕金百蝶穿花大红洋缎窄裉袄，

（一生）外罩五彩刻丝石青银鼠褂，

（一生）下罩翡翠撒花洋绉裙。

生品评：攒珠髻（珍珠）；挂珠钗（金的钗子上挂着珍珠）；璎珞圈（玉项链）；玫瑰佩（玉佩）。

佩戴的是：金银珠宝。

（4）师生配合读文。

三读：王熙凤的穿着。

（师）身上穿着——（生）大红洋缎窄裉袄，

外罩——（生）石青银鼠褂，

下罩——（生）洋绉裙。

生品评：凡是绞丝旁的字都和绫罗绸缎有关。唯独这个"银鼠褂"，这是兽皮，又叫名贵的裘皮。

穿的是：绫罗绸缎，名贵裘皮。

（5）师：咱再欣赏欣赏她穿戴的花色。

生配合读。

四读：欣赏王熙凤穿戴的花色之美。

（一生）头上戴着（齐）金丝八宝攒珠髻，绾着朝阳五凤挂珠钗；

（一生）项下戴着（齐）赤金盘螭璎珞圈；

（一生）裙边系着（齐）豆绿宫绦双鱼比目玫瑰佩；

（一生）身上穿着（齐）缕金百蝶穿花大红洋缎窄裉袄，

（一生）外罩五彩刻丝石青银鼠褂，

（一生）下罩翡翠撒花洋绉裙。

师生品评穿戴的花色美：

①"金丝八宝"这是一种护身的法器——金的。

②色彩——金、红、绿、翠，五彩缤纷。

③动物——凤、螭（一种没角的龙）、鱼、蝶，栩栩如生。

（6）整体再读，品味"凤辣子"衣着打扮的出类拔萃。

五读：整体品味。

这个人打扮与众姑娘不同,彩绣辉煌,恍若神妃仙子:

头上戴着金丝八宝攒珠髻,

绾着朝阳五凤挂珠钗;

项下戴着赤金盘螭璎珞圈;

裙边系着豆绿宫绦双鱼比目玫瑰佩;

身上穿着缕金百蝶穿花大红洋缎窄裉袄,

外罩五彩刻丝石青银鼠褂,

下罩翡翠撒花洋绉裙。

(7)"凤辣子"盛装出场,"辣"在哪儿?(彩绣辉煌,艳压群芳。)

3.独一无二的写形追像。

一双丹凤三角眼,两弯柳叶吊梢眉。

身量苗条,体格风骚,

粉面含春威不露,丹唇未启笑先闻。

(1)凭直觉,哪些描写是美的,哪些是丑的?

(觉得美的:一双丹凤眼、两弯柳叶眉、身量苗条、粉面含春、丹唇未启笑先闻。)

(觉得丑的:三角眼、吊梢眉、体格风骚。)

(2)《红楼梦》中对王熙凤的"写形追像"的确独特。读这段描写我们可参考脂砚斋的评点:

脂砚斋评点:非如此眼,非如此眉,不得为熙凤。作者读过《麻衣相法》。

师生评点:

①评点:一双丹凤三角眼,两弯柳叶吊梢眉。

师:我查了《麻衣相法》,这"三角眼""吊梢眉"乃狡黠、狠毒之相。

生(预设):漂亮的丹凤眼里面含着狡黠,美丽的两弯柳叶眉里面藏着狠毒。

②评点:身量苗条,体格风骚。

师生查词典:

生查:风骚,指妇女举止轻佻。(《现代汉语词典》)

师查:风骚,轻佻貌,多指妇人言,兼有俏丽之意。(《国语辞典》)

师查:风骚,指姿容俏丽。后多指妇女的举止放荡轻佻。(《辞海》)

生推敲后选择:风骚,轻佻貌,多指妇人言,兼有俏丽之意。(《国语辞典》)

轻佻:举止不庄重。(注释中不大理解的词可再查。)

生评点(预设):身量苗条,体格风骚。(身材纤细柔美,姿容俏丽,但有些轻佻。)

③评点:粉面含春威不露,丹唇未启笑先闻。

师生评点:"粉面含春"里的"春"是由"春色"联想到的"喜色""笑容"。"威",威严。

"粉面含春威不露,丹唇未启笑先闻":满脸的笑容却藏着威严,丹唇未开却让你先听到笑声。意思是,脸上常露笑容,掩藏内心歹毒。

(3)从这段"写形追像"可见王熙凤"辣"在哪儿?(俏丽轻佻,深藏阴损。)

4.机巧异常的赞美夸奖。

夸谁?

这熙凤携着黛玉的手,上下细细的打量了一回,便仍送至贾母身边坐下,因笑道:"天下真有这样标致的人物,我今儿才算见了。况且这通身的气派,竟不像老祖宗的外孙女儿,竟是个嫡亲的孙女。怨不得老祖宗天天口头心头,一时不忘。"

(1)读一读王熙凤的几句话,看她在夸谁。

读:"天下真有这样标致的人物,我今儿才算见了。"(生:夸黛玉)

①师:王熙凤夸赞黛玉"真有这样标致的人物",可见黛玉的丰姿了得。这"标致"是怎样的丰姿呢?(生:美丽、漂亮。)

黛玉的丰姿用"美丽""漂亮"这样的词就可以形容了,王熙凤又何必用"标致"呢?我们品一品"标致"之美吧!

②师点拨:"标致"的繁体字是"標緻",从偏旁可看出各与什么有关?(生:"木"字旁与树木有关。"糸"与丝织品有关。)

③师点拨:"標"是树的哪部分?(生读)"標,木末也。"(《玉篇·木部》)(生:树梢)见过春天的"树梢"吗?(生:叶嫩绿,新抽出的枝条细而柔)古人这样描写"树梢":(生读)"绿叶抽条,生于首峰之侧",那嫩绿的叶、柔嫩的枝,俏丽于树之颠,青春俊俏,是何等之美。

④师点拨:"緻"是怎样的丝绸?(生读)"緻,练也。"(《广雅》)练:把生丝或织品煮得柔软洁白;已练制的白色熟绢。(《汉语大字典》)"练"均取"柔软洁白"义。

⑤师点拨:现在再想象"标致"之美吧!我们可找哪个词替代"标致"?(生预设:亭亭玉立,楚楚动人,眉目清秀,如花似玉,飘飘欲仙……)

⑥师:这样的"浮词套语"怎能替代"标致"所蕴含的少女的清纯秀丽、轻柔飘逸之美?只可想象,难以用语言表达,这就是《红楼梦》的美妙之处。

(2)读,这是在夸谁?

况且这通身的气派,竟不像老祖宗的外孙女儿,竟是个嫡亲的孙女。

①竟:表示出乎意料。(师生评点:细端详,黛玉的通身"气派"竟然像嫡亲的孙女,在座的迎春、探春、惜春听后自然舒服。)

②从"真有"句一气读到"怨不得"一句,你品出凤姐"辣"在哪儿了吗?

生读:"天下真有这样标致的人物,我今儿才算见了。况且这通身的气派,竟不像老祖宗的外孙女儿,竟是个嫡亲的孙女。怨不得老祖宗天天口头心头,一时不忘。"

③师生评点:从"真有"开始,三句话,一句夸黛玉,一句明褒黛玉,实赞嫡亲孙女,最后一句"怨不得"落到这"标致"、这"气派"源自"老祖宗",话虽是说给黛玉的,却是给贾母听的。面面俱到,机巧异常。

5.工于心计的逢迎取宠。

(1)读,思考王熙凤的情感与说话的语气有何变化,变化为何如此迅速?

一女生读:"只可怜我这妹妹这样命苦,怎么姑妈偏就去世了。"说着,便用帕拭泪。

齐读:贾母笑道:"我才好了,你倒来招我。你妹妹远路才来,身子又弱,也才劝住了,快再休提前话。"

一女生读:这熙凤听了,忙转悲为喜道:"正是呢,我一见了妹妹,一心都在他身上了,又是喜欢,又是伤心,竟忘记了老祖宗,该打,该打。"

师生评点:悲喜迅速变化,先是因为黛玉亡母"用帕拭泪",瞬间"转悲为喜"。说话的语气,先是庄重悲切,转瞬诙谐戏谑。如此变化多端,只为逢迎贾母那一句"笑道……"。

(2)王熙凤"辣"在哪里?(佯装哭笑,逢迎取宠。)

6.职任在兹的关心问候。

(1)王熙凤在这里是几问、几叮咛?这几问、几叮咛最终落在哪个字上?

读:又忙携黛玉之手,问:"妹妹几岁了?可也上过学?现吃什么药?在这里不要想家。要什么吃的,什么玩的,只管告诉我。丫头老婆们不好了,也只管告诉我。"

(2)师生评点:三问两叮咛是对黛玉说的,更是让贾母听的,同时也是三句话不离本行,我是当家人——职任在兹。

(3)王熙凤"辣"在哪儿?(一石三鸟,惟妙惟肖。)

五、俯视全文,回味升华

1.师:"凤辣子"给你留下怎样的印象?

师生议:(预设)正像贾母给王熙凤起的绰号"凤辣子"一样,辣子看上去红彤彤,尝一口辣酥酥。王熙凤给人的感觉是双重的:她有活跃出众的言动,但显得放荡无理;她恍若神仙的装扮,气势非凡,为的是艳压群芳;她粉面含春威不露,丹唇未启笑先闻,但遮不住三角眼、吊梢眉、风骚的体格;她笑则有声,哭则有泪,叹则有气,一石三鸟,既夸了黛玉,又哄了众人,更赞了贾母。她喜怒哀乐任情发挥,然而却不是出于内心情感的流露,显示了王熙凤的独特的辣味。

2.师:王熙凤是哪种"泼辣"?

泼辣:①凶悍而不讲理。②有魄力。③谓勇于做事。

(1)师生议:总的说来,王熙凤的"泼辣"是以上三样皆具备。一个封建大家族,只是凶悍而不讲理,没有魄力,不勇于做事,贾母是不会用她管家的,正是吃"辣子"的感觉;又怕辣又嗜辣的意味。

(2)我们爱读"凤辣子"也是像吃辣子,看上去红彤彤,咬一口辣酥酥。让我们总是在思考王熙凤是好是坏、是彼是此、是高是下,而不能简单地用"厉害、狠毒"等词说得清楚,越说不清越有趣,王熙凤的形象便活了起来,只读了一个片段,就让我们想读全本《红楼梦》。这就是四大名著之一的《红楼梦》的魅力所在。

◢ 总评 zongping

这篇课文节选自古典文学名著《红楼梦》。课文写的是林黛玉初进贾府与王熙凤("凤辣子")见面的经过。该文不到千字,而通过简练而内涵丰富的语言,反映了王熙凤的性格特点。小学生大都没有读过《红楼梦》,这段文字学生理解具有一定的困难。侯老师在备课上下了很大的功夫,特别是他将全文概括为六句话。

一、概括全文,理清文路

侯老师对该文的设计很具特点,在教学全文以前,先出示文中三位主要人物的彩色图像,使学生对贾母、林黛玉和王熙凤先有个具体认识;同时,为学生理解"辣子"的特性,为理解"凤辣子"做铺垫。而更为突出的是,在读全文的开始,侯老师依据脂砚斋对该选段的点评,用心精读体会,用精确的语言将原文概括成以下六句话:

不同凡响的独特出场

出类拔萃的衣着打扮

独一无二的写形追像

机巧异常的赞美夸奖

工于心计的逢迎取宠

职任在兹的关心问候

这六句话概括了课文的思路、要点,揭示了王熙凤的外貌、穿戴、待人、处事及性格特点。这六句话提出了教学思路,体现出教学过程;学生读了这六句话,就会明晰全文概要,更有序地学习。可见,侯老师在备课时下足了功夫。

侯老师的教学过程就是依据这六句话引导学生阅读课文、理解文章词句,逐步掌握王熙凤这个人物的性格特点的:理解王熙凤出场的特点;理解王熙凤衣着打扮怎样出类拔萃;理解王熙凤的形象怎样独一无二;理解王熙凤赞美夸奖人的技巧;理解王熙凤如何巧于心计;理解王熙凤自认是个大管家。总之,理解贾母为什么叫王熙凤为"凤辣子"。侯老师依据这六句话展开了教学过程,使得教学过程顺理成章。

二、精读语言,明晰内涵

侯老师的教学一贯重视语言的理解、欣赏和运用,而教学的重点就是从语言表达上来理解、欣赏这六句话,从而一步一步地了解"凤辣子"王熙凤其人的性格特点。

精读"不同凡响的独特出场"。王熙凤出场怎样独特?侯老师提出脂砚斋的原句"未写其形,先使闻声",并使学生理解"我"与"迟"字的言外之意——表示自己的身份与众姐妹不同,从而概括出王熙凤出场反映出其特点之一——神情活泼,放诞无礼。

精读"出类拔萃的衣着打扮"。文章用了七句话写王熙凤的衣着打扮。这七句话中生字、生词居多,侯老师采用了师生共读法,读了五次:一读——要求读准字音,断好句子,读出节奏;二读——概括出王熙凤的佩戴物品:金银珠宝;三读——穿着:绫罗绸缎,名贵裘皮;四读——欣赏王熙凤穿戴的花色之美;五读——整体再读,品味"凤辣子"衣着打扮的出类拔萃。从以上总结:"凤辣子"盛装出场,显示了彩绣辉煌,艳压群芳。

精读"独一无二的写形追像"。文中对王熙凤的传神描写:"一双丹凤三角眼,两弯柳叶吊梢眉。身量苗条,体格风骚。粉面含春威不露,丹唇未启笑先闻。"这三句话内既有褒,也有贬。侯老师采取了师生共同查阅词典的方法,来理解这三句话中的褒贬之义,学生可以看到王熙凤是个什么样的女人——俏丽轻佻,深藏阴损。

精读"机巧异常的赞美夸奖"。这部分只写了三句:"天下真有这样标致的人物,我今儿才算见了。况且这通身的气派,竟不像老祖宗的外孙女儿,竟是个嫡亲的孙女。怨不得老祖宗天天口头心头,一时不忘。"怎样理解这三句话?对于第一句话,侯老师从汉字字源上揭示了"标致"的含义,说明"标致"所蕴含的少女的清纯秀丽、轻柔飘逸之美。接着夸奖黛玉是老祖宗的"嫡亲"孙女,这句话既夸了黛玉,又赞美了嫡亲孙女。最后师生点评:这三句话,一句夸黛玉,一句明褒黛玉,实赞嫡亲孙女,最后一句"怨不得"落到这"标致"、这"气派"源自"老祖宗",话虽是说给黛玉的,却是给贾母听的。可见王熙凤面面俱到,机巧异常。

精读"工于心计的逢迎取宠"。教师通过提问让学生思考:王熙凤的情感与说话的语气有何变化?变化为何如此迅速?师生通过点评,明确了:悲喜迅速变化,先是因为黛玉亡母"用帕拭泪",瞬间"转悲为喜"。说话的语气,先是庄重悲切,转瞬诙谐戏谑。如此变化多端,只为逢迎贾母那一句"笑道……",从而进一步理解王熙凤"辣"在哪里——佯装哭笑,逢迎取宠。

精读"职任在兹的关心问候"。教师提问:王熙凤在这里是几问、几叮咛?这几问、几叮咛最终落在哪个字上?经过学生读,教师指点,学生明确了王熙凤这三问、两叮咛是对黛玉说的,更是让贾母听的,同时也是三句话不离本行,"我"是当家人——职任在兹,学生进一步理解王熙凤"辣"在哪儿——一石三鸟,惟妙惟肖。

从以上可看到,侯老师采用多种方法使学生理解、欣赏语言,如以学生读书为主,通过读,熟悉课文内容;对词句的讲解,特别是对于重点词,如第一句话中"我"与"迟"字的言外之意,第二句话中一些关于穿戴的名词解释,第三句话中对词句的褒贬之分,第四句话中对于"标致"一词的解释,第五句话中从王熙凤说话时语气的变化来理解她的性格,第六句话中通过三问、两叮咛反映出王熙凤话中有话,等等,深入理解文意;教师提问,师生共议,进一步理解言外之意。总之,通过精读这六句话,学生初步认识"凤辣子""辣"在哪里,"粉面含春威不露,丹唇未启笑先闻",显示了王熙凤的独特"辣"味。最后学生会初步理解为什么贾母叫王熙凤为"凤辣子"。

课堂实录类

执教　侯秉琛

评点　丰向日

《书戴嵩画牛》课堂实录

师:你们喜欢读古文吗?

生齐:喜欢!

师:为什么喜欢?

生:文章短小,故事有趣,读起来合辙押韵。

生:故事里总藏着个道理,回味起来有味道。

生:根据意思连蒙带猜,能猜个八九不离十。

师:我上学读古文,在考试的时候要是不会得把你憋得一愣一愣的,怎么办?那就"连蒙带猜"。现在懂得了这"连蒙带猜"是咱们平常说的,真正的学名叫推测词句的意思。推测,也叫"猜读法",今天咱来试试。

【评点】古文对于小学生来说比较难懂,上课伊始,教师先让学生谈谈对古文的印象、怎么学古文,借机引出学古文的方法——推测,即猜读。学生带着自己对古文的印象,怀着对学习方法的好奇开始古文学习之旅。

一、读题,初知题跋

生齐读:《书戴嵩画牛》。

师:再来一遍。书——

生接读:戴嵩画牛。

师:猜猜看,为什么要这么读?

生:"书"后应该停顿,因为"书"是"书写"的意思。书写什么呢?书"戴嵩画牛"。合起来是:书——戴嵩画牛。

师:《书戴嵩画牛》是苏轼为唐代画家戴嵩写的一篇题跋。

生:什么是"题跋"?

生:我觉得"题"应该是"写"。我们以前学过一首诗叫《题西林壁》。

生:老师讲过《题西林壁》的"题"是"题写"的意思。

生:那"跋"呢?

师:"题跋"属于文体知识,查查词典就知道了。

生:我查了。题跋:写在书籍、字画等前后的文字。"题"指写在前面的,"跋"指写在后面的,总称题跋。

生:题跋的内容多为品评、鉴赏、考订、记事等。

师:好,遇到不懂的知识随手查一查这是好习惯。我也查了。

出示PPT:

题者标其前,跋者系其后也。(《汉语大字典》)

生:"题"是写在前边的,"跋"是写在后边的。《书戴嵩画牛》是写在前的"题",还是写在后的"跋"呢?

生:苏轼没有写《题戴嵩画牛》,也没有写《跋戴嵩画牛》,为什么写《书戴嵩画牛》?

生:我们不是查了吗? 题跋:写在书籍、字画等前后的文字。"题"指写在前面的,"跋"指写在后面的,总称题跋。《书戴嵩画牛》分不出是"题"还是"跋",我们就认为苏轼为戴嵩画的牛写了题跋——《书戴嵩画牛》。

师:可以这样解释。

【评点】指导朗读题目,解决学习难点,扩充文体知识。教师由题目介绍文体新知识,学生提出疑问,交流研讨,查阅词典,解决疑问,教师呈现字典解释,进一步巩固学生学习所得。学习不是记住新知识,而是围绕新知识质疑解疑,质疑解疑是知识习得内化的过程。

二、朗读,读通读顺

蜀中/有杜处士,好/书画,所宝/以百数。有戴嵩/《牛》一轴,尤/所爱,锦囊/玉轴,常以自随。

一日/曝书画,有一牧童/见之,拊掌/大笑,曰:"此画斗牛也。牛斗,力/在角,尾/搐入/两股间,今乃掉尾而斗,谬矣。"处士/笑而然之。古语有云:"耕/当问奴,织/当问婢。"不可/改也。

字音要读准:

处(chǔ)士 好(hào)书画 戴嵩(sōng) 锦囊(náng) 玉轴(zhóu)

曝(pù)书画 拊(fǔ)掌 搐(chù) 谬(miù)矣 织当问婢(bì)

【评点】学习古文,读准字音、正确停顿、流利阅读是基础。

三、猜读,理解字义

师:宋代大诗人苏轼为唐代大画家戴嵩画的《牛》书写了一篇93字短文,讲了两个主人公的有趣故事。

1. 师生共猜"蜀"地。

师:什么故事呢?

（生读原文）

师:故事的两位主人公是何许人也?

生:一位是蜀中的杜处士,一位是牧童。

生读:蜀中/有杜处士,好/书画,所宝/以百数。有戴嵩/《牛》一轴,尤/所爱,锦囊/玉轴,常以自随。

生读:一日/曝书画,有一牧童/见之,拊掌/大笑,曰:"此画斗牛也。牛斗,力/在角,尾/搐入/两股间,今乃掉尾而斗,谬矣。"

师:这又得猜,猜猜"蜀中有杜处士"是什么意思呢?

生:四川有一个姓杜的处士。

师:哪个字是四川呢?

生:蜀。

师:你是怎么猜到"蜀"是四川的呢?

生:"蜀"是四川的简称。

师:这是地理知识帮我们猜的。

生:四大名著之一《三国演义》的"三国":魏、蜀、吴。"蜀"在四川。

师:这是读四大名著得知的。我还能从汉字知识讲"蜀"。

出示PPT:

　　（金文）　　　（金文大篆）　　（小篆）　　　　（隶书）

《说文解字》:葵中蚕也。从虫,上目象蜀头形,中象其身蜎(yuān)蜎。

《诗》曰:"蜎蜎者蜀。"

　　　　上目象蜀头形　　　中象其身蜎蜎

　　　　下加一个"虫"字

生："蜀"怎么成了四川的简称呢?

师:为什么四川简称"蜀"呢?古代有一个民族居住在现今四川的西部,他们的首领名叫"蚕丛"。可能因为古蜀的"蜀"字最初指的就是"蠋",也就是野蚕,所以他自称"蜀王"。公元前316年秦国吞灭蜀国,在四川设了"蜀郡"。所以后世一直以"蜀"代称四川。三国时代,刘备在成都称帝,史称"蜀汉"。自此以后,"蜀"字就成为四川的别称了。

生:"蜀"有这么悠久的历史,这么丰富的文化!

生:有了这些知识垫底,我就敢猜了。

【评点】围绕两位主人公是何许人学习"蜀"。首先让学生利用已有知识经验猜测"蜀"是何处,学生利用地理知识、课外名著阅读推测"蜀"在四川。其次展现"蜀"的字形演变,了解"蜀"的含义,激起学生疑问"'蜀'怎么成了四川的简称"。最后把"蜀"的含义与"蜀"所指结合了起来,从历史的视角解读为什么四川简称"蜀"。从汉字的意义出发,了解一个地方的简称,学生在探究中学习了中国的文化、历史,对"蜀"是四川的简称记忆更加深刻,体现了语文学科工具与人文结合的特点,凸显了语文的综合性。

2. 借特指人称猜。

师:猜猜看,"杜处士"是干什么的?

生:是读书人。

生:是知识分子。

师:可以说都猜对了。说说怎么猜的。

生:杜处士家乡是文化圣地"蜀",出读书人顺理成章。

生:"好书画"必是文化人。

生:再看课本注释。处士:本指有德才而不愿去做官的人,后来也指未做官的士人——猜对了!

师:也就是说,读古文的时候,先猜一猜,根据已有的知识,推测一番,然后再看别人的翻译。如果上来就看别人的翻译,那就没有推测的过程了,将来你学古文就比别人差一个档次。

师:"一牧童"是干什么的?

生:放牛的。

师:放羊的算牧童吗?

生:放羊的不算。"牧童骑黄牛,歌声振林樾。"

生:放羊的算牧童。

师:你看,出问题了吧?其实多想一想啊。牧——什么意思?

生:放牧。

师:童?

生:儿童,孩子。

师:"牧童骑黄牛,歌声振林樾。"这首诗中的牧童恰巧放的是黄牛。你总不能只从一首诗判定牧童都是放牛的吧?

生:放羊的也叫牧童。

生:凡事得多想想。

【评点】主人公是干什么的? 学生先借助已有知识、课文信息猜测,然后再看课本对"处士"的注释,这是学习文言文的重要方法。对"牧童"学生理解为"放牛的孩子",教师提出"放羊的算牧童吗?"激起学生的认知冲突,打破思维定式,精准理解词语。

3. 用古今替换猜。

师:诸位可知这位杜处士有何爱好?

生读:蜀中有杜处士,好书画,所宝以百数。

生译:四川有个姓杜的读书人,喜爱书画,他所珍藏的书画数以百计。

师:怎么译得这么快?

生:我们用的是古今替换法。

生:(古)"好(hào)书画"换成(今)"喜爱书画"。

生:(古)"所宝以百数"换成(今)"所珍藏的(书画)数以百计"。

师:今是从古发展来的,古今替换法好。

【评点】语言是有传承的,在古今语言之间建立联系,既能读懂古文,又能丰富今文。

4. 凭古今文化猜。

师:这些书画中他有最爱的吗? 爱到何种程度?

生读:有戴嵩《牛》一轴,尤所爱,锦囊玉轴,常以自随。

生译:其中有唐代画家戴嵩所画的《斗牛图》一轴,尤其为他所喜爱,(他)用锦缎作画囊,用玉作画轴,常常把(它)随身携带。

师:说说用什么方法译的。

生:译这句得有点字画知识。只要进一回(天津)古文化街的杨柳青画店就能懂不少。要在画的两头装上玉轴或木轴。装画用锦做的袋子,现在也用锦缎糊的纸盒装。

师:多掌握些古文化知识,对翻译古文有帮助。

生:"锦囊玉轴"为什么省个"用"字?

生:你一看食堂的饭谱就懂了:午餐:馒头包子。

生:省了个"吃"字。

师:古文里头,四字句特别多,听起来有节奏,好听,二二拍。大家读"锦囊玉轴"。

生：锦囊/玉轴。

师：实际上丢掉了哪个词？

生：用。

师：省略了一个"用"，但是读起来更美。继续读——

生读：锦囊/玉轴。

生：我还发现古人爱用单音节词。"常以自随"，"经常"用"常"，"随身"只说"随"。

师：古人多用单音节词，发展到现代就变成双音节词了。这个发现好。

师：就这样边追问边猜，慢慢就猜出来了。你们试试。

生译：其中有唐代画家戴嵩所画的《斗牛图》一轴，尤其为他所喜爱，（他）用锦缎作画囊，用玉作画轴，常常把（它）随身携带。

【评点】古文教学中，传统的方法是教师逐字逐句翻译，不管学生的学习基础，不发挥学生的主观能动性，学生越学越厌烦。侯老师在教学中特别重视学生的主观能动性，让学生自己去尝试翻译，翻译后说出自己用的方法，极大地培养了学生自主学习的能力。从上面的教学可以看出，当学生成为课堂的主人时，他们的潜能无限，会将自己平时生活中的积累用于翻译中，能够在教师的指导下发现古代汉语的特点以及古今语言的不同。

5. 凭汉字知识猜。

师：无巧不成书，酷爱书画的杜处士竟与牧童遇上了。会发生怎样的故事呢？

生读：一日曝书画，有一牧童见之，拊掌大笑，曰："此画斗牛也。牛斗，力在角，尾搐入两股间，今乃掉尾而斗，谬矣。"处士笑而然之。古语有云："耕当问奴，织当问婢。"不可改也。

师：这个故事中杜处士"曝"的是哪幅画呢？

出示 PPT：

生：左边那幅画。

生:我猜"一日曝书画",就是"一日晒书画"。

师:猜得对。怎么猜的?

生:书画怕潮,出太阳就晒晒。"曝"有"日",一定是晒的意思。

师:知道些汉字知识也可帮我们猜读,金文大篆 𣊟 表示双手捧物在"日"下曝晒之意。(生猜金文大篆右半部分各部件表示什么。暴:"日""出""双手""米"。)

师:杜处士"曝"了一幅什么书画?

生读:此画斗牛也。牛斗,力在角,尾搐入两股间,今乃掉尾而斗,谬矣。

师:读这句话主要明白两个字就能猜出来。第一个是"搐",第二个是"掉"。这两个字的意思和现代意思不同。

出示PPT:(生读)

掉

掉,摇也。(《说文解字》)

掉,振也。(《广韵》)

掉,落。往下落。(《汉语大字典》)

生读:今乃掉尾而斗。

师:关键字,落在哪个字上?

生:掉。

师:"掉"是什么意思呢?

生:我查了《现代汉语词典》。掉:摇动;摆动。

生:课本上的注释也是"摆动,摇"。

生:咱平时说"掉",是东西从上边掉到下边,从桌上掉到地下,这里"掉"为什么当"摇"讲呢?

师:《说文解字》当中,"掉"的原义是什么呢? 读——

生读:掉,摇也。

师:在古代,本义是"摇",翻译过来是什么意思呢?

生:摇动;摆动。

师:后来,延伸、发展就不光是摇动、摆动了,还有:掉,振也。

生:我想,树上的苹果,"摇动,摆动"是受到了"振动",于是由"摇也"引申出"振也"。

生:我接着引申。树上的苹果受到"振动"落下来了——掉,落下。

生读:

掉

掉,摇也。

掉,振也。

掉,落。往下落。

师:你们联想得不错。汉字的发展跟古人的劳动生活是分不开的。

生读:今乃掉尾而斗。

生:我们知道了,"掉尾"是摇动尾巴。

出示PPT:

形声字"掉"

师:同学们知道"掉"是形声字。

生:形旁是"扌",声旁是"卓"。

生:"扌"跟"摇动"有关系,用手摇动。看不出声旁"卓"跟"摇动"有什么关系。(声旁的读音变化也很大)

师:我们查查表声的右半部分。"卓"是什么意思?

出示PPT:

扌 + 卓——掉

卓:高而直。

掉:摇动;摆动。

生查:"卓"的第一个注释,当"高而直"讲。

师:就看第一个注释。旗杆是高而直吧。高而直的旗杆就容易——

生齐:摇动;摆动。

生(惊讶):哦!表声的"卓",倒帮了表意的"扌"的忙了。

生:我们由"卓"联想到"高而直"。又由"高而直"联想到"摇动;摆动"。

生:表意的"扌"与表声的"卓"是"掉"的孪生姐妹,当然要互相帮助了。

生:汉字是象形的,表声的部分也没忘表形。

师:你要细心的话,会发现形声字,声旁作用并不只是指引读音,往往蕴藏着意义,(声旁为形旁帮忙)声部加上了形部(部首),那意义就显示出来。

生:老师是不是这样理解?形声字"掉",声旁"卓"并不只指引读音,它还蕴藏着意义——高而直,让人联想到摇动;摆动。

师:是这样理解。于是就演变成了这个意思,"掉"当"摇动、摆动"讲,会猜了吧。

出示PPT:

形声字"搐"

生:"尾搐入两股间"中的"搐"是形声字,它的声旁"畜"也为形旁帮忙吗?

师:责无旁贷。"搐"的声旁"畜",蕴藏的意义也为形旁帮忙。你们查"搐"。

出示PPT:

搐:牵动;肌肉抽缩。(《现代汉语词典》)

生:声旁"畜",怎样为形旁助力呢?

师:你看声旁"畜"的甲骨文——

出示PPT:

畜

师:上面的小葫芦丝表示"用于拘系",是什么意思?

生:用绳子捆绑野兽。

师:下面的"田"还加四个点,表示豢养之地——豢养动物的圈、栏。

师:"畜"的意思是,读——

生读:先民田猎所得而拘系豢养之,则为家畜,所谓"拘兽以为畜"也。

师:讲讲甲骨文"畜"什么意思。

生:上边的葫芦状,像一捆丝,底下那个像田中有黑点,就是养牲畜的圈。

生:古人逮了野兽以后吃不了存起来,慢慢吃,就把它们捆起来养在圈里头。

师:牲畜被捆起来放在圈里头舒坦吗?

生:很难受,肌肉在抽缩,浑身哆嗦。

生:你现在要是宰个鸡,捆起来,它也哆嗦。

师:所以"搐"字就有什么意思?

生:肌肉抽缩。

师:看一看书下注释的意思,读一读。

生读:搐,抽缩。

师:从这两个字我们掌握了什么知识?

生:发现形声字声旁的作用并不只是指引读音,往往蕴藏着意义,(声旁为形旁帮忙)声部加上了形部(部首),意义就显示出来。

生:发现形声字"搐"的声旁"畜"不只指引读音,还蕴藏着意义——肌肉抽缩,只是我们知识有限没发觉。

生再读:此画斗牛也。牛斗,力在角,尾搐入两股间,今乃掉尾而斗,谬矣。

生译:这张画画的是斗牛啊!牛打斗时,力气用在角上,尾巴肌肉抽缩紧紧地夹在两腿中间,今天这张画上的牛却摇动着尾巴在斗,错了!

生:还真是"搐"与"掉"两字通了,全句都通了。

【评点】读懂文言文,首先需要理解关键的字词,关键的字词懂了,全句就通了。这一段重点学习了两个字"掉"和"搐"。"掉"是学生熟悉的字,但古今意义不同,教学中重视其本义、引申义意义的演变,并从字形出发探索为什么"掉"的本义是摇动、摆动。"搐"对学生来说比较陌生,先从甲骨文"畜"字开始了解其意义,接着推演出"搐"的意义。对两个字意义的学习,不是直接告诉学生,而是注重其意义由来的探索,重视形和意之间的联系,既学习汉字的意义,又让学生联想想象,训练学生的思维,在意义的解读中,对古代农业社会的生活文化也有了深入了解。

四、品味故事意味

先读这段古文:

一日曝书画,有一牧童见之,拊掌大笑,曰:"此画斗牛也。牛斗,力在角,尾搐入两股间,今乃掉尾而斗,谬矣。"处士笑而然之。古语有云:"耕当问奴,织当问婢。"不可改也。

师:两人都笑,但是两人笑意如何呢?处士笑而然之,他的心情是怎样的呢?

生:处士"笑而然之",笑着说有道理。

生:赞同牧童说的话,所以他笑了。

生:我觉得他不是真高兴,因为自己特别喜欢的一幅画,人家指出画错了。

师:两种看法。处士什么心情,读后边。

生读:古语有云:"耕当问奴,织当问婢。"不可改也。

生:是虚心接受,高兴啊!

师:先看,牧童的笑是怎样的笑?

出示PPT:

> 拊掌:拍手。(《现代汉语词典》)
>
> 拊掌:拍手;鼓掌。表示气愤或喜乐。(《辞海》)
>
> 拊掌大笑:拍手大笑。形容很高兴、很得意的样子。(《成语辞海》)

生:拊掌大笑。

生:我查了《成语辞海》。拊掌:拍手。形容很高兴、很得意的样子。

生:不是一般拍手,使劲拍:"有趣啊!错啦!"这是很高兴、很得意的笑。

生:我认为是嘲笑。

(有的生摇头)

生:一个是牧童的拊掌大笑,太搞笑啦,太逗笑啦。就是因为牧童并没有嘲笑杜处士,牧童觉得有意思,有趣儿。所以杜处士才"笑而然之"。

师:最后一句"耕当问奴,织当问婢",奴和婢怎么理解?

生:奴指农民,婢指女佣。

师:苏轼的小故事引起了大皇帝的兴趣。

清乾隆皇帝,读了本文之后,直接在画上题云:

角尖项强力相持,

蹴踏腾轰各出奇。

想是牧童指点后,

股间微露尾垂垂。

〔蹴(cù):踢。〕

师:牧童认为牛斗相持时,牛尾应在哪儿?

生:牧童认为"牛斗,力在角,尾搐入两股间,今乃掉尾而斗,谬矣"。

师:清乾隆皇帝题的画中牛尾在哪儿?

生:股间微露尾垂垂。

生:两牛相持"尾"在哪儿,牧童认为"尾搐入两股间。今乃掉尾而斗,谬矣"。乾隆皇帝诗中认为"尾"是"股间微露尾垂垂"。两个说法哪个对呢?

生:课本中注释:牧童认为画中牛"掉尾而斗"是错误的。实际上牛相斗时,既有"尾搐入两股间"的情形,也有"掉尾而斗"者。

生:牧童天天放牛,会不知道斗牛"尾"有两种情形?

师:我要提醒同学的是,这不是科普文。这是散文家苏轼写的文章,讲的是故事。

生:牧童天真活泼,他明知两牛相持"尾"可能"搐入两股间",也可能"掉尾而斗"。他见杜处士晒的画是"掉尾而斗",为了取笑就拊掌大笑说:"此画斗牛也。牛斗,力在角,尾搐入两股间,今乃掉尾而斗,谬矣。"

生:书生气十足的杜处士却"笑而然之"。

师:书生气十足的杜处士一本正经地推出一个正确结论——

生齐:"耕当问奴,织当问婢。"不可改也。

生:书生要向劳动人民学习。(众生笑)

师:文中有几笑?

生:有两笑! 一是牧童"拊掌大笑",二是杜处士"笑而然之"。

师:还有一笑呢! (生不解,小议)

数生:苏轼!

生:苏轼笑着说:"这一老书生,这一小牧童真有趣。"

数生:我给此画写篇题跋吧——

生齐:《书戴嵩画牛》。

【评点】在上一环节对全文含义理解后,这一环节重在探讨作者苏轼要表达的意味。首先让学生看两位主人公笑意如何,同学们各自表达观点,从文中寻找证据。其次呈现了乾隆皇帝的题诗,学生对牛斗时到底尾巴是什么样子进行对话交流。最后教师引导学生从文本跳出,关注作者编写故事的目的。阅读的层次逐步提升,走向深度阅读。

《狼牙山五壮士》课堂实录

课前,诵读成语：

视死如归　勇往直前

以身殉国　大义凛然

赴汤蹈火　舍生取义

气吞山河　力挽狂澜

师：能背下来吗？（生背）

【评点】上课前教师先呈现了一组表现壮士精神的成语,学生齐声诵读,学生从课外回到了课内,整齐而有气势的诵读,令学生精神抖擞地进入学习状态。

一、审题,景仰壮士

师：真棒！八个成语这么快就背下来了。我们现在来学习《狼牙山五壮士》,一起来读课题。

生读：《狼牙山五壮士》。（记笔记写课题）

师：请你们圈一圈这个课题的题眼。

生：壮士。

师：什么人堪称"壮士"？

生：身强体壮的大汉。

生：英雄。

生：为国捐躯的人。

师：我们对"壮士"一词的理解一步比一步接近了,但还是朦胧的,在此基础上我们一定要查查词典。

出示PPT：（生读）

> 壮士：意气勇壮之士。（《国语辞典》）
>
> 壮士：豪壮而勇敢的人。（《现代汉语词典》）

师：抓注释中的关键词语。

生："意气""勇壮""豪壮""勇敢"。

师："意气""勇壮""豪壮""勇敢"是讲"壮士"应有勇气,有气概。

生:壮士是抗日的勇士。

生:抗战胜利日那些受阅的老兵是壮士。

师:对,是指为正义而战的英雄。刚才我们背了八个成语,具备那八个成语精神的人,我们都可以称为"壮士"。我们的前人创造了这么多的成语,都是在歌颂那些在祖国危难的时候挺身而出,献出自己的青春和生命的人,这些人就是壮士。我们再背一背这些成语。

生背:视死如归　勇往直前

　　　以身殉国　大义凛然

　　　赴汤蹈火　舍生取义

　　　气吞山河　力挽狂澜

【评点】这是一篇记叙八路军英勇抗日的故事,教师先让学生读课题找题眼,以明白课文叙述重点,初步把握课文的主题,奠定阅读的基础。对于"壮士",学生先基于直觉与已有经验,谈了自己的理解,接着教师呈现了两本词典中的解释,教给孩子们要养成查工具书的习惯以及如何分析词典中的义项,形成对某个词语的精准理解。最后教师让学生回到课前呈现的八个成语,既使学生深入理解"壮士"之意,又创设一种课堂氛围。课堂氛围对学生理解、学习课文很重要,好的课堂氛围应该和文章所表达的主题一致。

师:刚才我在写"狼牙山五壮士"的时候,心里特别自豪。你们知道为什么吗?

生(摇头):不知道。

师:你们知道狼牙山在哪儿吗?狼牙山在河北省的易县,我的老家也在河北省,是霸州市,与易县比邻。我为我的家乡出"五壮士"这样的英雄而自豪。自古"燕赵多慷慨悲歌之士",狼牙山旁有一条历史上著名的河流——易水河。《易水歌》就产生在这里。

出示PPT:(齐读)

　　　　　风萧萧兮易水寒,壮士一去兮不复还!(荆轲《易水歌》)

师:你们对这首诗了解多少?

生:荆轲刺秦王出发时唱的壮歌。

师:故事发生在两千多年前的战国时期,你们知道战国时期有几个国家?

生:七个。

师:哪七个?

生:齐、楚、燕、韩、赵、魏、秦。

师:真棒!秦国欲称霸,常侵占他国。燕国的太子丹派荆轲西行刺秦王。出发时,在易水河边,燕太子丹及门客们身穿白衣,头戴白帽,痛哭流涕为荆轲送行。荆轲的好朋友高渐离，为荆轲击筑(像琴，用竹片击打)，荆轲高唱《易水歌》。我们一起读——

生读：风萧萧兮易水寒，壮士一去兮不复还！

师：荆轲登车而去，再没回头。这是历史上易水河边的壮士。在抗日战争中易水河畔的狼牙山又涌现出五位"慷慨悲歌"之士，读课题——

生读：《狼牙山五壮士》。

生接读：俱往矣，数风流人物，还看今朝。

师：今天我们瞻仰、缅怀"狼牙山五壮士"。

【评点】教师讲自己写标题的时候特别自豪，既引起学生的好奇心理，又拉近师生关系，有利于创设民主开放的课堂。从故事发生地点引出古代的《易水歌》，介绍了当时发生的故事，激起学生对今天壮士故事的阅读期待。

二、理清，叙述顺序

师：课文后面有一道练习题，让我们写小标题，提示我们这篇文章分为五段。

接受任务——(   )——(   )——(   )——跳下悬崖

师：小标题怎么写呢？老师教给你们一个规律，请一位同学来读。

出示PPT：

> 概括小标题：
>
> 1. 一段围绕一个意思写。
>
> 2. 段中一般会有概括这段意思的关键语句。
>
> 3. 确定小标题。

师：请同学们默读课文，把文章分为五段，再概括小标题。一定要画出关键语句。

(生边读、边想、边画)

师：谁来读第一段？

(生读第1自然段)

师：第一段小标题有示范——"接受任务"。谁读第二段？

(生读第2自然段)

师：好，请坐，读得很准确。概括小标题，首先找一下关键的句子。

生：为了拖住敌人，七连六班的五个战士一边痛击追上来的敌人，一边有计划地把大批敌人引上了狼牙山。

师：关键语句找到了吗？

生：把大批敌人引上了狼牙山。

师：概括成四字词语。

生:引敌上山。

生:诱敌上山。

师:都可以。就这样概括小标题。第三段呢?

(生读第3自然段)

生:关键语句是:他们知道班长要把敌人引上绝路。

师:概括成四字词语呢?

生齐:引上绝路。

师:第四段。

(生读第4、5自然段)

师:关键句子呢? 把敌人引上山,干什么呢?

生:关键语句是:五位壮士一面向顶峰攀登,一面依托大树和岩石向敌人射击。

师:这句两个分句,怎么概括?

生:顶峰射击。

生:顶峰歼敌。

生:"顶峰歼敌"明确。

(生读最后一段)

生齐读:标题"跳下悬崖"。

【评点】本文是部编教材六年级上册第二单元的一篇课文,该单元的人文主题是"重温革命岁月",语文要素是"点面结合写场面"。课后练习题安排了概括小标题的任务,实际上就是让学生能够按照事情发展的顺序,理清课文所叙述的主要场面。与很多教师直接把答案告诉学生让学生记笔记不同,侯老师在这里给出了概括小标题的方法,学生按照教师提示的方法,一个场面一个场面地去概括小标题,有了方法指引,孩子们能够很自如地概括小标题,对每个场面的主要内容也有了了解。

三、奉命,掩护群众

师:我们读第一段——接受任务。战前指挥员要讲清形势,交代任务。谁做指挥员讲清形势,交代任务? 你们都是六班战士,要听清:当时敌我形势怎样? 任务是什么?

(生做指挥员,读第1自然段)

生:形势是:日寇集中兵力,向我晋察冀根据地大举进犯。七连决定转移。

生:任务是:把掩护群众和连队转移的任务交给了六班。

出示 PPT：

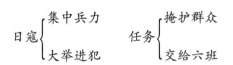

师：看，敌我双方的形势。日寇集中兵力，大举进犯，而我们一个班才五个战士，能用一个成语概括一下吗？

生：敌多我少。

师：有这个成语吗？

生：敌众我寡。

师：对。你能从文中读出日寇如何猖狂吗？

生：大举进犯。

师：是"进犯"，没有用"进攻"；称"日寇"，没有叫"鬼子"。为什么？

生："进犯"是贬义词，要用在"鬼子"身上。

生："日寇""鬼子"是一个意思。电影上老百姓恨"小日本"，都叫"鬼子"。

师：作者为什么称"日寇"？

生：师长、军长讲话时用"日寇"。

师："日寇"用在庄重、严肃的场合。我们再看汉字，内涵就更丰富了。

出示 PPT：

寇，暴也。暴徒，抢掠，强盗。

寇：表示手执器械（攴）到人家

屋内（宀）打人的头（元）。

师："宀"表示房屋，你看烟囱还在冒炊烟。"元"表示人头，为什么那人抱着头？

生：因为强盗拿棍子打他。

师："攴"表示手执器械击打。看懂这个字的内涵了吗？

生:强盗闯到人家的屋内抢劫,还用棍棒打人。

生读PPT:寇:表示手执器械(攴)到人家屋内(宀)打人的头。

师:这样的暴徒,我们就称之为"寇"。《说文解字》是这样注释的——寇:暴也(生读)。"暴也"是什么意思?

生:暴力。

生:残暴。

生齐读PPT:暴徒,劫掠,强盗。

师:自古以来,我们的祖辈就恨强盗,造了这个"寇"字。历史上称到我国沿海骚扰抢劫的日本海盗为"倭寇"。

师:你们再看"犯"字,大家读一遍《说文解字》中对"犯"的注释。

犯,侵也。侵犯,侵略,侵害。

生读:犯,侵也。

师:扩展词。

生1:侵犯。

生2:侵略。

生3:侵害。

师:我们的先人在创造字的时候,就表达了对侵略者的憎恨。在练习本上写"日寇"和"进犯"。注意"寇"和"冠"的不同。

【评点】第一段的教学注意了两个信息——接受任务,当时形势。把接受任务放置在当时形势下去理解,更能感受到"壮士"之"壮"。教师从敌我双方的对比,特别是对侵略者进行描写的关键词,引导学生体会当时的形势。写侵略者用了两个词语"日寇"和"进犯",我们在阅读的时候很少去注意这些词语,侯老师通过激疑的方式,引导学生思考"是

'进犯',没有用'进攻';称'日寇',没有叫'鬼子'"。这种激疑的教学方式,也是质疑的阅读策略,对于学生深入阅读颇为有益。汉字是形义结合的文字,从字形往往能看出字的本义、深意。学生通过对"寇"字形的解读,更能了解侵略者的残暴和当时形势的危急,更能感受到壮士热爱人民、仇恨敌人的革命精神。语文的人文教育就蕴含在汉语言文字里,对语言的学习就是最好的人文教育。

四、痛打,引敌上山

师:我们来学习"引敌上山"这部分,你们先自学。要读懂:班长是怎样指挥的? 战士是怎样执行命令的? 开始读书。

(生自学后汇报)

师:班长是怎样指挥的? 战士是怎样执行命令的?

生读:班长马宝玉沉着地指挥战斗,让敌人走近了,才下命令狠狠地打。

师:关键词——

生:狠狠地打。

师:战士是怎样执行命令的? (读出句子)

生1读:副班长葛振林打一枪就大吼一声,好像细小的枪口喷不完他的满腔怒火。

生2读:战士宋学义扔手榴弹总要把胳膊抡一个圈,好使出浑身的力气。

生3读:胡德林和胡福才这两个小战士把脸绷得紧紧的,全神贯注地瞄准敌人射击。

师:他们是怎样打的? 各找一个关键词语。

(生边读边找)

生1:副班长葛振林——满腔怒火地打。

生2:战士宋学义——把胳膊抡一个圈打。

生3:胡德林和胡福才——全神贯注地打。

师:副班长葛振林满腔怒火地打,他的火从几处来的呀? 读一读。

生:第一处是从细小的枪口来的。

师:还有一处。

生:从嗓子里出来。

师:你再读一读。

生:满"腔"怒火。嗓子眼儿冒火。

师:"腔"是指什么?

生:"腔"是指胸腔,不是口腔。

生:"满腔怒火"是从胸腔里冒出的愤怒的火焰。

生:"好像细小的枪口喷不完他的满腔怒火",这里有两股火,一股火来自枪口,这是真"火",一股火来自胸膛,是形容心中充满愤怒的火焰。

师:讲得好,这是一语双关。副班长葛振林"狠狠地打"表现在"满腔怒火"地打,两个小战士"狠狠地打"表现在"全神贯注"地打。都是"狠狠地打",那么能不能换一换呢?副班长葛振林是"全神贯注"地打,两个小战士"满腔怒火"地打。认真读一读。

生:两个小战士因为很小,没见过这么多鬼子,有些紧张,所以全神贯注地打。

生:葛振林都当副班长了,应该很有经验,端枪一打就是一个准儿,越打越解气,所以用"满腔怒火"地打。

师:谁来做班长,下命令"狠狠地打"。

生:"狠狠地打!"

师:"狠狠地"后稍停,"打"字加重。

生:"狠狠地——打!"

师:好,谁来读其他战士的。

(生分别读课文)

生1读:"狠狠地打!"

生2读:副班长葛振林打一枪就大吼一声,好像细小的枪口喷不完他的满腔怒火。(生齐:满腔怒火地打!)

生3读:战士宋学义扔手榴弹总要把胳膊抡一个圈,好使出浑身的力气。(生齐:使出浑身的力气打!)

生4读:胡德林和胡福才这两个小战士把脸绷得紧紧的,全神贯注地瞄准敌人射击。(生齐:全神贯注地打!)

生5读:敌人始终不能前进一步。在崎岖的山路上,横七竖八地躺着许多敌人的尸体。

【评点】这一段重点写五位壮士痛击来敌,教师提出了问题:"班长是怎样指挥的? 战士是怎样执行命令的?"让学生带着问题自学。学生自学后,教师带领学生有梯度地开始学习。首先让学生找出课文中"班长是怎样指挥的? 战士是怎样执行命令的?"的句子,这一任务是提取信息,学生很容易完成。其次让学生找战士是怎样打的句子中的关键词,这属于找重点阅读策略,从重点词语体会战士是怎样打的。最后让学生结合每个人的身份特点,比较不同人"狠狠地打"的不同,这是比较和联系阅读策略的运用。这种有层次、阶梯式的学习,过程中始终伴随着方法、策略的运用,整体意义的理解与词语学习结合了起来,语言的理解品味与人物精神的体悟很好地融合起来。学生既体会了作者如何写每个点——每个战士"狠狠地打",又感受到了五壮士痛击敌人的整体场面。点面有机结合,英雄的群像和个体的形象互相映衬,学生既能深切体会到战斗的激烈,又能感受到五位战士的英勇无畏和同仇敌忾。

五、抉择,诱敌攀崖

师:后面还有三大段——

生:引上绝路,顶峰歼敌,跳下悬崖。

师:认真默读课文,思考每个阶段班长都下了什么命令。

(生边读边画)

师:什么命令?

生:走,砸,跳。(笔记本写:走、砸、跳)

师:这样读书,你就一点一点学会概括了。

师:按要求读书。

在什么情况下(命令)

走!

班长? 战士?

(在什么情况下班长下命令"走!"? 班长是怎么做的? 战士是怎么做的?)认真读,画出相关语句。

(生边读边画)

生读:面前有两条路:一条通往主力转移的方向,走这条路可以很快追上连队,可是敌人紧跟在身后;另一条是通向狼牙山的顶峰棋盘陀,那儿三面都是悬崖绝壁。走哪条路呢?

生:班长是在这种情况下,下命令"走"向悬崖绝壁。

师:认真读这句话,其间有一个分号";",这可不是一般的"分号",这是标志生死抉择的"分号",如果他们选的是分号前面的那条路,就意味着选择了什么? 如果选分号后面那条路,又意味着选择了什么? 各用一字概括,并写下来。

生:前面选择"活",后面选择"死"。

师:能用一个成语来概括吗? 回想一下课前我们念的几个成语。

生:以身殉国。

师:有没有表现出生死抉择?

生齐:舍生取义。

师:舍掉了活的机会,选择了英勇牺牲的路。大家一起读——

生:舍生取义。

师:"舍生取义"这是中华民族传承下来的浩然之气。它出自孟子的名句,谁来读一读?

出示 PPT:

> 生,亦我所欲也;义,亦我所欲也。二者不可得兼,舍生而取义者也。

> ——孟　子

师:大家一起读。

生齐读:生,亦我所欲也;义,亦我所欲也。二者不可得兼,舍生而取义者也。

师:什么意思? 试着说一说。

生:生,我也想要;义,我也想要。可是,不可能一块得到。所以,我要舍去生命而求取正义。

师:读得挺好,讲得也很好。背! 让舍生取义的精神注入我们的灵魂。

生齐背:生,亦我所欲也;义,亦我所欲也。二者不可得兼,舍生而取义者也。

师:当班长决定"舍生取义"之后,课文中对他们的称呼都变了。看看课文中对他们的称呼有什么变化。

生齐:开始称"五位战士",决定舍生取义后称"五位壮士"。

师:为什么?

生:为中华民族而献身是"壮士"。

生:血洒疆场、以身殉国的称"壮士"。

师:谁来读班长的抉择?

生读:班长马宝玉斩钉截铁地说了一声:"走!"

师:好。我们一起读。

生齐:班长马宝玉斩钉截铁地说了一声:"走!"

师:班长下命令时力量有多大?

生:斩钉截铁。

师:这是多大?

生:能把钉子砍断,能把铁切成两段。

师:就是这么大的力量。"班长"(指学生)再读一读。

生读:班长马宝玉斩钉截铁地说了一声:"走!"

师:怎么样?

生:表现出了班长的坚决果断。

生:班长舍生取义的决心已定。

师:"热血沸腾"的战士们,刹那间想到什么?用成语表达。

生1:同志们,以身殉国的时候到了!走!

生2:同志们,赴汤蹈火的时候到了!走!

生3:同志们,舍生取义的时候到了!走!

生4:同志们,血洒疆场的时候到了!走!

生5:同志们,舍身跳崖的时候到了!走!

师:好!"五壮士"都表达了视死如归的决心。

(分角色读)

生1读:班长马宝玉斩钉截铁地说了一声:"走!"

五生齐:同志们,以身殉国的时候到了。走!

生旁白:战士们热血沸腾,紧跟在班长后面。他们知道班长要把敌人引上绝路。

【评点】理清段落结构是学习段落的基础,几个段落都有共同的特点,先写所处形势,再写班长下了命令、做了什么,接着写战士们是怎么做的。这一段写当时的情况有两条路,两条路之间用分号隔开。侯老师让学生用一个成语来概括,既是大意提炼,也是成语学习。概括成语的时候,同学们相互探讨,这是很好的思维训练。对于班长的命令、战士的表现重点关注了两个词"斩钉截铁""热血沸腾",从这些关键词能看出八路军战士舍生取义的坚定决心。学习中,教师特别重视前后联系,把当时的形势与战士们的表现相结合,也把之前学习的成语运用在想象战士们热血沸腾紧跟班长义无反顾坚定地走向绝路上。

六、献身,气壮山河

师:顶峰歼敌。还是思考这个问题:

在什么情况下(命令)

砸!

班长?战士?

生读:班长马宝玉负伤了,子弹都打完了,只有胡福才手里还剩下一颗手榴弹。他刚要拧开盖子,马宝玉抢前一步,夺过手榴弹插在腰间,猛地举起一块大石头,大声喊道:"同志们!用石头砸!"

生:班长是在这种情况下,下命令"砸"的。

师:认真读一读这段话,画出表示班长动作的词语。

生:抢,夺,插,举。

师:读一读,品一品动词运用之妙。

生：连着几个动词，读着带劲。

师：这叫"一气呵成"，铿锵有力。

生：表现出班长坚决果断，带头杀敌。

师：带头杀敌，可换个成语——

生：一马当先。

师：战士们的精神感天动地，认真读一读下面的句子，他们的精神感动了谁？

生读：顿时，石头像雹子一样，带着五位壮士的决心，带着中国人民的仇恨，向敌人头上砸去。

生：感动了中国人民。

师：再读一读。

（生读）

生：感动了石头。（笑声）

师：同意吗？有几个同学，起立！你们一起读一读。

生读：顿时，石头像雹子一样，带着五位壮士的决心，带着中国人民的仇恨，向敌人头上砸去。

师：谁带着五位壮士的决心？

生齐：石头！

师：谁带着中国人民的仇恨？

生：石头。

师：什么向敌人头上砸去？

生：石头。

师：这个句子妙在哪儿？

生：五位壮士感天动地，感动得连"石头"也参加了战斗。

生："石头像雹子……"有力量。

生：有感情。"带着中国人民的仇恨"齐心协力。

师：应该是"同仇敌忾"，记住这个成语了吗？

生：同仇敌忾！

（分角色读）

生1读：马宝玉抢前一步，夺过手榴弹插在腰间，猛地举起一块大石头，大声喊道："同志们！用石头砸！"

五生齐读：顿时，石头像雹子一样，带着五位壮士的决心，带着中国人民的仇恨，向敌人头上砸去。

生旁白:山坡上传来一阵叽里呱啦的叫声,敌人纷纷滚落深谷。

师:"石头"砸得痛快!

生左排齐读:石头向敌人头上砸去——

生右排齐读:敌人纷纷滚落深谷。

师:痛快!最痛快的是——两字,一呼一应。

生(静后,纷纷):砸!滚!

师:一"砸"一"滚",一呼一应,摄下战士的英勇、鬼子的狼狈。鬼子还有更狼狈的呢!

生:砸得"叽里呱啦"乱叫。

师:"叫"的是日本话,谁给翻译翻译?

生1喊:妈呀!

生2喊:完啦!

生3喊:回家啦!

师:赞美赞美为抗日立下战功的"石头"吧!

生读:石头像雹子一样,带着五位壮士的决心,带着中国人民的仇恨,向敌人头上砸去。

【评点】顶峰歼敌这一部分重点写了班长马宝玉,教师引导学生注意文中写马宝玉的几个动词,作者是用语言塑造人物形象,要感受人物的特点品质,必须走进语言。"抢""夺""插""举"一连串动作一气呵成,写出了班长身先士卒、英勇顽强、随机应变的品质。学生们在读中感受到壮士的决心,体会到中国人民反抗侵略的不屈不挠,同时又把这种情感带入朗读中。

七、壮举,勇跳悬崖

师:下一部分,还是这个问题:

在什么情况下(命令)

跳!

班长?战士?

(生边读边画有关内容)

生读:五位壮士屹立在狼牙山顶峰,眺望着群众和部队主力远去的方向。他们回头望望还在向上爬的敌人,脸上露出胜利的喜悦。

生:班长就是在这种情况下带头跳下悬崖的。

师:这里有两"望",一个"眺望",一个"望望",同样在"望",有什么不同吗?

生："眺望"是向远的地方看,"望望"看得较近。

师：好,说出一个不同了。感情上有什么不同?

生："眺望"着群众和部队主力远去的方向,心情是喜悦的。

生："望望"是没有特意看,只是随便看看。

师：那是怎样看?

生："轻视"地看。

生："蔑视"地看。

师：满怀深情地望着群众和部队主力远去的方向,心中想着什么?

生：他们安全远离了,我们的任务也完成了。

生：为了确保你们的安全,我们要把小鬼子引上悬崖绝壁。

生：为了老百姓牺牲,值!

师：此时五壮士要向同志们、乡亲们说句什么"告别"的话呢?

生：再见了! 亲人们!

师：五壮士蔑视地"望望"敌人,这时会说些什么?

生：小鬼子,你们上当了!

(分角色读)

生齐读：五位壮士屹立在狼牙山顶峰,眺望着群众和部队主力远去的方向。

(五壮士：乡亲们再见了! 战友们再见了! 胜利是我们的!)

生齐读：他们回头望望还在向上爬的敌人,

(五壮士：小鬼子,你们上当了!)

生齐读：(五位壮士)脸上露出胜利的喜悦。

（看课本插图分角色读）（背诵）

师：分角色读"跳崖"。

生1读："同志们，我们的任务胜利完成了！"说罢，他把那支从敌人手里夺来的枪砸碎了，然后走到悬崖边上，像每次发起冲锋一样，第一个纵身跳下深谷。

生旁白：战士们也昂首挺胸，相继从悬崖往下跳。狼牙山上响起了他们壮烈豪迈的口号声：

五生齐读："打倒日本帝国主义！""中国共产党万岁！"

生齐读：这是英雄的中国人民坚强不屈的声音！这声音惊天动地，气壮山河！

师：让我们用《易水歌》为五位壮士壮行吧！

女生：风萧萧兮易水寒，壮士一去兮不复还！

男生：风萧萧兮易水寒，壮士一去兮不复还！

生齐：风萧萧兮易水寒，壮士一去兮不复还！

师：下课。

【评点】这一段重点分析了五位壮士跳下悬崖时的情况，文中用了两个词"眺望""望望"，教师引导学生抓住这两个关键词理解五位壮士当时的心境，从中能看出他们完成任务后看到群众和部队主力安全地走向远方时的喜悦、骄傲，以及对侵略者那种敌视、藐视之情。文章从接受任务开始写，最后回到了任务，五位壮士英勇地完成了任务，他们以人民的利益为上，把自己的生命置之度外。教学中，教师采用分角色朗读，创设情境，学生在情境中受到了爱国主义教育。很多教师上这一课，往往会放映一些音像视频，希望给学生更多的精神教育。其实最好的教育就在文字里，就在作者用文字叙写的故事里。课堂末尾，又回到了开始时教师讲到的《易水歌》，经过了课文的学习，再读《易水歌》就多了一些悲壮，学生对"壮士"就有了更真切、深刻的理解。

《丁香结》课堂实录

一、解题,谈"结"文化

师:今天我们来学习当代作家宗璞的《丁香结》,齐读课题。

生齐读:《丁香结》。

师:解题,要解哪个字?

生:结。

出示PPT:

結　結

（大篆）　　　（小篆）

结:缔也。（《说文解字》）　缔,结不解也。

师:结,一个大篆,一个小篆。

生读:结,缔也。

师:把那个"也"字读够味了。把"也"字音拖长,就读出来了。

生(满怀情感)再读:结,缔也。

师:看第一个注释,有什么问题吗?

生:"缔"是什么意思?

师:读——

生:缔,结不解也。

师:谁说说这是什么意思?

生:结,解不开。

师:所以说,读书得不断地提出问题,这才叫会读书。(拿出一根红绳系上一个疙瘩并展示)这叫什么?

生齐:缔,结不解也。疙瘩解不开的地方就叫——缔,结不解也。

师:《现代汉语词典》上是这样注释的,读——

一生读:结,在条状物上打疙瘩或用这种方式制成物品。

师:比一比,古代汉语的注释好,还是现代汉语的注释好?

生:第一个(古代汉语的注释)。

生:简洁,有味儿。

师:什么味儿?

生:韵味儿。

生:有文化味儿。

师:六年级的学生得有点儿文化味儿了。

生再读:结:缔也。缔,结不解也。(读出了"也"字的韵味)

师:中国的汉字特别有文化的味道。上古时期没有汉字,就采用结绳记事的方法。举个例子,打了一只兔子就系一个结,打了两只兔子就系两个结。

生(恍然大悟):哦……

师:中国人对"结"特别感兴趣,就出现了打结子。

生读注释:结子(名),结。条状物打成的疙瘩。打结、死结、蝴蝶结。

师:你们看我的衣服(唐装)扣子,是不是结子?

生:是。

师:唐装扣衣服的"结子",我们又出来一个名词——疙瘩襻儿。

生读:疙瘩襻儿,最早的衣服没有今天的纽扣、拉链等配件,所以若想把衣服系牢,就只能借助将衣带打结这个方法。

师:有纯天津人吗? 怎么读?

生:gā da pànr。

师:这是什么?

出示PPT:

生：中国结……中华结……

师：读书时查一查资料，就更充实了。读古诗时又发现一个词——丁香结。

师：什么叫丁香结呢？

生读：丁香的花蕾。

师：哪首诗中用过？

生读：陆龟蒙的《丁香》："殷勤解却丁香结，纵放繁枝散诞春。"

师：谁说说诗的意思？

生：谁勤快一点，帮我解开这个丁香结。

师：为什么要解开丁香结呢？

生："纵放繁枝散诞春"，给春天增加春色。

师：丁香结有一个意思是丁香的花蕾，指指图上哪个是花蕾。

出示PPT：

（生指）

师：对，就是图上的花骨朵，懂了吗？还有一个注释。

生读：丁香结，也作含苞不吐之意。

师：你看图上哪个是含苞不吐之意？

生（齐指）：下边。

师：下边是花蕾，"含苞不吐之意"懂了吧？也就是说花刚要开，就称作——

生：含苞不吐，就是花朵刚龇嘴。

出示PPT：

> 芭蕉不展丁香结，同向春风各自愁。（李商隐《代赠二首（其一）》）

师：不伸展的芭蕉与含苞不吐的丁香，对着春风在干什么？

生：各自愁。

师："丁香结"指两种情景——

生:丁香结,丁香的花蕾。

生:丁香结,也作含苞不吐之意。

【评点】《丁香结》一文既是在写丁香的芬芳迷人,又是在写人生的不解愁怨。理解课文所写的人生哲理、丁香结被赋予的象征意义,需理解"结"与"丁香结"的含义。教学第一个环节从解题开始,教师引导学生探讨"结"与"丁香结"的含义。对"结"的理解,教师呈现了大篆、小篆的字形与《说文解字》《现代汉语词典》的注释,学生通过观察字形、朗读注释,了解"结"的含义。教师还通过实物展示、讲故事等方法让学生更深入地了解"结"的文化意义。对"丁香结"的含义,则从古诗入手,学生在回忆与朗读古诗中,看着教师呈现的两张图片,初步理解"丁香结"的文化意义。

二、赏丁香,抒情怀

1. 城里街旁赏花。

生读第1自然段,边读边思考:一字写出大街花之多,一字画出宅院花之美,一字表出诗之情。找出来欣赏欣赏。

今年的丁香花似乎开得格外茂盛,城里城外,都是一样。城里街旁,尘土纷嚣之间,忽然呈出两片雪白,顿使人眼前一亮,再仔细看,才知是两行丁香花。有的宅院里探出半树银妆,星星般的小花缀满枝头,从墙上窥着行人,惹得人走过了还要回头望。

一品花之多:

师引导:想象画面,先找出哪句话写出花之多,再想哪个字能点亮此画面。

生读:城里街旁,尘土纷嚣之间,忽然呈出两片雪白,顿使人眼前一亮,再仔细看,才知是两行丁香花。

师:这花"白"到什么程度?

生:顿使人眼前一亮。

生:"亮"字表现出花之多。街旁"雪白"的花多得顿使人眼前一亮。

生:"雪白"的花太多了,白得特别显眼。

生:花多得就像街灯一样亮。

生再读:城里街旁,尘土纷嚣之间,忽然呈出两片雪白,顿使人眼前一亮,再仔细看,才知是两行丁香花。

二品花之美:

生读:有的宅院里探出半树银妆,星星般的小花缀满枝头。

师:哪个字写出了花之美?

生:缀,用好看的东西装点。

出示PPT:

㮰 緋

(大篆)　　(小篆)

生:两字都很美。

出示PPT:

綴

↗　　　↖

丝线　　　四只手(表示连结)

连之以丝也。(《说文解字注》)

连结

挂

装饰;点缀

生:我知道这是繁体隶书"缀",挺好看的。

师:四只手怎么变美?(两两女生配合,四只手搭轿子)

生:四只手编织起来就给人以美感。

生读:连之以丝也。

师:就是"以丝连之"。

生读:以丝连之。

师:谁知道《红楼梦》中晴雯为贾宝玉织补雀金裘的故事?

生:《红楼梦》中,贾宝玉穿上了贾母赐的雀金裘,心中特别高兴,可是,一不小心烧了一个指顶大的烧眼,晴雯靠自己的巧手,用丝线依本衣之纹织补好了。宝玉瞧了瞧,说道:"真真一样了。"这就是用孔雀线一点一点补缀吧。

生:这就是——缀,连之以丝也。

师：缀，连之以丝也（生读）。引申为"连结"（生读），再引申为"挂"（生读），最后词典概括为"装饰；点缀"（生读）。

生读：有的宅院里探出半树银妆，星星般的小花缀满枝头。

师：这里的"缀"应取哪个意思？

生：取"装饰；点缀"。

生：太概括了，选"挂"好，星星般的小花"挂"满枝头，多形象多美。

生：丁香花特别小，特别多，特别美，挂满枝头。

生：这么一理解，我们眼前就出现了一串丁香花挂满枝头，美极了。

三品诗之情：

师：一字表出诗之情。

生读：有的宅院里探出半树银妆，星星般的小花缀满枝头，从墙上窥着行人，惹得人走过了还要回头望。

生："窥"写出了丁香花的调皮，偷偷地看行人。

生：与行人嬉戏。

师：哪句古诗能表达出同样的诗情？

生齐背：春色满园关不住，一枝红杏出墙来。

【评点】教师带领学生一起去赏花，先赏城里街旁的花。为了让学生学会赏花、学会品读美文，教师点拨要从花之多、花之美、诗之情三个视角去欣赏，要运用边读边思考的方法，找关键句抓重点词。"缀"是学习的重点、难点，教学投入了较多的时间。教师先呈现了"缀"的大篆与小篆的写法，学生从字形上直观感受"缀"的含义。接着，同学之间两两合作，四只手搭轿子，体会编织之美。随后，又一同温习了《红楼梦》相关段落，体会"缀"的本义。最后，教师呈现了"缀"的本义、引申义与词典中概括的意义，学生结合语境，选择合适的义项，想象、感受丁香之美。

2. 城外校园赏花。

生读：城外校园里丁香更多。最好的是图书馆北面的丁香三角地，种有十数棵的白丁香和紫丁香。月光下白的潇洒，紫的朦胧。还有淡淡的幽雅的甜香，非桂非兰，在夜色中也能让人分辨出，这是丁香。

师：读一读，说说你品出了几美。

生：颜色美、气味美。

师：太空洞，具体点。

生:一美,月光下的潇洒美。

师:"白的潇洒"是什么样子的?

生:气度不凡。

生:没有拘束。

生:风度翩翩。

师:老师教你们怎么丰富想象。

PPT 出示字典意思:

潇:水清深貌。　　洒:涤也。

潇洒:①(精神、举止、风貌等)自然大方,有韵致,不拘束。②无拘无束。

师:把这几条注释与月光下潇洒的白丁香结合起来想象,吸纳注释中的词语,描绘一下月光下白丁香的潇洒。

生:月光下的白丁香开得自然大方。

生:月光下的白丁香开得那么有韵味,无拘无束。

生:月光下的白丁香像一位穿着白色西装的绅士。

生:白得像水洗过一样,那么干净,那么透彻。

生:白丁香自然、大方地开放,纯洁得好像被水洗过一样。

生:月光下的白丁香一尘不染,十分纯洁。

生:绽放的白丁香花仿佛小溪里的溪水,清澈、活泼。

师:描绘得越来越美了,语言也越来越丰富了。

生:二美,月光下的朦胧美。

出示 PPT:

朦胧:①月光不明。②不清楚。

生:"月光不明、不清楚"是说有种模模糊糊的美。

师:什么是"紫的朦胧"? 查完字典后,需要我们想象画面。

生:紫丁香像蒙了一层纱,朦朦胧胧的。

生:紫色丁香花在月光下若隐若现。

生:紫丁香像小女孩蒙上轻纱,远远看去,朦朦胧胧,若隐若现。

师:我们学会想象,就美了。

生:三美,甜香之雅。

师:欣赏了月光下丁香花的潇洒、朦胧,我们再品品丁香花的甜香之雅。

生读:还有淡淡的幽雅的甜香,非桂非兰,在夜色中也能让人分辨出,这是丁香。

出示PPT:

有木名丹桂,四时香馥馥。(白居易《有木诗八首》之八)

兰为王者香,芬馥清风里。(程樊《咏怀》)

师:有诗云——

女生读:有木名丹桂,四时香馥馥。

男生读:兰为王者香,芬馥清风里。

生:桂花"香馥馥",香气是浓的。

生:兰花"芬馥清风里",香气是淡淡的。我们家就养着兰花。

生:丁香花却是淡淡的幽雅的甜香。

师:幽,里边是"丝",外框是"大山",从大山中飘来丝丝淡淡的甜香,吸一口就觉得这香气是那么——

生:高雅。

生:文雅。

生:清雅。

师:是啊,非桂非兰,那么幽雅,那么不俗。

【评点】体会作者笔下的丁香之美,需要从所读的内容想开去。想象是一种能力,需要具体方法,不只是给时间、给自由就可以实现的。侯老师在这里让学生吸纳注释中的词语来描绘月光下丁香的潇洒、朦胧。通过这种方法,抽象的"潇洒""朦胧"变得具体了,在学生的头脑中形成一幅画面,学生自己也好像融入其中,充分感受到了丁香之美。

3. 窗前赏丁香。

师:窗前这一景,咱们师生在朗读中共赏。

师领:室外的丁香真美啊!

(以下师生对读)

生读:在我断断续续住了近三十年的斗室外,有三棵白丁香。每到春来,伏案时抬头便看见檐前积雪。

师引:见到此景想到一句唐诗——

生背:忽如一夜春风来,千树万树梨花开。

师领:雪色映进窗来好爽啊!

生读:雪色映进窗来,香气直透毫端。人也似乎轻灵得多,不那么浑浊笨拙了。

师:咱们欣赏欣赏色彩之美。

生读:从外面回来时,最先映入眼帘的,也是那一片莹白,白下面透出参差的绿,然后才见那两扇红窗。

生：丁香花白得闪耀、夺目。

师：不错。看这个"莹"字。

生：下边是"玉"。

生：像玉一样透亮。

生：像玉一样纯净、剔透。

师：老师提示你们一个成语：冰——

生：冰清玉洁。

师：还可以倒过来——

生：玉洁冰清。

师："也是那一片莹白"，你眼前出现了什么？

生：晶莹剔透的丁香花。

生：丁香花像玉一样洁白，像冰一样透彻。

师：三种颜色，互相映衬就更美了。

生再读：从外面回来时，最先映入眼帘的，也是那一片莹白，白下面透出参差的绿，然后才见那两扇红窗。

师：欣赏欣赏这是一种怎样的美。

一生：参差的绿。

师：说说"白下面透出参差的绿"是怎样的美。

生1：绿不是单一的，与白连接在一起。

生2：不是纯绿，一条一条的绿，像水墨画一样散开来。

生3：绿色是流动的，不是静止的。

生："水墨画"让我想起了老舍的课文《草原》。

生齐背：那些小丘的线条是那么柔美，就像只用绿色渲染，不用墨线勾勒的中国画那样，到处翠色欲流，轻轻流入云际。

师："不用墨线勾勒……轻轻流入云际"，结合文中画面，可以流到哪里？

一生：流到雪白的花间。

师：仿写刚才那句话，把它变成自己的话来说一说。

一生：那绿色就像不用墨线勾勒的中国画那样，到处翠色欲流，轻轻渗入莹白的花际。

一生：就像不用墨线勾勒的中国画那样，深绿、浅绿、墨绿，交织在一起，轻轻流入花间……

师:真好,学习要灵活,要会化用学过的句子,把它变成自己的话,就是一句优美的句子。描绘完你有什么感觉?

生:绿得不那么单调了,是那么丰富。

生:白在参差的绿的映衬下显得更加洁白,更加优美。

师:用一段话来描述。

一生:到处翠色欲流,轻轻渗入莹白的花间,白映衬着绿,绿烘托着白,显得那么丰富,朦朦胧胧,十分优美。

师:这就是在读书中想象。会想象才会有好的文章,再加上红的衬托就更美了,再读也就更有感情了。

生(含情)齐读:从外面回来时,最先映入眼帘的,也是那一片莹白,白下面透出参差的绿,然后才见那两扇红窗。

生:这莹白不单一啊,白中透着参差的绿,白和绿又有红色做背景来点缀,真美啊!

师:这颜色还有层次,你看出来了吗?

生:先看的莹白,然后是绿叶衬,最后是红窗。

师:读句子——

生读:从外面回来时,最先映入眼帘的,也是那一片莹白,白下面透出参差的绿,然后才见那两扇红窗。

师:什么感觉?

生:色彩缤纷。

生:深宅大院。

生:白花、绿叶、红窗,庭院幽深恬静。

师:作者赏着窗前丁香花不无感慨。

一生读:我经历过的春光,几乎都是和这几树丁香联系在一起的。

一生:为什么"我"经历的春光是与丁香联系在一起的?

师:这叫会问问题。为什么作者经历过的时光是与丁香联系在一起的呢?作者宗璞一直与父母住在一起,看到丁香往往会想到丁香花下的经历。

(PPT出示宗璞其他文章中的文字)

生:会想起父亲对自己的呼唤——

生读:我俯身为他披好被角,正要离开时,他疲倦地用力说:"小女,你太累了!""小女"这乳名几十年不曾有人叫了。"我不累。"我说,勉强忍住了眼泪。(《三松堂断忆》)

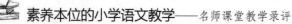

生：看着窗前丁香花又仿佛听到爸爸叫自己"小女"，多温馨啊。

生：会看到母亲忙碌的身影——

生读：母亲为一家人真操碎了心。在没有什么东西的情况下，变着法子让大家吃好。她向同院的外国邻居的厨师学烤面包，用土豆作引子，土豆发酵后力量很大，能"嘭"的一声，顶开瓶塞，声震屋瓦。(《我的母亲是春天》)

生：望着丁香花想到母亲的厨艺，闻到了烤面包的甜香。

生再读：我经历过的春光，几乎都是和这几树丁香联系在一起的。

师：作者临窗赏花浮想联翩，文思泉涌。

生读：那十字小白花，那样小，却不显得单薄。许多小花形成一簇，许多簇花开满一树，遮掩着我的窗，照耀着我的文思和梦想。

【评点】欣赏了城里街旁、城外校园的丁香，师生一同欣赏作者生活近三十年斗室外窗前的丁香。老师通过领读、引读创设情境，让学生置身其中，欣赏丁香的色彩之美。学生抓住句中关键词"莹白""参差的绿"去理解、想象，并联系刚刚学过的《草原》中的句子，想象、描绘不同颜色相互交织、相互衬托所形成的色彩缤纷之美。斗室外的丁香与街旁、校园里的丁香不同，作者的成长与它们联系在一起。在教师的引导下，学生追问为什么会联系在一起，这是文章文字没有表达出来的。老师为学生们呈现了作者在其他文章中写到的父亲、母亲的呼唤与身影，帮助学生体会作者临窗赏花浮想联翩、文思泉涌的原因，也为后面理解文章所表达的人生哲理做了铺垫。

三、丁香如诗似画

生读：古人诗云："芭蕉不展丁香结""丁香空结雨中愁"。

师：这是两首诗中的各一句，猜猜"芭蕉不展丁香结"的意思。

生：芭蕉弯弯的，丁香含苞不吐。

生："丁香空结雨中愁"，雨中的丁香花含苞未吐，像人的愁怀郁结。

师：这是说古人见到雨中的丁香，联想到的是愁怨。作者见到雨中的丁香，欣赏的是什么？

生读：在细雨迷蒙中，着了水滴的丁香格外妩媚。

师："妩媚"是什么意思？

生：形容女子姿态美好，我查的词典。

师：你知道那姿态怎样美好吗？

出示PPT:

女子←**嫵**→像人执舞具舞蹈之形。

表示女子轻歌曼舞。

媚,好也。(《广雅》)←**媚**→媚,美也。(《小尔雅》)

美好;娇艳。

生:难以形容的美。

师:这是一幅印象派的画。

生:什么是印象派的画?

师:印象派强调画家对客观事物的感觉和印象。你读读、想想哪些是画"感觉"和"印象"?

生读:花墙边两株紫色的,如同印象派的画,线条模糊了,直向窗前的莹白渗过来。让人觉得,丁香确实该和微雨连在一起。

生:"花墙边两株紫色的""线条模糊了",这是凭感觉描写的。

生:(觉得)花墙边两株紫色的丁香花,直向窗前的莹白渗过来。花墙边两株紫色的丁香花,是不动的,更不会"渗"过来,这也是"感觉"和"印象"。

生:白丁香像晶莹的雨点打着紫丁香。

生:这样就"让人觉得,丁香确实该和微雨连在一起"。

生:好妩媚啊!晶莹的雨点打着紫丁香花!

生:全是凭"感觉"和"印象"画了一幅印象派的画。

【评点】抓住"妩媚""印象派"等词语感受作者通过"感觉"和"印象"所描绘的如诗如画的美景。

四、丁香结的民俗美

师:作者从赏丁香联想到了诗画文化,读读下一段,看作者又联想到了什么。

生读:只是赏过这么多年的丁香,却一直不解,何以古人发明了丁香结的说法。今年一次春雨,久立窗前,望着斜伸过来的丁香枝条上一柄花蕾。小小的花苞圆圆的,鼓鼓的,恰如衣襟上的盘花扣。我才恍然,果然是丁香结。

生:这一段作者把丁香结与生活中的盘花扣结合起来了。

生:作者将丁香结与民俗连在一起。

生读:小小的花苞圆圆的,鼓鼓的,恰如衣襟上的盘花扣。我才恍然,果然是丁香结。

出示图片：

【评点】对于孩子们不熟悉的内容，呈现相应的图片，教学资源的使用始终以学生的认知发展为中心。

五、丁香结的深思

师：读最后一段，看作者又想到了什么。

生：从丁香结联想到"芭蕉不展丁香结""丁香空结雨中愁"这些诗句，真觉得它们负担着解不开的愁怨了。

师：从丁香结的"结"联想到"解不开的愁怨"，引发了作者哪些人生思考？

生读：每个人一辈子都有许多不顺心的事，一件完了一件又来。所以丁香结年年都有。结，是解不完的；人生中的问题也是解不完的，不然，岂不太平淡无味了吗？

生："结，是解不完的；人生中的问题也是解不完的""不然，岂不太平淡无味了吗？"这不是说"结结""解结"会趣味无穷吗？

师：你们生活资历浅，我给你们讲一段作者宗璞的父亲冯友兰与梁漱溟两位著名哲学家、教授"结结""解结"的故事：

出示PPT：（生读）

（1985年）12月4日，北大哲学系为父亲（冯友兰）举办九十寿辰庆祝会。父亲提出邀梁先生参加。梁先生亲自接电话，回答是不能来，天冷不能出门，道珍重而罢。

生：作者的父亲（冯友兰）过生日，请梁先生参加。梁先生说天气冷不能参加，望保重身体。

师：两位老先生结"结"了吗？

生：岁数大，天气冷，不出席，不能算结"结"。

生：老同事过生日，因天气冷就不出席，让人不痛快，结了个小"结"。

师：数日后，冯友兰先生又接到梁先生的一封信。

出示PPT：（生读）

数日后，父亲收到梁先生一信，信只一页，字迹清晰有力，大意是北大旧人唯我二人存矣，应当会晤，只因足下曾谄媚江青，故我不愿参加寿宴。如到我处来谈，则当以礼相待，倾吐衷怀。父亲读后并无愠色，倒是说这样直言，很难得的，命我寄去一本《三松堂自序》。

师：梁先生说你生日那天，我没去是因为你谄媚江青（"文革"时期的反革命分子）。如果你到我处来谈，就以礼相待，倾吐衷怀。

生：言外之意是说我到你那儿去没门，你巴结过江青。

生：这下这个"结"大了。

生：有缓，冯友兰先生"并无愠色，倒是说这样直言，很难得的"。

生：冯友兰为什么给梁先生寄了一本《三松堂自序》。

师：因为在冯友兰的《三松堂自序》中已写清楚，冯友兰"谄媚江青"是莫须有的事。忙过九十寿辰之后第三天，冯友兰把宗璞唤到身边，又给梁先生写了封信。

生：这一下，"结"就该解开了。

师：过了几天，冯先生收到梁先生来信。

出示PPT：（生读）

芝生老同学如晤：

顷收到12月6日大涵敬悉一切。《三松堂自序》亦经收到并读过，甚愿把晤面谈或即在尊寓午饭亦可，请先通电话联系，订好日期时间，其他如汽车等事，亦均由尊处准备是幸。专此布复，顺请阖府均安！

梁漱溟手复

十二月十一日

生："结"解开了。梁先生"愿把晤面谈或即在尊寓午饭亦可"。

生：天津话，咱哥俩喝两盅。更近乎了。

师：再读作者宗璞插的一段话。

出示PPT：（生读）

父亲说，还是去看他，不必麻烦他来。遂由我电话联系。记得梁先生还专来一函说电话必由他来接，以免延误。在1985年12月24日，父亲携我乘北大汽车处的车，前往木樨地22楼。

生：两位老爷爷更近乎了。冯先生乘北大汽车处的车，前往木樨地22楼——梁先生家。

师:再读读宗璞这段话,有新的感受了吧!

生读:每个人一辈子都有许多不顺心的事,一件完了一件又来。所以丁香结年年都有。结,是解不完的;人生中的问题也是解不完的,不然,岂不太平淡无味了吗?

生:挺有意思的,我还以为教授只教书写书呢,原来还有这么有趣的故事。

生:两位老教授结"结"、解"结"的故事给我们后辈留下一段佳话。

师:你有与朋友结"结"、解"结"的故事吗? 课下讲给同学听听,给同学的生活添点情味儿。

【评点】对于小学生来说,理解人与人之间解不开的仇怨、解不完的"结"有点困难,教师在这里没有过多地讲解,而是呈现了作者父亲冯友兰先生与梁漱溟先生的交往故事。学生们读着教师提供的信息,联系课文,对丁香结一样的愁怨有了些初步认识,对人生结"结"、解"结"有了初步的思考。最后教师给同学们留了任务,课下讲讲与朋友之间结"结"、解"结"的故事,把课文与学生生活联系了起来,把阅读与表达结合了起来。

《桥》课堂实录

师:大家齐读课题《桥》。观察背景图片,说说这是怎样的一座桥。

出示PPT:

生1:将要倒塌的。

生2:被洪水淹没的。

生3:危在旦夕的桥。

生4:人们的救命桥。

师:六年级孩子,一看到这课题及背景画,就应该会有丰富的联想与想象。

【评点】预测是阅读的重要策略,看题目,借助图片及生活经验等联想、想象文章可能写什么内容,阅读就变为对自己的预测的验证。有了预测后,阅读时会更专注,也会更注意重要信息的捕捉,会随着文中信息的一一呈现,不断修正自己的预测,阅读的速度会更快,阅读也更有乐趣。作为课文标题的"桥"有多层意义,先让学生说说自己的理解,等深入阅读后学生对"桥"的内涵一定会有更深刻的体悟,前后对比,学生也会更有获得感。

大雨倾盆

出示PPT:(课文第1自然段)

生齐读:黎明的时候,雨突然大了。像泼。像倒。

出示PPT:(原第1自然段与修改后的第1自然段)

黎明的时候,雨突然大了。像泼。像倒。

黎明的时候,雨突然大了。像倒。像泼。

师:比一比两段话有怎样的不同。(男女生对比读)

生:原文这段,"像泼。像倒"——雨越下越大。

生:改的这段,"像倒。像泼"——雨越下越小。

师:为什么有这样的感觉?

生:"泼"就是泼出一部分,"倒"是倒出全部的水。

生:"泼"也能全泼。

生:"倒"也可以倒一半。

生:两人说的都不确切。

师:用一个成语形容"像泼"。

生:瓢泼大雨——像瓢泼水那样的大雨。

师:用一个成语形容"像倒"。

生:倾盆大雨。

师:"瓢泼大雨""倾盆大雨"哪场雨大?

生齐:倾盆大雨。

生:"倾盆大雨"好像用盆倒水。

生:"瓢泼大雨"好像瓢泼水。

生:"倾盆"比"瓢泼"大。

生齐读:黎明的时候,雨突然大了。像泼。像倒。

师:雨下得怎么样?

生齐:雨越下越大。

师:有意思。讲究遣词造句的作者,遇到了细致推敲的读者,从"像泼。像倒。"两句话中读出了雨越下越大,一场洪灾来临。

【评点】《桥》是部编教材六年级上册小说单元的一篇文章,该单元的语文要素是"读小说,关注情节、环境,感受人物形象"。感受人物形象是小说阅读的中心目标,但人物是在情节中塑造的,情节是在一定的环境中发生的。只有真正走入环境,才能更好地把握情节的发展,感受人物形象。文章一开始就写到了当时的环境是大雨天,用了两个词语"像泼""像倒"来写雨越下越大。教师通过让学生比较原文和改后的文章,引起学生对"泼""倒"意义的关注。比较、质疑是学习的重要策略,通过比较、质疑学习会更深入。教师没有讲解什么是"泼"、什么是"倒",而是先让学生自己理解。有学生结合生活经验

— 132 —

谈到"泼就是泼出一部分,倒是倒出全部的水",因为是基于直觉,显然不可靠。有同学马上提出疑问"'泼'也能全泼""'倒'也可以倒一半"。在学生的思维陷入矛盾之时,教师提示用成语分别形容"像泼""像倒",很自然地引出"瓢泼大雨""倾盆大雨"。这两个成语比"像泼""像倒"更容易理解雨的大小,学生们马上明白,"像倒"比"像泼"的雨更大。这时学生再读句子,好像置身其中,马上有洪水欲来的感觉。

山洪咆哮

生齐读:山洪咆哮着,像一群受惊的野马,从山谷里狂奔而来,势不可当。

师:找一找这个句子中的关键词。

生:势不可当。

师:山洪咆哮到什么程度?

生:势不可当。

师:"势不可当"是什么意思?

生:来势迅猛,无法抵挡。

师:带着你的感受再读。

师:山洪怎么样?

生读:势不可当。

师:六年级学生,读句子要学会抓住要点。

【评点】大雨之后,山洪真的来了。怎么体会山洪之猛呢,抓关键词去理解。从上一段的雨之大,到这里的山洪之猛,都是通过抓关键词去把握整句的意思,以深刻体会故事发生的环境。学习这些词语要立足文章整体的理解,立足意义的获得。

出示PPT:

> 村庄惊醒了。人们翻身下床,却一脚踩进水里。是谁惊慌地喊了一嗓子,一百多号人你拥我挤地往南跑。近一米高的洪水已经在路面上跳舞了。人们又疯了似的折回来。

生读第一句:村庄惊醒了。人们翻身下床,却一脚踩进水里。

师:人们在喊什么?

生1:救命啊,洪水来了!

生2:水进屋了!

师:联系上文,再想人们会高喊什么。

生3:床下有水,洪水来了,快跑!

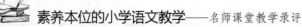

生齐读:村庄惊醒了。人们翻身下床,却一脚踩进水里。

生齐读:是谁惊慌地喊了一嗓子,一百多号人你拥我挤地往南跑。近一米高的洪水已经在路面上跳舞了。人们又疯了似的折回来。

生边读文,边画图:

北

↑ 桥

西 ←—无路—— * ——无路→ 东

洪水 ↓ 跳舞

南

师:往南跑——

生读:一百多号人你拥我挤地往南跑。近一米高的洪水已经在路面上跳舞了。(填图)人们又疯了似的折回来。

师:往东、西跑——

生读:东面、西面没有路。(填图)

师:那往哪儿跑呢?

生读:只有北面有座窄窄的木桥。(填图)

师:桥的特点是什么?

生:窄窄的。

师:北面是怎样的情境啊?

生读:死亡在洪水的狞笑声中逼近。人们跌跌撞撞地向那木桥拥去。

师:"狞笑"是什么意思?

生:"狞"有反犬旁,"狞笑"准不是好笑。

师:我查了——

出示PPT:

狞:恶也。(《广韵·庚韵》) 译:凶恶。

生再读:死亡在洪水的狞笑声中逼近。人们跌跌撞撞地向那木桥拥去。

【评点】这一部分主要写咆哮的山洪到来时发生的事,为下文老支书的出场做好了铺垫。学习这部分的目的是让学生体会山洪到来后情势的危急和人们的慌乱。为达此目的,教学重点做了三项工作:一是抓关键词"势不可当"理解山洪之猛;二是让学生想象高喊的内容补白情势危急;三是基于文章内容呈现了一幅洪水发生时村民们逃生的方位图,让学生意识到出口只有北面窄窄的木桥。这三项工作立足学生学习困难,指向教学目标,为学生深刻理解当时情势的危急搭建了支架。

仰望高山

一生读:木桥前,没腿深的水里,站着他们的党支部书记,那个全村人都拥戴的老汉。

生齐读:老汉清瘦的脸上淌着雨水。他不说话,盯着乱哄哄的人们。他像一座山。

师:赞颂老汉的关键语句——

生齐:他像一座山。

师:读到这里,我想起毛泽东主席的一首词《十六字令三首(其一)》。

出示 PPT:

山,

快马加鞭未下鞍。

惊回首,

离天三尺三。

(师范读,学生齐读。三次读)

师:这句诗什么意思?猜猜。

生:山,快马加鞭,没下马,飞奔向前,一回头远望,山离天三尺三。说明山很高。

生:纵马登山,快马加鞭,马未停蹄,一气跑到山顶,回头一看,哎呀,好高啊! 离天只有三尺三。

师:还有十六字令的第三首——

出示 PPT:

山,

刺破青天锷未残。

天欲堕,

赖以拄其间。

(师指名读)

师:猜这首诗什么意思。

生:山刺破青天了,山尖没有残。天要塌了,山给它顶住了。

师:猜猜看,为什么读到老书记,我想到了这些词?

生:因为老汉面对洪水他都不害怕,他像一座山,撑住了天。

生:是呀,一看,那老汉不是一座高山吗? 多么高峻呀!

生:洪水狰狞,天要落下来了,得靠老汉去支撑。

师:说得真好。

师:咱们合作描述这座山:青天被刺破,简直要坠落,掉下来了,然而,不怕,不要紧!有高高的山峰把它支撑住。这剑锋不但锋刃无损,而且上擎崩天。

师(诵诗句):天欲堕,赖以拄其间。

再创设情境读:

一生读:山洪咆哮着,像一群受惊的野马,从山谷里狂奔而来,势不可当。

生齐读:村庄惊醒了。人们翻身下床,却一脚踩进水里。

一生读:是谁惊慌地喊了一嗓子,

一生读:一百多号人你拥我挤地往南跑。

一生读:近一米高的洪水已经在路面上跳舞了。人们又疯了似的折回来。

一生读:东面、西面没有路。只有北面有座窄窄的木桥。

一生读:死亡在洪水的狞笑声中逼近。人们跌跌撞撞地向那木桥拥去。

男生齐读:木桥前,没腿深的水里,站着他们的党支部书记,那个全村人都拥戴的老汉。

女生齐读:老汉清瘦的脸上淌着雨水。他不说话,盯着乱哄哄的人们。他像一座山。

生齐读:人们停住脚,望着老汉。

出示PPT:

望

望:本义:出亡在外,望其还也。(《说文解字》)

引申义:①向高处、远处望。②仰视;敬仰。③盼望;期待。

师:选一注释,并说明这一"望"饱含着群众怎样的感情。

生:我选第二种——仰视;敬仰。人们拥戴他,他太高尚了,所以是仰视,敬仰。

生:我选第三种——盼望;期待。人们盼望老汉来拯救他们。

生:我选第一种——向高处、远处望。老汉品质高尚须仰视。

生:老汉就是这样一座高山。

师:能不能用一个四字词语来形容老汉在洪水面前是怎样的一座山?

生:威严冷静。

生:德高望重。

生:在洪水面前不慌不乱。

生读:老汉清瘦的脸上淌着雨水。他不说话,盯着乱哄哄的人们。他像一座山。

师:老汉是怎样的一座山?

生:泰山。

师:成语。

生(多数):安如泰山。

师:咱们再说几个末尾有"山"的成语。

生:重如泰山。

生:军令如山。

生:恩重如山。

生:执法如山。

师:"执法如山"什么意思?

生:执行法律像山一样铁面无私。

师:背背这几个成语。

【评点】老支书是小说的主人公,文中写到"他像一座山",怎么去理解这一描述呢?教师主要通过三种方法:一是引入毛泽东的两首词,通过对词意的理解,学生体会一座山顶天立地的含义。二是放在环境中去体验,面对势不可当、发出狞笑声的洪水,民众已经是惊慌失措、跌跌撞撞、乱作一团了,而老汉却像一座山矗立在那里。三是放在人物关系中去理解为什么夺路而逃的人们看见老汉,"停住脚,望着老汉"。教师呈现了"望"的三种引申义,学生们结合语境,在具体环境中理解人物与人物的关系,从"望"字中更能体会"像一座山"的老支书的品质、地位。

军令如山

诵诗句:山,刺破青天锷未残。天欲堕,赖以拄其间。

(生分角色读)

一生领读:老汉清瘦的脸上淌着雨水。他不说话,盯着乱哄哄的人们。他像一座山。

生齐读:人们停住脚,望着老汉。

一生读:老汉沙哑地喊话:"桥窄! 排成一队,不要挤! 党员排在后边!"

一生读:有人喊了一句:"党员也是人。"

一生读:老汉冷冷地说:"可以退党,到我这儿报名。"

生齐读:竟没人再喊。一百多人很快排成队,依次从老汉身边奔上木桥。

师:这是怎样的一座山?

生齐:军令如山。

【评点】以学生对老汉"像一座山"的理解为支点,赏析文中描写人物的细节。通过分角色读、齐读的方式，从老汉的语言、人们的行动中，感受到老支书镇定指挥、沉着应战、一心为民的品质。

执法如山

诵诗句：山，刺破青天锷未残。天欲堕，赖以拄其间。

（生分角色读）

一生领读：老汉清瘦的脸上淌着雨水。他不说话，盯着乱哄哄的人们。他像一座山。

生齐读：人们停住脚，望着老汉。

男生齐读：水渐渐蹿上来，放肆地舔着人们的腰。

一生读：老汉突然冲上前，从队伍里揪出一个小伙子，吼道："你还算是个党员吗？排到后面去！"老汉凶得像只豹子。

一生读：小伙子瞪了老汉一眼，站到了后面。

师：这是怎样的一座山？

生："揪"得好，不管是谁也得按党的要求做。

生：小伙子瞪也白瞪，只好乖乖地服从，可见老汉的威严。

师：用一个成语形容——

生齐：执法如山。

【评点】继续体会"像一座山"的含义，老汉的形象不断丰富。在洪水已经放肆地舔着人们的腰的时候，老支书仍然守正不阿，一个"揪"字凸显其铁面无私、执法如山。

恩重如山

诵诗句：山，刺破青天锷未残。天欲堕，赖以拄其间。

（生分角色读）

一生领读：老汉清瘦的脸上淌着雨水。他不说话，盯着乱哄哄的人们。他像一座山。

生齐读：人们停住脚，望着老汉。

男生齐读：木桥开始发抖，开始痛苦地呻吟。

一生读：水，爬上了老汉的胸膛。最后，只剩下了他和小伙子。

一生读：小伙子推了老汉一把，说："你先走。"

一生读：老汉吼道："少废话，快走。"他用力把小伙子推上木桥。

师：老汉与小伙子用了同一个动词——

生齐：推！

师:为什么?

一生:小伙子爱老人!

一生:老人更爱小伙子!——他"用力"把小伙子推上木桥。

师:我们喊出"小伙子"的内心想对"老汉"喊出的话:你老人家对我——

生齐:恩重如山。

【评点】洪水是课文的主线,人物的塑造始终没有离开环境的描写。品析人物,要抓住环境。在水爬上老汉胸膛之时,那个被老汉揪出来的小伙子"推"老汉先走,老汉没有听小伙子的,而是用力把小伙子"推"上木桥。两个"推"字,让我们看到了老汉和小伙子间的感情,带给孩子们思考,也留下了悬念,更表现了老汉另一方面的品质。

哀悼高山

诵诗句:山,刺破青天锷未残。天欲堕,赖以拄其间。

一生读:木桥开始发抖,开始痛苦地呻吟。

一生领读:突然,那木桥轰的一声塌了。小伙子被洪水吞没了。老汉似乎要喊什么,猛然间,一个浪头也吞没了他。

女生齐读:一片白茫茫的世界。

男生齐读:一片白茫茫的世界。

生齐读:一片白茫茫的世界。

【评点】在男女生齐读"一片白茫茫的世界"时,同学们怀着对老汉离去的忧伤,感受到这座山高山仰止,令人敬佩。

重于泰山

生读:

五天以后,洪水退了。

一个老太太,被人搀扶着,来这里祭奠。

她来祭奠两个人。

她丈夫和她儿子。

师:到此,悬念才解开,老汉与小伙子是父子。老太太失去了老伴和儿子。

师:多么悲痛啊,一人为老汉写一句悼词吧。

生:您是一座山,一座威严冷静的山,一座心系群众的山。

生:您舍己为人的精神令我们敬佩。

生:您是一个大公无私、无私无畏的人。

生:您为了群众,牺牲了自己。

生:原来您从队伍里揪出的是您的儿子啊!您真是执法如山的党支部书记啊!

生:我们猜得出您没喊出的那句话是:"儿子,我爱你!"

生:老爷爷,您的死重于泰山。

生齐:重于泰山!

师:让我们一起背诵毛泽东《为人民服务》中的一段:

人总是要死的,但死的意义有不同。中国古时候有个文学家叫作司马迁的说过:人固有一死,或重于泰山,或轻于鸿毛。为人民利益而死,就比泰山还重;替法西斯卖力,替剥削人民和压迫人民的人去死,就比鸿毛还轻。

【评点】从这样一个结尾中,学生们解开了之前的悬念,对老汉更加敬仰,理解了把人民利益放在心中,把自己及家人的生死置之度外的共产党领导干部身上的高尚品质。尽管教师没有对这种品质进行讲解宣扬,但从学生们所说的悼词中也能感受到人物品质对学生的影响。

《少年闰土》课堂实录

第一课时

一、介绍作者，了解背景

师：我国的大文豪鲁迅先生大家知道吧？今天我们读的这篇《少年闰土》就是他写的，谁给大家读一下课文简介？

生：《少年闰土》是从大作家鲁迅先生的《故乡》中节选的。鲁迅先生在《故乡》中写了三个"故乡"——回忆中的故乡，现实中的故乡，理想中的故乡。今天我们读的《少年闰土》就是"回忆中的故乡"的一部分。

【评点】明确课文出处，有利于学生课外拓展阅读，架起课内、课外阅读的桥梁。点出本文是"回忆"中的故乡，非"现实"和"理想"中的故乡，为学生理解课文做好了铺垫。

二、回忆故乡，神异图画

师：课文开篇就写了故乡景色非常美丽。谁给大家读一读？

（生读第1自然段）

师：读得绘声绘色。考考你们的基本功：这句话写了几点？各是什么？

（生读书，师巡视点拨）

师：好，谁来汇报一下？

生：这句话写的是景、人、猹。

师：真棒！现在，在这几个字前面加一个修饰语，什么样的景与人？什么样的猹？

生：我认为是美丽的景与勇敢的人，伶俐的猹。

师：真棒！这就概括出来了。把这一段再读一遍，想一想景美在哪儿，人勇敢在哪儿，猹怎样伶俐。（生读）要读出节奏来。（师指导朗读，生齐读）

师：景美在哪儿？

生：深蓝、金黄、碧绿。

师：加上这些色彩的点染，故乡就成了五彩缤纷的世界。

师：好。从哪些词语中能看出人很勇敢？拿笔圈出来。

生:尽力。

师:"尽力"。一个了,还有吗? 你说。

生:"捏",可看出动作轻捷;"刺"是用力地"刺",可见他勇敢。

师:你看,用上两个动词,就把勇敢写出来了。

师:好,看猹的伶俐,靠什么写出来的? 圈出来。

生:"扭"和"逃"。

师:分别和闰土的"捏"和"刺"两个动作相对应,相映成趣。好,大家再把第1自然段读一读。

(生读)

师:谁能背一背第1自然段,来试一试。(出示课文图片)看着图背一背。你来。

(生背)

师:好,这是教给你们背书的方法。把句子读懂了,把关键词抓住了,边想象画面边背,就好背了,对吗?

师:那看着这幅图,大家想问什么问题?

生:我想问这个少年是谁?

【评点】阅读目的就是要建构意义、积累语言。对于段落意义的理解,分为两个步骤:第一步,先概括主要内容,学生用几个字概括了第1自然段所写的事物,又用三个词语概括了事物的特征;第二步,抓住描写事物的主要词语,想象其情境状态,理解语言意义。通过这两步,学生既把握了段落的结构与主要内容,又理解了关键词语与句子的意思,自然就能背诵了。

三、相识原因,了解身份

师:那这少年是谁呢? 是干什么的呢? 认真读第2、3自然段。这里交代了"我"与闰土的身份,认真读才能读出来。边读边画。

(师点拨:六年级应该学会很迅速地默读,边读边勾画要点。)

师:谁来汇报? 你说。

生:"我"是一个少爷,闰土是一个忙月。

生:闰土是一个忙月的儿子。闰土的父亲让他来帮着管祭器。

师:谁最高兴?

生:"我"最欢迎。"我的父亲允许了;我也很高兴……"

师:"我"何以如此高兴?

生齐:他是能装弶捉小鸟雀的。

【评点】了解闰土与"我"的身份,有利于对课文的理解。训练学生运用默读的方法,迅速提取段落信息。

四、依照标题,梳理层次

师:对,要不是能装弶捉小鸟雀,就没有后面的故事了,对吗?所以写文章,前后要顾及一下。

师:那他们相见后发生了哪些故事呢?默读课文,划分段落。

出示PPT:

第一次见面

谈乡间趣事

分别与友谊

【评点】结构是理解的基础。层次的划分取决于划分的目的和意图。教师给出标题,学生有了划分的依据,既降低了概括的难度,又利于明白课文的主要内容。

五、初次相见,相互熟识

(师指名读"第一次见面"的段落。生读)

师:好。想想,如果你和某一个人是第一次见面,你首先想先看什么,了解什么?

生:先看他长什么样子。

生:想看看他是怎么穿着打扮的。

生:看他的性格怎样。

师:其实"我"也是一样。谁给大家读一遍,看"我"看了什么,了解了什么。

生读:紫色的圆脸,头戴一顶小毡帽,颈上套一个明晃晃的银项圈,这可见他的父亲十分爱他,怕他死去,所以在神佛面前许下愿心,用圈子将他套住了。

生:先看到的是"紫色的圆脸",心想,农村的孩子,整日风吹日晒,脸都是"紫色的",比城里的孩子健康。

生:最显眼的是"头戴一顶小毡帽",一看就是从农村来的。

师:而且只有浙江绍兴一带的农村孩子戴"小毡帽",就像新疆人戴小花帽一样,很有地域特点。接下来——

生:他脖子上套着明晃晃的银项圈,显得神气。

生:显得更机灵。

生:还看出他的父亲十分爱他。

师:我们看到闰土的颈上套一个明晃晃的银项圈,是想不到当地民俗的意义的,所以作者多写了一笔,请同学读一读。

生读:……颈上套一个明晃晃的银项圈,这可见他的父亲十分爱他,怕他死去,所以在神佛面前许下愿心,用圈子将他套住了。

师:想想看,作者为什么仅写了三个细节?

生:城里的孩子大多脸色是"白净"的,"紫色的圆脸"特明显。

生:城里的孩子不戴"小毡帽",见闰土"头戴一顶小毡帽",非常新奇。

生:明晃晃的"银项圈"引人注目,显得闰土活泼机灵。

生:还有特殊的含义——套住他怕他跑了。

师:理解得好。这叫作抓住特点描写人物外貌。

师:一听闰土要来"我""很高兴",是因为闰土是能装弶捉小鸟雀的。现在呢,"我"关心的又是什么?"我"的爸爸关心的是来了以后能不能帮自己家干点活对不对?那"我"呢?想一想,如果你家里来了个小朋友,你最关心什么?

生:看他能不能和自己谈得来,能不能和自己在一块玩儿。

师:读读这一句。

生读:他见人很怕羞,只是不怕我,没有旁人的时候,便和我说话,于是不到半日,我们便熟识了。

生:他怕羞,但是跟谁怕羞都没关系,只要跟"我"不怕羞就行。"我"关心的是他"不怕我",是"和我说话",尽快与他"熟识",好问他怎样装弶捉小鸟雀。

师:是这样。从行文上说,有了尽快"熟识",才有下文的谈捕鸟。

【评点】放在一个初次见面的情境中,让学生先想象应该写些什么内容,然后再看作者写了什么内容。将作者写的内容置于初次见面的情境,从"我"与闰土的身份以及儿童的心理去体验理解。学的是阅读,但指向了学生的表达,巧妙地实现了读写的完美结合。

六、倾听趣事,童心融合

师:谈农村趣事,你看作者谈了几件事情?读课文,勾画出来并写出小标题。

生:我觉得是四件事情。第一件事是雪地捕鸟。

生:"雪天捕鸟"更好些。

师:好!更有文采。

生:第二件事是拾贝壳。然后是刺猹、跳鱼。

师:概括小标题时,要有"什么时间、什么地点、干了什么",这样更明确些。

生:海边拾贝。

师:不错。

生:瓜地刺猹。

生:月夜刺猹。

师:"月夜刺猹"不但点明时间而且挺美。下一个呢?

生:沙地跳鱼。

生:改成"潮汛跳鱼"好,说明是在海边。

【评点】教师给出了概括小标题的方法,学生运用方法很容易地给四件事概括出最合适的小标题。通过概括小标题,学生迅速把握了四件事的内容要点,概括能力也提升了。过程方法与知识能力目标自然融合在了一起。

师:欣赏"雪天捕鸟"。(出示 PPT)谁给大家读读?

一生读:"我们沙地上,下了雪,我扫出一块空地来,用短棒支起一个大竹匾,撒下秕谷,看鸟雀来吃时,我远远地将缚在棒上的绳子只一拉,那鸟雀就罩在竹匾下了。什么都有:稻鸡,角鸡,鹁鸪,蓝背……"

师:好,请坐。看看下面的问题,第一个是捕鸟的步骤,第二个是圈出动词,第三个是讲出每一步的特点。请认真地读书,一会儿我们一起交流。

生:分四步,动词有"扫、支、撒、拉"。

师:两个问题都解决了,看第三个,每个步骤有什么特点?

师:第一个,你看鸟雀来吃时,为什么不是"吃食","食物"的"食",而是时间的"吃时"?

生:强调的是鸟来吃食物的时间。

生:因为鸟吃食物时,别的事情就忘了,好捕。

师:你看闰土,知道在鸟来吃食物的时候捕鸟,可见是捕鸟的行家。

师:还有一个词,我觉得用得多余了。看"将缚在棒上的绳子只一拉",将缚在棒上的绳子一拉,不挺好吗?加一个"只"字,多余。(有同学摇头)为什么不去掉呢?

生:"只一拉",他只是拉,就不干别的了。

生:"只一拉",说明很容易。

生:说明只拉一次,拉两次就飞了。

生:拉时要果断、迅速。拉第一次没拉倒,就给鸟报警了,没等拉第二次鸟早就飞走了。

师:写得多棒啊,雪天照此法捕鸟,定能捕到。谁给大家读一遍?得读出趣味来。

(生读"谈捕鸟"这部分内容)

师:此处教给我们写动作时要注意什么?

生:分清步骤,用准动词,写出特点。

师:课后你们也可以写逮什么东西或吃什么东西。按照这几个要求来写,好吗?

师:第一个趣事讲完了。下面的趣事怎样读,谁给大家读一读要求?(出示课件中的要求)

(生分角色读闰土与"我"的对话。品评一下,谁的语言更生动,更流畅,更富有感染力。)

师:好,两个同学一组,一个扮闰土,一个扮"我"。读一读,看是"我"的语言更有感染力呢,还是闰土的语言更好呢。

(师巡视,读完一遍后,两个同学再互换。)

师:好了,这个故事中有两个小孩,一个是农村的,一个是城市的。现在先休息一下,稍后我们一起来讨论,好吗? 好,下课。

【评点】立足于学生表达,以问题的形式启发他们赏评"雪天捕鸟"的写法特点。教师对关键字词的提问,既引导学生品味语言运用之妙,又引导学生在生活中多观察、多思考。

第二课时

(生分角色读)

师:谁的语言更生动?

生齐:闰土。

师:大家一致认为闰土的语言更生动、形象、富有感染力。那咱们就来品评品评,怎么写得这么生动呢? 咱一步一步来,"捕鸟"品评完了,接着又谈什么了?

生:海边拾贝。

师:谁给大家读一下。

出示PPT:

让你看到了多少颜色的贝壳?

让你看到了多少样子的贝壳?

"我们日里到海边检贝壳去,红的绿的都有,鬼见怕也有,观音手也有。"

生:我看到了两种颜色的贝壳。

生:第一种是红色的,第二种是绿色的。

生:好几种。

师:你解释一下。

生:红的绿的都有,白的黄的就更有了。

师:对。连最稀有的红色、绿色的贝壳都有,那一般的颜色就更有了。

师:再读,突出"都有"。想象贝壳的色彩怎样美。

生:看见了五颜六色的贝壳。

生:看到了色彩缤纷的贝壳。

师:看到了多少样子的贝壳?

生:各种各样。

师:可以,谁能说得更有文采? 千——

生:千姿百态,千奇百怪。

师:哎,这就是学问。六年级了嘛。

师(出示句子):大家一起读——

生读:"鬼见怕也有,观音手也有。"

师:谁能变个方式读一读这句话?"也"会与前面的哪个词呼应? 想想看,加上它读一读。

生:连鬼见怕也有,连观音手也有。

生:"连……也有……",连千奇百怪的也有,那一般的就更有了。

师:对,你看闰土多么了不起,用"鬼见怕也有,观音手也有"写出了海边有千奇百怪的贝壳。

【评点】引导学生从朴实的语言中读出丰富的意义,体会闰土怎么用简练的话语描绘出贝壳样子多样、颜色丰富。学生用四字词语表达贝壳颜色、样子的多样,既想象了贝壳的多样性,又拓展积累了词语。

师:你再看——这是"月夜刺猹"。谁来读?

出示PPT:

你步入怎样的环境中? 心情如何?

"月亮地下,你听,啦啦的响了,猹在咬瓜了。

　　你便捏了胡叉,轻轻地走去……"

师:你步入怎样的环境中? 心情如何?

生:夜晚的瓜地是静谧的。

师:从哪儿看出是"静谧"的?

生:啦啦的响了,猹在咬瓜了。

师:那不就有声音了吗? 为什么是"静谧"的呢?

生:连猹在咬瓜的声音都听得见,能说不静谧吗?

师:好,以声衬静。心情如何?

生:很紧张。

师:你从哪儿感觉出来的?

生:"你听,啦啦的响了,猹在咬瓜了"。加上"你听……"就让你跟着紧张。

师:好,接着说。

生:"你便捏了胡叉,轻轻地走去……"让我也跟着去刺猹,心情不由得紧张起来。

师:讲故事的人讲着讲着就沉浸到故事中了,把听故事的人也带入故事中了,"你听……你……"让听者也身临其境,并紧张起来。让"我"三十年后仍清晰记得那情境,背开头一段——(生背)

【评点】教师用"从哪儿看出是'静谧'的?""你从哪儿感觉出来的?"等问题追问学生的感受,把学生的感受与文本串联了起来,培养学生感悟思考的能力。教师的追问也把学生与学生串联了起来,一个学生的思考也在启发着其他学生的思考。

师:继续读"月夜刺猹":你猜得出猹用的是什么谋略逃跑的吗? 认真读一读。

出示PPT:

　　你猜得出猹用的是什么谋略吗?

　　"他不咬人么?"

　　"有胡叉呢。走到了,看见猹了,你便刺。这畜生很伶俐,倒向你奔来,反从胯下窜了。他的皮毛是油一般的滑……"

"倒"——表示跟意料相反。

生：皮毛很滑。

师：皮毛滑是天生的，能算谋略吗？

生："倒向你奔来，反从胯下窜了。"你刺猹，猹本应向前跑，他"倒"向你奔来，"反"从胯下窜了，让你的胡叉无法回转过来。

师：分析得很清楚，那这猹用的是什么谋略？

生：以卵击石。

师：猹是那个卵，"我"手中的胡叉是石头。

生：猹用自己的身体去击胡叉，这是自投罗网。（生笑）

师：这里的"倒"字要读懂。查查字典。

生："倒"——表示跟意料相反。

生：你本以为猹向前逃，举着胡叉向前追，他却跟你的意料相反，掉转身从你的胯下逃窜了。猹真伶俐。

师："猹"略懂《孙子兵法》中的一计——

生：出其不意，攻其不备。

【评点】抓住一个容易被学生忽略的字"倒"，让学生充分体会猹的"伶俐"。

师：该品"潮汛跳鱼"了。

出示PPT：

让你想起哪个"词"可形容此景？

"我们沙地里，潮汛要来的时候，就有许多跳鱼

儿只是跳，都有青蛙似的两个脚……"

师：读一读，让你想起哪个词可形容此景？

生读："我们沙地里，潮汛要来的时候，就有许多跳鱼儿只是跳，都有青蛙似的两个脚……"

师：谁能用一个词来形容？真——

生：真奇异。

生：真稀奇。

师:为什么?

生:鱼竟有两只脚。

师:对,这是一奇。二奇是?

生:鱼在沙滩上跳。

师:闰土抓住了跳鱼的两个特点:一是鱼有脚,二是鱼会跳。给你看看跳鱼。

出示PPT:

【评点】引导学生从跳鱼儿的奇异中,体会出闰土童年的乐趣。

师:听了闰土讲的奇事,于是"我"就惊叹,读——

生读:阿!闰土的心里有无穷无尽的希奇的事,都是我往常的朋友所不知道的。他们不知道一些事,闰土在海边时,他们都和我一样只看见院子里高墙上的四角的天空。

师:注意这里的"希奇"的"希"。

生:错了。

师:在鲁迅那个年代"希奇"就这样写,现在鲁迅的作品中的文字均不做改动。这是鲁迅的特权,你得写"稀奇"。

师:"闰土的心里有无穷无尽的希奇的事","我"都不知道,读读看课文中写了多少"不知道"?

生读:我那时并不知道这所谓猹的是怎么一件东西——便是现在也没有知道——只是无端的觉得状如小狗而很凶猛。

师:第一个是"并不知道"。

生读:我素不知道天下有这许多新鲜事:海边有如许五色的贝壳;西瓜有这样危险的经历,我先前单知道他在水果店里出卖罢了。

师:这是第二个"素不知道"。第三个是"所不知道"——

生接读:阿！闰土的心里有无穷无尽的希奇的事,都是我往常的朋友所不知道的。他们不知道一些事,闰土在海边时,他们都和我一样只看见院子里高墙上的四角的天空。

出示PPT:(生读)

并不知道　素不知道　所不知道

师:你知道吗? "并" "素" "所"当什么讲?

师:第一个"并"是什么意思? 猜猜看。

生:根本不知道。

生:一点也不知道。

师:哪个说得更准确一些,就要靠字典,查查。我查了:"犹言完全。"

生:完全不知道。他说的这些"我"全不知道。

师:换成口语。

生:一点也不知道。

师:好,看下一个。"素不知道"是什么意思?

生:从来不知道。

生:向来不知道。

师:换成口语。

生:长这么大也不知道。

师:刚才是"一点也不知道",是说数量之少。这个是"向来不知道",是说时间之长。

师:好了,"所不知道",猜猜。

生:都不知道。

师:我在《辞海》里找到了。"所:约计之词。"

生:意思是"估计也不知道",口语是"差不多也不知道"。

师:现在这几个"不知道"都明白了吧,读读——

并不知道　　　　　　　　（并:犹言完全。《国语辞典》）

（全不知道）　　　　　　一点也不知道。

素不知道　　　　　　　　（素:素来;向来。《现代汉语词典》）

（向来不知道）　　　　　长这么大也不知道。

151

所不知道 　　　　　　　（所:约计之词。《辞海》）

（可能不知道）　　　　差不多也不知道。

【评点】引导学生注意文中作者自述的关键词语"不知道",把前后几个"不知道"联系起来看,发现文章背后的深层意义。让学生重点关注"不知道"前的修饰语"并""素""所",这三个学生不易注意到的字则将两个阶层、两种身份的孩子的不同生活完全展现了出来,背后隐藏着"我"对闰土的生活的向往。

师:现在有结论了。闰土与"我"的对话,谁的语言更生动,更流畅,更富有感染力?

生:闰土的语言更生动、有趣。

生:"我"的语言文绉绉的,不好懂。

师:那为什么闰土的语言那么丰富? 为什么"我"的语言不太好懂呢? 什么原因? 大家一起读:阿!——

生读:阿! 闰土的心里有无穷无尽的希奇的事,都是我往常的朋友所不知道的。他们不知道一些事,闰土在海边时,他们都和我一样只看见院子里高墙上的四角的天空。

生:闰土生活在农村,知道无穷无尽的稀奇的事情。（板书:无穷无尽）

师:对。开头就写了闰土在海边,那是个广阔的天地,哪个词告诉我们的?

生:一望无际。（板书:一望无际）

师:对,闰土生活在一望无际的海边。那么"我"呢?

生:"我"只看见院子里高墙上的四角的天空。

师:对,也变成四个字。

生:四角天空。（板书:四角天空）

师:闰土生活在一望无际的海边,所以他知道无穷无尽的稀奇的事。那为什么呢? 读——

出示PPT:

看见　　　　　　　　　　　　　天空。

看见　　　　　　　　　　院子里的天空。

看见　　　　　　　院子里高墙上的天空。

看见　　院子里高墙上的四角的天空。

只看见　院子里高墙上的四角的天空。

生读:看见天空。生感:看见一望无际的天空。

生读:看见院子里的天空。生感:狭小了。

生读:看见院子里高墙上的天空。生感:更小了。

生读:看见院子里高墙上的四角的天空。生感:一个豆腐块似的天空。

师:"我"坐在院子里看天空,觉得自己是——(师手势)

生:坐井观天。

师:谁来写?(一生去黑板上写)

师:再读下面的。

生:只看见院子里高墙上的四角的天空。

师:"我"成什么了?

生:井底之蛙。

师:"我"整天的生活是——

生:坐井观天。(师板书)

师:这才是关键。关键是什么造成的?

生:高墙。

师:对,是"高墙"。(师板书)

师:除了实际的墙,你能看出来他俩之间还隔了一堵什么墙吗?

生:闰土生活在农村,"我"生活在城里。

生:闰土是农民的孩子,"我"是一个少爷。

师:这才是关键,他们的地位不同。

【评点】抓住闰土与"我"生活的空间的不同,学生在有层次的朗读中,进一步体会到二人生活的不同,也品味出作者自己的思想感情。这种生活的不同,根源在身份的不同,身份是深层次理解这篇课文的关键所在,教师始终没有忘记这一线索。

七、分别友谊,恋恋不舍

师:造成他们不一样的是两堵墙。你再看,到了他们"分别与友谊"这一部分了。你认真读一读,分别时他俩哭得都不一样。"我"怎么哭?闰土怎么哭?

生读:我急得大哭,他(闰土)也躲到厨房里,哭着不肯出门。

师:为什么?

生:因为我们友谊很深。

师:友谊深,就得分开哭?

生:因为"我"是少爷,想怎么哭就怎么哭。

师:对,就像你们在家里似的,是姑奶奶,我管你什么过年不过年呢。那闰土呢?

生:因为他是仆人,过年哭怕破坏主人家的气氛,所以躲起来哭。

师:对,哭都不一样。也有道墙隔着,对吧? 你再看,分别以后,他们有什么来往呢? 读——

生读:他后来还托他的父亲带给我一包贝壳和几支很好看的鸟毛,我也曾送他一两次东西,但从此没有再见面。

师:这一别,二十多年后才相见。二十多年后再相见是怎样的情景呢?

师:请读《故乡》。(出示 PPT)大家读——

(生读)

师布置作业:模仿"捕鸟"那段写动作的方法,写一个片段。方法还记得吧?

生:分清步骤,用准动词,写出特点。

师:下课!

【评点】不同身份的两个孩子童年生活各异,连分别的"哭"都打着身份的烙印。身份的不同铸就了他们未来生活的不同,教师进一步激发学生关心二人分别后的命运,阅读作者的《故乡》。

《夏天里的成长》课堂实录

一、审题,捕捉中心

师:齐读课题《夏天里的成长》,找出关键词。

生:成长。

师:夏天里什么事物怎样成长呢?(读课文,找出中心句)

(生默读课文,找中心句)

生读中心句:夏天是万物迅速生长的季节。

师:找出关键词。

生:迅速生长。

师:默读思考,课文围绕"夏天是万物迅速生长的季节"这句话分几部分来写?

(生默读)

生汇报:

第2自然段写生物的生长。

第3自然段写山河大地的长、铁轨柏油路的长。

第4自然段写孩子们的成长。

师:每一自然段写了一类事物的长,我们一自然段一自然段地品味。

【评点】《夏天里的成长》是部编教材六年级上册第五单元的一篇课文,这一单元的语文要素是"体会文章是怎样围绕中心意思来写的""从不同方面或选取不同事例,表达中心意思",明白文章的中心意思是前提,明白了中心意思再看文章是如何从不同方面或选取不同事例来表达中心意思的。课文的标题与中心句体现了中心意思,教师先让学生找标题的关键词"成长",进而找中心句的关键词"迅速生长",这种递进式的关键词寻找,让学生对"迅速"两字印象深刻,对中心意思也有了更深入的把握。在对中心意思有了把握之后,学生通过默读了解了文章的主要内容,初步在不同内容与中心意思之间建立了联系。

二、生物迅速生长

师:我们品味品味"生物迅速生长"这段写到了哪些动植物,用了什么语言表达方式写出生物快速地生长。

师:谁给大家来读一读?(指名读)

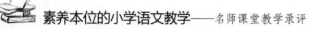

生读:生物从小到大,本来是天天长的,不过夏天的长是飞快的长,跳跃的长,活生生的看得见的长。

生:这句话是总括地写生物在夏天迅速地生长。

师:写生物长得快,看看怎么表达的?

生读:飞快的长。

师:长得怎么样?

生:长得快。

生读:跳跃的长。

师:长得怎么样?

生:长得高。

生读:活生生的看得见的长。

师:长得怎么样?

生:长得旺。

师:再品一品,我们为何产生这种感觉?

教师引读:飞快的长——生:长得快。

跳跃的长——生:长得高。

活生生的看得见的长——生:长得旺。

生:"飞快的""跳跃的""活生生的"中的"飞快""跳跃""活生生"加上"的",读起来让人感到各种生物都用不同方式疯长,争先恐后地长。

生:生物就是这样长的,用三个排叠,排叠下来,读起来觉得怎么看生物都拼命地用各种方式长,生机勃勃,长得飞速。

【评点】这一句是第2自然段的中心句,上承第1自然段即课文的中心句,对夏天万物"迅速"生长进行了更具体的描绘——"飞快的长,跳跃的长,活生生的看得见的长"。教师抓住这几个词让学生去理解,从学生的发言来看,万物迅速生长的状态逐渐鲜活起来。"迅速"生长化为"长得快、长得高、长得旺",各种生物"拼命地用各种方式长""争先恐后地长",一幅生机勃勃的画面跃然眼前。

师:看这一句话,作者具体写了什么生物是怎么迅速地长?谁给大家读?

生读:你在棚架上看瓜藤,一天可以长出几寸;你到竹子林、高粱地里听声音,在叭叭的声响里,一夜可以多出半节。

生:作者写了夏天"瓜藤""竹子""高粱"在迅速地长。

师:作者用了什么办法让你感觉到植物长得快?

生:"一天一夜"这个四字词语,表示一昼夜,让人感觉时间长,可一拆开,"一天可以长出几寸"，"一夜可以多出半节"，就让人感觉时间短，长得快了。

师：把"一天一夜"拆开用，让人感觉白天长，夜里也长，不停地长，长得快。

生："一天可以长出几寸"，"一夜可以多出半节"，中间加上"可以"就有夸赞的意思："一天可以（能够）长出几寸"，"一夜可以（能够）多出半节"，有点夸赞它长得快。

生：用我们天津话说就是有点"显摆"，"显摆"即"炫耀"的意思："一天可以（能）长出几寸""一夜可以（能）多出半节"让我们感觉到这些植物长得的确是快。

师：咱们"显摆""显摆"植物长得快——

生读：你在棚架上看瓜藤，一天可以长出几寸；你到竹子林、高粱地里听声音，在叽叽的声响里，一夜可以多出半节。

师：还有什么感觉？说感觉。

生：好像听到竹子、高粱的拔节声。

生：瓜蔓在拼命向上蹿。

生：好像看见瓜藤在你追我赶地向上爬。

师：这就是感觉，很真实。作者用了什么方法描写的，植物就好像在眼前了？

生：用了拟声词，"叽叽"拟声，仿佛让我们听到了竹子林、高粱地里竹子、高粱的拔节声。

生：旅游时我住过农家院，小雨中我就听见过棒子地（玉米地）里棒子的"叽叽"拔节声。

生：有形有声，真美，让人感觉庄稼打着拍子长。

师：这是用"叽叽"的声响，唤起长势的形象，这是以声唤形。

师：这种感觉，就得靠读，读得身临其境。

生读：你在棚架上看瓜藤，一天可以长出几寸；你到竹子林、高粱地里听声音，在叽叽的声响里，一夜可以多出半节。

生：这一读我发现，每一个分句都多了个"你"。

师：读读看是加"你"好呢，还是不加"你"好呢？

生对比着读：

你在棚架上看瓜藤，一天可以长出几寸；你到竹子林、高粱地里听声音，在叽叽的声响里，一夜可以多出半节。

在棚架上看瓜藤，一天可以长出几寸；到竹子林、高粱地里听声音，在叽叽的声响里，一夜可以多出半节。

师：加"你"与不加"你"感觉一样吗？

生齐：不一样。

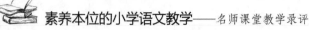

生:加"你",作者好像把我们叫到田野一起参观游览,使人感觉身临其境。

生:加"你",作者好像与我们边看边亲切自然地聊天。

师:我来领读,你们接着读,也聊聊天。

师:你看——

生读:在棚架上看瓜藤,一天可以长出几寸。

师:你听——

生读:到竹子林、高粱地里听声音,在叭叭的声响里,一夜可以多出半节。

师:有什么感觉?说感觉。

生:仿佛真到了竹子林、高粱地里,听到竹子、高粱的拔节声。

师:还有什么感觉?每人说自己的感觉。

生:感觉景物就长在我的眼前了。

生:作者用"你"把我们带到课文的情境中,读来使人感同身受,就跟我们与作者一起在藤架下看瓜藤向上攀爬:你看瓜蔓儿在爬呢……

师:好,让我们再漫步瓜棚架、竹林。

生读:你在棚架上看瓜藤,一天可以长出几寸;你到竹子林、高粱地里听声音,在叭叭的声响里,一夜可以多出半节。

【评点】教师带领学生学习作者是如何选取不同事物来写"夏天是万物迅速生长的季节",仅仅看写了什么事物难于体会这种关系,必须走进描写事物的语言。学生从"一天""一夜"与"可以"中体会到"瓜藤""竹子""高粱"长得快。教师特别重视让学生找"感觉",作者写散文经常就是把自己的感觉通过一些事物表现出来,读者读散文应透过语言文字找到这种感觉。找作者的感觉最好的办法就是置身于作者所描写的情境中,自己仿佛就是作者,与作者感同身受。教师通过让学生感受拟声词的作用并联系生活经验比较加"你"与不加"你"的区别,反复地读来找这种感觉。对于学生来说,能从作者的文字中读出感觉尤为重要,不仅能更好地理解作者表达的意思,更有利于在生活中感悟与思考。

师:咱们再欣赏欣赏果园吧!

生读:昨天是苞蕾,今天是鲜花,明天就变成了小果实。

生:我发现"就"表达出主人自信果树结果快,"今天是鲜花",明天就(肯定)变成了小果实。

生:今天是鲜花,明天"就"变成了小果实。这个"就"表示刚刚开了花紧接着便结"小果实"——结果结得这么快。

生:今天是鲜花,明天紧接着就变成果实,像变魔术。

生(身临其境地)读:昨天是苞蕾,今天是鲜花,明天就变成了小果实。

生：用了夸张的修辞手法，表现花朵生长得很迅速。

师：这是你理解的，还有吗？作者用什么办法让你感觉到快的呢？

生：从"花苞"到"鲜花"到"小果实"的生长过程，用了三个表示时间的词语——"昨天、今天、明天"，这三个词语放在一起，表示它生长的速度很快。

生读：昨天是苞蕾，今天是鲜花，明天就变成了小果实。

师：他怎么表达出来的呢？你怎么感受出来的呢？咱们一起读读——

师：想——

生：昨天是苞蕾，

师：看——

生：今天是鲜花，

师：展望——

生：明天就变成了小果实。

师：这样一读有什么感觉？说感觉。

生：把三天的变化同时呈现在眼前，就像电影的快镜头一样把几天的事展现在一刹那，长得真快啊！

师：有感觉了，一棵果树数日的生长过程一刹那就呈现在眼前了。

【评点】从竹子林、高粱地到果园，继续感悟作者如何写出"夏天是万物迅速生长的季节"。学生抓住"就"与三个时间词语读出了果实成长之快的感觉。

师：再看看田埂上的白石头、田野里的黄泥土吧！

生读：一块白石头，几天不见，就长满了苔藓；一片黄泥土，几天不见，就变成了草坪菜畦。

生：我说……

师：你说什么？

生：我说夏天植物长得迅速："一块白石头，几天不见，就长满了苔藓；一片黄泥土，几天不见，就变成了草坪菜畦。""几天不见"说明时间短，长得快。讲得好通俗、好亲切！连邻家的老太太也用——小伙子"几天不见"，成男子汉了。

生："就"有"早已"的味儿。"一块白石头，几天不见，就长满了苔藓。"意思是一块白石头，几天不见，早已长满了苔藓。表达出夏天连石头上的苔藓都长得快。

生：同样，一片黄泥土，几天不见，就（早已）变成了草坪菜畦。

生：还有一种味儿。在夏天，一块白石头，几天不见，就（竟）长满了苔藓。根本想不到长这么快。

生：一片黄泥土，几天不见，就（居然）变成了草坪菜畦。草坪菜畦长这么快，我连想都没想到。

生:夏天,大自然催着万物生长,不长都不成。

师:一个"就"字结合上下文换词理解,就能品出这么多味儿来,这是好方法。接着品。

【评点】有了教师开始的引导,学生们对词语的敏感度越来越高,能抓住关键词走入文字,与作者一起感受夏天催生万物生长。

师:读读看下面写了什么,怎么写的,你们自己品品吧。

生读:邻家的小猫小狗小鸡小鸭,个把月不过来,再见面,它已经有了妈妈的一半大。

生:我发现作者用了几个常见易懂的词,把文章写得形象易懂。

师:举例说说。

生:"个把月不过来""几天不见"常见的口头语,亲切易懂。

生:"个把月不过来",就是"一个月不到,接近一个月"的意思。

生:"个把月不过来"就是"二十来天"的意思。

生:你们解释了这么多,一句"个把月不过来"就全清楚了,多省事。

师:日常的口语通俗、简洁、易懂,甚至很风趣。这么好的文章,咱们再欣赏欣赏吧。

生读:邻家的小猫小狗小鸡小鸭,个把月不过来,再见面,它已经有了妈妈的一半大。

生:"它已经有了妈妈的一半大。"这个对比好。用"妈妈"亲切。

生:能想象出小猫小狗小鸡小鸭长得快。

生:能想象出小猫小狗与妈妈嬉戏,想象小鸡小鸭跟在它们的妈妈后面觅食,有亲切感。

生:我们爱读这样的文章,讲的虽是科普知识,听起来却又那么易懂有趣。

师:这么好的文章,咱们再读读吧。

师领:夏天是万物迅速生长的季节——

生读:生物从小到大,本来是天天长的,不过夏天的长是飞快的长,跳跃的长,活生生的看得见的长。

师:你看——

生读:你在棚架上看瓜藤,一天可以长出几寸;

师:你听——

生读:你到竹子林、高粱地里听声音,在叭叭的声响里,一夜可以多出半节。

师:果树长得可快了——

生读:昨天是苞蕾,今天是鲜花,明天就变成了小果实。

师:无论是植物还是小动物,几天不见就大不一样——

生读:一块白石头,几天不见,就长满了苔藓;一片黄泥土,几天不见,就变成了草坪菜畦。邻家的小猫小狗小鸡小鸭,个把月不过来,再见面,它已经有了妈妈的一半大。

师:夏天不仅生物在长,什么都在长。

【评点】品味了几种植物、动物长得快后,再回到中心句,学生在朗读中充分体会文章是怎么围绕中心意思来写的。

三、什么都在成长

师:下面该写什么长了?

生:写山河大地长、铁轨柏油路的长。

生读:随着太阳威力的增加,温度的增加,什么都在生长。

师:山河大地长——

生读:草长,树木长,山是一天一天地变丰满。稻秧长,甘蔗长,地是一天一天地高起来。水长,瀑布长,河也是一天一天地变宽变深。

师:一切都长是吧,但"山"怎么才能让你感觉到长呢?

生齐读:草长,树木长,山是一天一天地变丰满。

男生读:草长,树木长,

女生读:山是一天一天地变丰满。

生:山长看不出,但写山上的草、树木长,山一天一天地变丰满啊! 这不显出山长了吗?

师:对,看山的时候首先看到的是什么?

生:草和树。

师:把明显看到的写在前面,不容易看到的放在后面,于是就表达出山高山长、地高地长、河深河宽了。

生:我想起了课外阅读您给我们讲的:"竹喧归浣女,莲动下渔舟。"

生:我记得您是这样讲的:

"竹喧归浣女",月光下竹林里,姑娘们洗罢衣服归来看不清,那就写竹林里传来的一阵阵欢歌笑语。"莲动下渔舟",荷叶下行走的渔舟看不着,就写亭亭玉立的荷叶纷纷向两旁披分,掀翻了无数珍珠般晶莹的水珠。

生再读(男女生对读):

女生读:草长,树木长,

男生读:山是一天一天地变丰满。

女生读:稻秧长,甘蔗长,

男生读:地是一天一天地高起来。

女生读:水长,瀑布长,

男生读:河也是一天一天地变宽变深。

生:容易看到的先写,让我们联想到不容易看到的。

生:写树和草长,让山显得丰满。

生:写稻秧、甘蔗长,让地显得高起来。

生:写水长瀑布长,让河也是一天一天地变宽变深。

生:这样写,读起来有气势。

生读:草长,树木长,山是一天一天地变丰满。稻秧长,甘蔗长,地是一天一天地高起来。水长,瀑布长,河也是一天一天地变宽变深。

生:排比句,越读越有气魄。

生:"山"前写草长、树木长,"地"前写稻秧长、甘蔗长,"河"前写水长、瀑布长,读起来有联想,挺美。

生:"草长,树木长,山是一天一天地变丰满",让我想到"万壑树参天,千山响杜鹃",万壑千山,到处是参天的大树,到处是杜鹃的啼声。

生读:稻秧长,甘蔗长,地是一天一天地高起来。

师:有联想到写"稻秧长"的诗吗?

生齐:一把青秧趁手青,轻烟漠漠雨冥冥。东风染尽三千顷,白鹭飞来无处停。

生:读着"水长,瀑布长,河也是一天一天地变宽变深",会联想到水长的诗句:"黄河之水天上来,奔流到海不复回。"

生:还会想到"瀑布长"的诗句:"飞流直下三千尺,疑是银河落九天。"

师:让我们再诵读一遍,欣赏欣赏高山、大地、河流在夏季的长势吧!

生齐读:草长,树木长,山是一天一天地变丰满。稻秧长,甘蔗长,地是一天一天地高起来。水长,瀑布长,河也是一天一天地变宽变深。

生读:草长,树木长,山是一天一天地变丰满。

师:你看,你听——

生齐:万壑树参天,千山响杜鹃。

生读:稻秧长,甘蔗长,地是一天一天地高起来。

师:你看——

生齐:一把青秧趁手青,轻烟漠漠雨冥冥。东风染尽三千顷,白鹭飞来无处停。

生读:水长,瀑布长,河也是一天一天地变宽变深。

师:你望——

生齐:黄河之水天上来,奔流到海不复回。

生:好美啊!

师:写文章要有想象、联想。

生:读书也要有想象、联想。

【评点】这一段写事物的快速生长与第2自然段不同,山、地、河的生长不容易看到,于是借助与它们相关的事物——草、树木、稻秧、甘蔗、水、瀑布来写,为了突出生长,先写容易看到的。学生们读着写法相同的三句话,联系相关的古诗句,边读边想,连成了一幅动态的自然生长画,真切地感受到夏天自然界的生机勃勃。

师:下面接着写什么? 怎么写的? 你们自己谈谈吧。

生读:俗话说:"不热不长,不热不大。"随着太阳威力的增加,温度的增加,什么都在生长。最热的时候,连铁路的铁轨也长,把连接处的缝隙几乎填满。柏油路也软绵绵的,像是高起来。

生:用一个过渡句:"俗话说:'不热不长,不热不大。'随着太阳威力的增加,温度的增加,什么都在生长。"接着写铁轨、柏油路也在长。

师:为什么要加过渡句?

生:尽管水、瀑布、河流与铁轨、柏油路都是无生命的事物,都在跟着太阳威力的增加、温度的增加在生长,但前三者还可借草木、稻秧这些有生命的事物显现;后面的铁轨、柏油路就是完全无生命的物体了。所以用个过渡句隔开了。

生:写"最热的时候,连铁路的铁轨也长,把连接处的缝隙几乎填满。柏油路也软绵绵的,像是高起来","连……也……"强调铁轨这根本想不到会长的"铁"也由于热胀冷缩的原理在长,而且"几乎"填满。

生:铁轨连接处的缝隙几乎填满,说明连铁轨也在长。

生:"几乎"表示十分接近。

生:"几乎填满"表示差不多填满,甚至于填满。

生:反正得"差点儿"。它是铁啊,铁尽管天热"长",但只能是"差点儿"填满,还是有距离的。

师:品味得不错,品出了遣词造句的分寸。

生:"柏油路也软绵绵的,像是高起来",不说柏油路让太阳晒化了,而说"软绵绵"的,有舒服的感觉。我就被"软绵绵的"路面吸引,走上去"不可自拔"——粘住了鞋。

师:"柏油路也软绵绵的,像是高起来","像是高起来",高了吗?

生:没高,"像是高起来"。

生:高了,"像是高起来",像发面——发起来了。

生:铁,柏油,也长,但不明显,所以作者用了"几乎""像是"这样模棱两可的词,让你一听似乎没长,但一咂滋味,又觉得长了。

生:长得太不明显了。

生:这是作者用词的妙处。

师:妙在遣词造句有分寸感,再读读,品品这种分寸感。

生读:俗话说:"不热不长,不热不大。"随着太阳威力的增加,温度的增加,什么都在生长。最热的时候,连铁路的铁轨也长,把连接处的缝隙几乎填满。柏油路也软绵绵的,像是高起来。

师:什么都长,你们(孩子们)长吗?

生齐:长!

【评点】第2自然段是教师带领学生去学习,而这一自然段更多的是学生自主学。教学从导到放,凸显了学生学习主体性的发挥离不开教师的指导。有了前面的指导,学生才知道怎么学、学什么,才会自己去品味体会。

四、人啊,尽力地长

生读:一过夏天,小学生有的成了中学生,中学生有的成了大学生。升级、跳班,快点儿,慢点儿,总是要长。

生:第一句是按部就班的长:小学—中学—大学。第二句是特殊的长:升级、跳班、快点儿,慢点儿。但不管怎样,"总是要长"。

生:我发现时间长的用长句子:"一过夏天,小学生有的成了中学生,中学生有的成了大学生。"时间短的用短句子:"升级、跳班,快点儿,慢点儿,总是要长。"

师:发现有长句子,有短句子,很好。读读有什么感觉?

男生读:一过夏天,小学生有的成了中学生,中学生有的成了大学生。

女生读:升级、跳班,快点儿,慢点儿,总是要长。

师:说感觉。

生:有长有短,不单调,好听。

师:这叫有长句、有短句,参差错落。

生:让我们感觉到学生的成长是丰富多彩、生动活泼的。

师:再读一遍。

女生读:一过夏天,小学生有的成了中学生,中学生有的成了大学生。

男生读:升级、跳班,快点儿,慢点儿,总是要长。

【评点】学生们有了更多的发现,成了探索的主人。

生读:北方农家的谚语说:"六月六,看谷秀。"又说:"处暑不出头,割谷喂老牛。"农作物到了该长的时候不长,或是长得太慢,就没有收成的希望。人也是一样,要赶时候,赶热天,尽量地用力地长。

生:农谚好听不好懂。"六月六,看谷秀。""谷秀"是什么意思?

生:植物抽穗开花。

师:确切地说,"秀"是"谷类抽穗开花"。

出示PPT:

（金文大篆）　　（小篆）

秀:谷类抽穗开花。（《汉语大字典》）

"禾"表示谷类作物。"乃"谷类抽穗含浆。

禾实也,有实之象下垂也。（《字源》）

（越丰满的谷穗越低头）

师:于是"秀"的"禾"(茎叶轻)在上,"乃"(谷穗重)在下。

生:我奶奶说"六月六,看谷秀"是农历六月初六要观看谷子抽穗开花没有,如果谷子没有抽穗开花,那就长"瞎了"——空了、瘪了。

师:谷子瘪了——禾不实也,禾秆挺直也。

生读:处暑不出头,割谷喂老牛。

生:"处暑"我知道。"秋处露秋寒霜降,冬雪雪冬小大寒。""秋"是立秋,"露"是白露。"处暑"在这之间,天该凉了。

生:立秋十八天寸草结子。谷子到这时还不出穗,就没收成的希望了。

生:不高的谷子就像荒草一样,只能割掉喂牛吃了。

师：作者写着写着学生，怎么跑到农作物上去了？

生：借物喻人，写农谚，实际是比喻人。

生读：北方农家的谚语说："六月六，看谷秀。"又说："处暑不出头，割谷喂老牛。"农作物到了该长的时候不长，或是长得太慢，就没有收成的希望。人也是一样，要赶时候，赶热天，尽量地用力地长。

师：人也是一样，要赶青少年时期长——"盛年不重来，一日难再晨。及时当勉励，岁月不待人。"（陶渊明《杂诗》）

师：谁还能想到哪句诗？

生：莫等闲，白了少年头，空悲切。（岳飞《满江红》）

生：少年易学老难成，一寸光阴不可轻。（朱熹《偶成》）

生：少壮不努力，老大徒伤悲。（《长歌行》）

【评点】第2、3自然段写生物、自然在夏天的快速变化，第5自然段写到了人的变化。作者借谚语表达了万事万物都要把握时机，不能错过生长的季节，错过了时机，就难以弥补。这一自然段是作者所感所思的直接表达，是对夏天的感悟，是人生的启示。教师没有过多地讲解，学生自己品悟语句，阅读教师提供的一些关于时间的名言警句，在阅读中收获自己的感悟。道理不是教师灌输、讲解就能为学生接受，而是需要学生自己的悟和思。

《七律·长征》课堂实录

一、审题——概述七律

师:今天和大家读一首诗,欣赏一首诗。

(生打开笔记本随老师写下课题)

师:这个"长征"的"征"字是什么偏旁?

生:双人旁。

师:"彳"代表什么?单立人表示一个人,双立人表示什么?

生:人在行走。

师:"征",远行。长征是红军战士一步步走出来的,走了两万五千里,叫两万五千里长征。读一下课题。

生读:《七律·长征》。

师:自己读一下诗,练一练,一会儿争取把它读好了。

(生各自练习)

师:好,再一起读一遍。

(此时学生如果读不出诗中的停顿,教师和学生一起读,指导学生读出诗中的停顿)

师:谁来读?有点感情,试一试。

(生试读,师评价点拨)

师:这首诗相当有气势,读起来也得气势磅礴。观察这张 PPT,你从中能发现多少信息?能了解多少知识?

出示 PPT:

> 首联: 红军/不怕/远征难,
>
> 万水/千山/只等闲(xián)。
>
> 颔联: 五岭/逶迤/腾细浪,
>
> 乌蒙/磅礴/走泥丸(wán)。
>
> 颈联: 金沙/水拍/云崖暖,
>
> 大渡/桥横/铁索寒(hán)。
>
> 尾联: 更喜/岷山/千里雪,
>
> 三军/过后/尽开颜(yán)。

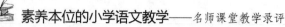

生:我发现七律有四联,"首联""颔联""颈联""尾联"。

师:七律每两句成一联,"首"是头,"颔"是下巴,"颈"是脖子,最后是"尾",多形象。

生:我发现每联的最后都有一个韵母"an"。

师:这叫"押韵",偶句末押韵,首句末字可押可不押。而且每个声调都是二声,都是平声,押的是平声韵。所以读起来就特别好听。

(找一名同学读)

师:注意押韵就读得更好了。还有什么发现?

生:这是一首七言律诗,每句有七个字。

师:还得加上每首限于八句(古人数句是一行为一句)。

师:还有什么发现?

生:颔联和颈联的词语都是对应的。

师:不叫对应,这叫对偶,中间四句要对偶。我们读读试试。

(男女生对读颔联和颈联中的对偶词语)

生读:(男)"五岭 "(女)对"乌蒙"

(男)"逶迤"(女)对"磅礴"

(男)"腾细浪"(女)对"走泥丸"

(男)"五岭逶迤腾细浪"(女)对"乌蒙磅礴走泥丸"

师:有趣吧? 诗的美就在这里。下面了解一下长征。找同学读一下。

出示PPT:

本诗所写的长征指1934年10月到1935年10月间,中国工农红军主力军团即第一方面军从江西、福建根据地向陕北的根据地进军,一共走了两万五千里,通称两万五千里长征。

师:读诗一定要了解背景,不了解背景往往诗意就不好理解了。

师:读下面的话。

出示PPT:(生读)

这一首《七律·长征》便是这一伟大历史事件的艺术概括,是脍炙人口的壮丽史诗。

师:为什么叫艺术概括呢? 它不是光讲历史,它是变成了诗,是形象的,是想象的,是融入诗人浓浓的情感的。而且两万五千里长征,越了那么多山,涉了那么多水,但是他只提炼出两座山、两道水,涵盖千山万水,这叫艺术概括。诗的特点是——

出示 PPT：

诗是想象,诗是情感的事。

师:一首好诗,可从三方面表现出来。

出示 PPT：

好诗:意象　声调　奇思幻想

师:意象就是想象,想象中还揉进了丰富的情感。声调就是合辙押韵,读起来美。奇思幻想,指诗不仅要有想象,还要想象奇特,幻想丰富。

【评点】紧紧抓住"长征""七律"解题,为学生领悟诗意、体验情感奠定了基础。对"长征"的理解既抓字面意义又利用背景资料,二者结合,有利于诗意理解。对"七律"诗歌特征的学习,目的不只是了解记忆这些特征,而是服务于学生的诵读体验。目的决定教学方法,教师没有去讲授、呈现"七律"的特征,而是通过一些信息的提示,让学生去发现,把外在的诗歌知识与具体的诗歌体验很好地结合了起来。

二、首联——统率全篇

师:现在开始学这首诗,谁给大家读这首诗?

(生读诗,师适当点评)

师:一首诗和军队一样,它有一个司令,统率着整首诗,你在诗中找一找哪句统率着全诗。

生读:红军不怕远征难。

师:这一句开门见山,直截了当,统率全篇。其中有一个关键字,把这个字圈出来。

生:我觉得应该是"征"。

生:我觉得应该是"难"。

师:两人争论争论。哪个对?

生:难。

师:为什么?

生:中间写"五岭逶迤腾细浪,乌蒙磅礴走泥丸",这都是具体写长征路程艰难。

师:是"难",还有吗?

生:"金沙水拍云崖暖,大渡桥横铁索寒"也写出了困难。

师:对。一个"难"字统率了全诗。

师:但是,面对困难,红军是怎样对待的? 在诗中圈一词。

生齐:不怕!

生读:红军不怕远征难。

师:接着具体描述——

生齐读:万水千山只等闲。

师:不怕困难表现在一个关键词上,圈出它。

生齐:等闲。

师:"等闲"是什么意思?

生:等着。(笑)

师:面对"万水千山"坐在那儿等着,那还是英雄好汉吗?

生:等闲,当成平平常常的事看。

生:等闲,是当成一般的事看。

出示PPT:(生读)

等闲:平凡,一般,寻常。

(板书:等闲)

师:不怕难的最突出表现是"等闲",谁来讲讲这句诗的意思?

生:红军战士把"万水千山"的重重险阻都当成一般的困难。

生:红军战士把涉过万条河、翻过千座山只当作平常、一般的事。

师:讲得不错,但是为什么要用"等闲"表示"寻常、一般"呢?谁给大家读读"闲"的意思?

出示PPT:(生读)

"闲",阑也。(《说文解字》)本意为门栅栏。(阑,同"栏")

师:现在这句话怎么解释?

生:红军把"万水千山"只看成门栅栏那样无关紧要。

师:在哪儿见过门栅栏?

生:农村。门栅栏是羊圈的门,是用竹竿绑的。红军战士把"万水千山"只看成是羊圈的栅栏门,一迈就过去了。

生:是一踏就过去了。

师:这是何等的英雄气魄,何等的大无畏精神。再读首联——

生读:红军不怕远征难,万水千山只等闲。

师:好了,字的意思出来了,词的意思懂了,读的情感就出来了。

(师板书,生记笔记:万水千山)

【评点】首联直抒胸臆,理解首联是走入诗歌意境、感悟诗歌大意、体会诗歌情感的关键。"难"与"等闲"是这首诗的诗眼,是诗人要表达的主要意义。教师引导学生通过联系下文的方式找到"难"是这首诗要表达的基本意义,提供《说文解字》对"闲"的解释,学生们对"等闲"有了更深层次的理解,对诗人要表达的情感体悟也更深。

三、简述全诗结构

出示 PPT:

说说诗句的意思和表达的情感。

师:这是课文后的要求,我们将按照这个要求读诗。

生读:

> 五岭/逶迤/腾细浪,
>
> 乌蒙/磅礴/走泥丸。
>
> 金沙/水拍/云崖暖,
>
> 大渡/桥横/铁索寒。

师:你发现这四句诗和"万水千山"有什么关系吗?读读想想。

生:"万水千山"是总起,这四句诗分述。

师:可以这样说,还可以说"万水千山"是起,后面两联是承(承接),有起有承。读读看。

男生读:红军/不怕/远征难,万水/千山/只等闲。

女生读:五岭/逶迤/腾细浪,(山)

　　　　乌蒙/磅礴/走泥丸。(山)

男生读:金沙/水拍/云崖/暖,(水)

　　　　大渡/桥横/铁索寒。(水)

师:标上哪句写山,哪句写水。

(师板书,生记笔记)

长征

难 ⟶ 万水千山 ⟶ （山）五岭　（山）乌蒙　（水）金沙　（水）大渡 ⟶ 等闲

师:读读板书,听听,好听吗?

男生:万水千山　　女生:山山水水

男生:万水　　女生:山山

男生:千山　　女生:水水

— 171 —

师:美吧? 诗人前面以"万水千山"起(水前山后),后面承接"山山""水水"(山前水后)。这一布局,既勾勒出行军路线,又从整体上给人交错的美感。好诗品一品,哪儿都是美的。

【评点】诗人创作诗歌作品,要借助一定的形象,这些写入作品的形象是经过诗人的挑选和判定而写入的,附着了诗人的主观认识和情感(即"意"),这种主观情意和外在物象相融合的形象通称为"意象"。通过对诗歌结构的梳理,教师引导学生了解诗人所选择的意象,体会诗歌的结构美。

四、颔联——承接千山

师:接下来让我们先欣赏"山"。大家一起来读。

生齐读:五岭逶迤腾细浪,乌蒙磅礴走泥丸。

师:"五岭"这只能查资料,老师读也得查资料,你们读也得查资料,以后就要养成习惯。谁读读吧? 你得知道"五岭"指什么。

出示PPT:(生读)

五岭:指横亘在江西、湖南、广东、广西四省区交界处的许多山岭。最大的五个即大庾(yú)岭、骑田岭、萌渚岭、都庞岭、越城岭。

师:读过资料,你感觉"五岭"怎么样?

生:五岭面积非常大。

师:大到什么程度?

生:横亘四个省区。

师:对! 为什么查资料? 查了资料就知道原来"五岭"有这么大面积,是吧?

生:我感觉红军走得很艰难。

师:查资料也帮助你们理解诗意。再看看诗人使用哪个词形容五岭。

生齐:逶迤。

师:这"逶迤"当什么讲? 结合上下文猜猜看。

生:弯弯曲曲的样子。

生:起起伏伏的样子。

师:真不错。有查词典的吗? 谁给读读?

生读:逶迤:形容道路、山脉、河流等弯弯曲曲绵延不绝的样子。

师:现在能讲讲"五岭逶迤腾细浪"这句诗的意思了吧?

生:弯弯曲曲绵延不绝的五岭山脉像腾跃的小波浪。

生:五岭山绵延千里,在红军的眼里却像翻腾的细小波浪。

师：不错。为了更好地感受形象、体味情感，我们还可以再深入地品味"逶迤"这个词。

出示PPT：（生读）

"逶迤"，也作"委蛇"（《现代汉语词典》）

逶迤：蛇，委蛇，委曲自得貌。（《汉语大字典》）

师：为什么"逶迤"也作"委蛇"呢？

出示PPT：（生读）

迤：斜行也。（《说文解字》）

本意为：像蛇一样弯曲斜行。（《汉字源流字典》）

师：查阅"逶迤"的注释后，再读读诗句，有新的理解了吧？

生齐读：五岭逶迤腾细浪。

生："逶迤"的本义是弯曲斜行的蛇。

生："逶迤"，拖着尾巴曲折前进的蛇。

师：现在看"五岭逶迤腾细浪"的意思。

生：绵延千里的五岭山在红军眼里就像一条拖着尾巴曲曲折折爬行的蛇。

生：蜿蜒起伏的五岭山脉如细小的波浪，看上去就像一条弯弯曲曲爬行的蛇。

师：雄伟的五岭，成了渺小的如蛇行的细浪，衬出红军的高大形象。"五岭逶迤"表达了什么情感？

生：藐视它，那么大的山脉，在红军的眼里却成了一条爬行的"小长虫"。

生：表现出红军战士坚强、豪迈的英雄气概。

（师板书，生记笔记：逶迤）

师：接下来咱品味"乌蒙磅礴走泥丸"。先看乌蒙山——

出示PPT：（生读）

乌蒙山有十二峰，雄拔陡绝，盘旋七十余里。东北走入贵州，称七星山，至湖南界而止，通称乌蒙山脉。

师：你可以从哪几个词看出来乌蒙山的磅礴？

生：雄拔陡绝，盘旋七十余里。

师：对。山脉七十余里啊，当然气势磅礴了。还有呢？

生：东北走入贵州，称七星山，至湖南界而止。

师：跨省了。另外，有多少峰？

生：十二峰。

师:气势磅礴。这回你心里有"磅礴"的轮廓了吧?

生:有了,乌蒙山气势雄伟。

师:就是这个意思。大家一起读——

出示PPT:(生读)

　　　　　　　磅礴:气势盛大,这里指山高大险峻。

师:从"磅礴"这两个汉字能看出气势盛大吗?

生:从"石"字旁可看出。

师:对,石头绝对跟山有关,会联想到气势盛大。"磅"我查了。

出示PPT:

　　　　　磅:石坠声。(《汉语大字典》)即为石头坠落的声音。

生读:石坠声。

师:没味儿,再读。

生:石坠声——

师:我读"磅",你读解释。磅——

生:石坠声。

师:什么样的声音?

生:大块石头从山头向下滚落的声音。

生:地震,山崩地裂,石头"哗——"一下从山头坠落下来的声音。

师:天上的陨石坠落的声音,那可称得上——

生(部分):气势雄壮!

出示PPT:(生读)

　　　　　　　磅礴:广大无边之貌。

生:乌蒙磅礴,即乌蒙山气势雄壮,也广大无边。

师:只有广大无边的乌蒙山才会有这"磅礴"的气势。把"磅礴"这两个字写好,写出"磅礴"的气势。

(师板书,生记笔记:磅礴)

师:写好了,读一遍!

生读:五岭逶迤腾细浪,乌蒙磅礴走泥丸。

师:想想吧,"乌蒙磅礴走泥丸",那是怎样的境界?

生:红军看磅礴的乌蒙山的样子就像泥沙一样。

师:"走"没讲出来。

生:滚动。就像小泥丸一样在滚动。

生:气势雄伟、高大险峻的乌蒙山在红军的眼里就像滚动的小泥丸。

师:不错。为了品出情感的味道,我再指点一下。写诗讲究用典故。"走泥丸"来自成语"阪上走丸"。

出示PPT:(生读)

"走泥丸"出自成语"阪上走丸":"边城皆将相告曰'范阳令先下而身富贵',必相率而降,犹如阪上走丸也。"

师:这意思是说,秦末农民起义军开始攻下一个县城,就把秦的县令杀掉。于是守城的县令就拼命守城,死不投降。起义军见此情况,就改了策略,攻下范阳城后,不杀县令,反而大大奖赏投降的范阳县令。其后那些守城将相相互传告:范阳县令没被杀,反而得到奖赏,富贵起来。于是造成一种形势,读——

生读:必相率而降,犹如阪上走丸也。

生:那些守城的将相就急忙来投降,那速度如同从山上向下滚弹丸一样。

师:知道了这典故,再讲讲"乌蒙磅礴走泥丸"。

生:乌蒙山虽然气势很盛大,但听到红军来了,就纷纷投降,速度快得就像泥丸从山上滚落下来一样。

生:乌蒙山那雄拔陡绝的十二峰,似几粒小小泥丸,拜倒在红军战士脚下。

师:这情感就出来了。表达了什么情感?

生:显示出红军的英勇无畏。

生:红军藐视困难,不怕险阻。

生:不怕困难,奋勇前进。

师:是这个意思。词语理解得透彻,情感味儿就溢出了。光说乌蒙山气势磅礴像泥丸滚落,少了点气魄,少了点文化味道。想象成乌蒙群山在红军战士面前纷纷举手投降……这多有气魄!

出示PPT:(生读)

诗是想象,诗是情感的事。

【评点】诗人要表达的思想情感融汇于他所选择的意象,要想领悟诗人的情感,就需引导学生在捕捉意象的基础上,充分想象,丰富画面,形成意境,走入诗境。通过查阅资料的方法,学生深入了解五岭、乌蒙群山连绵,山势陡绝,对长征之难有了具象认识。教师通过对"逶迤""磅礴"等词语的解释以及"阪上走丸"典故的引入,让红军战士的英勇、乐观在学生脑子里鲜活起来,学生逐渐领会到了诗人要表达的意义、情感。教师通过查资料、释词义、引典故等多种手段,为学生的想象体悟提供了基础。

五、颈联——承接万水

师:接着品——

生读:金沙水拍云崖暖,大渡桥横铁索寒。

师:这还得了解一些自然地理知识。"水拍云崖",这就得查资料,谁读?

出示 PPT:(生读)

  水拍:金沙江水流自西而东,流速极快,每秒钟约有四五米。上游山高,水如瀑布而下,平时水浪已有一二尺,风雨大作时,则水浪骤增至三四尺。

  云崖:金沙江两岸均为高山峻岭,山峰嵯峨,怪石嶙峋。

师:古诗中有类似"水拍云崖"的诗句吗?

生:九曲黄河万里沙,浪淘风簸自天涯。

师:只有水的气势,没有山崖的险峻。再想——

生:海神来过恶风回,浪打天门石壁开。

师:好!这是李白笔下的"水拍云崖"。再读诗句——

生读:金沙水拍云崖暖。

师:"水拍云崖"如此惊险,为什么"暖"呀?

(在学生解释不出来时,适时指出"暖"的意思。)

师:我提供给你们几条资料。

出示 PPT:

暖

1. 红军渡金沙江时正值天气炎热,江面上吹来的是一股一股的热风。

2. 两岸崖壁的色彩是褐色。

3. 巧渡金沙江:红军采用了声东击西的战术,装作向昆明进军,引诱数十万敌军去保卫昆明,中央红军把敌人抛到后面,趁此机会没费一枪一炮胜利渡过金沙江。

4. 诗人面对滔滔金沙江,想到了千古名句:"大江东去,浪淘尽,千古风流人物……乱石穿空,惊涛拍岸,卷起千堆雪。江山如画,一时多少豪杰。"心胸为之开阔,精神为之振奋。

师:你可参照其中一条,讲讲"金沙水拍云崖暖"这句诗的意思。

生:我参照第2条。红军渡江时,在江中看着两岸褐色的悬崖峭壁,心里产生了暖的感觉。

师:好,见景生情,不只是天气的"暖",还有了心情的"暖"。谁再讲?

生:我参照第 1 条。红军在炎热的天气中渡江,热风吹来,给人暖的感觉。

师:想象合理。接着讲。

生:我参照第 3 条。红军巧渡金沙江,没打一枪,心里愉快,就产生"暖"的感觉。

师:有参照第 4 条的吗?

生:没理解到。

出示 PPT:(生读)

诗是想象,诗是情感的事。

好诗:意象　声调　奇思幻想

师:诗,是充满想象的,是情感的事,好诗有奇思幻想。刚才你们想象得挺好。第 4 条是我想象的,我讲讲我是怎样想象的。是这幅油画引发了我的想象。

PPT 出示"巧渡金沙江"资料图:

金沙水拍云崖暖,大渡桥横铁索寒。

　　毛主席用声东击西的妙计,没动一枪一炮巧渡了金沙江,此时诗人站在江岸看到"金沙水拍"的激荡人心的画面,不由得就吟起苏东坡的"大江东去"——

出示 PPT:(师生齐读)

　　大江东去,浪淘尽,千古风流人物。……乱石穿空,惊涛拍岸,卷起千堆雪。江山如画,一时多少豪杰。

师:此时心情如何?

生:痛快!

生:精神振奋。

生:古有"周郎赤壁",今有红军豪杰!

师:诗人"心胸为之开阔,精神为之振奋"。此时诗人自然感到——

生读:金沙水拍云崖暖。

师:读下一联。

生读:金沙水拍云崖暖,大渡桥横铁索寒。

师:一"暖"一"寒"。"暖"把红军藐视困难的自豪感和征服困难的愉快心情点染了出来。想想看,"桥横铁索"为什么"寒"?

生:我觉得铁链子架的桥,摸上去一定很冷。

生:我觉得飞夺泸定桥很惊险,令人胆寒。

师:想象得不错。我仍然提供几条资料供你们参考。

出示PPT:

寒

1. 十八勇士攀铁索,逾越天堑,回想起那场面,叫人心惊胆"寒"。

2. 江中湍急的江水奔腾,江上毁掉的大桥只剩下横悬的铁索,给人"寒"的感觉。

3. 左边是高入云霄的哨壁,山腰是终年不化的积雪,银光耀眼,"寒"光袭人。

师:选哪条觉得好?

生:我觉得哪条都好。

师:这几条解释,大都参照了老红军的回忆录。红军飞夺泸定桥,由于地势高,天气冷,铁索裸露,自然给人"寒"的感觉。

师:人们讲"寒"多从红军的感觉想,能不能换个角度想一想?从敌人的角度想。

(生议论)

生:对岸的守敌见勇士们攀铁索过来了,吓得心惊胆寒。

师:对,红军战士的英勇无畏,令顽敌寒栗。再感悟此联气势。

生读:金沙水拍云崖暖,大渡桥横铁索寒。

【评点】"暖"与"寒"是诗人要表达的主观情感,领悟其中的情感,需走入历史,置身其境。领悟的结果与读者个人的知识修养、人生经验、个性气质、胸襟抱负有着密切的关系。教师为学生提供多种语境,为学生的想象领悟提供了支架。

六、尾联——凯歌奏起

师:最后两句"更喜岷山千里雪,三军过后尽开颜",为什么"喜"前还要加"更"?

生:雪山白雪皑皑,非常美丽。

师:这可算一条。毛主席喜欢雪,有诗句:"北国风光,千里冰封,万里雪飘。"(生随着背)还有——

生:五岭、乌蒙……这些艰难险阻都战胜了,这是"喜",这最后的雪山也越过了,当然更喜。

师:为什么"更喜"？ 我给你们提供一条资料。

出示PPT:

红军过了"雪山草地"就进入西北根据地,与陕北红军即将会合;北上抗日的战略目标即将实现,宣告了长征是以我们的胜利、敌人的失败而结束。

师:红军已经走过了万水千山,马上就要胜利了,什么感觉?

生:喜!

师:"三军过后尽开颜","尽开颜"什么意思?

生:"开颜",是笑。

师:"尽开颜"呢?

生:全都笑了。

师:为什么全都笑了?

生:长征路上的千难万险都战胜了,当然"尽开颜"了。

【评点】教师为学生提供了长征的史料,学生从词句义、全诗义到历史义,对诗人要表达的革命情怀、战斗豪情有了深层次的理解。

七、背诵,回味壮美

师:我引领着同学们背诵整首诗。

男读首联:红军不怕远征难,万水千山只等闲。

女读尾联:更喜岷山千里雪,三军过后尽开颜。

师:读了这一头一尾相呼应的两联,有什么感想?

生:有开头的"红军不怕远征难",才有结尾的"三军过后尽开颜"。

生:有了藐视困难的精神,才会笑到最后。

师:背诵,首联,统率全诗——

生背:红军不怕远征难,万水千山只等闲。

师:颔联,承接"千山"——

生背:五岭逶迤腾细浪,乌蒙磅礴走泥丸。

师:颈联,承接"万水"——

生背:金沙水拍云崖暖,大渡桥横铁索寒。

师:尾联,凯歌奏起——

生背:更喜岷山千里雪,三军过后尽开颜。

师:下课!

附板书：

总评 zongping

怎么理解诗意、领悟诗情是小学高年级诗歌教学的重点，也是难点。侯老师《七律·长征》教学紧扣诗歌特点，主要运用了以下几种方法解决诗歌教学的重难点：1.梳理诗歌的结构，将诗人直接表达情感的诗句与通过意象表达情感的诗句结合起来理解诗意。在前后联系、境象结合中领悟情意。2.抓住关键词，提供诗人所描写客观"象"的资料，解释诗人描写"象"的词语含义，为学生充分想象、走入诗人所勾画的意境提供支架。3.提供经历过长征的老红军的回忆内容，丰富学生的个人经验，使学生在语境中体验诗人要表达的情感。通过多种方法的运用，既让学生深层次理解《七律·长征》一诗的深意，又在理解中学会鉴赏诗歌的方法。

《北京的春节》课堂实录

一、明确目标,对话作者

师:大家读课题。

生齐读:《北京的春节》。

师:咱们今天用与老舍先生对话的方法读《北京的春节》。每学一个环节都出示一张PPT,上面有老舍先生的画像,画像下面就是"老舍先生说……",我们与老舍先生对话,听听老舍先生是怎样指导我们读书和作文的。

【评点】教学伊始,教师就明确了这节课的学习目标与学习路径。学习目标是读书和作文结合,从表达的角度去阅读,在阅读中学会写作。学习路径是以老舍先生对文章写作的论述为先导,去体会文章的表达之妙。

二、点睛之笔,总述印象

出示 PPT:(生读老舍先生的话)

> 写文章须善于叙述。不论文章大小,在动笔之前,须先决定给人家的总印象是什么。

师:懂这句话吗?(有生点头回应)

师:懂?谁说说你懂了什么?

生:这句话告诉我们,写文章必须善于叙述,不管文章是短还是长,在动笔之前必须得想好了该写什么,给人家留下个什么样的总印象。

师:对,那么在写出的文章中,通常就要有一句点睛之笔,就是一篇文章揭示主题的句子,也就是我们常说的揭示中心思想的句子。这都懂了吗?好,打开书,把那句点睛之笔找出来。

(生打开书,找本文的中心句——点睛之笔)

生读:北京虽是城市,可是它也跟着农村一齐过年,而且过得分外热闹。

师:是这句吧?写作与阅读是相互对应的,老舍先生写这篇文章时心中想好要给人家一个什么总印象,写在文章中就要有一句揭示主旨的话,大家一起读一遍。

生齐读:北京虽是城市,可是它也跟着农村一齐过年,而且过得分外热闹。

师:好,圈上重点词。

(生动笔圈词)

师:一起读吧,哪个词?

生齐:热闹。

师:"热闹"什么意思?(鼓励、示意学生举手回答)

生:我觉得应该是指一种热火朝天的气氛。

生:就是很多人在一块儿过一个春节。

生:我觉得还指一种喜庆的气氛。

师:"热闹"单独拿出来是一个死词,我们在读书时结合自己的生活经验,想象当时热闹成什么样,这个词就活了,就丰富了。我们再查查词典,对这个词了解得就更透彻了。

出示 PPT:(生读注释)

　　热闹:①繁华,盛况。②谓多人喧乱有趣之事。③热闹之景象。④专指戏剧娱乐之事。

师:应该选哪个注释?

生:应该是第三个"热闹之景象"。

师:对,热闹的景象。正月春节那景象一定很热闹,还有吗?

生:我认为第一种"繁华,盛况"也是老舍先生写的"热闹"。

师:是,普天同庆,当然是"繁华"的"盛况"。还有呢?

生:也可以选"谓多人喧乱有趣之事"。

师:有没有这样的事儿?

生:有,赶庙会就是多人喧乱而且有趣的事。

生:还有专指戏剧娱乐之事。

师:为什么?

生:因为有庙会,庙会里必然有唱戏的、拉洋片的。

【评点】按照这节课开始提出的学习目标与路径展开了学习。教师先呈现了老舍先生的论述:"写文章须善于叙述。不论文章大小,在动笔之前,须先决定给人家的总印象是什么。"学生从中明白了写文章首先要明确写什么,要给读者一个什么样的总印象。反过来,读者读文章要明白作者主要在写什么。作者经常通过一个中心句来表达自己所要揭示的主旨,读文章找中心句,先明白作者要表达的主要意思,是阅读的策略之一。

从一个概述性的中心句要理解文章丰富的含义,可以结合初读、生活体验、词典注释等对中心句中的中心词进行理解。教师带领学生通过对"热闹"的理解,将文章要表达的含义丰富于学生头脑之中。

三、写有提纲,读抓要点

师:老舍先生笔下春节的"热闹"是包罗万象的,我们得认真读读,好好享受享受。老舍先生又告诉我们——

　　出示PPT：（指定学生读）

　　　　尽管我们只要写两三千字，也须先写出个提纲，安排好头一段说什么，第二段说什么……。有了提纲，心里有了底，写起来就能顺理成章；先麻烦点，后来可省事。

　　师：什么意思？简洁地说。（指定学生回答）

　　生：我们写文章要先打出个框架，然后再写。

　　师：框架叫什么？

　　生：就叫提纲。

　　师：你们平时写文章列提纲吗？（生有的点头，有的摇头）把提纲列出来，写的时候就胸有成竹了。那读文章时怎么看出提纲呢？

　　生：它每一段里面都有一个概括句。

　　师：老舍这篇文章最大的特点是提示语都在每段开头，把它们画出来，连起来看大致就是"提纲"。

　　（生在书上圈画）

　　师：好，差不多画完了，汇报一下。

　　（生汇报，师出示PPT）

　　　　按照北京的老规矩，春节差不多在腊月的初旬就开始了。

　　　　腊八这天还要泡腊八蒜。

　　　　从腊八起，铺户就加紧上年货……

　　　　孩子们准备过年……

　　　　孩子们忙乱，大人们也紧张。

　　　　腊月二十三过小年，差不多就是过春节的"彩排"。

　　　　过了二十三，大家就更忙了……

　　　　除夕真热闹。（详）

　　　　初一的光景与除夕截然不同……

　　　　元宵（汤圆）上市，春节的又一个高潮到了。（详）

　　师：这些就是课文中每一段前的概括句，为什么这么清楚呀？

　　生：老舍先生写之前列了提纲。

　　师：我们以后写文章时要想条理清晰，一定要写好一个提纲。读文章，要理清脉络，就抓概括句。这个提纲还可标出哪儿详写，哪儿略写。你们结合课文内容标出。（生标详略）

【评点】作者写文章要先列个提纲,这样写起来才能顺理成章、条理清晰。读者读文章也要把握文章的结构,找寻作者的提纲,这样读起来才能把握文脉,明确作者想要表达的意思。作者写的时候有详有略,读者读的时候也要注意重点,分清主次。教师在教学生读,又在教学生写,从写的角度去读,学生不仅学会了读,也学会了写。

四、一字恰当,情味全出

师:下面我们透过文字,品味老舍语言的特点,感受北京春节的味道。

出示PPT:(生读老舍先生的话)

　　字的本身没有好或坏,要看用在什么地方。用得恰当,就生动有力。

师:我们平时写文章都喜欢找好词好句,但好词好句得放在文章中才能看出好来。咱们来读下面的文章,看看哪些词放在文章中看出好来了,用得恰当,生动有力,具有情味儿。

(出示PPT)

男生读:"腊七腊八,冻死寒鸦",这是一年里最冷的时候。

师:先体验体验感觉,什么感觉?

生:冷。

女生读:在腊八那天,家家都熬腊八粥。

师:什么感觉?

生:暖和。

师:你觉得哪个词用得挺好? 一下子就让你顿生寒意。

生:腊七腊八,冻死寒鸦。

师:这是一句民谚,用得恰当,生动有力。咱们再读读。

生读:腊七腊八,冻死寒鸦。

师:多冷啊,喝碗腊八粥该多暖和啊,一下子民俗的味道就出来了。有了冷,才紧接着——

(生读第二句)

生读:在腊八那天,家家都熬腊八粥。

生:有了"寒冷"才特别觉得"暖和",大冷的天家家都喝热乎乎的粥,喝得其乐融融。

师:情感的味道也出来了。

出示PPT:(指名读)

　　这种特制的粥是祭祖祭神的,可是细一想,它倒是农业社会一种自傲的表现——这种粥是用各种米,各种豆,与各种干果(杏仁、核桃仁、瓜子、荔枝肉、桂圆肉、莲子、花生米、葡萄干、菱角米……)熬成的。这不是粥,而是小型的农业产品展览会。

师:你从哪些词语中读出了滋味,读出了情感?

生:我从"自傲"读出了情感。它说这是农业社会的一种自傲的表现,因为农业社会大家都是种地的,收成好,腊八节大家就把丰收的果实都用在粥里。谁家的粥里杂粮的品种多,谁家的收成就好,谁家就最勤劳,谁家就最自豪。

生:展览展览,显示显示,我家的收成好。

师:所以腊八粥就成了农业产品展览会。在农业社会里,喝着这碗粥的时候,谁最自傲? 谁最高兴?

生(大多数):农民。

师:为什么?

生:因为农民在喝这碗粥的时候能看见自己丰收的果实。

生:一个"自傲"表现出丰收后的喜悦心情和对来年的祈福。

师:一词之妙,境界全出。这丰收的果实,用一个成语形容——

生(多数):五谷丰登。

师:熬腊八粥是农民"自傲"的表现。因此熬腊八粥成了一种民俗。到了腊八天蒙蒙亮就熬粥。有民谣"谁家的烟囱先冒烟,谁家的高粱先红尖儿",我和我的孙子、孙女、外孙子每到腊八的时候,为了让我家的烟囱先冒烟,早上四点就起来熬粥。城里人不种高粱,为什么也争先熬粥呢? 其实这句民谣暗示着什么?

生:暗示人们要勤劳。

师:对,教育孩子们要早起,不要睡懒觉。你看,熬腊八粥这个民俗还是挺有意思的吧? 哪个词勾出这么多滋味儿?

生:自傲!

师:一词恰当,情味全出。

【评点】在对全文主旨和结构把握的基础上,教师带领学生走进语言文字。语言文字的学习仍然以老舍先生的论述开始:"字的本身没有好或坏,要看用在什么地方。用得恰当,就生动有力。"老舍先生强调字词学习离不开文本的语境、生活的语境。这一单元是写民俗的,民俗的味道都在语言文字中。在语言的学习中,运用了多种方法。一是对前后文进行对比,学生从"冻死寒鸦"的"冷"到"家家都熬腊八粥"的"暖",读出了家庭的乐,了解了民俗的由来。二是引导学生体味到"自傲"所表现的农民勤劳耕耘所收获的丰收的喜悦以及他们在欢度民俗节日中对来年的期盼。三是引入民谣,体验课文字面后的丰富意义——对勤劳的赞美。

五、淡中有味,诗情画意

师:好,听听老舍先生还跟我们谈了什么。

出示 PPT:(生齐读)

　　　　　　平淡:写得朴素,即平淡,但淡中有味,含诗情画意。

师:做到这个要求,是要有相当的文学修养的,你看,要朴素,要平淡,但还要有诗情画意。看老舍先生是怎样示范的,读——

生读:蒜泡得色如翡翠。

师:什么感觉?(无人答)没感觉?看过腊八醋吗?翡翠绿的那种腊八蒜,什么感觉?

生:看着色如翡翠的腊八蒜眼前一亮。

师:是什么让你眼前一亮?

生:翡翠般的绿色,好美呀!

师:那叫——

生(大多数):色美!

师:好啊,色美! 接着读——

生读:醋也有了些辣味。

生齐:味美!

师:总的感觉呢?

生齐:色味双美。

师:连起来再读一遍,读美了它。

生齐读:蒜泡得色如翡翠,醋也有了些辣味,色味双美……

师:就这样平淡的一句话,形象、滋味都出来了,这就叫好句子。

生读:写得朴素,即平淡,但淡中有味,含诗情画意。

师:最后一句,读——

生读:使人忍不住要多吃几个饺子。

师:有色感,有味感,这是什么感?

生齐:口感。

师:这就叫品味,一品——

生齐:色美!

师:二品——

生齐:味美!

师:三赞——

生齐:色味双美!

师:最后增食欲——

生齐:使人忍不住要多吃几个饺子。

师:齐读全句。

生读:到年底,蒜泡得色如翡翠,醋也有了些辣味,色味双美,使人忍不住要多吃几个饺子。

师:数一数,全句多少字?

生:33 个字!

师:写得怎么样?

生(大部分随口):淡中有味,含诗情画意。

【评点】每一个作家的作品都有自己的风格,都体现着自己的追求。老舍先生追求语言的朴素平淡,淡中有味。学生从老舍笔下所描写的生活常见事物中读出了味道,读出了生活之美。

六、清楚明白,简单朴实

出示 PPT(老舍先生的话):

我们要自信能用自己的话,明白清楚地写出文章来。真话、明白话,比什么都好。不必要的形容,不但不能教文字美丽,反倒破坏了文字的简单朴实。

师:好文章的要求是什么? 圈出关键语句。

(生读,圈画)

生:我圈的是:"用自己的话","明白清楚"地写出文章来。

生:我抓的要点是,写文章要讲"真话、明白话",文字要"简单朴实"。

生:写文章要讲"四"话:讲自己的话,讲真话,讲明白话,讲简单朴实的话。

生:还有一个关键词是"自信",要相信自己能写好,不东摘西抄。

师:你们写文章除了真话、明白话以外,说过假话吗? 抄过别人的话吗?

(生有的摇头,有的点头,有的无表示)

师:要写好文章,要多一点"自信"。好,读这段话,读完以后你们就用刚才的标准评价一下好吗?

出示 PPT:(生读)

孩子们准备过年,第一件事是买杂拌儿。这是用各种干果(花生、胶枣、榛子、栗子等)与蜜饯掺和成的,普通的带皮,高级的没有皮——例如普通的用带皮的榛子,高级的就用榛仁。孩子们喜欢吃这些零七八碎儿,即使没有饺子吃,也必须买杂拌儿。他们的第二件事是买爆竹,特别是男孩子们。恐怕第三件才是买玩意儿——风筝、空竹、口琴等,和年画。

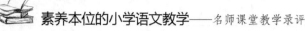

生:我觉得老舍先生写的"杂拌儿"这句话,一读就明白。什么叫"杂拌儿"我不知道,一读"这是用各种干果(花生、胶枣、榛子、栗子等)与蜜饯掺和成的"就知道了。

师:我们可以先从大方面评,再从小方面评。

生:他说的时候有顺序,先从大方面一、二、三,说孩子们过年准备什么,然后再具体地说。

师:老舍先生用了一个连我们小学生都会用的方法——

生:第一件事,买杂拌儿。

生:第二件事,是买鞭炮。

师:接着——

生:第三件事,买各种玩意儿。

师:"一、二、三"简单明了。再看,还有哪儿好? 看出哪儿写得明白清楚?

生:"玩意儿",别人不知道是什么,他就在破折号后举例"风筝、空竹、口琴等,和年画"。

生:"普通的带皮,高级的没有皮——例如普通的用带皮的榛子,高级的就用榛仁。"这一加解说,我会买没皮的。这里说得很清楚明白。

师:好,清楚、明白! 还有吗?

生:第二件事是买爆竹,女孩儿就不喜欢鞭炮。"闺女爱花,小子爱炮,老头爱毡帽",我爷爷一过年就背。

师:老舍先生写得虽简洁,但想得周到。还有吗?

生:"零七八碎儿""玩意儿"都是北京人的口头语。

师:你怎么知道的?

生:我们家就是北京的。

生:儿化韵,听着就好听。

生:"零七八碎儿",一听就是小食品,各式各样,让人眼花缭乱。

生:"玩意儿"一听就想到是小孩儿喜欢的各种小玩具。

生:"零七八碎儿""玩意儿"让人想到年市上、货摊上的货品丰富多彩。

师:老舍先生是口语、俗语,该出手时则出手,通俗有趣。

生:我觉得"蜜饯"好。

师:"甜"好吃。(众生笑)

生:我是说"蜜饯"一词用得好。"第一件大事就是买杂拌儿。这是用各种干果(花生、胶枣、榛子、栗子等)与蜜饯掺和成的。""干果与蜜饯掺和成的",这一"掺和"就觉得都甜了。

师:你们甜甜地读吧!

(生甜甜地读)

师:这就是好文章,全都是真话实话、大白话,没有生僻词,没有拗口句,简单朴实,让人听了清楚明白,甚至感到趣味无穷。咱们品了"孩子们欢喜"的事,接着再品让"大人们""忙乱"的事。

出示PPT:(生读)

他们必须预备过年吃的喝的用的一切,也必须赶快给孩子做新鞋新衣,好在新年时显出万象更新的气象。

师:这一段哪里写得明白清楚?要说出理由。

生:老舍先生强调了给孩子准备"新"的东西。

生:有三新:"新鞋","新衣",让孩子过"新年"。

生:这才显示出"万象更新"。

生:我觉得两个"必须"用得好。

生:一个"必须"是过年的一切东西准备齐,一个是孩子们穿的"必须"要做新的,这才叫新年。

生:"必须"写出了家家户户都这样。

师:这一忙就忙出了年味。说着说着,二十三小年到了。

出示PPT:(指名读)

在前几天,街上就有好多卖麦芽糖与江米糖的,糖形或为长方块或为大小瓜形。

师:评价评价。

生:他说吃糖,把吃什么糖和糖的形状都说得清楚明白。

师:其实,二十三小年是挺有民俗趣味的。

出示PPT:(指名读)

按旧日的说法,用糖粘住灶王的嘴,他到了天上就不会向玉帝报告家中的坏事了。现在,还有卖糖的,但是只由大家享用,并不再粘灶王的嘴了。

生:这一段讲迷信,又是灶王爷,又是玉帝的。

生:因为这一段讲的是迷信得删。

生:这不叫迷信,应该是民俗吧。

生:这又甜又黏的糖叫"糖瓜"——白色的样子像扁圆的瓜,大的蜜橘大,小的像糖球,挺粘牙的,我每年都吃。奶奶说,从前是粘灶王爷的嘴,让他"上天言好事,归宫见吉祥"。现在给你,吃了粘住你的嘴,一年不背后说人家坏话。

师：每年腊月二十三，我都买一兜"糖瓜"，每人一个。小孙子说，爷爷，太粘嘴。我说，要的就是粘嘴，粘住你的嘴，好不说假话、脏话、坏话。民俗今用，年味无穷。

生：我就爱听奶奶讲过年的民俗，讲得挺有趣味。

师：民俗总有一些传说跟着，听听既有趣又受教育。"小年"过了，"大年"就近了，大家就更忙了。忙什么？谁背背民谣？

生：廿三糖瓜祭灶，廿四扫房子，廿五糊窗户，廿六炖大肉，廿七宰公鸡，廿八白面发，廿九贴春联。

师：类似的民谣很多，大同小异，总的意思是"忙"，忙着准备过年。读老舍先生写的这段忙。

生读：过了二十三，大家就更忙了，春节眨眼就到了啊。在除夕以前，家家必须把春联贴好，必须大扫除一次，名曰扫房。必须把肉、鸡、鱼、青菜、年糕什么的都预备充足，至少足够吃用一个星期的——按老习惯，铺户多数关五天门，到正月初六才开张。

师：你们看书上有几个"必须"？能否去掉？

生：三个"必须"，"大扫除"是为了干干净净过新年，这是"必须"做的。至于"肉、鸡……什么的……"可不必"预备充足"。所以删掉"必须"还是可以的。

生：第二个"必须"是不能删的，你看破折号后还有个说明："按老习惯，铺户多数关五天门，到正月初六才开张。"万一缺个什么，都关了，可就没地方买了。

生：我觉得是加上"必须"更好，因为店铺初一到初五关门，必须得准备充足。

生：你没看到老舍先生说的是"多数"关门，还有少数不关门的。

师：这样看老舍先生这里的"必须"可去可不去。可是原文还有下文，在选作课文时删去了。你们读读下文，看看这个"必须"可不可去？

生读：还有，旧社会里的老妈妈论，讲究在除夕把一切该切出来的东西都切出来，省得在正月初一到正月初五再动刀，动刀剪是不吉利的。这含有迷信的意思，不过它也表现了我们确是爱和平的人，在一岁之首连切菜刀都不愿动一动。

生：这一来"必须"得保留，又很少有地方买鱼买肉，又不能动刀，就没法做了。现在没这个"老妈妈论"，破得好。

生：老舍先生说，初一到初五不动刀有点迷信，可也表现我们"爱和平"。

生：电视公益广告那个小姑娘也说"和为贵"。

生：我们家初一、初二是不许动刀动剪子的，奶奶说这些都是凶器，不能动，大过年的不吉利。

生：这是祈求全家和睦——"家和万事兴"。

生：老舍先生自信能用自己的话明白清楚地写出文章来，何必用"刀剪"删掉呢？

师:好,我们既了解了民俗,又学到了老舍先生讲真话、讲明白话、讲得简单朴实的写文章的风格。

【评点】这一环节在上一环节的基础上,继续品味语言,体会老舍先生的创作风格。欣赏作品得有一定的标准,最好跟作者本人对作品的认识相连。教师先呈现老舍先生对好文章的认识,学生讨论其中的含义。好文章有几条标准,一是明白清楚,二是简单朴实,三是讲自己的话、讲真话,展现出自信。按照这个标准,教师引导学生评析作者写过年准备的段落、文字。

鉴赏中,紧扣老舍先生提出的好文章标准,引导学生从多个角度去体会,如先从大方面评,再从小方面评。在教师的启发下,学生注意到老舍先生讲几件事儿,一、二、三,简单明了。一些词语用破折号解释,清楚明白。语言就是口语、俗语,通俗易懂。

在评析中,教师引导学生一起体会老舍先生语言明白、简洁、朴素的特点,训练了学生分析的思维,这种高阶思维的训练对学生来说更加重要。学生充分调动日常积累,在互动中扩展了民俗知识,课堂中充满民俗气息。这个单元的主题就是对民俗的了解,体会我国不同地方的不同风俗,教学中非常好地在品味语言中融入了民俗主题的学习。

七、情感深厚,文字有力

师:咱们再接着与老舍先生对话。

出示PPT:(生读)

> 文字的力量来自我们的思想与情感,不来自由字典辞源找来的字汇词汇。

我们的思想好,感情厚,我们就一定能教普通的话变成很有力量的话。

师:你读懂这句话是什么意思了吗?

生:写文章要有真情实感。

生:有了好思想、深厚的感情,才能使普通的话有力量。

生:好词、好句子不是抄来的,是凭着"思想好,感情厚"写出来的。

师:咱们看看老舍先生是怎样凭着深厚的感情,写出有力量的文字的。

生读:除夕真热闹。

师:下面该写什么了?

生:怎么热闹?

生读:家家赶做年菜,到处是酒肉的香味。

师:什么感觉?

生:很好闻。

生:闻到了酒肉的香味。

生读:老少男女都穿起新衣,门外贴好红红的对联,屋里贴好各色的年画。

师:刚才是"闻"的,现在是——

生齐:看的!

生:看到了新年新气象。

生齐读:哪一家都灯火通宵,不许间断,鞭炮声日夜不绝。

生齐:听的!

师:闻了,看了,听了,有一个总的感觉是什么?

生:热热闹闹。

生:红红火火。

生:普天同庆。

师:"普天同庆"这个成语好。我们从哪些词语感受到这"普天同庆"的新年呢?

生读:家家赶做年菜,到处是酒肉的香味。

生齐:家家!

生读:老少男女都穿起新衣,门外贴好红红的对联,屋里贴好各色的年画。

生齐:都!

生读:哪一家都灯火通宵,不许间断,鞭炮声日夜不绝。

生齐:哪一家都!

师:这是老舍先生详写的一段,品出老舍先生语言的妙处了吗?

生:运用"家家""都""哪一家都"这普通的字眼,写出了红红火火、热热闹闹、普天同庆的新年。

生:让我们"闻"到了年,"看"到了年,"听"到了年。

师:因为老舍先生对"年"有真感情,普通的词句,使人读起来也觉得亲切,有滋味。

(生读)

男生读:在外边做事的人,

生齐读:除非万不得已,必定赶回家来,吃团圆饭,祭祖。

女生读:这一夜,

生齐读:除了很小的孩子,没有什么人睡觉,都要守岁。

师:用个四字词语形容一下这情景。

生:合家欢乐。

师:回头看,老舍先生是用了什么语句写出"合家欢乐"的?

生:合家欢乐吃团圆饭,祭祖,用"除非……必定……"更显出"全"得不能再全。

生:"除了……没有……"搭配"都要"守岁,更显眼。让人觉得都守夜,"没有什么人睡觉"。

师:"除非……必定……""除了……都要……"前面淡淡一提,后面紧接着强调"必定""都要",读起来给人的印象是"全"都赶回家来吃团圆饭、祭祖,"都"守岁,没有什么人睡觉。读读吧,体验体验这合家欢乐,除旧岁、迎新春的情景吧。

（生读）

【评点】老舍先生认为文字的力量不在于词语本身,而在于作者的思想情感。没有思想情感的好词佳句,是没有力量的。这一段对除夕热闹的描写,之所以写得好,是作者感受到了中国年的普天同庆、合家欢乐,有了这种情感,自然会找到合适的词语来描写。作者所选的语言"家家""都""哪一家都"都很普通,但因为有了思想情感,使人读来亲切,有滋味。所用的关联词"除非……必定……""除了……都要……"不是关联词本身有多好,而是准确地表达了"同庆""合家"的意蕴。学习了关联词并不一定会用关联词,关键是要有思想、情感,有了思想、情感,才会寻找合适的词语去表达。这一段的教学让学生理解了语言文字与思想情感的关系。

八、文字清顺,不绕弯子

师:读读看,老舍先生又讲了什么?

出示PPT:

> 我们首要的任务是把这一段话写得清楚明白,既不东一句西一句那么随便扯,又不绕着弯子去找我们自己不完全了解的字眼。
>
> 呵,我们要是能用自己的话写出一段清顺的文字来,那真够快活的!

师:这里有个不常见的词,把它找出来。

生:清顺。

师:结合老舍先生这段话,解释一下"清顺"。

生:"清"就是"清楚明白","顺"是写一段话,既不东一句西一句那么随便扯,又不绕着弯子去找我们自己不完全了解的字眼,让人读了半天不知所云。

师:老舍先生最喜欢这种"清顺"的句子。读——

生读:呵,我们要是能用自己的话写出一段清顺的文字来,那真够快活的!

师:咱们看看清顺的文字是什么样子的。

出示PPT:（生读）

> 初一的光景与除夕截然不同:除夕,街上挤满了人;初一,铺户都上着板子,门前堆着昨夜燃放的爆竹纸皮,全城都在休息。

师:哪个词用得妙?

生:"截然不同"。正月初一的"清静"与除夕夜的"热闹"截然不同。

师:简简单单,清清楚楚,这叫——

193

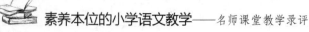

生：清顺！

师：接着品——

生读：男人们在午前就出动，到亲戚家、朋友家去拜年。女人们在家中接待客人。

生：分工清楚，简单明确，这就是清顺的句子。

师：接着品——

生读：城内城外有许多寺院开放，任人游览，小贩们在庙外摆摊儿，卖茶、食品和各种玩具。北城外的大钟寺、西城外的白云观、南城的火神庙（厂甸）是最有名的。可是，开庙最初的两三天，并不十分热闹，因为人们正忙着彼此贺年，无暇顾及。到了初五初六，庙会开始风光起来。孩子们特别热心去逛，为的是到城外看看野景，可以骑毛驴，还能买到那些新年特有的玩具。白云观外的广场上有赛轿车赛马的，在老年间，据说还有赛骆驼的。这些比赛并不为争谁第一谁第二，而是在观众面前表演骡马与骑者的美好姿态和娴熟技能。

生：城内城外许多寺院举办庙会，引出了小孩子们特别爱逛庙会。作者告诉我们他要详写"逛庙会"了。

生：男人们走亲戚拜年，女人们在家接待客人，略写；小孩子们逛庙会最有趣，详写。

生：这就叫——详略得当，清楚明白。

师：老舍先生听到你们的赞美，准会"快活"地说——

生读：呵，我们要是能用自己的话写出一段清顺的文字来，那真够快活的！

师：下面该详写小孩子们逛庙会了，读——

生读：孩子们特别热心去逛，为的是到城外看看野景，可以骑毛驴，还能买到那些新年特有的玩具。白云观外的广场上有赛轿车赛马的，在老年间，据说还有赛骆驼的。这些比赛并不为争谁第一谁第二，而是在观众面前表演骡马与骑者的美好姿态和娴熟技能。

师：品评品评这段"清顺"的文字吧。

生：先提示一句小孩子们特别热心去逛庙会，然后一项一项地列举为什么爱逛庙会。交代得清楚明白。

生：为什么爱逛庙会？为的是看野景，骑毛驴，买玩具。最爱看的是赛轿车赛马。一句接一句讲得清顺。

生：没废话，让人一看就明白。

生：让人读过之后，没逛过庙会，都特想去逛逛。

生：我逛过庙会，没骑驴，骑的是山羊，慢悠悠的，挺有趣。

生：我骑的是毛驴，没那么美，特害怕，双手抱着驴脖子生怕掉下来。

师:读一段清顺的文字,会把你带入文章的意境中去,让你想象、联想。老师读到这里想起《冬阳·童年·骆驼队》的作者林海音写的庙会骑毛驴。

生读:她盘腿儿坐在驴背上,四平八稳的,驴脖子上的铃铛串儿,在雪地里响得清脆可听,驴蹄子嘚嘚嘚嘚的,踏着雪地远去了。

我不是那样,我骑的这头小黑驴儿,它也有一串铃铛,因为是大正月,赶驴的爱给他的"驴头马面"打扮打扮,还系上红绿头绳呢!我告诉赶驴的,可别离我太远,小驴儿稍微跑快几步,我四顾无人,就急得哟哟叫。

我心惊不已,就紧紧拉住缰绳,"吁——吁——"地喊它。

师:欣赏欣赏!

师:听铃铛串声——(生:铃铃铃);听驴蹄声——(生:嘚嘚嘚嘚)。

师:她吓得——(生:哟哟叫);她拉着缰绳——(生:吁——吁——)。

师:清顺的文章引起的想象与联想,增加了阅读趣味。

【评点】对于小学生来说,写作经常是件痛苦的事,因为小学生常常把写作和生活看成两件事,总想写得生动精彩。老舍先生则说:"我们要是能用自己的话写出一段清顺的文字来,那真够快活的!"教师反复让学生读这句话,意在让学生明白写作就是用自己的话讲自己的事,写出的话只要清顺,即清楚明白、文从字顺就好,能用自己的话清楚通顺地讲想讲的话,是很快活的事。教师带领学生走入文本,品析老舍先生清顺的文字,体会他那份快活,这份快活就是一幅生活图景,浸入其中,趣味无穷。

九、一字一句,仔细推敲

师:读一读,老舍先生又告诫什么?

出示PPT:

写文章,用一字、造一句,都要仔细推敲。

生:一字一句,都要推敲。

师:关键词是什么?

生齐:推敲!

师:"推敲"知多少?

生:这是个典故,唐代诗人贾岛骑驴得诗句"鸟宿池边树,僧敲月下门",正为是用僧"敲"还是僧"推"犹豫,正巧撞上韩愈,韩愈琢磨了半天,说,还是用"敲"好。于是就有了"推敲"一词。

生:"推敲"是说写文章时不要莽撞下笔,要想想再写。

生:"推敲"的意思是写作文时,用字用词,要多考虑考虑。

生:遣词造句要多琢磨琢磨。

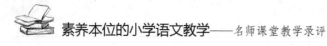

师:"元宵节"这段老舍先生是详写的,我们好好学习学习老舍先生是怎样斟酌字句的。

出示PPT:(生读)

元宵节,处处悬灯结彩,整条大街像是办喜事,火炽而美丽。

有名的老铺都要挂出几百盏灯来:

有的一律是玻璃的,

有的清一色是牛角的,

有的都是纱灯;

有的通通彩绘《红楼梦》或《水浒传》故事……

家中也有灯:走马灯、宫灯、各形各色的纸灯,还有纱灯,里面有小铃,到时候就叮叮地响。

师:有什么感觉?

生:眼前是灯的海洋。

生:大街小巷,家家户户,灯火通明。

生:到处红红火火,喜气洋洋。

生:老舍先生在写元宵节的灯时,开头一句的"悬灯结彩"点亮了全段。

师:这句点评得好。下面男、女生对比读,比一比两组文字有什么相同与不同,感受一下老舍先生文字之功力。

男生读:

有名的老铺都

要挂出几百盏灯来:

有的　一律　是玻璃的,

有的　清一色　是牛角的,

有的　都是　纱灯;

有的　通通　彩绘《红楼梦》或

《水浒传》故事……

女生读:

有名的老铺都

要挂出几百盏灯来:

有的　都是　玻璃的,

有的　都是　牛角的,

有的　都是　纱灯;

有的　都是　彩绘《红楼梦》

或《水浒传》故事……

生:两组的意思一样,都是说每一种灯,同样的有成百上千盏。

生:两组用的词语不一样。第二组用的词语都是一个词:都是。

师:再分别读,品一品哪组好。

(男女生分别读)

生:第一组好,一个意思变了四样,"一律""清一色""都是""通通"听来丰富多腔,变化多端。第二组"都是"重复了四遍,听来有点"傻"。(众生笑)

生:"丰富多腔,变化多端"这是老舍先生形容猫叫的声音富于变化。

师:把"丰富多腔"改成"丰富多彩"就好了。怎么说?

生:第一组好,听来丰富多彩,富于变化。

师:第二组,听来觉得有点傻,我就不理解了。

师:刚才你们说"有的……有的……有的……"用得好,那也是重复啊!

生:"有的……有的……有的……"是排叠,跟后边的词语连起来读,让人觉得丰富多彩。"都是、都是、都是……"让人觉得你就会一个词。

师:老舍先生的语言丰富多彩,这么美的句子得靠读,请一位同学再读一读。

(生读第一组)

师:刚逛了大街灯,咱们再玩儿家中的灯。

生读:家中也有灯:走马灯、宫灯、各形各色的纸灯,还有纱灯,里面有小铃,到时候就叮叮地响。

师:看看老舍先生是怎样"推敲"字句的。

生:"也"字用得妙。

师:为什么?

生:外面有彩灯,回家还能看见彩灯——元宵节啊!

师:是啊,就这一个字,用得多好啊,照应了上文,引出下文,构成了"一个"灯节。

生:但是略有不同,大街上是数量多,家里是一样一盏。

生:这从标点上就感觉出来了"走马灯、宫灯、各形各色的纸灯",用的是顿号,一样一盏的感觉。

生:家中的灯新颖别致,走马灯里有连环画是"转"的,纱灯里有铃铛是"响"的,有趣,小孩爱玩。

生:家中还有元宵吃,这才是"美好快乐"的元宵节呢!

师:老舍先生是字字斟酌,句句推敲,是我们的榜样。从腊八到十五,天天有讲究,读过之后感觉如何? 心情如何?

生(纷纷议论):红红火火、热热闹闹、兴高采烈、趣味盎然……

师:读读下一段,感觉如何? 心情如何?

生读:一眨眼,到了残灯末庙,学生该去上学,大人又去照常做事,春节在正月十九结束了。腊月和正月,在农村正是大家最闲在的时候。过了灯节,天气转暖,大家就又去忙着干活儿了。

生:时间过得太快了,一眨眼就过去了,好遗憾啊!

生:还没玩够,就该开学了,好留恋啊!

生："一眨眼,到了残灯末庙"好伤感啊!

生:呀!作业还没做完,好急人啊!

生:春节结束了,再过得明年了,真让人恋恋不舍啊!

师:你们这么多"啊",都停留在第一句伤感了。再读读后两句。

(生读后两句)

师:什么感想?

生:一年之计在于春,要珍惜大好春光。

师:老舍先生淡淡的几笔,也在撩拨着我们的情感,激励我们。辛勤一年,求个五谷丰登,好红红火火、热热闹闹庆明年的春节。读——

生读:北京虽是城市,可是它也跟着农村一齐过年,而且过得分外热闹。

师:下课!

 总评 zongping

全篇课文教学最大的特点是把老舍先生对创作的论述与作品的赏析结合了起来,论述不再抽象,赏析不再无魂。这样的教学融读与写为一体,把读写结合贯串教学始终,真正从写的角度去读,读不限于表层阐释,走向深层解读,不仅看作者写了什么,而且看作者为什么这样写。文章写了什么,过几年学生可能会忘,但他们在赏析中学会的比较、体验、联想、论证的思维方法则会终身受益。学生在阅读中,对为什么写、写的标准、写什么、怎么写也有了深刻领悟。尽管没有让学生去说、去写,但读始终指向表达。课堂中读写怎么结合,怎么让读写结合对提升学生的语文素养产生益处,侯老师做了很好的探索。

《匆匆》课堂实录

一、悟题导入,点出要点

书写课题"匆匆"(故意少写一点,写成了"勿"),学生指出错误,教师用红笔补充一点为"匆"。

师:这个点可不能缺啊,知道为什么吗? 我来告诉你们——

师:这是甲骨文的 (匆),有一个短竖,这个短竖表示什么呢?

出示PPT:

作"丨"在"心"上,为指事字,示心中急促。(《字源》)

意思是:心,其中短竖指明心在怦怦地跳,"匆"就表明心急剧地跳动。

师:心什么时候会怦怦地跳呢?

生:做事急急忙忙的时候,心会怦怦地跳。

生:走路走得快叫急匆匆地走。走得过急,心也会怦怦地跳。

生:害怕的时候,心会怦怦地跳。

师:也就是惊恐、惊惧的时候,心会怦怦地跳。急忙、急促、急速,还有急遽都是"匆"的引申义。同学们在笔记本上写上课题"匆匆",注意不要丢掉表示心怦怦跳的那一点。

(生书写"匆匆")

师:读《匆匆》这篇文章时,我们除去要感悟到时间来去匆匆,还要感觉到作者的心怦怦地跳动,从而激荡着你的心也那么怦怦地跳动。如果没引起你的共鸣——你的心没那样跳动,那这篇文章等于白读了,听懂了吗? 好了,咱开始读。

【评点】"匆"的甲骨文字形中的短短竖标示着急促的意思,教师利用字理,既解读了字义,更引起学生的阅读期待。

二、自读课文,整体感知

1. 出示要求。

自读课文要求:

(1)想一想课文主要写的是什么。

(2)找出不同形式的问句。

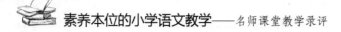

（3）画出叠词。

2.学生自学。

3.全班交流。

师:课文主要写的是什么?

生:写出了时间过得特别快。

师:这是他的看法。还有? 你说。

生:写的是朱自清觉出了时间过得特别快,然后又非常珍惜时间。

师:这是我们初读课文的理解,随着精读课文,我们理解得会更深入。第二步,找出课文中不同形式的问句,我们精读课文时,再边读边体会。第三步找出叠词。

(生汇报找出的叠词,师归纳)

出示PPT:

> AA:匆匆　渐渐　斜斜　白白
>
> ABB:头涔涔　泪潸潸　赤裸裸
>
> BBA:默默里　茫茫然　默默时
>
> AABB:轻轻悄悄　伶伶俐俐

(师指名学生反复朗读,读出美感)

师:叠词不光读起来美,你还要品出它好在哪儿,谁说说第一个好?

生:叠词有节奏感,听着美。(生读)

师:这是一个好,第二个好呢?

生:比如"匆匆"让人感到急急忙忙,"斜斜"让人觉得很斜很斜,我觉得有点加强语气的作用。

师:哎,是这意思,还有呢?

生:我觉得这样可以更好地表现作者的心情。

师:比如——

生:比如"泪潸潸"让人觉得作者很伤心很伤心。

师:嗯,是,能加深情感的表达。还有? 再读读。

生:很形象,"轻轻悄悄""伶伶俐俐",像个小孩在走路,轻盈,活泼。

师:品得不错,精读课文时,我们再品。

【评点】叠词在小学低年级就见过很多,其形式学生很熟了。教师在这里重在让学生体味叠词表达的意义、情感,为理解全文奠定基础。

三、触景感怀,提出疑问

1. 品读第 1 自然段。

师:当时,作者在浙江台州教书。仲春时节,江南春色正浓,春意盎然,莺歌燕舞,姹紫嫣红,于是诗人触景生情写道——

出示 PPT:(生读)

燕子去了,有再来的时候;
杨柳枯了,有再青的时候;
桃花谢了,有再开的时候。

师:看这句话,妙在哪儿? 好在哪儿?

生:美。

师:"美"在哪儿?

师:大家再读。

(三个学生每人读一分句)

师:品一品,这句话美吗? 妙吗? 好吗? 妙在哪儿啊? 好在哪个字上啊?

生:运用了排比。

师:排比用好了才会美,看作者怎么排起来的呢?

生:去了,再来;枯了,再青;谢了,再开。

师:你们平时不都说反义词吗? 这反义词就在这儿用上了,好在哪儿呢?

生:我感觉作者特别羡慕这些事物,因为它们可以重新来一遍。

师:哎,从哪儿可以看出可以重新再来?

生:"再",三个"再",全都能再来。

师:对! 三个"再"就是都能重来一遍,这是重大发现!

生:还有,作者也希望自己的生命能重来一遍。

师:读出了言外之意。再读读。

(生齐读)

师：又读出了点什么味儿？

生：我觉得燕子、杨柳、桃花这些事物都可以轮回一遍。

师：轮回——是这意思，能说得再明确点吗？

生：不断循环。

师："不断循环"还可以说成——

生："循环往复"。

师：还可以换个成语：周——

生："周而复始"。

出示 PPT：（生齐读）

万物都能周而复始，长存常新。

师：这比"轮回"更明确，更有文采了吧？所以丰富的语言积累，能够帮助我们表达出对课文的理解。好的，我们把这句优美又饱含哲理的句子背下来。

（生背诵开头第一句）

师：作者看到这些景物都能周而复始，长存常新，于是他把笔锋轻轻一转就追问道——

生读：但是，聪明的，你告诉我，我们的日子为什么一去不复返呢？

师：对呀，聪明的，你告诉我，我们的日子为什么一去不复返呢？（师随机指问一生）

（生起立无语，摇头）

师：聪明的，你告诉我，我们的日子为什么一去不复返呢？（师又随机指问一生）

生：因为……我们过去的日子，回不来了。

师：是呀，我们的日子哪儿去了？

生接着读：是有人偷了他们吧：那是谁？又藏在何处呢？

（师随机问学生此问题）

（众生摇头）

生接着读：是他们自己逃走了吧：现在又到了哪里呢？

（师随机问学生此问题）

（众生摇头）

师：就这三个问题，问得我们怎么样？

生：这是作者的疑问。

师：哎，这当然是作者的疑问了。（笑）作者这疑问，问得你怎么样？

生：可以产生共鸣。

师:"共鸣"这个词用得好。有哪些"共鸣"?

生:心跳得很厉害,很紧张。我从来没想过。

生:问得我迷茫。

生:逼着你去寻找失去的时光跑哪儿去了。

师:作者这几句话,一句一锤,敲打着我们,每一问都扣人心弦,逼着你去寻找逝去的光阴,那咱们找一找吧。

(板书:日子为什么一去不复返呢?)

【评点】通过对描写万物的排比句、句中的反义词以及作者三个问句的体味,在两相对比中,学生体会到光阴的流逝敲打着自己的心。可以看出,开始对标题的解读在这里成了学生体会理解的工具。教学就是要层层推进,前面的教学为后面的教学做好铺垫。在这样的教学中,学生有了越来越精彩的表现,逐渐成为课堂的主人。

2.回顾以往,惋惜悔恨。(学习第 2 自然段。)

(生读第 2 自然段)

师:他们给了你多少日子?(生摇头)张开双手看看手里还有多少日子。(生:没了。)作者与你们同感,读——

生读:我不知道他们给了我多少日子,但我的手确乎是渐渐空虚了。

师:日子都哪儿去啦?作者发现了。来,谁给大家读读这一句?

出示 PPT:

在默默里算着,八千多日子已经从我手中溜去,像针尖上一滴水滴在大海里,我的日子滴在时间的流里,没有声音,也没有影子。

师:"八千多日子"是指什么?

生:八千多天。

师:读读看,八千多天哪儿去了?

生:溜了!

出示 PPT:

溜,谓水垂下也。(《仓颉篇解诂》)

师:这八千多天从"我"手中溜去了,你看这个"溜"字,左边是三点水,右边是"留",意思是水滴在平面上是留不住的。我给你们演示演示,你们看看这滴水是怎么"溜"的。

(教师在黑板上演示滴一滴水,学生用心观察,看看水是怎么溜的。)

生(纷纷):一下子就溜了。

师:怎么溜的?

203

生:那个水滴悄无声息地就溜了。

生:它慢慢地溜了。

生:它溜得很快,在人不大注意的时候,自己就偷偷地溜了。

师:对!是偷偷溜的!接着。

生:一刻不停地溜了。

生:溜了以后,不再回来了。

生:一去不回头地溜了。

师:"八千多日子已经从我手中溜去",多么普通的一句话,多么简单的一个词,我们品品,就是这么多味道。品品下边吧,(出示)你看"日子"是"溜"到哪儿去了,大家一起读。

生齐读:在默默里算着,八千多日子已经从我手中溜去,像针尖上一滴水滴在大海里,我的日子滴在时间的流里,没有声音,也没有影子。

师:这里有两个"日子",讲讲它们的意思。

生:"八千多日子"是八千多天。"我的日子",这里的"日子"是指生命——"我"的生命。

生:我觉得"我的日子"应是"我"的时光。

师:两个解释我看都讲得通。

师:这八千多日子就是这样溜走了,你们呢,过去了多少日子?

生(算后):四千多天。

师:那这四千多日子是怎么溜的呢?作者怕你们体会不出来,他用了一个比喻句。

(师指名读)

生读:像针尖上一滴水滴在大海里,我的日子滴在时间的流里。

师:品品这个比喻句妙在哪儿。

生:一滴水和大海比,一滴水很小,大海很大。

生:一滴水特别渺小,大海浩渺无边。

师:想象一下那情景。

生:"像针尖上一滴水",太玄了,这滴水随时都会坠落到大海中。

生:这滴水滴到大海里,连个泡都不会冒就没了。

生:一滴水滴在大海里,立刻就消失得无影无踪了。

生:有限的生命稍一轻忽就淹没在大海里了。

师:接下去体会"我的日子滴在时间的流里……",联系江河的"流",讲一讲时间的

"流"是什么样的。

生:就是——长的——

生:不但长,流得还急,有许多漩涡。

师:这让我想到:"子在川上曰:'逝者如斯夫,不舍昼夜。'"消逝的时光啊,就像滚滚滔滔、川流不息的江水一样,日夜不停地流去。

生:一滴水是小的,滴在大海里,想找也找不到了;我的生命落在时间的长流当中,想找也找不着了。

生:我们短短的生命坠落在时间的长河中,连个声儿也没听见,就没影儿了。

师:我们再读这个比喻句,感受就更深了。

生读:在默默里算着,八千多日子已经从我手中溜去,像针尖上一滴水滴在大海里,我的日子滴在时间的流里,没有声音,也没有影子。

师:屈指算算作者的日子吧!八千多日子可滴几滴?

生:八千多日子滴一滴水。

师:八千多日子大约多少年?

生:二十年。

师:咱们算算朱自清先生他一生滴了多少滴,他五十岁病逝的。

师:一滴——

生:二十年。

师:两滴——

生:四十年。

师:三滴——

生;六十年。

师:四滴——

生:停,过了!

师:有什么感受?

生:惋惜,一个大作家才滴了不到三滴。

生:伤心,时光太无情了,对一个大作家也没多给点儿。

师:算算,你自己可能滴几滴啊?

师:一滴——可以吧?

生:嗯……

师:两滴——

生:也可以。

师:三滴——

生:也可以。

师:四滴——

生:可以。

生:不一定。

师:五滴——

生(摇头):够呛……

师:哪儿去了? 哪儿去了? 你哪儿去了?

生:去世了。

师:你哪儿去了?

生:没了。逝去了。

师:就这样滴着滴着,你的心觉得怎么样?

生:很沉重。

生:很伤感。

生:生命匆匆,很害怕,我的心跳得更厉害了。

师:为什么?

生:从前没算过,现在一算,生命太短暂了,一眨眼就完了。

师:很沉重,很伤感。那你看看,作者呢? 回顾逝去的光阴,心情如何?

生读:我不禁头涔涔而泪潸潸了。

师:这句话读得绝对没有沉重的味儿! 再读一读。

生读:我不禁头涔涔而泪潸潸了。

出示 PPT:

> 1. 涔:渍也。(《说文解字》)
>
> 2. 渍:谓浸渍也。(《说文解字段注》)
>
> 3. 浸:液体浸入或渗出。(《现代汉语词典》)

师:是啊,作者他"不禁头涔涔而泪潸潸了"。那"头涔涔"是什么意思?

生:头汗流不止的样子。

师:言过其实,摸摸你的脑门,是满头大汗吗?

生:没有。

师:"头涔涔"什么意思? 结合你自己的感受说说。

生:惊出来一身冷汗。

生:我没出来冷汗,只觉心里发凉。我想"头涔涔"就是脑门子渗冷汗。

师:这是真的感觉。作者这个"涔涔"用得相当有分寸。看"涔"的古汉字:

崖壁(山)渗水(氵),湿而不流(今=含)

左边是"氵",右边上半部是"山",下半部是"今",相当于现在的"含"。"涔"表示崖壁(山)渗水(氵),湿而不流(今=含)。

生读:涔:崖壁渗水,湿而不流。

师:这是表示那山洞岩壁啊,是渗水,不是滴答滴答,滴答水,所以渗水是湿,"潮湿"而不流。要是形容汗呢,你说这是什么汗呢?

生:惊出的汗。

生:冷汗。

师:冷汗,毛孔张开了以后,汗含在里头。"不流",这是描绘了一种什么样的心情啊?

生:害怕,都吓呆了。

师:对。是害怕的、惊呆的、惊恐的。还有,你说说。

生:很紧张的。

师:对,很紧张的,哎哟,再滴两三滴啊,就完了。

生:头绪很乱。

生:心急剧地跳动。

师:完了,感觉这一辈子也就滴三四滴,差不多了,对吧?所以这个"头涔涔"用得相当好吧?接着是"泪潸潸"了。能看出这个"潸"字由几部分组成吗?

生:这个"潸"字有"水",有"林",有"月"。

师:有水,有森林,有月光,想象一下这是怎样的情景啊!

出示PPT：

生：月光从森林中射出。

生：我想应该是月光从森林中洒出。

师：这水（氵）呢？

生："泪潸潸"，我想着水（氵）应该表示泪水。

师：我们的先人多会想啊！"潸"表示泪水（氵），涌出有如（月）光从森林（林）中洒出。这"泪"是怎样流的呀？

出示PPT：

潸：涕流貌。（《说文解字》）

生：一下子流出来了。

师：一下子流出来了，能用什么词表达？

生：溜泪。

师：有这么个词吗？

生：挥泪。

生：洒泪。

生：泪如泉涌。

师：太棒了。你看刚才头上直渗冷汗，再一咂滋味：哎呀，这辈子完了！于是，泪如泉涌，心在那儿咚咚地跳。大家感觉到了吧？咱们读一读，感受感受。

（师指名，生合作读）

生齐读：我不知道他们给了我多少日子，但我的手确乎是渐渐空虚了。

一男生读：在默默里算着，八千多日子已经从我手中溜去，像针尖上一滴水滴在大海里，我的日子滴在时间的流里，

男生齐读：没有声音，

女生齐读：也没有影子。

生齐读：我不禁头涔涔而泪潸潸了。

师：读完有什么感受？

生：我感受到了时间是留不住的，我们要珍惜时间。

生：生命太短暂了。我下定决心，一定要珍惜生命，决不让它白白流失。

师：不错。《生命·生命》那篇文章没白读，她化用了《生命·生命》一文中的句子。

师：我也引用《朱自清传》的作者陈孝全的一个句子，大家读——

生读：人的生命是十分渺小的，但唯其渺小更应该珍惜，稍一轻忽，便要消失在无垠的时间长流里渺无踪影。

【评点】怎么让小学生体会时间在不经意中就会溜走，体会到人的一生是很短暂的以及时间的珍贵，是教学的难点。教师通过让学生抓住关键字"溜"，并结合生活经验体会文中的比喻句，来体会时间的珍贵，较好地解决了教学的难点。从对"头涔涔"和"泪潸潸"的品味中，学生进一步体会到作者为时间流逝而心痛，在层层推进中，学生对文章题目《匆匆》有了更深层次的理解。

四、面对现在，不甘虚度(学习第3自然段)

生齐读：去的尽管去了，来的尽管来着，去来的中间，又怎样地匆匆呢？

师：结合上下文才能体会出作者遣词造句的妙处。

生："去"和"来"是反义词。

生：我觉得"去了"的"了"，"来着"的"着"，用得好。"来着"表示还没有到。

生：我补充，"去的尽管去了"是写过去的已经过去了，是总结上一段。

师：好，对"去了""来着"理解得透彻。接着——

生：我发现"尽管"用得好。

师：读读看，好在哪儿呢？

生(读后)："去的尽管去了，来的尽管来着"有点"随他的便，我管不了"的意思。

师：好，读出滋味了，这就叫语感。接着——

生："去来的中间，又怎样地匆匆呢？"这是设问句，引出了下文。

师：再读读这句话吧，体会这句话的作用。

生读：去的尽管去了，来的尽管来着，去来的中间，又怎样地匆匆呢？

师：说说这句话的作用。

生：承上启下。

师：过渡句，前面写的是回顾过去，后面则是看看现在。

(板书：回顾以往，面对现在)

师：我们接着看这部分，这里有两个"形象"：一个是诗人自己——"我"，另一个是

209

"时光"的象征——"太阳"。你们仔细读读,看看"太阳"是怎样悄悄地溜走的,把这样的词语画下来。而"我"面对"太阳"轻轻悄悄地溜走了,是怎样的无奈,怎样的没有办法,把这些地方也画下来。

(生自学、交流,师归纳)

出示 PPT:

太阳	"我"
轻轻悄悄地挪移了	跟着旋转
伶伶俐俐	遮挽
默默时,便从凝然的双眼前过去	掩面叹息
又溜走了一日	
在叹息里闪过了	

师:同桌的同学分别说"太阳"与"我"的做法,交流交流感想吧。

生:"太阳"好主动啊!"我"太被动了。

生:"太阳"太伶俐了,"轻轻悄悄""伶伶俐俐""溜走""闪过"。

生:"我"太被动了,"跟着旋转",只会"遮挽""叹息"。

(略)

师:咱先体味体味白天的,读——

出示 PPT:

> 早上我起来的时候,小屋里射进两三方斜斜的太阳。太阳他有脚啊,轻轻悄悄地挪移了,我也茫茫然跟着旋转。
>
> 茫然:完全不知道的样子。(《现代汉语词典》)
>
> 洗手的时候,日子从水盆里过去;
>
> 吃饭的时候,日子从饭碗里过去;
>
> 默默时,便从凝然的双眼前过去;
>
> 我觉察他去得匆匆了,伸出手遮挽时,他又从遮挽的手边过去。
>
> 遮:拦住。 挽:拉。 遮挽:引之使勿去。(《国语辞典》)

生齐读:早上我起来的时候,小屋里射进两三方斜斜的太阳。太阳他有脚啊,轻轻悄悄地挪移了,我也茫茫然跟着旋转。

一组学生读:洗手的时候,日子从水盆里过去;

二组学生读:吃饭的时候,日子从饭碗里过去;

三组学生读:默默时,便从凝然的双眼前过去;

一生读:我觉察他去得匆匆了,伸出手遮挽时,他又从遮挽的手边过去。

师:下面品一品,咱们画的这些词语,妙在哪里?

生:"轻轻悄悄"用得好。太阳长了脚似的,轻轻悄悄地,偷偷地,不让人感觉到,就挪移了。

生:"茫茫然"与"轻轻悄悄"呼应得好。人家太阳"悄悄"挪移了,他在那儿傻乎乎地跟着旋转。

师:品得不错。具体讲讲"茫茫然"是什么意思。(师突然指一学生回答,该生一脸茫然。)

师:你们看这脸上的表情,可以用个什么词儿形容?

生:茫茫然。

师:"茫茫然"什么意思?

生:不知所措。

生:迷迷茫茫。

师:品得好!老师查了词典:"茫然:完全不知道的样子。"那"茫茫然"呢?

生:很茫然的意思。

生:"茫茫然"就是"完全完全不知道的样子"。

师:那是什么样子?

生:傻了、呆了,什么都不知道。

师:"我"于是——

生读:洗手的时候,日子从水盆里过去;吃饭的时候,日子从饭碗里过去;默默时,便从凝然的双眼前过去……

师:品一品,这个句子妙在哪儿?

生:是排比句。

师:排比句得用得好,才叫妙。读读看,妙在哪儿?

生(读后):让人感到日子过得快。

师:从哪儿体会到的?

生:……过去……过去……过去……,都悄悄过去了。

师:不错,接着品。

生:"洗手""吃饭""愣神"这些都是生活中很日常的行为。

生:这些小事,大家都做,用一点点时间都不介意。

生:转瞬即逝。

师:这个词好,一眨眼就过去了。还能换几个同义的词吗?

生:一转眼。

生:一眨眼。

生:"嗖"的一下。

生(小声):刹那。

师:大声说!

生:刹那!

师:朱自清也常用"刹那"这个词。他说,"我有一个刹那主义",就是珍惜"一刹那"的时间,珍惜那一小会儿的时间,他跟朋友俞平伯写信的时候,说了这么一段话,谁给大家读一读?

出示 PPT:(生读)

　　要使生活的各个过程都有它独立之意义和价值。——每一刹那有每一刹那的意义和价值!……这便谓之从小处下手。

师:说说你的理解。

师:从小处下手就是洗手洗得快点,吃饭吃得快点,上课少走点儿神,不要浪费时间。

生:即使一秒钟也有它的意义,我们要珍惜每一刹那的时间。

师:作者甘心虚度年华吗?

生:作者不甘心,他伸出手去遮挽。

师:讲讲"遮挽"是什么意思。

生:挽留。

师:"挽"是"挽留"的意思,那"遮"呢?

生:把他遮住。

师:这倒是个妙法。把时光蒙住,他就跑不了了。(生笑)快查查字典吧! 查查"遮"与"挽"的意思。

生(查后):遮:拦住。挽:拉。

师:那"挽留"呢?

生:挽留:请求要离去的人留下来。

师:你查的是《现代汉语词典》,我查了《国语辞典》。

生读:(课件)挽留:引之使勿去。

师:比比看,哪个情味更浓些?

生:拉着他,使他不要离开。

师:真是情真意切啊! 可是——

生齐:他又从遮挽的手边过去。

师:体会体会作者的心情吧!

生:好伤心啊,这么真心实意地留,都留不住。

生:好惋惜啊,让时光白白地流逝了。

师:作者面对匆匆逝去的时光,欲留而不能,怎能不伤感呢?

出示PPT:

敏捷　　轻盈　　悄悄　　瞬间

　　天黑时,我躺在床上,他便伶伶俐俐地从我身上跨过,从我脚边飞走了;等我睁开眼和太阳再见,这算又溜走了一日;我掩面叹息,但是新来的日子的影儿又开始在叹息里闪过了。

　　叹息:心有愤郁以叹息舒其气之谓。(《国语辞典》)

　　叹息:心里感到不痛快而呼出长气。(《现代汉语词典》)

师:白天的时光欲留不能,黑夜的时光留得住吗? 我们读读。

生1读:天黑时,我躺在床上,他便伶伶俐俐地

生2读:从我身上跨过,从我脚边飞走了;

生1读:等我睁开眼和太阳再见,

生2读:这算又溜走了一日;

生1读:我掩面叹息,但是新来的日子的影儿

生2读:又开始在叹息里闪过了。

生:黑夜的时光也留不住,他"伶伶俐俐"地"溜走"了。

师:时光是怎样悄悄溜走的呢? 作者巧妙地用了几个动词,不仅把无形的时光写得有了"形",而且有了"神",找找看。

生:用了"跨、飞、溜、闪"这四个动词。

师:"跨、飞、溜、闪"用得非常妙对吧? 怎么品,妙在哪儿呢? 我给你们提供四个形容词"敏捷、轻盈、悄悄、瞬间",你选择最适合的一个形容词来形容时光的一个动作,也就是用形容词与动词搭配。同桌可互相商量商量。

(商量后汇报)

生:"溜"用得真好啊! 好在它写出了时光是"悄悄"地溜走的。

生:"飞",形容时间像鸟一样飞过去了。可以说,时光像鸟一样"轻盈"地飞去了。

生:"闪"用得好,写出了时光"敏捷"地从"我"的叹息中闪过。

生:我不同意。"闪",是闪电般的快,应该是时光在"我"的叹息中"瞬间"闪过。

师:我同意后一种理解。"闪"在这里不是"躲避"而是形容"迅速"。所以应该选"瞬间"。

生:最后是时光"敏捷"地从"我"身边"跨"过。

师:咱们加上这四个形容词对答一遍试试?那个女生,你领读。他答。

女生读:天黑时,我躺在床上,他便伶伶俐俐地

男生读:从我身上敏捷地跨过,从我脚边轻盈地飞走了;

女生读:等我睁开眼和太阳再见,

男生读:这算又悄悄溜走了一日;

女生读:我掩面叹息,

男生读:但是新来的日子的影儿又开始在叹息里瞬间闪过了。

师:这就品出"味儿"来了。到了六年级,应该品出美来了。就这一天,白天,跟着转,晚上呢?时光又从身边溜走了。是溜走了吧?于是,只剩下掩面叹息。"叹息"是什么意思?

生:叹息,就是唉声叹气。

师:"叹息"什么意思?(指一生,生没答。)不知道?会叹息吗?

生(叹息):唉!

师:唉!就这意思!这"唉"含着什么"味儿"呢?品一品。

生:有一点儿无奈。

生:遗憾。

师:这是我们结合上下文感悟到的。我们可以再查查字典,看这个"叹息"到底是什么意思。

生(查《现代汉语词典》后):叹息:心里感到不痛快而呼出长气。

师:我查了《国语辞典》。叹息:心有愤郁以叹息舒其气之谓。

出示PPT:

> 叹息:心里感到不痛快而呼出长气。(《现代汉语词典》)
>
> 叹息:心有愤郁以叹息舒其气之谓。(《国语辞典》)

师:比比看,哪个注释更好些?

生:第一个。

师:第一个好懂。哪个有味道?

生:第二个。

师:有什么味道?就是"愤郁",有遗憾,还有——

生:惋惜。

生:还有悔恨,还有——

生:还有惆怅,还有——

师:还有迷惘。你看,一个"愤郁",引出我们这么多感触:惋惜、悔恨、无奈、愤懑、惆怅、抑郁……一个"舒"字,让这憋闷在心头的气长长地呼出来了。好,我们从"叹息"这一词中读出了作者丰富的情感。

【评点】通过句式的变换,让学生在诵读中体会情感;通过关键词的品味,让学生在体验中体会情感。体味作者的情感、所表达的哲理离不开对语言文字的品悟。

五、瞻望将来,执着追求(学习第4自然段)

师:作者回顾以往,八千多日子哪儿去了?

生几乎齐:从"我"手中溜去。

师:作者面对现在,一日的时光哪儿去了?

生齐:溜走了!

师:时光无情地溜走了,给作者留下了一串问号。每个同学自己放声读读,这一串问号是什么意思?

生:读得我"茫茫然"。(笑)

师:不错,刚学完就用上了。

生:时间过去得非常快,在逃去如飞的日子里,在千门万户的世界里,非常快。

生:八千多日子过去了,可"我"什么也没留下。

生:我觉得就是和第1自然段形成一个对比:燕子去了,有再来的时候;杨柳枯了,有再青的时候;桃花谢了,有再开的时候。万物都可以轮回,日子就轮回不了,他就觉得很不公平。

师:凭着直觉说出自己的感受,不错。我们还要精读,一句一句读。

生读:

在逃去如飞的日子里,在千门万户的世界里的我能做什么呢?

只有徘徊罢了,只有匆匆罢了。

在八千多日的匆匆里,除徘徊外,又剩些什么呢?

过去的日子如轻烟,被微风吹散了,如薄雾,被初阳蒸融了。

我留着些什么痕迹呢?

我何曾留着像游丝样的痕迹呢?

我赤裸裸来到这世界,转眼间也将赤裸裸地回去吧?

但不能平的,为什么偏要白白走这一遭啊?

师:有什么发现?

生："在逃去如飞的日子里,在千门万户的世界里的我能做什么呢?"这是总起句。

师:不错,找到了钥匙。这个总起句管到哪儿? 咱们读读看。

男生读:在逃去如飞的日子里,在千门万户的世界里的我能做什么呢?

女生读:只有徘徊罢了,只有匆匆罢了。

在八千多日的匆匆里,除徘徊外,又剩些什么呢?

过去的日子如轻烟,被微风吹散了,如薄雾,被初阳蒸融了。

我留着些什么痕迹呢?

我何曾留着像游丝样的痕迹呢?

生:这个总起句,一直管到"我何曾留着像游丝样的痕迹呢?"这是第一层。

师:层次清楚了,剩下的两句是一层。读第一层,还有什么发现?

生读:

在逃去如飞的日子里,在千门万户的世界里的我能做些什么呢?

只有徘徊罢了,只有匆匆罢了。

在八千多日的匆匆里,除徘徊外,又剩些什么呢?

过去的日子如轻烟,被微风吹散了,如薄雾,被初阳蒸融了。

我留着些什么痕迹呢?

我何曾留着像游丝样的痕迹呢?

生:问了答,答了问,总想找出自己干了点什么。

生:答了问,问了答,总想找出个生命的痕迹。

师:结果找到了吗?

生:追问了半天,发现自己什么痕迹也没留下。

生:"我何曾留着像游丝样的痕迹呢?"这是个反问句,就是说连像游丝样的痕迹也没留下。

师:作者甘心吗?

生读:我赤裸裸来到这世界,转眼间也将赤裸裸地回去吧? 但不能平的,为什么偏要白白走这一遭啊?

师:说说你的理解。

生:时间特别短暂,但是既然来了,为什么偏要白白地走一回呢?

生:我不甘心光着身子来到这个世界,再光着身子走回去。(笑)

师:别笑。"赤裸裸"就是光着身子,挺通俗的。

生:第一句:"我赤裸裸来到这世界,转眼间也将赤裸裸地回去吧?"我觉得这是作者自己发问:"哎? 我是不是也要跟赤裸裸来到这个世界一样,还赤裸裸回去呢?"然后作者不甘心,又说了:"但不能平的,为什么偏要白白走这一遭啊?"作者又自己回答了,说:"哎?不好啊,为什么要白白让我走这一遭,我什么痕迹都没留下?"

生:我既然来了,就不能白白来一回。

师:答得简洁,明白。这一段中的追问、反问、责问,表达了作者不满自己在"匆匆"的时光面前"徘徊",不甘虚度光阴,要力求上进,要有所作为。怎么才能做到不白白走这一遭呢?朱自清先生在他的长诗《毁灭》中是这样答的——

出示PPT:(生齐读)

从此我不再仰脸看青天,

不再低头看白水,

只谨慎着我双双的脚步;

我要一步一步踏在泥土上,

打上深深的脚印!

师:诗人决心一步一个脚印地走,最重要的是眼前的一步。

六、呼应开端,启人深思(结尾)

生读结尾:你聪明的,告诉我,我们的日子为什么一去不复返呢?

师:有什么特点?

生:与开头一问"但是,聪明的,你告诉我,我们的日子为什么一去不复返呢?"相呼应。

师:开头那一问,问得我们"茫茫然"。现在能回答了吗?

生读:你聪明的,告诉我,我们的日子为什么一去不复返呢?

师:答!

生齐:溜走了!

师:读了这篇《匆匆》,收获就是知道了时光是会"溜走"的。

生:作者不断地问,每一问都让我的心紧张得跳几下,呀,时光匆匆,我怎么没感觉到呢?

生:在作者不断的追问中,我们知道了时光匆匆,一去不回。

生:要珍惜时光。

师:我们感觉到了时光匆匆,我们要与时光赛跑。

师:下课!

《腊八粥》课堂实录

一、揭题,谈作者

生齐读:《腊八粥》,作者沈从文。

师:对作者熟悉吗?

(生摇头)

师:沈从文(1902—1988),中国近现代著名作家,他的小说《边城》等作品还拍成电影。

出示 PPT:

> 沈从文写家乡的作品,"犹如一幅幅湘西风俗画"。家乡的鸡鸣、划龙舟、水瀑下摸铜子的孩子,他写起这些事是那样有趣,"童心的欢悦,连梦也是甜蜜而舒适"。我们今天读的《腊八粥》就是其中的一篇。

师:沈从文写家乡湘西农村生活的文章就像绘制了一幅幅趣味盎然的生活画,读来——

生齐读:"童心的欢悦,连梦也是甜蜜而舒适"。

师:咱们品品《腊八粥》这篇文章,回家做梦也是甜蜜而舒适的。

师:什么是"童心的欢悦"?

生:儿童的开心的事。

师:是白天开心,晚上——

生抢答:做梦也开心。

【评点】从作者入手,不仅介绍了作者在文学界的地位,而且介绍了作者作品的风格特点。"童心的欢悦,连梦也是甜蜜而舒适",学生带着期待走进《腊八粥》。

二、说"粥",讲"腊八"

师:我们今天读《腊八粥》这篇文章,享受享受"童心的欢悦",体验体验"连梦也是甜蜜而舒适"。我们先从"粥"谈起。

PPT 出示"粥":

鬲(lì),锅。鬲中为米,粮食

（大篆）　　　　（金文）　　　　（隶书）

（大约从新石器时代人们就用鬲熬粥了。）

师:猜猜看,金文"鬲"字的下面是什么?

生:火。

生:上面是个鬲——锅。

生:热气腾腾的鬲中有米,当然就是粥了。

师:猜得不错。

师:在汉代"粥"是"鬻(zhōu)"的省形,是异体字。(《字源》)

师:何为"粥"?

出示 PPT:

粥,淖(nào)糜(mí)也。(《尔雅》)

师:什么意思? 猜猜。

生:像糨糊的粥。

师:对。怎么猜的?

生:"肉糜""虾糜"是把肉、虾剁成泥。"淖糜"就是把米熬成泥了吧?

师:联想得好。

生:米熬成"糜",我们天津人叫"稀饭"。

生:稀饭有汤,粥是黏糊的,没汤。

师:"淖"是糨泥,"糜"是粥。这粥就和泥巴、糨糊一样。

【评点】汉字不仅是书写符号、交际工具,还是中华民族智慧的结晶,是弥足珍贵的文化财富。通过学习"粥"的文字演变和意义,学生领略了汉字特有的文化之美、结构之美,对于深入掌握"粥"的字形字义帮助巨大。在学习过程中,学生不是简单地识记形义,而是在教师的引导下,利用教师提供的信息,结合自身生活实践,去猜测、联想,建构意义。

师:咱们今天品的是像糨糊的腊八粥。谈谈腊八粥吧。

生:阴历腊月初八熬的粥叫腊八粥。

生:腊八那天,寺庙也熬腊八粥,天津大悲院那天就舍粥。

师:你们知道为什么寺庙要熬粥吗?

生：我奶奶说腊八是释迦牟尼的成道日，是佛教的节日，这天取香谷及果实等熬粥供佛。

师：后来演变为一种民间习俗，这天吃腊八粥，庆贺丰收。

生：我奶奶在腊八清晨就开始熬粥。她说"谁家的灶膛先冒烟，谁家的高粱先红尖"，这是说谁家早做饭，早下地耕种，谁家的收成就好。

生：我们家熬粥的用料可丰富了。米，有大米、小米、糯米、高粱米，还有叫不出名的米。豆，有黄豆、红豆、绿豆、芸豆、豇豆，紫的、白的、绿的都有。

生：还有好看又好吃的大红枣。

生：我爷爷把花生、莲子、枸杞子、栗子、核桃仁、杏仁、桂圆、葡萄干、百合、白果等统统放入粥锅，熬出来又好看又好喝。

师：寺庙腊八熬粥是过佛教的节日，农民腊八熬粥是庆祝丰收，你们盼腊八是——

生齐：喝粥！

师：为什么？

生：好喝！

生：好玩！

生：有趣！

师：品尝喝粥的滋味，享受熬粥的情趣。

【评点】聚焦课题，共谈腊八粥，了解腊八粥的风俗，调动学生生活常识，了解腊八粥的用料。

三、夸粥，老少馋

出示 PPT：（指名读）

初学喊爸爸的小孩子，会出门叫洋车了的大孩子，嘴巴上长了许多白胡子的老孩子，提到腊八粥，谁不是嘴里就立时生出一种甜甜的腻腻的感觉呢。

师：读得真不错，你们自己再读读，我提两个要求：第一，读这句时得先尝尝腊八粥的味道如何。第二，再品品哪些词句用得妙。

（生自由读）

师：咱先尝尝腊八粥。

生：我觉得很好喝。

生：腊八粥甜甜腻腻的。

生齐读：谁不是嘴里就立时生出一种甜甜的腻腻的感觉呢。

生：不光好喝，"甜甜的腻腻的"，读来还好听。

师:哪些词句用得妙? 比一比,看谁说得多。

生:从"小孩子""大孩子"到"老孩子"说明腊八粥太好喝了,从老到少没有不爱喝的。

(生再读这句话)

师:妙在哪儿?

生:作者把老人称作"老孩子",用得妙。

生:而且是长"白胡子"的"老孩子","白胡子"好看,"老孩子"有趣。

生:"白胡子""小孩子",小孩子看白胡子的老爷爷喝粥有趣,老爷爷也与小孩子一样凑热闹。

生:"腊八粥"让老头儿也返老还童了。

生:我从"提到……就立时生出一种……"感受到人们对腊八粥的喜爱,喝多少次都不腻,而且"生"用得特别好,一下子就冒出来的感觉。

生:是啊,一听就流口水了。

师:用天津话说这叫一听就流——

生抢答:哈喇子。

(生再读再感受)

师:品一品,有趣味吧? 这叫什么?

生:享受"童心的欢悦"。

【评点】品析语言前,教师提了两点要求,先尝腊八粥的味道,再品哪些词句用得妙。这既是要求,也是品析语言的方法。尝腊八粥的味道,让学生回到生活,回到作者创作的语境。有了生活的体验、语境的还原,学生才能体会到作者语言的妙处。学生不仅理解了句子的表层意义,从小到老所有人,不管喝多少,都喜欢喝,喝不腻,而且体会到"白胡子""老孩子""生"等词语所表达意义的趣味、形象。

指名读:把小米、饭豆、枣、栗、白糖、花生仁合拢来,糊糊涂涂煮成一锅,让它在锅中叹气似的沸腾着,单看它那叹气样儿,闻闻那种香味,就够咽三口以上的唾沫了,何况是,大碗大碗地装着,大匙大匙朝嘴里塞灌呢!

师:这句话中有些词语让人费解,甚至觉得不当,找出来推敲推敲。

(生阅读后提出费解、不当之词:合拢、糊糊涂涂、叹气、装、塞灌。)

(生交流)

生:"把小米、饭豆、枣、栗、白糖、花生仁合拢来",这个"合拢"用得不当。

师:你觉得"合拢"应在什么时候用?

生:把手合拢在一起。

生：笑得合不拢嘴。

生：还有合拢书本，那熬粥时米掺和在一起，怎么能叫合拢呢？

师：我们查查词典就清楚了。

出示PPT：

合拢：合到一起；闭合。（《现代汉语词典》）

生："合拢"有两个意思：一是"合到一起"，二是"闭合"。作者用的是"合到一起"的意思。

生："合拢"听着就觉得那么融合，而不是生掺和进去的。

生："把小米、饭豆、枣、栗、白糖、花生仁合拢来"，这个"合拢"读来文绉绉的。

师：你们理解得不错。咱再看"糊糊涂涂"。

生：这是形容人的，我奶奶就常叫我爷爷"老糊涂"。

生：郑板桥有字"难得糊涂"。

师：你看"糊"的偏旁是——

生：米。

出示PPT：

糊：厚粥也。

师：猜猜什么意思？

生：像糨糊的粥。

师："涂"是简化字，原来它的底下还有个"土"——塗。

出示PPT：

涂：泥；泥巴。（《汉语大字典》）

师：这粥像泥巴一样，一抓抓一手。那这锅粥糊成什么样？

生：像泥巴一样黏稠。

生：糊糊糊糊。

生：作者在这里用"糊涂"的本义形容"粥"，用得妙。

生：这里的"装"用得也有问题，粥是大碗大碗地盛着，这里说"大碗大碗地装着"，用错了吧？

生：我觉得很稀的或不太糊的粥用"盛"，"装"的一定是很稠的粥。

生：想吃像糨糊的腊八粥，不能"盛"，得拼命地"装"，那样子特有趣。

生：粥太稠了，可又那么好喝，就拼命地"塞"。

生：又黏又糊又想多喝只有"塞灌"，写出了馋猫的憨态。

出示PPT:

塞:放进,强行放进。(《汉语大字典》)

生:咱们天津话,喝不进去就"塞"。(生笑)

师:这么好喝的腊八粥想不想喝?

众生:连做梦都想喝。

师:读着就那么有趣。齐读,读出味道。

生读:把小米、饭豆、枣、栗、白糖、花生仁合拢来,糊糊涂涂煮成一锅,让它在锅中叹气似的沸腾着,单看它那叹气样儿,闻闻那种香味,就够咽三口以上的唾沫了,何况是,大碗大碗地装着,大匙大匙朝嘴里塞灌呢!

师:一词多义,大作家有意用人们不常用的意思,生出趣味来。

师:这么好喝的粥是怎么熬的? 底下开始熬粥了。

【评点】教师没有直接点出要学的词语,而是让学生自己找觉得费解、觉得不当的词语来推敲,将想要教的转化为想要学的。这样的教学有利于培养学生的问题意识,激发学生的探究欲望,真正让学生成为学习的主体。在学几个词语时,教师没有让学生说词语的意思,而是让学生谈谈这些词语经常用在哪里,学生讲得越多,越对作者的用词感到费解,在学生困惑不减反增的时候,教师给出了词典中的意思。这样的教学有利于学生掌握词语不常用的意思,更能体会作者用词的趣味。

四、馋粥,磨妈妈

师:住方家大院的八儿家正在熬腊八粥。看那场景——

生:灶房中正熬的一锅粥。

师:再看人物——

生:馋粥的八儿喜得快要发疯了。熬粥的妈妈正在用锅铲在锅里搅和。

师:故事开始(开幕)——

生:无论熬粥的妈妈,还是馋粥的八儿,都盯的是那锅"叹气"的粥。

师:刚才有的同学问,"让它在锅中叹气似的沸腾着",为什么锅开了用"叹气",怎么不用"冒气"? 你们会"叹气"吗?

(生长长地叹气)

师:你们发现"叹气"的特点了吗?

生:锅开了只出气,不吸气,像人"叹气",生动形象。

生:还得有叹气声。

生齐读:它在锅中叹气似的沸腾着。

【评点】为什么用"叹气",不用"冒气"? 教师鼓励学生多质疑,以质疑策略促进语言学习。学生结合自身体验,理解"叹气"的特点,体会作者用词之妙。

师:底下你们读读吧,找找描写粥"叹气"的句子还有哪些,画下来。

生(交流后)读:

看到一大锅粥正在叹气。

锅中的粥,有声无力的叹气还在继续。

就听到那锅中叹气又像是正在嘟囔的声音。

"噗……"锅内又叹了声气。

师:八儿看不见锅里的粥,就听"叹气"。你们能像八儿那样听叹气,想象锅中的粥吗?

生读:它在锅中叹气似的沸腾着。

师:粥怎样?

生:"沸腾",粥锅开了。

生读:一大锅粥正在叹气。

师:粥怎样?

生:"沸腾"不了了,只能"叹气"了——

众生:粥浓乎儿了。

生读:锅中的粥,有声无力的叹气还在继续。

生:更浓乎了。

生读:就听到那锅中叹气又像是正在嘟囔的声音。

师:什么是"嘟囔"?

生:"咕嘟""咕嘟"费力地冒气。

生:粥更浓乎了。

师:换个词。

生:黏糊了。

生读:"噗……"锅内又叹了声气。

生:"噗……"有气无力了。

生:"叹了声气",这是最后一声"气"了。

生:更黏糊了。

师:能换个词吗?

生:糨糊了。

生读:一股淡淡烟气往上一冲而已!

生:熟了。

生:巴锅了!

(师生配合再读这几句话)

师:怎么样,够味吗?够什么味儿?

生:有粥味。

生:有趣味。

师:读了这段感到——

生齐:"童心的欢悦,连梦也是甜蜜而舒适"。

师:写了几次不同的"叹气",粥就熟了,写得妙趣横生。

【评点】以"叹气"为线索,通过朗读、想象、体验等方法,让学生既体会到熬粥的过程,也体会到作者作品的风格。

生:八儿真聪明,个儿矮看不见锅里的粥怎么样了,就从粥锅的"叹气"中猜。

生:作者让我们看到个急着喝粥的可爱的八儿。

师:读课文,品品随着粥慢慢熬熟,八儿馋粥馋到何种程度?找出表现八儿馋粥等不及的句子。

一馋:

师读:看到一大锅粥正在叹气。

生齐:粥浓乎了!

生读:住方家大院的八儿,今天喜得快要发疯了。他一个人进进出出灶房,看到一大锅粥正在叹气,碗盏都已预备整齐,摆到灶边好久了,但妈妈总是说时候还早。

师:八儿为什么忙活?最突出的表现是什么?

生读:碗盏都已预备整齐,摆到灶边好久了。

生:馋的,等着盛了。

二馋:

师读:锅中的粥,有声无力的叹气还在继续。

生齐:粥更浓乎了!

生读:"妈,妈,要到什么时候才……"

"要到夜里!"其实他妈妈所说的夜里,并不是上灯以后。但八儿听了这种松劲的话,眼睛可急红了。锅中的粥,有声无力的叹气还在继续。

"那我饿了!"八儿要哭的样子。

"饿了,也得到太阳落下时才准吃。"

师:刚才八儿忙着摆碗,现在馋的表现是什么?

生读:"那我饿了!"八儿要哭的样子。

生:装饿急了。

生:馋,就饿得快。

师:你馋过。

三馋:

师读:就听到那锅中叹气又像是正在嘟囔的声音。

生齐:粥黏糊了。

师读:饿了,也得到太阳落下时才准吃。你们想,妈妈的命令,看羊还不够资格的八儿,难道还能设什么法来反抗吗?并且八儿所说的饿,也不可靠,不过因为一进灶房,就听到那锅中叹气又像是正在嘟囔的声音,因好奇而急于想尝尝这奇怪的东西罢了。

师:刚开始把碗摆好了,底下是急得要哭了,这回怎么样?

生:尝尝总可以吧。

生读:因好奇而急于想尝尝这奇怪的东西罢了。

师:跟妈妈怎么磨?

生齐:妈,尝尝行吗?

师:这么齐,可见你们都会磨。

四馋:

师读:"噗……"锅内又叹了声气。

生齐:粥像糨糊了!

生读:"妈,妈,等一下我要吃三碗!我们只准大哥吃一碗。大哥同爹都吃不得甜的,我们俩光吃甜的也行……妈,妈,你吃三碗我也吃三碗,大哥同爹只准各吃一碗,一共八碗,是吗?"

"是啊!孥孥说得对。"

"要不然我吃三碗半,你就吃两碗半……"

"噗……"锅内又叹了声气。八儿回过头来,也不过是看到一股淡淡烟气往上一冲而已!

师:这回想到分粥了,八儿怎么分?

生:八儿自己三碗,大哥和爹各一碗,妈妈吃三碗。

生:第二种分法,从妈妈那儿多匀了半碗。八儿自己三碗半,妈妈两碗半。

师:"要不然我吃三碗半,你就吃两碗半……"省略号省略了什么?

生:大哥和爹各一碗。

生:巴结妈妈,大哥和爹不在家就少分。

生:不是,是因为大哥同爹都吃不得甜的。

生:不是关心哥哥和爹,是为了自己多喝——喝三碗半。

师:总数都是几碗?

生:都是八碗?

师:为什么?

生:因为一共只有八碗粥。

师:提前量好了,就熬八碗?

生:八儿以为"腊八粥"就是八碗粥。

生:什么是"腊八",八儿根本不懂。

生:作者就是让人读着有趣。

师:大作家讲故事,讲得有趣。

生:让我们看到一个傻乎乎,耍心眼儿想多喝粥的八儿。

师:咱们再读读,享受分粥的趣味——

(分角色读)

"八儿":妈,妈,等一下我要吃三碗! 我们只准大哥吃一碗。大哥同爹都吃不得甜的,我们俩光吃甜的也行……妈,妈,你吃三碗我也吃三碗,大哥同爹只准各吃一碗,一共八碗,是吗?

"妈妈":是呀! 孥孥说得对。

"八儿":要不然我吃三碗半,你就吃两碗半……

生齐:"噗……"锅内又叹了声气。八儿回过头来了,也不过是看到一股淡淡烟气往上一冲而已!

师:有趣吧!

【评点】回到课文,品读语言,把熬粥与八儿馋粥的过程对应起来分析,学生们从日常生活出发,充分体会八儿的心理以及作家语言的风趣。

五、猜粥,寻思妙

师读:看到一股淡淡烟气往上一冲而已!

生齐:巴锅了!

生读:"噗……"锅内又叹了声气。八儿回过头来的结果,亦不过看到一股淡淡烟气往上一冲而已!

师:忙活了半天,八儿看见粥了吗?

生:没有。

师:只看见一股淡淡烟气往上一冲而已。怎么办呢?

生:猜!

读猜想:(读时要注意表示语气的词)

锅中的一切,对八儿来说,只能猜想:栗子已稀烂到认不清楚了吧,饭豆会煮得浑身肿胀了吧,花生仁吃来总该是面面的了!枣子必大了三四倍——要是真的干红枣也有那么大,那就妙极了!糖若放多了,它会起锅巴……

(师生揣摩)

生:"吧"语气不十分确定。(生读句子)

师:"总该是",总,毕竟,总归。语气较确定。(生读句子)

生:"必",语气确定。(生读句子)

(指名读这一段话)

【评点】通过品味语气词,体会八儿的猜想,更能感受到八儿那种急迫的心情。

六、看粥,好惊异

师:光猜也着急呀。

生齐读:"妈,妈,你抱我起来看看吧!"于是妈妈就如八儿所求的把他抱了起来。

生齐读:"呃……"他惊异得喊起来了,锅中的一切已进了他的眼中。

师:这回他看到了,看到了什么?

指名读:这不能不说是奇怪呀,栗子跌进锅里,不久就得粉碎,那是他知道的。他曾见过跌进黄焖鸡锅子里的一群栗子,不久就融掉了。饭豆煮得肿胀,那也是往常熬粥时常见的事。花生仁脱了它的红外套,这是不消说的事。锅巴,正是围了锅边成一圈。

师:一个是猜的,一个是看的,咱对比对比,看看他猜得怎么样。

出示PPT:(指名对比读两段话)

锅中的一切,对八儿来说,只能猜想:栗子已稀烂到认不清楚了吧,饭豆会煮得浑身肿胀了吧,花生仁吃来总该是面面的了!枣子必大了三四倍——要是真的干红枣也有那么大,那就妙极了!糖若放多了,它会起锅巴……

锅中的一切已进了他的眼中。这不能不说是奇怪呀,栗子跌进锅里,不久就得粉碎,那是他知道的。他曾见过跌进黄焖鸡锅子里的一群栗子,不久就融掉了。饭豆煮得肿胀,那也是往常熬粥时常见的事。花生仁脱了它的红外套,这是不消说的事。锅巴,正是围了锅边成一圈。

总之,一切都成了如他所猜的样子了,但他却没想到今日粥的颜色是深褐。

师:八儿猜得怎么样?

生:自以为猜得不错。

生:八儿特聪明,他是用从前见过的,猜现在粥锅里怎么样。

生:猜得最棒的是栗子。从黄焖鸡里的栗子,想象粥锅里的栗子。

生:"跌"用得妙。栗子是不小心"跌"入锅的。这是他妈妈吓唬他的词。

师:作者一直没忘八儿是个刚去掉奶气的孩子。

生:八儿就是没猜对腊八粥的颜色。

生齐读:总之,一切都成了如他所猜的样子了,但他却没想到今日粥的颜色是深褐。

师:粥为什么是深褐色,八儿得问清楚,可为什么妈妈解释的结果,是拣了一枚大得特别吓人的赤枣给了八儿?

指名读:但他却没想到今日粥的颜色是深褐。

"怎么,黑的!"八儿同时想起了染缸里的脏水。

"枣子同赤豆搁多了。"妈妈解释的结果,是拣了一枚大得特别吓人的赤枣给了八儿。

(生体会)

生:我觉得八儿让妈妈烦了。

生:前面八儿馋了,所以这里妈妈给他个枣让他尝尝味道。

填补空白读:"怎么,黑的!"八儿同时想起了染缸里的脏水。(生填:多脏啊! 怎么喝呀?……)

"枣子同赤豆搁多了。"妈妈解释的结果,是拣了一枚大得特别吓人的赤枣给了八儿。(妈妈心想:快堵上你的嘴吧!)

生:妈妈怕八儿多嘴,说这是脏水,恶心人。

生:怕挺好喝的腊八粥,让八儿说得扫兴。

师:这是妈妈在堵八儿的嘴,这一个枣有两用——

生:堵八儿嘴,不让八儿胡说。

生:让八儿尝尝,枣——

生:好甜。

师:作者这一留白处,就给我们留下了想象的空间。

生:越想越觉得八儿很儿。

师:他写起这些事是那样有趣——

生齐读:"童心的欢悦,连梦也是甜蜜而舒适"。

师:朗读下面两句话,注意这里有两个"但"。

生读:但他却没想到今日粥的颜色是深褐。

生读:虽说是枣子同饭豆搁得多了一点儿,但大家都承认味道是比普通的粥要好吃得多了。

生:第一个"但"是强调八儿没想到腊八粥的颜色是深褐色的。

生:第二个"但"是强调腊八粥的特色是枣子多,饭豆多,特好喝。

生:夸八儿特聪明,看得细。

生:看出了腊八粥最大的特色是饭豆多枣多,"甜甜腻腻"的。

生:"但大家都承认味道是比普通的粥要好吃得多了",引出下文一家人爱喝粥。

【评点】把八儿猜的粥与看到的粥进行对比,进一步把握作者的语言风格、作品风格。对八儿没想到的、妈妈的解释,让学生去推测想象,充分体会作品的童趣。

七、喝粥,好尽兴

指名读:晚饭桌边,靠着妈妈斜立着的八儿,肚子已成了一面小鼓了。他身边桌上那两支筷子,很浪漫地摆成一个十字。桌上那大青花碗中的半碗陈腊肉,八儿的爹同妈也都奈何它不来了。

师:一家人吃得怎么样?

生:八儿"肚子已成了一面小鼓了"。

师:你想象得出八儿是怎么把肚子撑成"小鼓"的吗?

生:八儿见到一锅糊糊涂涂的粥立时生出一种甜甜腻腻的感觉,不停地咽唾沫。

生:八儿连忙装了一碗粥,大匙大匙朝嘴里塞灌。

生:为什么用两支筷子浪漫地摆个十字?

生:你见过门上贴十字的封条吗?

生：知道了。"我"用筷子摆十字"封碗"——可别盛了。

生：不能吃了。撑死了。

师：爹和妈吃得怎么样？

生读：桌上那大青花碗中的半碗陈腊肉，八儿的爹同妈也都奈何它不来了。

生：粥装满了肚子，没缝儿放腊肉了。

（生再读这部分）

师："一面小鼓""一个十字""半碗陈腊肉"，想想就——

生：就撑得有趣。

生齐读："童心的欢悦，连梦也是甜蜜而舒适"。

【评点】抓住"一面小鼓""一个十字""半碗陈腊肉"，学生结合前文老少夸粥的语言，感受八儿一家喝粥的情境。

八、回味，谈感受

师：读完这篇文章，觉得怎么样？

生：有趣。

师：谈谈感受吧。

生：词语用得好。"甜甜的腻腻的""糊糊涂涂"好听又有趣。

生：一锅粥"叹"了几口气就熟了，简单还有趣。

生：勾得八儿流哈喇子。

生：还让我们知道了腊八粥熬的工夫要长。

师：这叫简洁而有趣。

生：腊八粥是什么样的，不直接写，而是让八儿一"猜"一"看"。

生：我是南方人，我们家不熬腊八粥，可也能想象出粥是什么样的，还学会了怎么熬。今年腊八节我教我妈熬腊八粥。

生：在写妈妈拿枣堵八儿嘴的玩笑中，讲了腊八粥的特色是深褐色，还很甜。

生：这叫详细而有趣。

生：开头写腊八粥人人爱喝，结尾写八儿一家人也都爱喝。这叫开头结尾相呼应。

师：读了沈从文的《腊八粥》，你们也馋腊八粥了吧？那就回家陪着八儿，好好品品"沈记"特制的《腊八粥》吧！下课！

◣ 总评 zongping

沈从文《腊八粥》一文写了作者家乡湘西吃腊八粥的民俗，文章通过八儿的故事写出

了家乡的老老小小对腊八粥的喜爱之情。文章只在最后写了八儿吃粥后的神态,大量的笔墨写了八儿在吃粥前的期待。文章生活气息浓厚,构思巧妙,充满童趣,读来确实给人一种甜蜜、舒适、欢悦的感觉。

这篇文章学习的重点在沈从文独特的语言所描绘的独特画面,文章所描述的画面对于今天的小学生来说有些远,沈从文的语言风格与儿童经常读到的作品也有一定的距离,对于儿童来说,这些内容学习起来有些困难。侯老师上课伊始先从作家介绍开始,重点介绍了作者写家乡的作品"犹如一幅幅湘西风俗画",他所写的事是那样的有趣,如他自己所说"童心的欢悦,连梦也是甜蜜而舒适"。这些内容既是这节课要学习的重点,同时也给了学生学习的方向,让学生能带着一种期待走进文本。

充分利用标题,解析重点文字的结构、意义,是侯老师教学的一大特点,这一课也不例外。侯老师重点解析了"粥"字,学生理解了"黏糊、糨糊、糨泥"等词的含义。题目的学习对学生了解课文内容、明白熬粥的过程起了很好的铺垫作用。

整个教学按照文章的脉络展开,夸粥—馋粥—猜粥—看粥—喝粥,以粥为线索,学习语言文字,体会童心、童趣,把握作品的语言与创作风格。在语言文字学习中,侯老师采取的教学策略也即体会语言的策略主要有以下几种:一是抓关键词、关键句。如在夸粥环节,学生既关注了小孩子、大孩子、老孩子几类人物,又体会了"塞灌、甜甜的、腻腻的"等词语。在猜粥环节,学生对语气词的学习,也有助于体会文中人物的心情。二是联系生活经验,结合儿童心理。学生对粥可能没有太多的生活体验,但对美味食物的渴望、馋的感觉都有体验,这些经验对理解馋粥、盼粥都非常有帮助。三是运用激疑策略,让学生关注一些词不常用的意义,充分体会作者的语言特点。如让学生学习"合拢、糊糊涂涂、叹气"等词语。四是在对比中体会人物的心理,感受童真、童趣。对比既有横向比较,如粥不断的"叹气"与八儿那种焦急的心理;也有前后比较,如八儿的猜粥与看粥。五是抓住细节,让学生运用推测、猜想等策略来学习,如在喝粥环节,学生对摆成"十字"的筷子的想象,八儿一家人尽兴喝粥的画面尽展眼前。

语文的学习要回到语言文字,在对语言文字的理解中,发展提升思维,获得审美体验,提高鉴赏能力,了解祖国文化,形成家国情怀。侯老师的课总能以语言为中心,统筹好语言与思维,语言与审美、文化的关系,这与他备课中自己对文本的品味探索有关。

《梅花魂》课堂实录

一、审题，捕捉题眼

（生齐读课题）

师：标题中点睛的是哪个字？

生：魂。

师：因此我们就必须理解这个"魂"字。"魂"当什么讲？

师：我查词典了，这个"魂"字——

出示PPT：（生读）

（金文大篆）　　　　（小篆）

魂：阳气也。（《说文解字》）

魂：形声兼会意字。篆文从鬼，云声，云也兼表云气之意。（《汉字源流字典》）

师：读懂多少？

生：形声：从鬼，云声。兼表会意：云也兼表云气之意。

生：我一看篆文的"魂"，就仿佛看见鬼在云雾中云游。

师：古人认为魂是人的能离开形体而存在的精神。

生：魂就是指人的精神。

师：《国语辞典》的注释谁来读一读？

出示PPT：（生读）

凡物之精神亦曰魂，如言花魂。（《国语辞典》）

特指崇高的精神，如国魂、民族魂。（《现代汉语词典》）

师：这回你又知道什么啦？

生："魂"表示事物的精神。《梅花魂》就是讲梅花的精神。

师：迁移得好。再读一条《现代汉语词典》的注释。

生：特指崇高的精神，如国魂、民族魂。

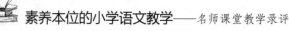

师:也就是说在我们的课文中除了本义,还有引申义。魂还指什么?

生:国魂、民族魂。

师:因此,在理解一个词语的时候多查找几种注释,对这个词语的理解就会更丰富些。我们梳理一下。

出示PPT:

魂

魂:阳气也。(《说文解字》)

凡物之精神亦曰魂,如言花魂。(《国语辞典》)

特指崇高的精神,如国魂、民族魂。(《现代汉语词典》)

【评点】课文标题是文章内容的高度概括,表达着文章的主题,体现着作者的思想情感。侯老师通过对文题核心字眼的解释,充分发挥了标题对学生理解文本的定向、引导、提示功能。同时,也教给学生查阅不同工具书,进行自主探究学习的方法。

二、开头,见花思人

师:我们学习第1自然段,谁来给大家读读这一段? 读的时候大家听,想一想,这一段里面告诉我们几点意思?

出示PPT:(请几个学生反复读,越读越有意蕴,师点拨指导)

　　故乡的梅花又开了。一年一度,那朵朵冷艳、缕缕幽芳的梅花,总让我想起漂泊他乡、葬身异国的外祖父。

生:我读到了两点意思:第一点是故乡的梅花又开了,梅花好看而且高雅。第二点是作者借物喻人,以梅花来喻葬身异国的外祖父。

师:谁再谈谈理解?

生:故乡的梅花开了,见了梅花,更加思念外祖父了。

师:对,见花——

生齐:思人。

师:我们读课文的时候就要按照这个思路往下读。那我们来品一品,那"朵朵冷艳、缕缕幽芳"的梅花是怎样的呢? 谁说一说"幽芳"当什么讲?

生:当花的香气讲。

师:幽芳,他说是"香气"。他丢掉了哪个字?

生:他讲了"芳",丢了"幽"。

师:为什么叫"幽芳"不叫"芳香"呢? 我查了查,你来读一读。

出示PPT:(生读)

幽:隐也。(《说文解字》)

师:本意是隐蔽不显。

师:你看这个"幽"还挺有意思,表示细微。

出示PPT:

（小篆）

师:"幽"内部的""表示细微之物,细微之物藏在哪儿呢?

生:深"山"中。

师:隐藏在山之中（边说边写板书,完成"幽"字的书写）。你看咱们中国的汉字,一看就明白意思了吧。谁再来说一说这个"幽芳"什么意思。

生:很淡。

生:淡淡的清香,隐藏在山中。

师:对,懂得意思,我们应该说得更美一点。那应该怎么说?

生齐:袅袅清香,隐隐飘来。

师:现在这花香闻到了吗? 是袅袅清香,隐隐飘来。不是浓浓地飘来,而是隐隐飘来。于是我想到了一首诗,王安石的《梅花》诗能不能背下来?

生齐背:墙角数枝梅,凌寒独自开。遥知不是雪,为有暗香来。

师:哪句诗是对着"朵朵冷艳"的?

生:"墙角数枝梅,凌寒独自开。"梅花在墙角,而且是在寒冷的冬天开。

师:因此就是"朵朵冷艳"。那后一句相对应的就是"缕缕幽芳"。让我们来齐读。

生齐读:遥知不是雪,为有暗香来。

【评点】通过查字典和引入相关诗歌,学生对"朵朵冷艳、缕缕幽芳"有了深刻理解。这既让学生把握了第1自然段的意思,体会了"朵朵冷艳"的梅花品性与对外祖父的思念之情,更为学生理解全文奠定了基础。

三、速读,理清思路

师:课文主要是写"我"和外祖父。"我"对外祖父有三个不理解,即有"三昧","昧"就是不明白。（板书:三昧）

师:外祖父对外孙女呢?

生:有两赠送。

生：一送墨梅图。

生：二送梅花巾。

师：所以一个是"三昧"，一个是"两赠送"。（板书：两赠送）

师：我们读课文的时候就按照这个线索读，理清楚作者的思路。现在默读课文，看看咱们同学的默读速度。大家用笔画一下，一昧、二昧、三昧分别是从哪儿到哪儿，一赠送、二赠送又是从哪儿到哪儿。"三昧"的每一昧中都有一个关键句子告诉你是哪一昧，请把这个关键句子画出来。

（生快速默读课文）

1. 概括"三昧"。

师：我们交流一下。

生：我认为第一昧是第2自然段。

师：读一读，点明这一昧的关键句。

生：关键句是：老人总是摇摇头，长长地叹一口气，说："莺儿，你还小呢，不懂！"

师：对，这是第一昧。第二昧呢？

生：第3自然段是写第二昧。关键句是：看见慈祥的外祖父大发脾气，我心里又害怕又奇怪：一幅画而已，有什么稀罕的呢？

师：第三昧呢？

生：第三昧是从"有一天，母亲忽然跟我说"到"呜呜呜地哭了起来……"点明第三昧的关键句是：想不到外祖父竟像小孩子一样，呜呜呜地哭了起来……

师：你们概括得真准确。

2. 概括"两赠送"。

师：大家再说说"两赠送"的段落及关键句。

生：从"离别的前一天早上"到"总要有梅花的秉性才好！"是写一赠墨梅图。关键句是：我打开一看，原来是那幅墨梅图。

师：第二送？

生：从"回国的那一天"到"雪白的细亚麻布上绣着血色的梅花"。关键句是：想不到眼含泪水的外祖父也随着上了船，递给我一块手绢——雪白的细亚麻布上绣着血色的梅花。

师：你们有不同的意见吗？

（生表示没意见）

【评点】概括能力是学生思维能力的核心，有研究表明学生直至六年级能令人满意地概括段落大意的也只有25%。侯老师先给出段意，然后让学生通过找寻关键句来划分段落。这样既符合五年级学生的思维特点,又让学生学会了划分结构、理清线索的方法。

四、精读,品味语言

1.细品味"三昧"语中情。

出示PPT:

　　一昧:老人总是摇摇头,长长地叹一口气,说:"莺儿,你还小呢,不懂!"

　　二昧:我心里又害怕又奇怪:一幅画而已,有什么稀罕的呢?

　　三昧:想不到外祖父竟像小孩子一样,呜呜呜地哭了起来……

师:你看这"三昧"里面每一昧都有一个关键词,能表达出"昧"的意思。读一读,圈出这几个词。

生:"不懂""奇怪""想不到"。

生:还有一个"竟":想不到外祖父竟像小孩子一样,呜呜呜地哭了起来……

生:我不同意用"竟"来表示"昧"。

师:第三句再读一读。

生读:想不到外祖父竟像小孩子一样,呜呜呜地哭了起来……

师:"不懂"可以换成什么词啊?

生:不知道——是"昧"的意思。

师:"奇怪"可以换成什么词啊?

生:不理解——是"昧"的意思。

师:"竟"可以换成什么词呢?

生:居然,竟然。

生:也就是"出乎意料"的意思。

生:"想不到外祖父竟像小孩子一样,呜呜呜地哭了起来……""想不到……竟……"搭配,"竟"帮了"想不到"的忙,强调了外祖父"出乎意料"地竟像小孩子一样,呜呜呜地哭了起来。

生:最让人"想不到"的是外公"竟"呜呜呜地哭了起来。

生:老头儿还哭!

生:"想不到"搭配"竟",帮助表达了"昧"的意思。

师:你看作家很高明,同样是"昧",除了用了三个词"不懂""奇怪""想不到"来表达,还用一个"竟"帮助"想不到"表达"昧"。

师:我们学习语文除了了解内容外,还要品语言。咱们看看第一个"不知道"(一昧)。

(1)"一昧"读诗落泪。

师:谁给大家读读第一个"不知道"?

出示PPT:(生读)

　　这时候,我会拍着手笑起来:"外公哭了! 外公哭了!"老人总是摇摇头,长长地叹一口气,说:"莺儿,你还小呢,不懂!"

师:对,你看,她不懂什么呢?

生1:实际上她不懂得三句诗的意思。

生2:不懂外公的心思。

师:她总听着外祖父背着背着古诗就哭了,如果她懂得这三句诗的意思,她就知道外祖父为什么哭了。那看看我们懂不懂这三句诗的意思。

生齐读:"独在异乡为异客,每逢佳节倍思亲""春草明年绿,王孙归不归""自在飞花轻似梦,无边丝雨细如愁"。

师:那么咱们一句句看看我们能读懂多少。第一句什么意思啊?

生读:独在异乡为异客,每逢佳节倍思亲。

生:第一句的意思是人不在自己的故乡,一到佳节,就非常想念自己的亲人。

师:外祖父背的时候是从他的角度背诵的。从他的角度,这里的关键词是哪个?

生:思。

师:思什么?

生:思亲。

师:对,思亲。从外祖父那里想,他为什么哭啊,因为他一读就想远方的亲人。外祖父读诗是从他自己的角度理解的,他跟莺儿理解的不一样。

师:再看第二句,大家一起读。

生读:春草明年绿,王孙归不归。

师:这是一个人在问他的朋友,明年春天芳草绿的时候你回来不回来啊? 此时站在外祖父的角度,他回答什么?

生:我还回不去。

生:不归,不归。

师:一说不归,外祖父的眼泪就下来了。

师:大家看第三句。

生读:自在飞花轻似梦,无边丝雨细如愁。

师:"飞花"和"梦"相似在什么地方?

生:相似在空中。

出示PPT:

　　　　提示:"飞花"和"梦"相似在"轻";

"丝雨"和"愁"相似在"细"。

师:你再读这句诗。

生:相似在"轻"上。

师:"丝雨"和"愁"相似在哪里?

生:相似在"细"。

师:飞花和梦相似在"轻",丝雨和愁相似在"细"。实际上这句诗应该倒过来理解,是——

生:梦似飞花,愁如丝雨。

师:一闭眼就做梦,梦多到什么情况? 就像纷纷落花。那梦啊,一个接着一个,一直到睁眼醒来,是这个意思吧。愁如丝雨,我的乡愁有多少,就像这牛毛细雨一样。数得清吗?

生:数不清。

师:这回懂了吧?

师:外祖父读这句诗落在哪个字上?

生齐:愁!

师:外祖父边读诗,边这样想,当然落泪了啊! 三句诗有三个不同的落脚点。因此你看看,想到家乡,(生齐:思亲。)人家问他"春草明年绿,王孙归不归",他想到什么? (生齐:不归。)一做梦,梦有多少? 就跟那个落花一样,纷纷来。有几多愁,就像牛毛细雨一样数不清。咱们分角色读一读,我当外祖父,谁来当外孙女?

(全班读诗,"外祖父"和"莺儿"对答)

生齐:独在异乡为异客,每逢佳节倍思亲。

"莺儿":外公您为什么落泪呢?

"外祖父":我独自漂泊海外,每逢佳节倍加思念家乡亲人啊! 过年了,多想与家人吃顿团圆饭啊,清明节多想祭拜祭拜父母和祖先啊,九月九日多么想与童年的玩伴们插上茱萸再去登一次高啊! 这都难以做到了。

生齐:春草明年绿,王孙归不归?

"莺儿":外公,您为什么落泪呢?

"外祖父":明年春草绿的时候,不归,不归。老了经不起长途奔波了。

生齐:自在飞花轻似梦,无边丝雨细如愁。

"莺儿":外公,您为什么落泪呢?

"外祖父":我闭上眼,梦就像飞花一样纷纷扬扬飞来。梦到家乡那老屋、童年伙伴,看到家乡的皮影剧……睁开眼却是一场梦。剩下的是乡愁,愁,愁,愁啊!

师：这回大家知道为什么外祖父一读诗就落泪了吗？用你的话说一说。

生：因为外祖父思念家乡，思念亲人，但年老体衰，今生再回不去了。

师：将话说得优美些。

生：是因为老人满怀着眷眷的亲情、浓浓的乡情。

【评点】带领学生在语境中、从外祖父的角度理解三句古诗，既品味了语言，也体会了外祖父对故乡、亲人的思念之情。

（2）"二昧"惜墨梅图。

师：看第二昧，莺儿不理解什么呢？作者表达外祖父对"墨梅图"的情感，仅用一词贯串全段。认真读课文，找出这个词。

生："唯独书房里那一幅老干虬枝的墨梅图，他分外爱惜，家人碰也碰不得"中的"爱惜"。

师：对，写文章的时候，一段话要围绕着一个意思写。这段话就是围绕"爱惜"这一意思写的。

师：你们看作者围绕爱惜墨梅图讲了几个例子？也就是细节。认真读书，拿笔标注一下，有几个标注几个。有几个细节？

生读：训罢，使用刀片轻轻刮去污迹，又用细绸子慢慢抹净。

师：这是一个细节，挺好的。还有一个细节？

生读：我第一次听到他训斥我母亲："孩子要管教好，这清白的梅花，是能玷污的吗？"

师：这两个细节应是"训斥"在先，"刮去污迹"在后。有了这两个细节，文章就具体了。咱们细读前一个细节。

生读：我第一次听到他训斥我母亲："孩子要管教好，这清白的梅花，是能玷污的吗？"

师：外祖父的话在表达上有什么特点呢？

生：用了反问的修辞手法。

师：那反问的修辞手法好在哪儿呢？

生：感情丰富。

师：回答太空了。好在什么地方？

生：……（无语）

师："这清白的梅花，是能玷污的吗？"这反问的句子你听出了什么意味？你自己读一读，把什么样的语气表达出来了？

生对比读：

我第一次听到他训斥我母亲："孩子要管教好，这清白的梅花，是能玷污的吗？"

我第一次听到他训斥我母亲："孩子要管教好，这清白的梅花，是不能玷污的。"

生：表达出外祖父很生气的语气，训斥妈妈，可看出外祖父十分珍惜墨梅图。

师：大家一起读。

（生读）

师：再看第二句，齐读。

生齐读：训罢，便用刀片轻轻刮去污迹，又用细绸子慢慢抹净。

师：我修改一下，减少两个词。大家看这两个词能去掉吗？

生对比读：

训罢，便用刀片轻轻刮去污迹，又用细绸子慢慢抹净。

训罢，便用刀片刮去污迹，又用细绸子抹净。

生：不能。因为"轻轻"和"慢慢"两个词都突出了外祖父对墨梅图很爱惜，小心翼翼地刮，一丝不苟地抹，生怕弄坏，很爱惜墨梅图。

师：仅仅用"爱惜"能表达出这种情感吗？

生："珍惜"墨梅图。

师：外祖父这么珍惜墨梅图是小气吗？吝啬吗？大家看这一段的第一句。

生读：外祖父家中有不少古玩，我偶尔摆弄，老人也不甚在意。

生：从"我"偶尔摆弄古玩，外祖父"不甚在意"可看出外祖父平日并不吝啬、小气。

师：平日那么大方的外祖父，为什么对墨梅图小气起来了呢？莺儿小的时候不能理解，我们如果不读后文，能理解吗？

生：也不能理解。

师：因此我们这里留一个问号，后面读懂了再说。

【评点】通过对段落结构的解析，以及对修辞表达语气与叠词运用的体味，学生对外祖父对墨梅图的珍惜之情有了更深刻的理解，也与作者当时一样，对外祖父有了更多不理解，从而对下文也有了更多的期待。

（3）"三昧"有国难归。

师：看第三昧。莺儿要回祖国去了，莺儿喜，外祖父却哭了，为什么？我们边读边体味。

生读：哦！祖国，就是那拥有长江、黄河、万里长城的地方吗？我欢呼起来，小小的心充满了欢乐。

师：这是莺儿，外祖父呢？

生读：我跑进外祖父的书房，……想不到外祖父竟像小孩子一样，呜呜呜地哭了起来……

师：体味莺儿的感情，关键是第一个词"哦"到底什么意思。我查了一下，你看看应该读哪个音？表示什么？

出示PPT：

①哦(ó)：表示将信将疑。②哦(ò)：表示领会、醒悟。

生：选②，领会、醒悟。

生分角色读莺儿、外祖父。（师提醒要读出莺儿"领悟、醒悟"后的惊喜，要注意外祖父的感情。）

一生读：哦！祖国，就是那拥有长江、黄河、万里长城的地方吗？我欢呼起来，小小的心充满了欢乐。

另一生读：想不到外祖父竟像小孩子一样，呜呜呜地哭了起来……

师：这一段话表达了外祖父什么样的感情？他为什么会哭呢？

生：我觉得他在想亲人们都回国了，就我不能回去。表达了眷恋祖国的感情。

师：表达了思念、眷恋祖国的真挚感情。

2. 品"送墨梅图"，寄托深情。

师：好，"三昧"读懂"两昧"了。现在该"两赠送"了。第一个是送墨梅图。（指名三个学生分别读三个层次）

师：先自己朗读、思考，一会儿和大家讨论。（按三项要求讨论）

（1）什么意思？

（2）佳句欣赏。

（3）体味情感。

一赏梅花图：

师：这段话是什么意思？

生：第一层，赞梅花傲霜斗雪的品格。

师：对，是赞颂傲霜斗雪的梅花。你看看哪些词语用得好啊？

生读：这梅花，是我们中国最有名的花。旁的花，大抵是春暖才开花。她却不一样，愈是寒冷，愈是风欺雪压，花开得愈精神，愈秀气。

生："愈"字用得好。

师：你数一数用了几个"愈"字。

生：四个。

师：四个"愈"字，是在一个层次上吗？你仔细读读有几层意思？

生：两层意思。

师：男生读前面一层，女生读后面一层。看看谁能把感情表达得更准确。

女生领读：这梅花，是我们中国最有名的花。旁的花，大抵是春暖才开花。她却不

一样，

男生齐读:愈是寒冷,愈是风欺雪压,

女生齐读:花开得愈精神,愈秀气。

师:读出了什么滋味?

生:我觉得梅花代表着很多向上的精神。

师:这是其中一个方面。

生:我觉得梅花越在暴风骤雨中越精神。

师:"暴风骤雨"换个表示风雪的词。

生:梅花越在寒风暴雪中越精神。

师:好。再接着——

生:梅花是最有灵魂,最有骨气的。

生:我觉得梅花不怕困难,越有困难劲头越大。

生:我觉得梅花就像战士似的,坚强不屈。

师:这就叫读出滋味来了,还能用自己的话表达,要是改成四字语表达梅花的精神就更有力了。

生填空:挟而(不)服　压而(不)弯

遇强则(抗)　坚不可(摧)

师:我们再读一遍,充分表达出梅花傲霜斗雪的精神。

(生读)

师:看第二层,还用刚才的方法,先说意思,再品词析句,然后有感情地朗读。

师:先自己朗读、思考,一会儿和大家讨论。(按三项要求讨论)

(1)什么意思?

(2)佳句欣赏。

(3)体味情感。

(生讨论后汇报交流)

生读:几千年来,我们中华民族出了许多有气节的人物,他们不管历经多少磨难,不管受到怎样的欺凌,从来都是顶天立地,不肯低头折节。他们就像这梅花一样。

生:第二层说明了中国有很多有气节的人物。

生:他们都像梅花一样。

生:我们中国人民有梅花的精神。

生:我们中华民族是有梅花魂的民族。

师:体会得好。这一层是赞颂中华民族是有梅花魂的民族。

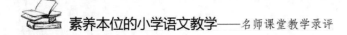

师：哪些词语更能体现出梅花的精神？

生：不肯低头折节。

师："不肯低头折节"怎样讲？

生：就是不屈服的意思。

生：低头，失去尊严。不肯低头，就是绝不失去尊严。

师：咱们细致理解"低头折节"。

师：先看"折节"。

出示 PPT：（生读）

> 节（節，竹字头）：竹约也。（《说文解字》）意为竹节。

生："节"就是高高的竹子上的一圈一圈的箍。

师：那"折节"呢？

生："折节"就是把竹子的"节"砸折。

生：竹子折了节就劈了折了，全完了。

师：那人要"折节"呢？

生：就会投降叛变。

师："低头折节"的近义词——

生齐：卑躬屈节。

生：我查了。卑躬屈节：低头弯腰，失去气节。（《现代汉语词典》）

师：《三国演义》中的关公就不肯低头折节。关公败走麦城时说：玉可碎而不可改其白，竹可焚而不可毁其节。表现了关公宁为玉碎、不为瓦全，宁死不屈的气节。

师：还有哪些词语你读出滋味来了？

生："顶天立地"形容那些有气节的人物，在磨难中仍然傲然屹立，坚强不屈。

生："顶天立地"，我们中华民族那些有气节的人物，形象十分高大。

师：古有抗倭名将戚继光扫平了多年为虐沿海的倭患，今有抗日战争中殉国的左权将军。一起来读朱德总司令为左权将军赋的挽诗——

出示 PPT：（生读）

> 名将以身殉国家，
> 愿拼热血卫吾华。
> 太行浩气传千古，
> 留得清漳吐血花！

师：还有抗日战争中殉国的张自忠将军。战史记载，将军最后一刻已经被数弹洞穿。但他仍然站着，在距日军几十米的地方挥舞着早已空膛的手枪。将军是一座不倒的山。

出示PPT:(生读)

战而死,虽死犹生;

不战而生,虽生亦死。

——张自忠

师:再读具有梅花魂的中华民族这一段。

生齐读:几千年来,我们中华民族出了许多有气节的人物,

一女生读:他们不管历经多少磨难,

一男生读:不管受到怎样的欺凌,

生齐读:从来都是顶天立地,不肯低头折节。他们就像这梅花一样。

师:第三层,大家一起读——

生齐读:一个中国人,无论在怎样的境遇里,总要有梅花的秉性才好!

师:用同样的方法学。

(1)什么意思?

(2)佳句欣赏。

(3)体味情感。

(生讨论后汇报交流)

生:这句话的意思是要我们做有秉性的中国人。

师:这句话让我们懂得,做中国人要有梅花的秉性。那"秉性"是什么意思呢?

生:"秉性"是品行的意思。

师:我们查查词典,看怎样理解"秉性"。

出示PPT:

秉性:性格。(《现代汉语词典》)

秉性:天性。(《国语辞典》)

师:选哪项注释好?

生:秉性:性格。

师:你选。

生:选"秉性:天性"。

师:是选"性格"好呢,还是选"天性"好? 这要放在语言环境中去品味。我们是有梅花的"性格"好呢,还是有梅花的"天性"好? 你们取哪一个?

生:傲霜斗雪是梅花的"天性"。

生:选"天性"好。因为中国人的骨子里就有梅花的精神,几千年出了那么多有气节的英雄人物,这是一种天性。

245

生:中国人的基因里就有梅花的精神,面对磨难,面对欺凌,总是坚强不屈。

师:"天性"与"性格"选哪个不是为了分清对错,而是为了品味出哪个更好。"天性"一读就让你觉得是骨子里有的,是老祖宗那儿传来的,是民族的"魂"。咱们再看看,梅花有哪些秉性。

(PPT提示,学生填空)

生:(斗)雪(傲)霜。

师:对于人来说,应该是什么样的秉性?

生:坚(忍)不(拔)。

师:梅花具有——

生:冰(清)玉(洁)的天性。

师:人具有——

生:高(风)亮(节)的品格。

师:梅花有——

生:傲(然)挺(立)的天性。

师:人呢?

生:坚强不屈。

生:坚忍不拔。

生:不畏艰险。

师:人还有——

生:威(武)不(屈)的精神。

师:梅花非但有那种坚忍不拔、傲然挺立的精神,而且还那么美,那么俊秀——

生:暗(香)疏(影)。

师:人呢? 也要有点韵味,有点高雅气质。我再教你一个——

生读:(逸)韵(高)致。

师:好,女生读一个梅花的天性,男生相应地对读中国人的秉性。

出示PPT:

梅花的天性	中国人的秉性
(斗)雪(傲)霜	坚(忍)不(拔)
冰(清)玉(洁)	高(风)亮(节)
傲(然)挺(立)	威(武)不(屈)
暗(香)疏(影)	(逸)韵(高)致

师:现在我们该知道外祖父为什么那么珍惜墨梅图了吧?

生:梅花象征着中华民族许多有气节的人物。

生:梅花魂就是中华民族的魂。

师:我们前面查的注释起了作用。梅花魂,不只是花之魂,更是国之魂。

生:希望每一个中国人都要有梅花的秉性。

师:也就是——

生:希望每一个中国人都要有梅花的天性。

生:希望每一个中国人都要有梅花魂。

生:外祖父爱梅花就是爱中华民族。

师:老人爱梅花,所表达的是对中华民族圣洁的爱情。

【评点】教师给出学习的程序和方法,学生自读自悟,教师适时点拨。在对段落的逐层分析与对关键词句的体悟中,学生对梅花的秉性、对如梅花一样的中华民族的族魂有了深切的体会。这种体会不是教师生硬的灌输,而是学生从语言文字中读出来的。这部分的教学回应了开始没有解决的第二昧以及标题教学,告诉了学生读书要前后联系地读,要从标题的理解入手,要借助词典注释等资料。

3.悟"送梅花巾",蕴含深情。

师:再读赠梅花巾。在莺儿登船回国时,外祖父又送给她一块怎样的手绢?寄托了怎样的感情?

生读:雪白的细亚麻布上绣着血色的梅花。

师:船要开了,外祖父递给莺儿一块绣有"血色的梅花"的手绢,来不及嘱咐,船就开了。莺儿看着这"血色的梅花"会想到什么呢? 这是个空白处,我们要依据文章的背景、内容,由"血色的梅花"联想开去填补空白,丰富人物的情感。

师:老人在梅花巾中寄托着自己的什么夙愿?

生:由"血色的梅花"联想到"血脉相承",这是让"我"把外祖父那一腔爱国热血传承下去吧。

生:由"血色的梅花"联想到"夕阳似血",这是让"我"把异国华侨老人的一颗赤子之心带回祖国吧。

师:老人送梅花巾对莺儿寄托着什么希望?

生:由"血色的梅花"联想到"朝霞如火",这是希望莺儿回到祖国要像朝霞般灿烂。

生:由"血色的梅花"联想到"殷红热血",这是让莺儿不忘为祖国洒出一腔热血的志士仁人。

师:莺儿收获了哪些精神力量?

生:这是"烈火",在寒冷时给"我"温暖。

生：这是"鲜血"，在畏难时给"我"活力。

生：这是"燃烧的红烛"，让"我"有一分热发一分光。

【评点】学生有了前边的体悟，这里在教师的启发下，自然能充分联想，表达作品所传递的丰富情感。

五、尾声，回味全篇

生读：当年的我，还过于稚嫩，并不懂得，我带走的，岂止是我慈爱的外祖父珍藏的一幅丹青、几朵血梅？我带走的，是身在异国的华侨老人一颗眷恋祖国的赤子心啊！

师：请画出句中的点睛之笔。

生：一颗眷恋祖国的赤子心啊！

师：圈出关键词。

生齐：眷恋。

师：下面我们来读读注释。

出示 PPT：(生读)

> 眷，顾也。（译：回头看。）(《汉字源流字典》)
>
> 恋，慕也。（译：因爱慕不忍离开。）(《汉字源流字典》)
>
> 眷恋：犹言思慕。(《国语辞典》)

师：现在再理解老人对祖国是怎样的"眷恋"。

生：对祖国"朝思暮想"。

生：祖国令老人"魂牵梦萦"。

生：眷，顾也。太形象了，离开祖国时一步一回头，对祖国恋恋不舍。

生："恋恋不舍"是舍不得离开。老人现在不是离开祖国，而是希望回到祖国，应该是老人对祖国"心驰神往"。

生：你带走梅花图、梅花巾吧！这是我一颗眷恋祖国的赤子心啊！

生：有一句唐诗可以借来表达老人对祖国的眷恋之情。

师：背背看。

生：若为化作身千亿，散向峰头望故乡。

师：不错，这句话出自柳宗元一首著名的思乡诗。能讲讲它的意思吗？

生：如能像神仙那样，变成千千万万个我，站在所有的山峰之上，一起眺望遥远的故乡多好啊！

师："眷恋"理解得不错。老人这颗眷恋祖国的心，饱含着——(回顾全文)

生：饱含着眷眷的亲情、浓浓的乡情。

生：饱含着对中华民族的圣洁的爱情。

生:饱含着思念祖国的挚情。

师:这"亲情"、这"乡情"、这"爱情"、这"挚情",铸造了老人的"魂魄",这"魂魄"就是——

生齐:梅花魂。

总评 zongping

让学生体会如梅花魂一样的中华民族的精神、秉性,体会外祖父对祖国的眷恋之情是本课的核心目标,这一目标的实现是通过对全文结构脉络、段落层次的梳理以及关键词句的品析实现的。这不仅让学生体悟到外祖父浓烈、炙热的爱国之情,更让学生学习了如何合理安排表达顺序,运用恰当的语言表达这种情感。侯老师的课体现了"语文课程是一门学习语言文字运用的综合性、实践性课程"。侯老师在备课时自己有一个反复研读、学习的过程,教学时他把这个过程展示给了学生,化为学生学习的过程、方法。这节课中孩子们学会了查阅不同词典、利用前文预测后文、前后联系、调动已有知识经验广泛联想等策略及方法,学会了如何走向更深层次的阅读理解。三维目标相互渗透,融为一体。

《慈母情深》课堂实录

一、解题,品"慈"之韵味

(齐读课题。师板书课题,生在笔记本上书写课题)

师:你看老师的幻灯片上在"慈母情深"旁画了一座山,你觉得它和慈母情深有关系吗? 有什么关系?

生:母亲对我们恩重如山。

师:母亲对我们恩重如山,那我们对母亲要怎么样呢?

生:感恩。

师:今天咱们学习这篇课文,关键就是体会这"慈母情"有多深。

出示PPT:

慈

（金文）　　（金文大篆）　　（小篆）

师:你们有没有发现无论是金文、金文大篆还是小篆,下半部都有一个什么字?

生:"心",爱心。

师:你知道这"慈"字是什么意思吗?

生:慈祥。

生:爱心。

出示PPT:

慈:爱也。从心,兹声。（《说文解字》）

师:你猜猜"从心,兹声"是什么意思。

生:形声字,形旁是"心",声旁是"兹"。

师:希望今天的课上完,你们对《说文解字》感兴趣,常查查它,那可是很长学问啊!

师:"爱也",谁爱谁(什么)?

出示PPT:(生读)

父母之爱子也。

生:父母爱孩子。

师:那怎么爱呢? 拿什么爱呢?

出示PPT:(生读)

慈者,爱出于心。

生:爱发自内心。

师:对,慈是从心里发出的爱,具体从哪几方面来看呢?

出示PPT:(生读)

柔也,善也,仁也。

生:柔也——温柔。

生:善也——善良。

生:仁也——仁慈。

生再读课题:《慈母情深》。

师:"慈母"浓浓的爱在我们心中扎了根。你看语文就要这么学,一个词的意思多丰富、多美啊!

【评点】"慈母情深"四字标题点出了文章的主旨,这篇文章的学习重点就是透过作者所描述的场景、细节体验母亲对作者的爱。上课伊始,教师就从标题入手,在标题旁边画了一座山,学生在词语和山之间建立了联系,初步领悟"慈母情深"四字的含义,教师顺势提出本课学习目标"体会这'慈母情'有多深"。接着教师呈现了"慈"的字形变化以及《说文解字》对"慈"的解释,让学生明白了"慈"的核心是爱或母爱的本质。标题特别是重点字眼的解释为理解全文提供了方向和路径。

二、初读,抓文章主旨

师:咱们预习过这篇课文了,谁能用最简洁的一句话说说这篇文章讲了一件什么事?

生:"我"想买一本《青年近卫军》,就去母亲工作的地方找她,母亲给了"我"钱,"我"买了一瓶水果罐头,母亲数落了"我"。

师:你这句话太长了,主旨不突出。

生:"我"找母亲要钱买书,母亲给了"我"钱买书。

师:谁还能再简洁点?

生:"我"找母亲要钱买书。

师:再明确一点。

生:"我"找母亲要一元五角买书。

师:要是作者自己说呢?

生:"我"要一元五角买书。

师:太简洁了,太明白了。

师:那年月,这一元五角有多珍贵呢?

生：母亲还从来没有一次给过我这么多钱。

生：我也从来没有向母亲一次要过这么多钱。

师：从哪儿看出这钱珍贵呢？

生："从来没有"，说明作者一次都没有要过，妈妈也一次没给过，这钱太多了，没要过。

师：是啊，那时一般人一个月的生活费才八九元，这一元五角相当于好几天的生活费，是非常多的，非常珍贵的，咱们就得这样结合生活来理解词语。

生：我从"这么多钱"看出这钱太多了，太珍贵了。

师：既然钱这么珍贵，为什么还要呢？

生：因为他想买一本书，想得整天失魂落魄。

生读：我想有一本《青年近卫军》，想得整天失魂落魄。

师："失魂落魄"是什么意思？

出示PPT：

> 魂：阳气也。
>
> 魄：阴神也。（《说文解字》）

生：阳气就是电视里演的人死了变成一缕烟飞走了，古人认为魂没了，人就死了。

出示PPT：（生读）

> 魂、魄：人的精神灵气。

师：多查查词典，明白得就更透彻了吧。那"失魂落魄"是什么意思？

生：人没有了精神灵气。

师：一个失去精神灵气的人，是什么样子？

生：呆呆的。

生：无精打采。

生：垂头丧气。

生：如同行尸走肉一般。

生：整天心不在焉。

生：茶饭不思。

出示PPT：

> 失魂落魄：形容心烦意乱，精神恍惚。

师：你们有没有为了一本书想成这样？（生摇头）

师：你知道作者为什么为一本《青年近卫军》想得"失魂落魄"吗？你看看《青年近卫军》这本书的书皮画着什么，描述描述。（生看封面）

生：两个青年拿着一面红旗，可能是在敌人的军营外吧，因为围墙上有铁丝网。

师:这本书的作者是苏联作家法捷耶夫,当时他在我国很出名,因为鲁迅先生翻译出版过他的小说《毁灭》。毛泽东主席高度评价《毁灭》这部小说"产生了全世界的影响"。

师介绍这本书的内容:

《青年近卫军》是法捷耶夫写的一部小说。讲的是在苏联卫国战争时期,苏联青年在希特勒占领区成立"青年近卫军"浴血奋战的故事。封面画的是在苏联十月革命节25周年前夜,两位青年战士把红旗插在德国法西斯军营的高墙边。第二天清晨,苏联的市民们远远地看着红旗,心里呼喊:"苏维埃乌拉!"旗下的德国鬼子围着旗杆转而不敢近前,因为旗杆下埋了炸弹。两位可爱的爱国青年,在苏联卫国战争胜利前夜,牺牲在德国的监狱中。

生:这么一本好书能不想得"失魂落魄"吗?我都想看了。

生:要不是这么一本好书,作者也不会急于到厂子里去找妈妈要钱。

师:作者的青年时代,是一个崇尚"革命英雄主义"的时代,恨不得马上看到这本书。于是到妈妈的厂子要钱。那句话怎么说?

生:"我"要一元五角买书。

师:除了要钱买书还有别的办法吗?

生读:我从同学家的收音机里听到过几次《青年近卫军》的连续广播。那时我家的破收音机已经卖了,被我和弟弟妹妹们吃进了肚子里。

师:听广播小说听不了,没有收音机。这句话挺幽默吧。

生:他们把收音机给吃了。实际上是卖了,用钱吃饭了。

生:他只有到妈妈工作的缝纫厂要钱去了。

【评点】这一环节主要是在初读中整体把握课文主旨,在这一任务之下,教师引导学生理解关键语句,了解时代背景与《青年近卫军》一书的主要内容。与一般的初读为了解决生字词不同,这里理解字词句的目的是为了完成任务——整体把握课文主旨,这样的字词句学习置于文章的语境之下,服务于对课文整体意义的理解,字词句理解与全文整体意义的把握相互促进。

这节课的主要目标是体会"慈母情"有多深。作者写这篇文章时把母子情渗透于事件中,学生体会母子情也需要进入事件中。教师先问学生这篇文章写了一件什么事,经过师生多次互动,学生用"'我'要一元五角买书"简洁地概括了文章所述事件。这里有两个关键点——"一元五角"和"书",特定的时代赋予二者以特殊的含义,正因此才有难忘的慈母情。教师没有直接去讲时代背景,而是带领学生走进文本。重点学习三句话:"母亲还从来没有一次给过我这么多钱。我也从来没有向母亲一次要过这么多钱。但我想有一本《青年近卫军》,想得整天失魂落魄。"前两句话呈现后,教师提问"从哪儿看出这钱珍贵呢?"为学生理解句子提供了支架,有学生抓住"从来没有"理解,有学生抓住

"这么多钱"理解。在学生理解的基础上,教师适时提供了当时的生活背景,进一步加深学生的理解。第三句话教师引导学生从"失魂落魄"特别是"魂""魄"来理解,学生深切体会到这本书对"我"的重要性。在学生理解的基础上,教师向学生简要介绍了《青年近卫军》这本书的主要内容,让学生进一步体会作者为何如此迷恋这本书。

这个环节的教学,学生先体会钱的珍贵,再感受书对于"我"的重要性。尽管钱这么珍贵,但母亲更重视儿子的需求,教学的逻辑能让学生更好地把握文章的主旨。在主旨的初步把握中,非常好地处理了文本与背景资料的关系,文本是中心,语文课的主要任务之一就是培养学生的语言感悟能力,让学生透过语言去体味作者想要表达的意义、情感,背景资料是辅助,补充文本没有说到的内容。

三、精读,悟慈母情深

师:到了缝纫厂,在哪儿看到了妈妈?

生读:老头朝最里边的一个角落一指。

我穿过一排排缝纫机,走到那个角落,看见一个极其瘦弱的脊背弯曲着,头凑到缝纫机板上。周围几只灯泡烤着我的脸。

再读品味:你随着作者的视线看到了什么?感觉到了什么?读读看,读出作者几番滋味?

生1:我觉得灯泡烤着脸,太热了。

师:读出什么情感的滋味了呢?

生1:我读出了酸酸的滋味,因为作者看到母亲极其瘦弱的脊背弯曲着,可以看出母亲工作一定十分辛苦。

生2:我读出了伤感的滋味。因为母亲的工作环境太差了,要一直弯曲着背,还要被度数很高的灯泡烤着。

师:作者感慨万千。读一读,表达出作者的感慨。

出示PPT:(生读)

生齐读:背直起来了,

一生读:我的母亲。

生齐读:转过身来了,

一生读:我的母亲。

生齐读:褐色的口罩上方,一对眼神疲惫的眼睛吃惊地望着我,

一生读:我的母亲的眼睛……

师:本来作者是向读者讲述故事,现在却为什么直呼母亲了?

生:作者看见母亲太辛苦了,实在忍不住了。

师:为什么一而再、再而三地呼唤?

生:母亲"背直起来了",母亲"转身",母亲"一对眼神疲惫的眼睛吃惊地望着我",每一细节都刺痛着作者的心。

师:作者呼喊母亲,内心是怎样责备自己的? 配合读。

生齐读:背直起来了,

一生读:我的母亲。(另一生:您太辛苦了!)

生齐读:转过身来了,

一生读:我的母亲。(另一生:您挣钱太不易了!)

生齐读:褐色的口罩上方,一对眼神疲惫的眼睛吃惊地望着我,

一生读:我的母亲的眼睛……(另一生:我太不懂事,还来要钱。)

(另两组配合读)

师:儿子在感慨,母亲看见了儿子,于是母子有一段对话。分角色读对话,一人读母亲的话,一人读"我"的话。

生读:

母亲大声问:"你来干什么?"

"我……"

"有事快说,别耽误妈干活!"

"我……要钱……"

我本已不想说出"要钱"两字,可是竟说出来了!

"要钱干什么?"

"买书……"

"多少钱?"

"一元五角……"

师:母亲的语气如何? 儿子答得怎样?

生:我觉得母亲的语气很急,儿子答得吞吞吐吐。

师:一路上都想着要一元五角,为什么又吞吞吐吐呢?

生:因为他看见了母亲后非常心疼,不忍心再要钱了。

生:因为那一元五角,太多了。

(细品)

生读:母亲掏衣兜,掏出一卷揉得皱皱的毛票,用龟裂的手指数着。

师:读读看,对两个"掏"连用,你有什么感觉?

生1:我读出了母亲很干脆,没有犹豫连忙掏出所有毛票。

生2:我读出了母亲很支持作者买书。听儿子说要钱买书,马上掏钱,毛票多就急着掏出一卷。

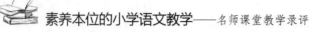

生:一把全掏出来了。

生:倾囊而出。

生:毫不犹豫地掏出。

师:"皱皱""龟裂"这两个看似不搭界的形容词,让你读出什么滋味?

生:这钱是母亲很辛苦挣来的。

生:从"皱皱"可以看出母亲攒钱已经很久了,不舍得花。

生:从"龟裂"可看出妈妈挣钱不易。

(生忽顿悟纷纷议)

生:这"皱皱"的毛票,是母亲用"龟裂"的手一分一分挣来的。

生:这钱来得不易。

生:这皱皱的钱带着母亲的辛苦、心血、劳苦。

(生再读句子感受)

师:母亲毫不犹豫地掏了钱,旁边的一个女人却看不惯,怎么说的? 读一读。

生读:旁边一个女人停止踏缝纫机,向母亲探过身,喊:"大姐,别给! 没你这么当妈的! 供他们吃,供他们穿,供他们上学,还供他们看闲书哇!"接着又对我喊:"你看你妈这是在怎么挣钱? 你忍心朝你妈要钱买书哇?"

生:嚯! 一连用了四个"供",妈妈付出的太多了,不能给钱。

(生再齐读)

师:母亲听了吗?

生:没有。

生读:母亲却已将钱塞在我手里了,大声回答那个女人:"谁叫我们是当妈的呀! 我挺高兴他爱看书的!"

师:从哪些词语看出来母亲没听劝告?

生1:我从"却"和"塞"读出来。

生2:我还从"大声"和"挺高兴"读出来。

(生再读感受,师指导读好关键词)

师:每个词后面母亲在心里都想了一句话,你猜猜。

生:"却",你不让我给,我偏给。

生:"塞",母亲心里说:"儿子,拿着,拿钱买书去!"

生:我就是给。

师:"大声"不仅是工厂环境吵,必须大声说,更是成心让那个女同事听着。

生:"挺",我觉得儿子爱看书是好事,我特别高兴。

(生再读句子,感受母亲的内心)

出示PPT：

　　　母亲却已将钱塞在我手里了,大声回答那个女人:"谁叫我们是当妈的呀! 我挺高兴他爱看书的!"

师:你读读,加点的字可以删吗?

生:我觉得删掉加点的字好,更简洁。

生:我觉得加上好,更能体现出母亲对儿子的爱。

生:作者的母亲觉得,当妈的就得这样做。

生:当妈的就得支持孩子买书。

生:给孩子买书,这是当妈的本分。

生:我吃苦挣钱,就是为孩子念好书啊!

师:还是加上好。

师:再读句子,感受慈母情深。

一生读:旁边一个女人停止踏缝纫机,向母亲探过身,喊:"大姐,别给! 没你这么当妈的! 供他们吃,供他们穿,供他们上学,还供他们看闲书哇!"接着又对我喊:"你看你妈这是在怎么挣钱? 你忍心朝你妈要钱买书哇?"

生齐读:母亲却已将钱塞在我手里了,大声回答那个女人:"谁叫我们是当妈的呀! 我挺高兴他爱看书的!"

一生读:母亲说完,立刻又坐了下去,立刻又弯曲了背,立刻又将头俯在缝纫机板上了,立刻又陷入手脚并用的机械忙碌状态……

师:旁边的女人用了几个"供"?

生:四个。

师:作用描写母亲用了几个"立刻"?

生:四个。

师:这两者有联系吗? 读读看。

生:有。

师:每一个"立刻"后,母亲都默默地说了一句话,你听到母亲的心声了吗? (生边读边品)

生齐答:听见了!

(汇报)

一生:母亲说完,立刻又坐了下去(母亲:别耽搁!),立刻又弯曲了背(母亲:不怕累!),立刻又将头俯在缝纫机板上了(母亲:拼命干!)。

生齐:立刻又陷入手脚并用的机械忙碌状态……(母亲:多挣钱,多买书……)

(生对应读)

生齐读:母亲说完,立刻又坐了下去——母亲:别耽搁!

生齐读:立刻又弯曲了背 —— 母亲:不怕累!

生齐读:立刻又将头俯在缝纫机板上了——母亲:拼命干!

生齐读:立刻又陷入手脚并用的机械忙碌状态……——母亲:多挣钱,多买书……

师:全文有三处对母亲的细节描写,读读吧,可读出无尽的情感。每一处都加上你对母亲的感慨。

(汇报读)

生齐读:我穿过一排排缝纫机,走到那个角落,看见一个极其瘦弱的脊背弯曲着,头凑到缝纫机板上。周围几只灯泡烤着我的脸。(一生:母亲,您太辛苦了!)

生齐读:背直起来了,我的母亲。转过身来了,我的母亲。褐色的口罩上方,一对眼神疲惫的眼睛吃惊地望着我,我的母亲的眼睛……(一生:母亲,我感激您!)

生齐读:母亲说完,立刻又坐了下去,立刻又弯曲了背,立刻又将头俯在缝纫机板上了,立刻又陷入手脚并用的机械忙碌状态……(一生:啊,母亲,您无怨无悔!)

师:你们共同的感受——

女齐:慈母情深。

男齐:慈母情深。

生齐:慈母情深。

(另两组汇报读)

师:"慈"什么意思?(生背:慈,爱也。)

师:谁爱谁?(生背:父母之爱子也。)

师:父母用什么爱?(生背:慈者,爱出于心。)

师:父母怎样爱?(生背:柔也,善也,仁也。)

【评点】在上一环节对课文主旨整体把握的基础上,这一环节教师带领学生走进文本,深入感悟慈母深情。教师没有让学生自己去寻找场景、细节,而是像一个导游一样,把学生带到最迷人的地方,由学生尽情地欣赏。以学生为主体的课堂不是完全放手,学生能找到什么就找什么,能体会什么就体会什么。失去教师引导、主导的课堂教学,学生很难成为真正的主体。学生只有在教师的引导、主导下,才能掌握学习方法,探寻靠自己已有经验无法探寻的挑战性内容,体会探索发现的快乐。

这一环节,教师主要带领学生学习了三处对母亲细节的描写以及"我"与母亲的对话、旁边女人与母亲的对话。从阅读方法来看,主要是品读法、比较法、联系法;从教学方法来看,主要是提问法、点拨法。三处细节描写,作者对母亲的动作、外貌、形态等进行了传神的刻画,教师在教学中通过提问法,引导学生看什么、感受什么、品味哪些语言点,学生在教师引导下运用品读的方法,讲出自己的感受,对学生的感受教师通过质疑等多种方法适时点拨,把学生感受引向深入。在这样的师生互动中,教师以自己的阅读历程启迪着学生的阅读,学生既获得了阅读的方法,又收获了意义、情感。两处对话教师主要引导学生运用比较、联系的方法来学习。通过比较母亲、儿子的不同语气,比较旁边女人与母亲的言语、动作,通过与前文的联系以及毛票与手指等的联系,学生从中能感受到父母对子女这种独特的爱,这种爱出于心,兼具"柔、善、仁"的特征。在充分品悟的基础上,学生带着感情以多种方式深情阅读,母子之间这种特殊的感情浸染感动着学生,学生受到了心灵的洗礼。

这一环节末尾又回到了第一环节对"慈"的解释,有了对文本形象的感悟,学生对"慈"的理解从抽象走向具体。

四、拓展,寻"慈"之根蒂

师:慈母情让"我"长大了。读——

出示PPT:(生读)

那一天我第一次发现,母亲原来是那么瘦小! 那一天我第一次觉得自己长大了,应该是一个大人了。

我鼻子一酸,攥着钱跑了出去……

师:给妈妈买了水果却挨了"数落"。读——

出示PPT:(生读)

那天,我用那一元五角钱给母亲买了一听水果罐头。

"你这孩子,谁叫你给我买水果罐头的! 不是你说买书,妈才舍不得给你这么多钱呢!"

师:被母亲数落了"一顿",作者听话了。读——

出示PPT:(生读)

那一天母亲数落了我一顿。数落完,又给我凑足了买《青年近卫军》的钱。我想我没有权利用那钱再买任何别的东西,无论为我自己还是为母亲。

就这样,我有了第一本长篇小说……

师:你们挨过数落吗? 数落什么,就让你听话了?

生1:我妈妈跟我说"少壮不努力,老大徒伤悲"。

生2:我妈妈跟我说"你要是不好好学习,以后连搬砖的机会都没有"。

生3:我妈妈跟我说"你不好好学习,以后就不给你买好吃的了"。

生4:我妈妈跟我说"你要是不好好学习就会被时代淘汰"。

师:母亲的所作所为,仅仅是让他多读几本书当作家吗?《慈母情深》这篇课文选自梁晓声的小说《母亲》。我读了好几遍《母亲》这本书,找到了母亲在病重时"数落"梁晓声的最后一段话。

出示PPT:(指名读)

听着,妈和你爸从来没指望你当什么作家。你既然已经是了,就要好好儿地当。妈和你爸都这么大年纪了,别在我们活着的时候,给我们丢脸……

师:省略号后面省略了什么?

生:别在我们活着的时候,给我们丢脸;也别在我们死后,给我们丢脸。

师:母亲的话是什么意思?

生:母亲一辈子活得有尊严,让儿子也要活得有尊严,别给父母丢脸。

师:我们终于寻到了母亲对作者"爱"的根蒂是——

生:让孩子活得有尊严!

师:作者的确是这样做的。

出示PPT:(生读)

从此我有了第一本长篇小说……

后来我有了第二本、第三本、第四本、第五本……《钢铁是怎样炼成的》《牛虻》《勇敢》《幸福》《红旗谱》……

我再也没因想买书而开口向母亲要过钱。

我是大人了。

我开始挣钱了——拉小套。在火车站货运场、济虹桥坡下、市郊公路上……

于是我有了三十几本长篇小说。15岁的我爱书如同女人之爱美,向别人炫耀我的书是我当年最大的虚荣。

师:读过《慈母情深》的你呢?

师:下课!

【评点】这一环节是拓展环节,让学生能够跳出文本,从人生发展的角度理解父母的教育与希冀,探寻"慈"的根蒂。所有父母都希望自己的子女能够自食其力,有尊严地生活在世上。对于五年级的学生来说,每个人的生活经验不同,能够理解的深度也不一样。教师在这里没有过多地讲解教育,也不追求所有的孩子都有深刻的感悟,只是希望初步具有抽象逻辑思维的五年级学生,读书能够多些思考,增强自己的独立性,激发奋斗精神。教师向学生介绍自己读了《母亲》一书好几遍,把单篇课文与整本书结合了起来,引导学生从教材走向课外阅读。

《父爱之舟》课堂实录

一、解"舟",走进课题

师:齐读课题。

生读:《父爱之舟》。

出示PPT:

（甲骨文）（金文大篆）（大篆）　（小篆）　（隶书）

师:汉字有悠久的历史——

生:汉字从甲骨文→ 金文大篆→ 大篆→小篆→ 隶书都有"舟"。

生:可见人们使用舟的历史更长。

出示PPT:

舟,船也。古者,共鼓、货狄,刳(kū)木为舟,剡(yǎn)木为楫,以济(jì)不通。象形。(《说文解字》)

师:传说舟是共鼓、货狄两个人最先发明的。"刳木为舟"是什么意思?

生:"刳"立刀旁,是用刀干什么?

生:用刀把木头掏空了做船。

师:猜得对。那"剡木为楫"什么意思呢?

生:"楫"是船桨。"剡木为楫"是把木头削成船桨。

师:"以济不通","济"是什么意思?

生:水。

师:不对。看看什么意思。

出示PPT:

济:过河;渡。

生:舟是过河用的。

师:今天咱们讲的这个"舟"是干什么的呢?

生:送"我"去上学。

261

生:歌颂的是父爱。

生齐读:《父爱之舟》。

【评点】《父爱之舟》是著名画家吴冠中先生写的一篇回忆性叙事散文,作者把记忆中的父爱、对父亲的怀念载于小舟之中。小舟是全文的主线,串起了父亲与"我"的种种平凡小事,父爱与小舟不可分割。课堂伊始,教师就带领学生解"舟",了解"舟"的字形演变以及《说文解字》中对"舟"的注释。学生从中不仅了解了"舟"和"楫"的制作与用途,而且还知道了相关文言字词的意思。

二、忆梦,似梦非梦

生齐读开头:是昨夜梦中的经历吧,我刚刚梦醒!

师:读过有何感受?

生:"我"感觉半信半疑——我是做梦吗?

师:从哪儿看出来的?

生:我从"吧"读出来的。

生:从后半句"我刚刚梦醒!"可知的确是梦。

生:我是做梦吗? 那些经历是那么的真实,可我的确刚刚梦醒。

生再读:是昨夜梦中的经历吧,我刚刚梦醒!

生:说不清是梦,说不清是真实。梦境跟真事一样,似梦非梦。

【评点】全文从梦境开始引入对往事的回忆,以梦醒枕边一片湿结束全文。学生反复阅读第1自然段,品味似梦非梦,更能理解父爱的珍贵与难忘。

三、重温,童年初梦

生读:*朦胧中,父亲和母亲在半夜起来给蚕宝宝添桑叶……每年卖茧子的时候,我总跟在父亲身后,卖了茧子,父亲便给我买枇杷吃……*

师:人生第一梦。谁解其中意?

生:我觉得是作者很怀念他的父亲与母亲。

生:向往甜蜜童年。

师:从哪儿看出来的? 找个依据。

生:父亲母亲起早贪黑养蚕,卖了茧子总给"我"买枇杷吃。

生:"我"总跟在父亲身后,等着爸爸卖了钱,买好吃的。

师:从哪儿看出父爱?

生:"便"。

师:从"便"读出什么味道?

生:一定会给"我"买枇杷吃。

师:再准确些。

生:"就"给"我"买好吃的。

生:"便"有马上的意思。卖了钱马上给"我"买好吃的。

师:这就有味道了,父亲的爱就出来了。读课文,从"便"读出浓浓的父爱。还从哪儿读出父爱呢?

生:我从"半夜起来给蚕宝宝添桑叶"中的"半夜"体会到了父亲、母亲那么辛苦赚的钱,却舍得给"我"买枇杷。

师:从两个省略号你读出什么来?

生:第一个省略号省略了父母半夜添桑叶辛劳的情景,深更半夜都不得休息。

师:从第一个省略号看出父母很辛苦。第二个省略号呢?

生:我觉得除了买枇杷,应该还买了别的,看出父亲对孩子的爱。

生:两个省略号表达了父母用辛苦换来的钱,给"我"买好多好多好吃的,把"我"抚养大。

师:再齐读这一段,浓浓的父爱和母爱的味儿就出来了。

生齐读:朦胧中,父亲和母亲在半夜起来给蚕宝宝添桑叶……每年卖茧子的时候,我总跟在父亲身后,卖了茧子,父亲便给我买枇杷吃……

【评点】本文是部编教材五年级上册第六单元的一篇课文,该单元的三篇课文都是写父爱、母爱,是一个典型的情感文章单元。情感文章怎么读? 怎么体会文章中的情感? 这一单元的语文要素"体会作者描写的场景、细节中蕴含的感情"指出了阅读的路径。教师通过"从哪儿看出父爱?""还从哪儿读出父爱呢?"引导学生走入文本,关注细节。在教师的启发下,学生抓住关键词"便",联系上下文体会到父母虽赚钱很辛苦,但一旦有钱就会马上给"我"买好吃的。有了这种情感体验后,教师让学生体会两个省略号所表达的意思,使学生既了解了省略号的用法,又进一步感悟童年时的父爱。

四、特写,父亲驾舟

生读:我又见到了姑爹那只小渔船。

师:说说此句的作用。

生:点题,父爱之舟。

生:也是过渡。

生:从人生初梦过渡到父爱之舟。

生:"我又见到了姑爹那只小渔船。"作者是在说:父爱之舟,铭刻在心,长入梦乡。

师:读全文,写了几梦父爱之舟? 画出父亲几次驾舟的句子。

品一品:

1.父亲和姑爹摇船送"我"报考、上学。

师:第一次摇舟干什么去?

生:报考学校和上学。

师:谁来读?

生读:我又见到了姑爹那只小渔船。父亲送我离开家乡去报考学校和上学,总是要借用姑爹那只小渔船。他同姑爹一起摇船送我。带了米在船上做饭,晚上就睡在船上,这样可以节省饭钱和旅店钱。

师:难忘的特写画面是什么?

生:父亲和姑爹摇船送"我"去求学。

师:把特写画面画出来,齐读。

生齐读:我又见到了姑爹那只小渔船。

他同姑爹一起摇船送我。

带了米在船上做饭,晚上就睡在船上……

2.姑爹和父亲摇橹送"我"报考师范。

师:第二次父亲摇橹又干什么去了?

生:送"我"去无锡报考师范。

生读:为了节省路费,父亲又向姑爹借了他家的小渔船,同姑爹两人摇船送我到无锡。时值暑天,为避免炎热,夜晚便开船,父亲和姑爹轮换摇橹,让我在小舱里睡觉。但我也睡不好,因为确确实实已意识到考不取的严重性,自然更未能领略到满天星斗、小河里孤舟缓缓夜行的诗画意境。船上备一只泥灶,自己煮饭吃,小船兼作旅店和饭店,节省了食宿费。只是我们的船不敢停到无锡师范附近,怕被别的考生及家长见了嘲笑。

师:把特写镜头画出来,齐读。

生齐读:为了节省路费,父亲又向姑爹借了他家的小渔船,同姑爹两人摇船送我到无锡。

时值暑天,为避免炎热,夜晚便开船,父亲和姑爹轮换摇橹,让我在小舱里睡觉。

船上备一只泥灶,自己煮饭吃。

3.姑爹和父亲摇船送"我"入学师范。

师:第三次父亲摇橹干什么去?

生:送"我"去无锡师范入学。

生读:老天不负苦心人,他的儿子考取了。送我去入学的时候,依旧是那只小船,依旧是姑爹和父亲轮换摇船。不过父亲不摇橹的时候,便抓紧时间为我缝补棉被,因我那长期卧病的母亲未能给我备齐行装。我从舱里往外看，父亲那弯腰低头缝补的背影挡住了我的视线，后来我读到朱自清先生的《背影》时，这个船舱里的背影也就分外明显，永难磨灭了！不仅是背影时时在我眼前显现，鲁迅笔底的乌篷船对我也永远是那么亲切。虽然姑爹小船上盖的只是破旧的篷，远比不上绍兴的乌篷船精致，但姑爹的小渔船仍然是那么亲切，那么难忘……我什么时候能够用自己手中的笔，把那只载着父爱的小船画出来就好了！

师：特写镜头是什么？

生齐读：老天不负苦心人，他的儿子考取了。送我去入学的时候，依旧是那只小船，依旧是姑爹和父亲轮换摇船。

不过父亲不摇橹的时候，便抓紧时间为我缝补棉被，因我那长期卧病的母亲未能给我备齐行装。

师：三幅画面突出一个形象——

生齐：姑爹和父亲轮换摇船。

生：难忘的——父爱之舟。

【评点】课文的题目是《父爱之舟》，这一环节主要学习父亲驾舟的三个场面。每个场面的学习路径相同：干什么去—读课文—找特写镜头。三个场面有共同的目的，就是报考学校或去上学；有共同的镜头，就是姑爹和父亲轮换摇船；有共同的故事，就是船既是交通工具也是旅店和饭店。三个场面放在一起，学生从中能悟出更多的细节、更丰富的情感。

五、梦入，父爱之舟

师：三次梦，三次都是父亲驾舟，都经历了一件令人难以忘却的事。

1.一乘父爱之舟。

师：咱们看第一梦经历了什么事，品一品那浓浓的父爱。

生边欣赏吴冠中画作,边读庙会大场景:恍恍惚惚我又置身于两年一度的庙会中,能去看看这盛大的节日的确是无比的快乐,我高兴极了。我看各样彩排着的戏人边走边唱。看踩高跷走路,看虾兵、蚌精、牛头、马面……人山人海,卖小吃的挤得密密层层,各式各样的糖果点心、鸡鸭鱼肉都有。

一生读集市上父子的小画面:我和父亲都饿了,我多馋啊!但不敢,也不忍心叫父亲买。父亲从家里带了粽子,找个偏僻的地方,父子俩坐下吃凉粽子。吃完粽子,父亲觉得我太委屈了,领我到小摊上吃了碗热豆腐脑,我叫他也吃,他就是不吃。

师:大场景怎样大?怎样热闹非凡?抓住词语来说一说。

生:庙会像盛大的节日,有各样彩排着的戏中角色,边走边唱。有踩高跷的,踩着高高的木腿,扭来扭去。还有扮成虾兵、蚌精、牛头、马面的……

生:卖小吃的挤得密密层层,有各式各样的糖果点心,还有鸡鸭鱼肉,什么好吃的都有。

生:玩的、吃的应有尽有,人山人海,挤得密密层层,非常热闹。

师:父子集市上的小画面怎样情意融融?

生:"我和父亲都饿了,我多馋啊!但不敢,也不忍心叫父亲买。"从这里的"但"字我读出情意融融。

师:一个表示转折的连词怎么表现出情义融融?

生:"我和父亲都饿了,我多馋啊!""我"饿得难受,馋得难忍,但不敢,也不忍心叫父亲买,理解父亲。

生:"不敢,也不忍心叫父亲买","不敢"不是怕父亲打骂,是怕父亲伤心。"不忍心",是理解父亲太困难了,实在没钱买。

生:"我和父亲都饿了,我多馋啊!但不敢,也不忍心叫父亲买。"一个"但"字让人读出情意融融。

生:"父亲从家里带了粽子,找个偏僻的地方,父子俩坐下吃凉粽子。吃完粽子,父亲觉得我太委屈了,领我到小摊上吃了碗热豆腐脑,我叫他也吃,他就是不吃。"父亲虽然没钱,但觉得"我"受了委屈,给"我"买了热豆腐脑——情意融融。

生:我从给"我"买了热豆腐脑中的"热"读出了父爱。

生:尤其一"凉"一"热"对比起来读,让人觉得情意融融。父亲只吃了"凉"粽子,却让孩子吃了碗"热"豆腐脑,对孩子是多疼爱啊!

生:孩子体谅父亲,父亲疼爱孩子,两情相会,情意融融。

师:我们情意融融地读读这段吧!

生读:我和父亲都饿了,我多馋啊!但不敢,也不忍心叫父亲买。父亲从家里带了粽子,找个偏僻的地方,父子俩坐下吃凉粽子。吃完粽子,父亲觉得我太委屈了,领我到小摊上吃了碗热豆腐脑,我叫他也吃,他就是不吃。

师:父亲还看出儿子的"心思",你们发现了吗?

生:是这段吧?

生读:卖玩意儿的也不少,彩色的纸风车、布老虎、泥人、竹制的花蛇……虽然不可能花钱买玩意儿,但父亲很理解我那恋恋不舍的心思,回家后他用几片玻璃和彩色纸屑等糊了一个万花筒,这便是我童年唯一的也是最珍贵的玩具了。万花筒里那千变万化的图案花样,是我最早的抽象美的启迪者吧!

师:你从"虽然……但……"中读出几番父爱情味?

生:"虽然不可能花钱买玩意儿",父亲连吃饭都没钱,哪来的钱买玩意儿? 但孩子在玩具面前恋恋不舍,喜欢那些玩具,希望爸爸给买一件的心思是理解的。

生:多好的爸爸啊! 不但关心孩子的吃喝,还想到给孩子做玩具。

生:爸爸还细致地体会到孩子的心思。

生:为了弥补没给孩子买玩具的遗憾,回家后他用几片玻璃和彩色纸屑等糊了一个万花筒。孩子也有玩具了。

生:爸爸知道孩子爱美,喜欢万花筒中千变万化的图案花样。

生:爸爸爱孩子爱到孩子的心里。

生:万花筒里那千变万化的图案花样,比买的玩具好玩得多。我就有一个万花筒,里面的图案色彩万千,花样见所未见。

师:你们只注意到万花筒的好玩,却忽略了作者的一句话。

生(纷纷举手)读:万花筒里那千变万化的图案花样,是我最早的抽象美的启迪者吧!

生:我们想到的是万花筒里那千变万化的图案花样好看。作者却说:"是我最早的抽象美的启迪者吧!"

生:"启迪"还懂得,就是启发。启发了抽象美就不懂了。

师:你看这两幅画,一幅画是万花筒中的画面,一幅是吴冠中的画作,你们分得出吗?

出示 PPT:

生：都是图案，都是花吧？分不出。

师：左面的画是万花筒中的画。右面的画是吴冠中的画。

生：相似，都很抽象。

生：所以吴冠中说"万花筒里那千变万化的图案花样，是我最早的抽象美的启迪者吧"。

师：吴冠中的画受了万花筒中画面的启迪，他的特点是——

出示PPT：

立足具象　吸收抽象

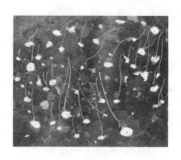

生："具象"与"抽象"是相反的，"具象"就是形象、具体、不抽象，画花朵越像鲜花越好。

生：万花筒是抽象的图案，吴冠中的画的特点，立足具象，吸收万花筒的图案的抽象。他画花朵，以真的鲜花为基础，加上抽象的画法，就是他心目中的天女散花了。

生：像节日的礼花。

生：像灿烂的银河。

师：大约是这样理解吧。

生：吴冠中的父亲做的万花筒，抽象的画面对吴冠中起到"启迪"的作用。

生：吴冠中得到的父爱，不只是吃与玩，更是兴趣和爱好。

师：再读这句：万花筒里那千变万化的图案花样，是我最早的抽象美的启迪者吧！

生：这万花筒，作者在梦中是常梦到的。

师：还有一幅生活画面是作者常梦到的。

生读：读初小的时候，遇上大雨大雪天，路滑难走，父亲便背着我上学。我背着书包伏在他背上，双手撑起一把结结实实的大黄油布雨伞。他扎紧裤脚，穿一双深筒钉鞋，将棉袍的下半截撩起扎在腰里，腰里那条极长的粉绿色丝绸汗巾可以围腰两三圈，那还是母亲出嫁时的陪嫁呢。

师：给这幅画面起个名字。

生:雨中上学图。

生:雨中的父爱。

生:父爱。

师:这幅画真美啊！你看到哪儿美了？谁来说说？

生:我从一连串的动作看到动态美。"路滑难走,父亲便背着我上学。我背着书包伏在他背上,双手撑起一把结结实实的大黄油布雨伞。"从中看出动态的父爱美。

生:这好比一道会——节节高。

生:怎么讲？

生:天津的民俗有一道会叫"节节高"。这幅画,最下一层是扎紧裤脚,穿一双深筒钉鞋的爸爸,再高一层是爸爸背着"我",最高一层是"我"双手撑起一把结结实实的大黄油布雨伞。三层——节节高。

生:这叫民俗美。

生:我觉得色彩美。

师:都哪儿美？

生:黄油布伞,粉绿色丝绸。

生:何止这两色,这只是显眼的两色。想象一下,可能还有紫色的深筒钉鞋、黑色的棉袍,"我"穿的白上衣,背的蓝书包呢？

生:可以说是五颜六色。

生:此画有三美:一曰动态美,二曰民俗美,三曰色彩美。

生:还有一美——情感美。

生:是。父爱之舟。

师:温馨的父爱,陶冶了作者美好的审美情感。

【评点】在上一环节对三个场景整体把握的基础上,这一环节通过一个个场景来深入体会父爱。在"一乘父爱之舟"场景中,重点描绘了父亲与"我"一起游庙会为"我"制作万花筒、父亲雨雪天背"我"上学两幅画面。第一幅画面,老师先让学生感受庙会的热闹繁华,再看"我"与父亲情意融融的小画面,把生活场面与"我"和父亲的行动对比,透过父子俩的行动看他们的心理,更能体会"我"对父亲的体谅和父亲对"我"的疼爱。阅读教学的流程就是学生阅读的流程,好的阅读教学在过程中让学生掌握阅读方法、学会阅读。

五年级的学生对万花筒玩具感兴趣,教学显然不能停留于孩子们的原有状态,应努力指向学生的发展。教师让学生注意"万花筒里那千变万化的图案花样,是我最早的抽象美的启迪者吧!"一句,学生把万花筒的图案与吴冠中的画相联系,体会何谓"抽象、具象、启迪",从中能隐隐感受到儿时的乐趣与未来发展的关系。教师没有去讲明这个道理,只是让学生去悟,自己能悟出来的哲理对人生发展更有价值。

2.二乘父爱之舟。

师:第一梦得到了启迪,尝到人生什么滋味?

生:甜甜的,略有些苦涩。

师:读第二梦,作者尝到人生什么滋味?

生读:初小毕业时,我考取了鹅山高小。要住在鹅山当寄宿生,就要缴饭费、宿费、学杂费,书本费也贵了,于是家里粜稻、卖猪,每学期开学要凑一笔不少的钱。钱很紧,但家里愿意把钱都花在我身上。我拿着凑来的钱去缴学费,感到十分心酸。

生:作者尝到酸酸的滋味。

师:为了缴学费,一家人为一个字忙得让人心酸,哪个字?

生(议论后):凑。

师:"凑"是什么意思?

生:把一些零散的东西凑成大堆。

生:把一些东西集中在一起。

生:聚少成多。

生:我查词典了。凑:拼凑;聚集。

生:粜稻、卖猪。稻是农家一年吃的,杀猪卖的钱是一年零用钱,全都拼凑出来了。

生:粜稻、卖猪。粜,词典的注释是:卖出(粮食)。那写成"卖稻、卖猪"不也可以吗?

生:写成"卖稻、卖猪"不成。《说文解字》注释:粜,出谷也。卖稻谷就得用"粜稻"。用文言,文绉绉的好听。

生:叫我说写成"粜稻、卖猪"可以,写成"卖稻、卖猪"也可以。

数生:同意。

生:我还没说完,写成"粜稻、卖猪"与写成"卖稻、卖猪"的滋味不一样。

师:有意思。读读看——

生1:粜稻、卖猪。

生2:卖稻、卖猪。

生:"粜稻、卖猪"显得什么法都用了。稻谷"粜"了,猪也"卖"了。

生:把全部家当都卖掉了。

师:这学费有多贵呀!

生:学费好多好多,好贵好贵。

师:怎么贵?

生:吴冠中是寄宿生,"要缴饭费、宿费、学杂费,书本费也贵了"。这么一长串,又是顿号,又是逗号的,这些标点我都弄不懂。

生:逗号之前的"饭费、宿费、学杂费",是住宿生要缴的杂费,是并列的,用顿号隔开。逗号后面是另一种,上课用的书本费。

生:人人必缴的书费"也"贵了。于是家里粜稻、卖猪,每学期开学要凑一笔不少的钱。

生:想想这些吴冠中就感到十分心酸。

生读:父亲送我到学校,替我铺好床,他回家时,我偷偷哭了。这是我第一次真正心酸的哭,与在家里撒娇的哭、发脾气的哭、打架的哭都大不一样,是人生道路中品尝到的新滋味了。

师:人生道路的新滋味,是什么滋味?

生:心酸的滋味。

生:是痛心的滋味,什么都卖光了,一家人怎么过啊?

生:内疚的滋味。因为"我"让家里陷入绝境。

生:伤感的滋味。家里为了他上学付出了很多,而他却不能做什么。

生:"我"唯一的法宝就是考试,"我"又要去报考无锡师范了。

师:读二乘父爱之舟——

生读:为了节省路费,父亲又向姑爹借了他家的小渔船,同姑爹两人摇船送我到无锡。时值暑天,为避免炎热,夜晚便开船,父亲和姑爹轮换摇橹,让我在小舱里睡觉。但我也睡不好,因为确确实实已意识到考不取的严重性,自然更未能领略到满天星斗、小河里孤舟缓缓夜行的诗画意境。船上备一只泥灶,自己煮饭吃,小船兼作旅店和饭店,节省了食宿费。只是我们的船不敢停到无锡师范附近,怕被别的考生及家长见了嘲笑。

【评点】重点体会了二乘父爱之舟之前初上高小时的心境和滋味。教师没有去讲作者当时的滋味、心境,而是让学生走进语言文字,抓住重点词"凑",对比"粜稻""卖稻"之别,通过对连用顿号、逗号的分析读出费用之多,感受"我"当时心里的滋味。

3. 三乘父爱之舟。

师:三乘父爱之舟开头是一句感慨。

生齐读:老天不负苦心人,他的儿子考取了。

师:说说儿子为何有此感慨。

生:老天没有辜负父亲的苦心,"我"为父亲争气终于考取了。

生:父亲的苦心感动了老天,让他儿子争气考上了。

生:没有父亲的苦心,"我"是考不上的,那小船就是见证。

师:读父亲三驾舟送子入学——

生读:老天不负苦心人,他的儿子考取了。送我去入学的时候,依旧是那只小船,依旧是姑爹和父亲轮换摇船。不过父亲不摇橹的时候,便抓紧时间为我缝补棉被,因我那长期卧病的母亲未能给我备齐行装。我从舱里往外看，父亲那弯腰低头缝补的背影挡住了我的视线，后来我读到朱自清先生的《背影》时，这个船舱里的背影也就分外明显，永难磨灭了！不仅是背影时时在我眼前显现，鲁迅笔底的乌篷船对我也永远是那么亲切。虽然姑爹小船上盖的只是破旧的篷，远比不上绍兴的乌篷船精致，但姑爹的小渔船仍然是那么亲切，那么难忘……我什么时候能够用自己手中的笔，把那只载着父爱的小船画出来就好了！

师：谈谈作者反复运用"依旧"包含的情感。

生："送我去入学的时候，依旧是那只小船，依旧是姑爹和父亲轮换摇船。""依旧"是那只小船，就是照旧是那只小船。这一"依旧"就是从入初小到高小到上师范，都是这样，这饱含多少父亲与姑爹的苦心。

生："依旧是姑爹和父亲轮换摇船"，"照旧"是姑爹和父亲轮换摇船。这让我想到在船上吃好睡好的是"我"，白天做饭、夜晚行舟的是父亲和姑爹，省了食宿费，苦了父亲和姑爹。

生：父亲这次更辛苦的是又当爹又当娘。

师：怎么讲？

生争读：不过父亲不摇橹的时候，便抓紧时间为我缝补棉被，因我那长期卧病的母亲未能给我备齐行装。我从舱里往外看，父亲那弯腰低头缝补的背影挡住了我的视线，后来我读到朱自清先生的《背影》时，这个船舱里的背影也就分外明显，永难磨灭了！

师："我"不但忘不了父亲和姑爹的辛苦，也感激那只小船——

生读：不仅是背影时时在我眼前显现，鲁迅笔底的乌篷船对我也永远是那么亲切。虽然姑爹小船上盖的只是破旧的篷，远比不上绍兴的乌篷船精致，但姑爹的小渔船仍然是那么亲切，那么难忘……

生：他为了感谢小船。他想：我什么时候能够用自己手中的笔，把那只载着父爱的小船画出来就好了！

师：我们欣赏欣赏作者笔下的小渔船吧！

我又见到了姑爹那只小渔船。

他同姑爹一起摇船送我。

带了米在船上做饭，晚上就睡在船上……

为了节省路费，父亲又向姑爹借了他家的小渔船，同姑爹两人摇船送我到无锡。时值暑天，为避免炎热，夜晚便开船，父亲和姑爹轮换摇橹，让我在小舱里睡觉。

船上备一只泥灶，自己煮饭吃……

老天不负苦心人,他的儿子考取了。送我入学的时候,依旧是那只小船,依旧是姑爹和父亲轮换摇船。不过父亲不摇橹的时候,便抓紧时间为我缝补棉被,因我那长期卧病的母亲未能给我备齐行装。

【评点】"我"没有辜负父亲的期望、关爱,在父爱中滋养的孩子更理解家庭、父亲,用自己的努力实现心中目标。几个"依旧"勾起了往事,教师再次用PPT呈现了三次乘舟中的重要场景,强化学生对父爱的理解,更好教育孩子们。

六、梦醒,泪洒枕边

读开头:是昨夜梦中的经历吧,我刚刚梦醒!

读结尾:……醒来,枕边一片湿。

师:省略号省略了什么?

生:梦中挺感人的情景,醒来一时又不清晰了。

生:吴冠中默默地回味着。

师:吴冠中想起一个个情境。读——

出示PPT:(生读)

　　……孩子们也帮着采叶,帮着喂蚕,家里经常要备有几箩筐桑叶,父亲和母亲夜半还要起来添叶。养蚕期间家里焚香,不让戴孝的或有病的不吉利之人来串门,说是蚕有蚕神,须小心翼翼地侍候。蚕大眠了,不再吃叶,肥胖的身躯发白透亮,于是便被安置到草笼上去。草笼是用干稻草绞成的,远看像一条巨大的毛毛虫,近看是稻草秆的丛林。眠蚕被散播在丛林中,便各自摇头晃脑绵绵不断地吐丝,春蚕至死丝方尽,个个乐于作茧自缚。蚕宝宝一天天隐没了,雪白的蚕茧像无数鸽蛋散落在草笼里,全家人眉开眼笑地摘茧。如果有一年蚕得了瘟疫,家里便像死了人一样恓恓惶惶。

——吴冠中《水乡青草育童年》

生:这是书中讲到父母养蚕辛苦的情节。

生:讲得挺有趣,细想想父母是很辛苦的:半夜起来给蚕添叶,要将大眠的蚕安置在草笼上,蚕得了瘟疫,便像家中死了人一样恓恓惶惶。

生:这下知道父母养蚕是怎样辛苦了。

师:欣赏欣赏下面的芦荡美景吧!

出示 PPT:(生读)

> 渔村人家靠捕鱼为生,也靠芦苇。湖里有大片大片的芦苇,长得很高很高,收割后的芦苇积聚成无数金字塔式的芦堆,姑爹家的村子便被埋在纵横交错的芦堆里,成了孩子们做捉迷藏的天堂。
>
> ——吴冠中《水乡青草育童年》

生:这回我知道父亲为什么每次都向姑爹借船,并请姑爹一起摇橹了。

众生:姑爹生活在渔村。

生:父亲后来呢?

师:这里有一段父亲参加儿子婚礼的故事。

出示 PPT:(生读)

> 婚期前他赶到南京,内衣口袋里藏着一百块钱,口袋用针线缝住。他没有告诉我如何筹措到这笔"巨款",无非是粜稻、卖猪、卖鸡蛋、向亲友借贷……
>
> ——吴冠中《婚礼和父亲》

生:这让我想起一家人凑钱让"我"上学的事——要住在鹅山当寄宿生,就要缴饭费、宿费、学杂费,书本费也贵了,于是家里粜稻、卖猪……

生:父亲那时的日子依然过得那么勤俭。

师:还有一件是父亲去参加儿子婚礼的事。

出示 PPT:(生读)

> 为了省钱,父亲是坐慢车到南京的,车又误点,抵我们宿舍已是深夜。未婚妻拿出饼干请他吃,我知道他的习惯是不肯吃的,但这回真的吃了,吃了一些,未婚妻又请他再吃,我想这是多余的客气,但他居然又吃了,这样几次推让,他确乎吃了不少。事后,我们才知他从早晨离家,搭轮船,换火车,一整天没舍得在路上吃饭。而我们自己因无开伙条件,只在大食堂搭伙,就未考虑到给他做点什么吃的。
>
> ——吴冠中《婚礼和父亲》

师:你一听,刹那间就想到——

生:想到赶集时,父亲吃凉粽子,给儿子买热豆腐脑。

生:还是关心儿子多,想自己少。

生:儿子长大成人了,父亲还那么节俭干什么?

师:读读下一段就知道了。

出示 PPT:(生读)

　　半个世纪流失了,老屋早已拆除,父亲的坟早淹没于荒草或庄稼丛中,他的儿女天各一方,有时会怀念他。他的孙子,孙子的孩子们不再知道他!乡里的孩子们也不再知道他。但,是他,受吴氏宗祠的委托,首先在村里创建了私立吴氏小学。最初的私立吴氏小学今天已发展成一千余师生规模的中心小学,我用他的名义在小学里设立了教学奖励基金,作为纪念,忘却的纪念或永远的纪念。

——吴冠中《婚礼和父亲》

生:原来父亲节省下钱办教育了。

生:吴冠中后来是怎么成为著名画家的?

师:后来呢? 后来呢? 父爱是无止境的,后来也是讲不完的。我介绍吴冠中写的几本回答"后来呢"的书:

《横站生涯》《文心画眼》《足印》《放眼看人》

《背影风格》《短笛》《老树年轮》

【评点】由文末的省略号引入了大量吴冠中先生所写的文字,这些文字满足了学生的情感需要、探究需求,培养孩子们由一篇文章拓展开去,基于自己的兴趣、需求,继续查找书籍去阅读。

《少年中国说（节选）》课堂实录

一、认识作者梁启超

师：今天我们读梁启超的《少年中国说（节选）》。

生读课题：《少年中国说（节选）》。

师：何为"说"？

生：说话。

生：谈，少年中国谈。

师："说"，指的是一种文体。

出示 PPT：

"说"是古代以记叙、议论或说明等方式来阐述事理的文体。如《马说》《师说》等。

生背：古之学者必有师。师者，所以传道受业解惑也。

师：不错，韩愈写的《师说》就是一篇议论文。

【评点】认识文体，明白"说"为古代阐述事理的文体，就是议论文。先让学生说，激起困惑，五年级学生对此毫无经验，然后教师去讲，并呈现两个题目范例，引出学生熟悉的《师说》名句，了解"说"就是议论文。

师：你对梁启超了解多少？

生：我查资料了。他生于 1873 年，死于 1929 年，字卓如，号饮冰室主人。他是中国近代著名的思想家、政治家、社会改革家和百科全书式的学者。

生：我参观过梁启超故居，就在咱天津的意大利风情区的民族路上。

师：同学们可以去参观参观。

生：我补充一点，他还是一位著名的宣传鼓动家、演说家。

师：他可不是一般的演说家。梁启超无论是讲学还是演讲，出经入史信手拈来。他为学生讲贾谊的《治安策》，全文七千余字，梁启超讲且背，并不看书。学生很是惊讶，梁启超笑着说："我不能背《治安策》，又怎能上'万言书'呢？"

生：我知道清末"公车上书"：1895 年获悉李鸿章赴日签订《马关条约》后，梁启超与康有为发起"公车上书"。

师：他可不是一般人物。清末民初，中国大事，几乎无一不与他有关。

师：你们知道梁启超为什么上书吗？

（生摇头）

师：甲午战败后李鸿章赴日本签订《马关条约》，梁启超反对签订《马关条约》。因为那个条约主要内容是要"割台湾、偿二百兆"（不但割台湾，还要赔偿两万万两白银）。当时中国人有四万万，平均每人——（生抢答：半两。）梁启超与康有为发起"公车上书"反对签约。梁启超曾说："吾国四千余年大梦之唤醒，实自甲午战败割台湾、偿二百兆以后始也。"

生：五四运动他参加了吗？

师：梁启超当时在巴黎，不在北京，但他却是五四运动的引发者。

（生惊讶）

师：有个故事，我给你们讲讲。第一次世界大战，英国，法国以及中国都是战胜国，德国是战败国，当时在巴黎召开"巴黎和会"。梁启超是作为中国出席巴黎和会代表团会外顾问与记者出席的。在会上，德国作为战败国，它占领的我国山东青岛本来应该还给我们，可是出来个日本，想要青岛。你说，青岛到底是该给中国还是日本？

生齐：中国！

师：可是当时的军阀政府想要给日本，你知道为什么吗？（生摇头）

师：当时的北洋政府（军阀政府）与日本订立了密约——段祺瑞政府驻日公使章宗祥与日本银行签订借款秘密合同，将德国在山东的权益转让给日本。梁启超得知此消息，立即就给在北京做外交工作的林长民发电报，把军阀政府卖国的消息传了出去，号召大家奋起救国，北京的大学生带头上街游行，反对把青岛给日本。五四运动爆发。

生惊：是梁启超传信引发了五四运动！

师：可以看出来，这个时候，中国的大事，每一件都和梁启超有关。还想知道得更详细吗？介绍一本书——《梁启超传》。

师：从这几件事看，你们说说梁启超伟大在哪儿？

众生：爱国。

师：正因为他爱国，他更希望中国少年爱国，所以他写了《少年中国说》。

【评点】了解梁启超，特别是从几件事中去认识梁启超，体会他的爱国精神，明白他为什么要写《少年中国说》。文章是作者价值追求的表达，读懂文章需要了解作者。作者的介绍不能限于出生年月、姓名称号等，应切实服务于文本的理解。课前可以让学生去查阅资料，但教师更需要查阅丰富的资料，以便更深入地了解并应对学生可能的疑问，以自己呈现的资料去引导学生应该查什么资料。

二、简介全作之主旨

师:《少年中国说》全文三千多字,讨论的主旨是什么?

出示 PPT:

中国,到底是一个行将衰朽的老大帝国,还是一个生气蓬勃的少年中国?梁启超认为这是一个至关重要的问题。

因为"老大"意味着衰败、腐朽、死亡,而"少年"则意味着新生、进取、发展。

所以,梁启超说"制出将来之少年中国",将希望寄托在中国少年身上,指出"故今日之责任,不在他人,而全在我少年"。

一生读:中国,到底是一个行将衰朽的老大帝国,还是一个生气蓬勃的少年中国? 梁启超认为这是一个至关重要的问题。

(生再读)

师:梁启超认为这是个重要的问题,为什么重要呢?

出示 PPT:(生齐读)

因为"老大"意味着衰败、腐朽、死亡,而"少年"则意味着新生、进取、发展。

一生读:因为"老大"意味着衰败、腐朽、死亡,

生齐读:而"少年"则意味着新生、进取、发展。

师:你认为是"老大帝国"好,还是"少年中国"好?

生:少年中国好。

生:少年中国意味着新生、进取、发展……

(生再齐读)

师导读:梁启超提出一个至关重要的问题——

生读:中国,到底是一个行将衰朽的老大帝国,还是一个生气蓬勃的少年中国? 梁启超认为这是一个至关重要的问题。

师导读:为什么是一个至关重要的问题?

生读:因为"老大"意味着衰败、腐朽、死亡,而"少年"则意味着新生、进取、发展。

师导读:所以梁启超指出"制出将来之少年中国",将希望寄托在谁身上?

生读:所以,梁启超说"制出将来之少年中国",将希望寄托在中国少年身上,指出"故今日之责任,不在他人,而全在我少年"。

【评点】部编教材中的《少年中国说(节选)》从三千多字的全文中节选了三段,要更好地学习这三段,需要了解全文的主旨。教师带领学生反复朗读课文主旨,以深入理解何谓"老大帝国",何谓"少年中国",为什么要"少年中国",少年中国的希望在"中国少年"身上。

三、今日责任在少年

生读:故今日之责任,不在他人,而全在我少年。

师:"故"当什么讲?

生:所以。

师:我们今天读的《少年中国说》只是节选的全文的结尾部分,从"故今日之责任,不在他人,而全在我少年"开始,所以开头的"故"是承接前文。少年中国与中国少年之间有什么联系呢? 作者用了哪些美好的事物来赞美少年中国? 这是我们这节课的任务。

【评点】理解"故",知道这是原文的最后一部分。明确提出了这节课要完成的任务。

师:课文分两部分写,咱们先看第一部分。

生读:少年智则国智,少年富则国富,少年强则国强,少年独立则国独立,少年自由则国自由,少年进步则国进步,少年胜于欧洲则国胜于欧洲,少年雄于地球则国雄于地球。

师:那你看看,"少年"与"国"这两者有什么关系呢?

(生议论)

师:我感觉,"少年"与"国"之间有两种逻辑关系,一种是因果关系,谁来用"因为……所以……"说一句话?

生:因为少年智,所以国家就智。

师:对,还有一种关系,是条件关系,谁来用"只有……才……"说一句话?

生:只有少年智,国家才会智。

生:只有少年强,国家才会强。

师:你们品品,哪种关系好些?

(生品味)

生:"只有……才……"的关系好些。

师:为什么?

生:少年的所作所为关系到国家的发展,只有少年独立国家才能独立。

生:"只有……才……"的语气更加强烈,只有少年强,国家才能强。

师:那为什么好呢?

生(议论后):有中国少年,必有少年中国。

师:是这个意思吧?

师:有了中国少年,才能有少年中国。

生齐:有中国少年,必有少年中国。

师:朗读并思考这段的语言妙在哪儿。

生齐读:少年智则国智,少年富则国富,少年强则国强,少年独立则国独立,少年自由则国自由,少年进步则国进步,少年胜于欧洲则国胜于欧洲,少年雄于地球则国雄于地球。

师:为什么读起来好听呢? 好在哪儿?

生:运用了排比句式,并且最后一个字押韵。

师:一妙——文章紧扣主题,运用排比句法。

师:还有什么妙?（重点字加点）

少年智则国智,

少年富则国富,

少年强则国强,

少年独立则国独立,

少年自由则国自由,

少年进步则国进步,

少年胜于欧洲则国胜于欧洲,

少年雄于地球则国雄于地球。

生:只有智才能富,只有富才能强,只有国强,才能独立……才能雄于地球。

师:这个顺序能颠倒吗? 这样好在哪儿?

生:这个顺序不能颠倒,就像台阶越来越高。

生:这叫拾级而上,情绪越来越激昂。

师:二妙——层层推进,逐次阐发。

师:第三妙,读起来语气表达上有什么感觉?

生:读起来朗朗上口。

生:读起来情绪激昂。

生:读起来气势磅礴。

师:对,现在一起读一读这三妙——

出示 PPT:(生齐读)

1. 文章紧扣主题,运用排比句法。

2. 层层推进,逐次阐发。

3. 写得极有感情,极有气势。

（生记笔记）

【评点】这一部分重在让学生体会少年与国的关系。教师设计了两个内容,一是少年与国的逻辑关系,二是语言写法特点。每个句子都有"少年"和"国",从逻辑来看,到底是什么关系? 教师提供了两组关联词"因为……所以……""只有……才……"。学生把两组关联词放入句子中,去品味比较,感觉表示条件的"只有……才……"更能表达作者的意思,语气更强烈。教师把每一个句子纵向排列,让学生观察体悟语言写法方面的特点。学生通过观察、朗读发现了三个特点。这一部分的学习重点非常明确,两个学习内容活动的设计非常有效,有利于学生很快自己探明学习结果。这源于教师备课中自己的探索发现,课堂其实是教师引领学生按照自己走过的探索道路去学习、发现。

四、赞美少年之中国

1. 初读说大意。

师:梁启超用了一段极其富丽华美的骈文书写了"少年雄于地球则国雄于地球"的辉煌前景,纵情抒发了对新生的中国的热烈憧憬和赞颂,并以此激励中国少年为创造少年中国而努力奋斗。

生齐读:

红日初升,其道大光。(guāng)

河出伏流,一泻汪洋。(yáng)

潜龙腾渊,鳞爪飞扬。(yáng)

乳虎啸谷,百兽震惶。(huáng)

鹰隼试翼,风尘吸张。(zhāng)

奇花初胎,矞矞皇皇。(huáng)

干将发硎,有作其芒。(máng)

天戴其苍,地履其黄。(huáng)

纵有千古,横有八荒。(huāng)

前途似海,来日方长。(cháng)

师:梁启超用的是骈文体。你看"骈"这个字,表示几匹马并排跑。在本文中,骈文每句话都是四个字并排一组,并且押韵。

生读:

红日初升,其道大光。(guāng)

河出伏流,一泻汪洋。(yáng)

潜龙腾渊,鳞爪飞扬。(yáng)

乳虎啸谷,百兽震惶。(huáng)

鹰隼试翼,风尘吸张。(zhāng)

奇花初胎,矞矞皇皇。(huáng)

干将发硎,有作其芒。(máng)

【评点】这一部分从字词到内容都是学生所不熟悉的,教师先介绍了大意,然后把每句话纵向排列,并标出每句最后一个字的读音,让学生利用骈文的特点,在反复朗读中尽快熟悉。

师:想一想,作者用哪些事物来赞美少年中国?

生:红日,河,潜龙,乳虎,鹰隼,奇花,干将。

师:作者为什么选了这些事物来赞美少年中国?

师:咱们一起研讨研讨。作者所选事物文化内涵极其丰富,我们不但要结合课文注释,还要查找相关资料,更好地品味感受。

(开始品味)

师:作者用哪些事物赞美少年中国我们知道了,我们再深入想想为什么作者要挑这些事物。咱们先想想看,为什么选红日?

生:不是特别晒,挺温暖。

生:寓意新的一天开始。

生:象征新中国的诞生。

生:代表美好的一天。

生:少年中国的崛起。

生:光芒四射,给人朝气。

生:少年中国,奋发向上。

生:因为它像新生的中国一样,充满朝气。

师:放开了想,多丰富啊!

师:为什么选河出伏流?

生:表达出新生的中国就像黄河一样养精蓄锐,适时爆发。

生:喷薄而出。

师:为什么选潜龙?

生:把中国比作龙,龙在深渊里休养生息,等着最后腾空而起。

生:我想起一句毛泽东的词:"飞起玉龙三百万,搅得周天寒彻。"

师:想起毛泽东诗词有气势。下面为什么选小老虎?

生:因为小老虎就像我们少年一样有朝气,吼叫的时候百兽都震惊了。

生:乳虎在山谷一声啸,吓得百兽惊慌失措。

师:为什么选鹰隼?

生:鹰隼就是猎鹰,能捕捉野兔。

生:它翅膀有力,扇扇翅膀就飞沙走石。

生:鹰隼把翅膀合起来的时候,养精蓄锐,然后等张开飞的时候,万物都被它扇动了。

师:为什么选奇花? 选那个初胎?

生:写中国还没有到完全发展起来,还在慢慢地进步,慢慢地绽开,像花一样。

生:花骨朵才有生命力绽开鲜花。

师:干将为什么写它发硎?

生:宝剑只有磨到锋利的时候,才会有光芒。

生:中国就像干将一样,被磨刀石磨后发出刺眼的光芒,令敌人胆寒。

【评点】学生利用课文注释,在对所选事物已有知识、经验的基础上,充分想象、联想。由于之前对作者爱国精神、《少年中国说》主旨和这一部分大意已有了解,学生的想象、联想既有指向,又有路径。

2. 精读查资料。

师:你看,读书就是这么自在地读,想象、联想开去,感到美,感到有趣,感到丰实。但我们不能停留在这儿,这只是初步的感知,咱们现在来集体查阅探究,到底为什么作者要挑这些事物? 我备课的时候查了些资料,提供给你们,我们一起品味品味。

红日初升,其道大光。

生读:红日初升,其道大光。

师:我查了,"其道大光"出自《周易·益》。

出示PPT:

自上下下,其道大光。

师:什么意思?

(生摇头)

师:我也不懂,我看了注释。

出示PPT:

位居上而能尊重下面,增益之道就可以光芒四射。

(生小声议论)

生:初生的红日在天上的位置好。

师:开窍了! 位置好在哪儿呢?

(生小声议论)

生:初升的红日虽位居天空,但它能从上向下照耀大地。

生:增益之道就可以光芒四射,这个居中的位置的好处是可以光芒四射,普照大地。

师:这就是——

生齐:位居上而能尊重下面,增益之道就可以光芒四射。

283

师:"红日初升,其道大光",对大地有什么恩惠呢?

生:禾苗长得好。

生:鲜花盛开。

生:树木茂盛。

师:这就是——

出示PPT:(生读)

> 天施阳光雨露,地生万物。

师:还有什么好处? 你一看这一轮红日,你的心情如何?

生1:舒服。

生2:温暖。

师:真好,这才叫读书。还有呢?

生3:心情畅快。

生4:心情爽朗。

师:天空漫天红霞,地上红彤彤,你觉得这个环境、这个气氛怎么样?

生:整个世界红彤彤。

生:给人喜庆的感觉。

师:这就是——

出示PPT:(生读)

> 民众喜乐无穷。

师:初升的红日好在哪儿呢?

生:一轮红日,光芒四射。

生齐:位居上而能尊重下面,增益之道就可以光芒四射。

师:初升红日还好在哪儿?

生:地生万物。

出示PPT:(生读)

> 天施阳光雨露,地生万物。

师:第三,好在哪儿呢?

生齐:民众喜乐无穷。

师:所以作者希望少年中国——

生:红日初升,其道大光。

师:我们查了《易经》,尽管是"童解"易经,我们也朦朦胧胧感到这一卦是什么卦?

生:吉祥的卦,希望少年中国如"红日初升,其道大光"。

生齐读:红日初升,其道大光。

【评点】一篇文章仅从字面上有时很难了解其要表达的真实意义、深层意义,尤其是对一些具有历史价值、用典丰富的文章。在学生朗读、想象初步感知文章后,侯老师通过呈现典故资料,带领学生进行深度阅读。教师先呈现了《周易》中"自上下下,其道大光"的意思,然后让同学们联系文本体会,同学们通过讨论,从初升的红日的位置理解红日光芒四射、普照大地,接着教师又从光芒四射可以给大地带来什么益处启发同学们进一步思考,同学们想到了万物、民众,体会进一步细化、深入。如何借助相关资料帮助学生更好理解文本是困扰教师的问题,侯老师的教学给了我们启示。

河出伏流,一泻汪洋。

生读:河出伏流,一泻汪洋。

师:读书为了深入理解,一些典故要查出处。于是我查了查出处。

出示PPT:(生读)

昆仑墟在西北,去嵩高五万里,地之中也。(《水经注》)

(黄河发源之前,伏流地中。)

师:"地之中也"是什么意思?

生:我们的母亲河——黄河发源前,伏流于地下。

师:伏流在哪儿的地下?

生:"昆仑墟在西北,去嵩高五万里"的地方。

生:在哪儿喷涌而出的呢?

师:我又查了,《水经注》是这样写的——

出示PPT:(生读)

河水出其东北陬(zōu,角落,山脚)。

生:河水是在昆仑墟的东北角喷涌而出的。

师:河从地下冲出来了,又是怎么流淌的呢? 庄子描述得可壮观了呢!

出示PPT:(生读)

秋水时至,百川灌河。泾流之大,两涘(sì)渚崖之间,不辩牛马。

师:我们这样读书,就是做学问,这样一查阅有好处吧?

生:有真实感。

生:有遥远感。

生:那叫沧桑感。

生:感觉到母亲河好伟大啊!

（师生配合读）

师：母亲河出自哪里？

生：昆仑墟在西北，去嵩高五万里，地之中也。

生：河水出其东北陬。

师：河水怎样壮观？

生：秋水时至，百川灌河。泾流之大，两涘渚崖之间，不辩牛马。

师：梁启超笔下的母亲河是何等壮观！

生齐读：河出伏流，一泻汪洋。（大意：黄河发源前，伏流地中，后喷涌而出，一泻千里。）

生：直接这样说多明白。

生：知道了出处更有味儿。

生读：昆仑墟在西北，去嵩高五万里，地之中也。

生：听着有气魄，山高路远。

生：读着恍如神仙天境，让我们的母亲河增加了神奇感。

师：我给你们读一段《水经注》中的一注：昆仑之山三级，下曰樊桐，一名板桐；二曰玄圃，一名阆风；上曰层城，一名天庭；是为太帝之居。

（生练读）

生：好高。

生：昆仑之山有三级，下曰……二曰……上曰……真有点"蜀道之难，难于上青天"之感。

生：好神，到了神仙住的地方，"如今直上银河去，同到牵牛织女家"。

生：好美，山有三级，直至天庭，在雨雾缭绕中隐隐约约见到太帝之居。

生：母亲河神了。

【评点】与上句相比，这句教师呈现了更多的资料，包括《庄子》和《水经注》中的多个句子。学生借助资料，展开想象，对"伏流""一泻""汪洋"有了深入理解，体会到伏流喷涌而出的壮观、神奇，一幅仙境般的画面浮现于学生脑中。多个资料相互佐证，相互拓展，增强了阅读的探究性。

潜龙腾渊，鳞爪飞扬。

生读：潜龙腾渊，鳞爪飞扬。

师：赞美的是什么？

生齐：龙。

出示PPT：

龙口与
头角讹
变 ← 龍 → 龙身翻
转上腾

中国人心目中最为神圣的动物神，
也是中华民族的象征。

师：猜猜看，我为什么把小篆的 龍 放在中间？

生：好看。

师：端庄。看这"龙"的左半部分，表示龙口与头角。右半部分像龙身翻转上腾。漂亮不漂亮？

生：漂亮。

师：作者为什么选龙赞美少年中国？

生：我们是龙的传人。

生读：中国人心目中最为神圣的动物神，也是中华民族的象征。

师：龙有多大的神通呢？

出示PPT：（生读）

　　龙，鳞虫之长，能幽能明，能细能巨，能短能长，春分而登天，秋分而潜渊。

（《说文解字》）

生：这一读，就够神。

师："潜龙腾渊，鳞爪飞扬"这个典故出于此处，找找看，是哪一句点出的？

生：春分而登天，秋分而潜渊。

师：明白了吧！

生1：潜龙在深渊养精蓄锐，待腾飞时鳞爪飞扬。

生2：潜龙在深渊的时候蓄力，等待一飞登天。

师：作者概括成八个字——

生齐：潜龙腾渊，鳞爪飞扬。

师：那意思是——

出示PPT：（生读）

　　　　　潜龙从深渊中腾跃而起，鳞爪舞动飞扬。

【评点】呈现了"龙"字的演变，特别是对小篆"龙"字左右两边的解读，让学生看到作为中华民族图腾象征的龙所展现的翻腾跳跃之美。接着教师提出了问题"作者为什么选龙赞美少年中国?""龙有多大的神通呢?"把学生引向思考状态。在学生困惑之时,教师提供了《说文解字》对龙的解释。结合解释,学生深刻地理解了蓄力与腾飞的关系。教师呈现资料的时机非常好,在学生有探究需求时给以资料,资料才能发挥作用。

乳虎啸谷,百兽震惶。

师:做 PPT 的时候,我突然想起大书法家黄庭坚写的"虎"字。你看这个"虎"字写得怎么样?

出示 PPT:

生:振奋,刚劲有力。

师:好。你看那头,怎样?

生:高昂。

师:你看那尾?

生:遒劲有力。

师:一人一个词赞虎。

生(陆续):雄伟、勇猛、刚劲、凶猛。

师:所以人们把虎叫作什么?

生:山中大王。

出示 PPT:(生齐读)

虎,山兽之君。(《说文解字》)

师:所以作者期待着少年中国——

生齐:乳虎啸谷,百兽震惶。

生:小老虎在山谷吼叫,百兽都害怕惊惶。

【评点】教师呈现了书法家写的"虎"字,让学生评析写得怎么样,然后用一个词去称赞虎。教学紧扣文本,活动趣味十足,还让学生认识到虎在百兽中的地位。在学生认识的基础上,顺势呈现《说文解字》中的"虎,山兽之君"。教学非常自然、流畅。

鹰隼试翼,风尘吸张。

生读:鹰隼试翼,风尘吸张。

师："鹰隼"是一个双音节词，"隼"是一个单音节词。"鹰隼""隼"是一个意思。你看这个"隼"字——

出示PPT：

（金文大篆）　　（小篆）

师：你看上面的"隹"读"zhuī"，指鸟。这里是指鹰。下面是鸟的架子。这种鹰是专门帮助猎人捕猎的，饲养在架子上。明白了吧，鹰隼是什么样子的呢？

出示PPT：（生读）

鹰隼醜，其飞也翚（huī）。（《尔雅·释鸟》）

（醜：貌恶。翚：大飞也——振羽疾飞。）

师：我故意把"丑"写成繁体字的"醜"。这个"醜"字，像什么？

生：鬼。

师：什么鬼？

生：酒鬼。

师：对，左边"酉"字就是"酒"的意思。"鬼"表示丑陋。你看"其飞也翚"，"翚"是什么意思？看注释。

生：翚，大飞也——振羽疾飞。

师：于是词典里就这样解释——

出示PPT：

隼：猛禽。隼科各种类的通称。是一种飞行速度最快的鸟，性敏捷，善袭击，猎人多饲之，使助捕鸟兔。（《汉语大字典》）

生：这回我们知道隼是一种怎样凶恶的鸟了。

生：作者希望少年中国像鹰隼一样雄健、勇猛。

生读：鹰隼试翼，风尘吸张。

生：课文中有注释：鹰隼展翅试飞，掀起狂风，飞沙走石。

师：这只是大意，要懂得透彻，还得推敲词句。我查了一下，有的版本用的是"翕"字。你看"翕"字当什么讲呢？我查了字典。

出示PPT：

翕，起也。（《说文解字》）

翕，合也。（《尔雅·释诂》）

师:这是对"翕"的两个注释。

生:看不懂。

师:猜猜看。

生:翕,起也,是飞起的意思。

生:翕,合也,是翅膀合起来。

生:什么呀?又是"起也",又是"合也"的,这是怎么飞?

师:你再接着读,看古人是怎样解释的。

出示PPT:(生读)

翕从合考,鸟将起必敛翼也。(《汉语大字典》)

师:要理解"翕",得从"翕,起也""翕,合也"这两方面想。

生:敛就是翅膀合起来的意思。我们家养鸟,我知道,鸟要起飞的时候,就要把翅膀先收敛一下,铆足劲儿起飞。

师:这可用一个成语形容——

(生无声)

师:蓄——

生:蓄势待发。

师:对,就是蓄势待飞。懂了吧。

生:老师这么一讲,我对"风尘吸张"就理解得更深了。

生:鹰隼试翼,不是雏鹰隼学飞,而是鹰隼飞前的预备动作。扇扇翅膀就掀起狂风,飞沙走石,然后腾飞。

生读:鹰隼试翼,风尘吸张。(大意:鹰隼展翅将飞,双翼一敛一张掀起狂风,飞沙走石。)

【评点】汉字意义丰富,教师利用多种工具书,呈现资料帮助学生深入理解。透彻理解一个关键字,整个句子的意思就能理解得更深刻。

奇花初胎,矞矞皇皇。

生读:奇花初胎,矞矞皇皇。

师:什么意思?

生(参考教材注释):奇花孕起蓓蕾初绽,华美瑰丽,富丽堂皇。

师:"皇"字当什么讲?

生:富丽堂皇。

生:皇,辉煌。

师:别猜了,还是查查吧。

生读:皇,美也。

师:怎么美?

生读:皇:辉煌;盛美。

生:是高雅的美。

生:不是低俗的美。

师:"喬喬皇皇"出自典故:"物登明堂,喬喬皇皇。"

生:那是金碧辉煌的宫殿的美。

师:再欣赏欣赏"喬喬"之美吧。

出示 PPT:(生读)

喬喬,物长春风之声貌也。(《康熙字典》)

师:说说怎样美? 用你自己的话说。

生:春风一吹花苞就绽放。

生:春天,春风吹拂,万物生长,百花盛开。

师:多棒啊,就是你们想象的情景。你看,"喬喬皇皇"这样翻译过来就有情境了吧?

生读:奇花初胎,喬喬皇皇。

师:鲜花盛开,"喬喬"起了什么作用?

出示 PPT:

师:上面是个"矛"。见过矛吗? 带尖的,扎人。下面是个花苞。想象这个矛对花苞会怎样?

生:刺它。

生:花苞被刺开。

师:"喬"在《说文解字》中有两个注释。

出示 PPT:(生读)

喬:以锥有所穿也。一曰满有所出也。

师:先说说"以锥有所穿也"。

生(议论后):用锥子把它穿透。

生:对,花开,是用锥子把它从外边穿透的。

生:花,是春风、春雨催开的。

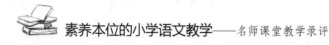

师：花开，是来自外力。有这样的诗句吗？

生：不知细叶谁裁出，二月春风似剪刀。

生：春风又绿江南岸。

生：天街小雨润如酥，草色遥看近却无。

生：这都是大自然春风春雨给的外力。

师：讲讲"一曰满有所出也"。

生：就是花养精蓄锐，它自身的能量已经满了，非要绽放了。

生：对。花蕾太饱满了憋不住了，非要绽开，就是含苞待放。

师：有花蕾非要开放的诗句吗？

生：江碧鸟逾白，山青花欲燃。

生：满园春色关不住，一枝红杏出墙来。

师：这花是怎么开的？

生：两方面：外边，大自然的春风春雨；内在，花草自身的生命力。

师："奇花初胎，矞矞皇皇"，"奇"在哪儿？

生：奇花初胎，"奇"在大自然与奇花的力量合二为一。

生：作者希望少年中国如蓓蕾初绽。

【评点】在学生依据字面想象理解的基础上，呈现字典里"矞"的解释，"矞"理解了，对自然中的花开就有了深入的理解。学生从记忆仓库中提取花开的诗句，新知旧知相连，想象联想结合，语言的学习深入而富有意义和趣味。

干将发硎，有作其芒。

生读：干将发硎，有作其芒。

师：参考教材注释，说一说这句什么意思。

生：宝剑在磨刀石上初磨，发出耀眼的光芒。

生："硎"，书上有注释，是"磨刀石"。

师："干将"什么意思？

生：古代宝剑名。

师：宝剑为什么叫这个名字呢？这里有个故事。读读——

出示PPT：(生读)

干将莫邪(yé)为晋君作剑，三年而成，剑有雌雄。(西汉·刘向《列士传》)

师：只讲了个开头，谁能接着讲？

生：干将是一位铸剑师，莫邪是他的妻子。晋君让干将为他打造宝剑，干将打造了两把宝剑,一把是雄剑,一把是雌剑。干将知道晋君性格乖戾,不想世上有第二把剑与自己的一样,宝剑打造好后他一定会被晋君杀死,于是就将雌剑献给了晋君,而把雄剑留给了自己的儿子,并嘱咐自己的妻子待儿子成年后用这把雄剑为自己报仇。干将的儿子在成年后完成了父亲的遗愿,将晋君杀死,为父报仇。后人为纪念干将,就将宝剑称干将。

师:"干将发硎",你们看"硎"是磨刀石,"干将"是宝剑。那"发"是什么意思?

出示 PPT:(生读)

发:发端;开始。(《汉语大字典》)

师:新买来的刀、剪子不快,剪不动,要找师傅来磨,这叫"开口"。这个"发"就是开口,把刀磨快了。第一次用时最锋利。这就是"干将发硎"。我从哪儿读到的?

出示 PPT:(生读)

而刀刃若新发于硎。(《庄子·养生主》)

(指刀刚从磨刀石上磨出来,十分锋利,比喻初展抱负或刚显露出才干。)

师:"干将发硎,有作其芒"怎么翻译?

生:宝剑在磨刀石上开始磨第一次——开口,会发出耀眼的光芒。

生:新开口磨的剑是最有光芒的,是最锋利的。

生:新开口的剑,锋刃大放光芒。

生:象征少年中国初展抱负,所向披靡。

生齐:干将发硎,有作其芒。

【评点】学习中要利用好教材的注释,但不能止于注释,看注释不明白的要继续查找资料,不断探究。侯老师在教学中特别善于培养学生这种问题意识、探究的意识与能力。课文注释中提到"干将"是古代宝剑名,那应该接着思考:为什么古代把宝剑称为"干将"?注释中注解了"干将"和"硎",但并没有注解"发",那"发"又是什么意思?问题推动学习,资料查阅要紧扣问题。这种探究式的语文学习会把课内课外连在一起,学生在课下会广泛阅读,不断积累,在解决问题时随时调动自己的储备。

3.深读品气势。

师:我们再品品这些事物所表达的气势。

生齐读:

红日初升,其道大光。

河出伏流,一泻汪洋。

潜龙腾渊,鳞爪飞扬。

乳虎啸谷,百兽震惶。

鹰隼试翼,风尘吸张。

奇花初胎,矞矞皇皇。

干将发硎,有作其芒。

师:读一读,品一品,你发现作者所赞美的事物都有一个"蓄势待发""横空出世"的气势,每句各用一字表达出来,找出这一字来交流交流。

师:第一句——

生读:红日初升,其道大光。

生:升,上升,一轮红日冉冉升起。

生:初升的红日喷薄而出。

生:"升"表达了"蓄势待发""横空出世"的气势。

师:第二句——

生读:河出伏流,一泻汪洋。

生:"伏"字。

生:"伏"就是先潜伏起来,积蓄力量,一旦力量充足就喷涌而出。

生:"伏"是"蓄势","一泻汪洋"是"发"。

师:第三句呢?

生读:潜龙腾渊,鳞爪飞扬。

生:"腾"字。

生:龙,潜入深渊休养生息,等待腾空而起。

师:什么时候潜的?

生:秋分潜渊,春分腾起。

生:积蓄半年时间了,一跃腾起,横空出世。

师:下一句——

生读:乳虎啸谷,百兽震惶。

生齐:啸。

生:小老虎在山谷中一声长啸,回音缭绕。

生:"乳虎啸谷",使"百兽震惶",都是蓄势准备做——

生:山寨之君。

师:下一句——

生读:鹰隼试翼,风尘吸张。

生:"试"字看出鹰隼蓄势待发,横空出世。

师:为什么?

生:飞之前振翅,为飞得更高更远。

师:第六句,看奇花——

生读:奇花初胎,矞矞皇皇。

生:初。

师:为什么?

生:"奇花初胎",初胎,待放的花蕾。

生:第一枝花最丰满。

生:第一枝花最秀丽。

生:她含苞欲放。

生:她用强劲的待发的生命力,一争春色。

师:最后一句——

生读:干将发硎,有作其芒。

生:"发"字。

师:为什么?

生:发端;开始。

生:舞起新开口的剑,光芒闪烁。

生:要做新开口的剑,所向披靡。

生:向天下宣誓——我是最锋利的。

师:作者用了——

男生读:初升的红日、刚出的伏流、腾渊的潜龙、啸谷的乳虎、试翼的鹰隼、初胎的奇花、发硎的干将。

女生读:每一事物都生机勃勃,都蓄势待发,都将横空出世。

师:用这些事物赞美少年中国,意味着新生、进取、发展。

【评点】通过查找资料,深入理解每一句后,再把每一句连起来整体品读,感受作者所赞美事物的共同特征,以更好地领悟梁启超《少年中国说》要表达的主旨。整体品读中再回到各句,找寻表达主旨的关键字,把体现主旨的事物连在一起,作者所赞美事物的生机勃勃、蓄势待发尽在眼前,其所要表达的少年中国的新生、进取也非常清楚。

师:少年中国前途似海,读——

生读:

天戴其苍,地履其黄。

纵有千古,横有八荒。

前途似海,来日方长。

师:参考注释、译文,关注加点的字。

生齐读：天戴其苍,地履其黄。

一生：头顶着苍天,脚踏着黄土大地。

生齐读：纵有千古,横有八荒。

一生：从纵的时间看有悠久的历史,从横的空间看有辽阔的疆域。

生齐读：前途似海,来日方长。

一生：前途像海一般宽广,未来的日子无限远长。

师：满腔热情地赞颂伟大的祖国吧!

生齐读：美哉,我少年中国,与天不老!

　　　　壮哉,我中国少年,与国无疆!

师：下课!

【评点】学生集体读中感悟到梁启超对祖国强大的自信,也感受到为祖国强大每个少年应该承担的责任,爱国主义教育尽在其中。

《鸟的天堂》课堂实录

一、初读,整体感知美

师:读课题。

生读:《鸟的天堂》。

师:这是一篇写什么的文章?

生:写景的文章。

师:请两位同学读全文,思考我为什么如此分工读。

一男生读:我们吃过晚饭,热气已经退了。太阳落下了山坡,只留下一段灿烂的红霞在天边。

⋯⋯"鸟的天堂"里没有一只鸟,我不禁这样想。于是船开了,一个朋友拨着桨,船缓缓地移向河中心。

一女生读:第二天,我们划着船到一个朋友的家乡去。那是个有山有塔的地方。从学校出发,我们又经过那"鸟的天堂"。

⋯⋯昨天是我的眼睛骗了我,那"鸟的天堂"的确是鸟的天堂啊!

师:我为什么如此分工读?

生:这是把课文分了两大段读。

师:是这样,那就概括两段的段意吧。

生:男生读的是第一段:一个下午,"我们"划船逼近榕树。女生读的是第二段:第二天早晨,"我们"又把船在树下泊了片刻。

师:我觉得写景的文章,不仅要注意时间,更要关注景物的美。

生:这样概括更好些:一个下午,"我们"的船逼近榕树,欣赏了大榕树,享受了静态美。第二天早晨,"我们"又把船在树下泊了片刻,欣赏了鸟的天堂的动态美。

生:只空洞地讲静态美、动态美,离开了内容的概括,太空洞。

师:是这样,段意是概括一段的主要内容。

生:这样概括可以吗? 第一段:傍晚"我们"划船看到一棵茂盛的大榕树,作者赞美这是一棵美丽的南国的树。

生:这样概括好。我来概括第二段:第二天"我们"又经过大榕树,看到了许多鸟飞、许多鸟叫,作者赞美这里的确是鸟的天堂。

师:你们经常互相参照着练习概括段意,就会更简洁更准确了。

【评点】这一环节的主要任务是让学生在初读的基础上整体把握文章结构与大意,初步体会文章所写的美景。学生借助教师给的两条线索"写景的文章"和男女生分工读,很快把文章分为两部分,并相互启发归纳出每一部分的大意。了解课文结构和大意是深入学习文本的基础,但不需要每篇课文都花很长时间去让学生划分结构、概括段意,除非学习重点是概括段意。教师在这里采取提供线索的方式,既让学生能够独立划分结构概括段意,又节省了教学时间,把时间留给这节课要重点学习的内容。教学中每一个问题、每一个内容都会为后来的学习做好铺垫,教师开始问学生这是写什么的文章,学生明白这是写景的文章,写景在后来的段意总结中起到了助学作用。

二、精读,领略榕树美

1. 霞光中荡舟。

师:这一部分咱们边读边欣赏。

(小组先议论准备,每组有一读一赞美)生汇报:

一小组:

朗读:我们吃过晚饭,热气已经退了。太阳落下了山坡,只留下一段灿烂的红霞在天边。

赞叹:美啊! 天边那灿烂的红霞。

二小组:

朗读:我们走过一条石子路,很快就到了河边。在河边大树下,我们发现了几只小船。

赞叹:恬静啊! 河水边,石子路,大树下,小小船。

三小组:

朗读:我们陆续跳上一只船。一个朋友解开了绳,拿起竹竿一拨,船缓缓地动了,向河中心移去。

赞叹:好轻巧啊! 跳上船,解开绳,竹竿一拨,船缓缓地动了,向河中心移去。

生:我们在讲静态描写,你却称赞动态描写。

生:你读过之后,感觉到静了吗?

生:感觉到静了。

生:我们陆续跳上一只船,跳得好轻快啊。

生:一个朋友解开了绳,拿起竹竿一拨,向河中心移去。"一拨""一移",船"缓缓"地动了。好"轻巧"啊!

一女生读:我们陆续跳上一只船。一个朋友解开了绳,拿起竹竿一拨,船缓缓地动了,向河中心移去。(读得轻松、舒畅)

生:好幽静啊!

生:这是以动衬静。

生:下段是以声衬静,我们第四组给你们读读。

分工读:

一女生读:河面很宽,白茫茫的水上没有一点波浪。

一男生读:船平静地在水面移动。

一女生读:三支桨有规律地在水里划,那声音就像一支乐曲。

三男生拟声:哗——哗——哗——,哗——哗——哗——,哗——哗——哗——

数生赞:好幽静啊!

生赞:真清幽啊!

师:各组都读得不错,描绘了霞光中荡舟的清幽,表达了作者热爱大自然的感情。

【评点】文章第一部分分为四个层次,教师带领学生一个层次一个层次地学习。第一层是霞光中荡舟去看榕树,采取小组朗读品味汇报的形式,每个小组汇报的时候先读课文,再说赞叹的话。朗读是欣赏的重要方式,一个小组的欣赏激发着另一组的欣赏。通过小组的朗读、欣赏,大家体会到这一层次的特点,以动衬静描绘霞光中荡舟的清幽。

2.远看一株大榕树。

生读:在一个地方,河面变窄了。一簇簇树叶伸到水面上。树叶真绿得可爱。那是许多株茂盛的榕树,看不出主干在什么地方。

师:河面有什么变化? 为什么?

生读:

(前)河面很宽,白茫茫的水上没有一点波浪。

(后)在一个地方,河面变窄了。

师:河面有什么变化?

生:在一个地方,河面变窄了。

师:为什么?

生:一簇簇树叶伸到水面上。

师:这么写好吗?

生:寥寥几笔,就勾画出大榕树之大,勾画出一簇簇树叶伸到水面上来的画面。

生:给大榕树的树叶照了个远景照。

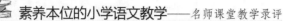

师：再看远景照——

生读：一簇簇树叶伸到水面上。树叶真绿得可爱。

生：啊！树叶好多，树叶好美啊！

生："一簇簇"，就是聚集在一起的树叶好多啊！一垛一垛地伸到水面上。

生：树叶真绿得可爱，"真"绿得可爱，说不出的那么可爱。

生：那树叶翠色欲滴。

师：在远处作者看到了什么？

生：作者说那是许多株茂盛的榕树，看不出主干在什么地方。

生：并不是看到的，那是猜的。

生：何以见得？

生：连主干在什么地方都没看见，就说"那是许多株茂盛的榕树"，肯定是猜的。

生：作者想那么多绿叶，一定有许多株茂盛的榕树。

生：一簇簇树叶伸到水面上，也看不出主干在什么地方，远远看去便以为是许多株树了。

生：叶多叶美，就一定是许多株茂盛的榕树吗？

师：没猜对，引起朋友们的争论。

生读：当我说许多株榕树的时候，朋友们马上纠正我的错误。一个朋友说那里只有一株榕树，另一个朋友说是两株。我见过不少榕树，这样大的还是第一次看见。

师：这一争论很必要——

生：增加了读下去的兴趣——谁说的对？

生：作者一定走近仔细看证明自己对。

生：作者想：我见过不少榕树，这样大的还是第一次看见，得细致看。

师：关键是用争论的方法，把注意力引到看看这株大榕树的真面目——有几大特点。

师：首先看，到底有几株树？

出示 PPT：（生读）

　　我们的船渐渐逼近榕树了。我有机会看清它的真面目，真是一株大树，枝干的数目不可计数。

师：简洁点，找关键句。

生齐：真是一株大树！

师：这里两个"真"用得真妙。

生："我有机会看清它的真面目"，就是看清它本来的固有的面目。

师:刚才"不识榕树真面目,只缘身在远处看"。到近处一看——

生齐:真是一株大树!

师:"真是一株大树",跟朋友争了半天,终于看清了还真是一株树。把惊喜劲儿读出来。

【评点】从河面写到大榕树,文章有一种内在逻辑。教师通过几个问题,引导学生体会文章的逻辑思路。由河面变窄引出"一簇簇树叶伸到水面上",学生借此想象榕树的远景画面。接着教师提出:"在远处作者看到了什么?"学生们推测作者是由"一簇簇树叶伸到水面上"猜测有许多株茂盛的榕树。紧接着,教师呈现了朋友们关于有多少株榕树的争论,正是争论才有了船逼近榕树,看清了它的真面目。通过教师问题的导引,学生与作者一起走近榕树,从中感到作者叙事逻辑的严密。

师:真是一株大树,这是大榕树的特点之一。

生:一株大树,长在那儿,怎么就认不出呢?

生:树是一株,可枝干的数目不可计数,远处看分不清哪儿是主干,哪儿是枝干。

师:那再看第二大特点吧。

出示PPT:(生读)

> 枝上又生根,有许多根直垂到地上,伸进泥土里。

生:您不用着重号提醒我们,我还没注意,一仔细读原来这树是倒着长呢!大树是根上生枝,它是"枝上又生根","根直垂到地上",根从天上向地上长叫直垂到地上。

生:我旅游时见过大榕树,的确,枝上又生根,有许多根直垂到地上,伸进泥土里。这种根叫"气根"。

师:所谓"气根"就是由茎的部分生出的根,其中一部分或全部露出地面,呈绿色。

生:大榕树的主干长在地上,由茎的部分生出的根倒挂在天上,不至于分不清哪儿是主干哪儿是枝干吧。

师:那就要看这株大榕树的第三大特点了。

出示PPT:(生读)

> 枝上又生根,有许多根直垂到地上,伸进泥土里。一部分树枝垂到水面,从远处看,就像一株大树卧在水面上

生:产生错觉的原因是一部分树枝垂到水面,从远处看,就像一株大树卧在水面上。

师:我们看着大榕树的照片读大榕树的三大特点。

出示 PPT:(生读)

　　特点一:我有机会看清它的真面目,真是一株大树,枝干的数目不可计数。

　　特点二:枝上又生根,有许多根直垂到地上,伸进泥土里。

　　特点三:一部分树枝垂到水面,从远处看,就像一株大树卧在水面上。

　　生:这个"卧"字用得好,不说生在水面上,也不说竖在水面上,而是"卧",也就是躺在水面上,可见榕树面积大。

　　生:得想象成一尊卧佛半躺在那儿,手支着头。

　　师:这个想象好,不只是面积大,而是有了体积感——茂盛。

　　生:卧佛,有生命感。

　　师:下面该写怎么有生命感——枝叶茂盛了。

　　【评点】逼近了榕树,有机会看清榕树的真面目。一共用了三句话写榕树的真面目,每一句话写了榕树的一个特点。从特点的视角学习这一段,既帮助学生把握段落的重点,又启发学生写一个景物要抓住特点来写。对每个特点的学习,学生抓住关键字词,联系自己的生活经验,通过想象去体会理解。

　　3.近看茂盛的大榕树。

　　出示 PPT:(生读)

　　　　榕树正值茂盛的时期,好像在把它的全部生命力展示给我们看。那么多的绿叶,一簇堆在另一簇上面,不留一点缝隙。那翠绿的颜色,明亮地照耀着我们的眼睛,似乎每一片绿叶上都有一个新的生命在颤动。这美丽的南国的树!

　　生:这回可是写叶了。

　　生:榕树正在茂盛的时期,好像把它的全部生命力展示给我们看。就拿我们北方的秋收时节说吧,那可是秋收庄稼的展览会,把最鲜活的收获摆出来。(生插话:是"展示"出来。)摆出来,不就是"展示"出来吗? 这时节你站在村前的河堤上,见到的是庄稼把它的全部生命力展示给我们看。高粱红了穗,快擗的棒子晃着紫缨。菜地里白胖胖的南瓜懒洋洋地晒着太阳。桃园里那红了嘴的蜜桃看着我。

生:是你馋了,看着蜜桃笑吧?

生:刚才那位同学结合我们北方秋收时节田野里的农作物,讲明了庄稼茂盛的时期,怎样把它的全部生命力展示给我们看,很有启发,但是,他讲的是北方的庄稼,不是南国的大榕树啊。

师:是应该结合课文理解。

生:首先要弄清这是观赏什么。

数生:大榕树!

生:观赏大榕树的哪部分?

众生:树叶。

师:谁再接着讲?

生:老师说过,一段话都是围绕一个意思写,一般有一个主旨句,读书时要抓住主旨句。

生读:榕树正在茂盛的时期,好像把它的全部生命力展示给我们看。

师:读懂主旨句很关键。

生:还要读懂主旨句中的关键字词。比如"好像"是提示我们读懂这段话要有想象。

生:还要读懂"茂盛"与"展示"。刚才那位同学结合北方的庄稼讲清了"展示","茂盛"就没讲清。

生:我查了。茂盛是(植物)生长得多而茁壮。

生:茂盛不只是(植物)生长得多而茁壮,而且很美。

生:词典上明明说的是(植物)生长得多而茁壮。

生读:那翠绿的颜色,明亮地照耀着我们的眼睛,似乎每一片绿叶上都有一个新的生命在颤动。这美丽的南国的树!

生:巴金大声赞美:"这美丽的南国的树!"

生:也讲美了吧?

师:我提供给你们些资料。

出示PPT:

> 茂:本义指草木繁盛。
>
> 《说文》:草丰盛。
>
> 茂,草木盛。(《玉篇》)引申指盛,美。
>
> 茂,美也。(《集韵》)

生:茂,美也。

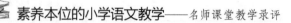

生：茂盛,草木繁盛,也很美,不是开花才美。

师：词典上的注释是抽象的概括,是死的。把字典上的注释用在解释课文的词句中是活的,要活学活用。

师：概括句(主旨句)读懂了,接着读具体描述的句子吧。

生读：那么多的绿叶,一簇堆在另一簇上面,不留一点缝隙。

生：这是写树叶多。一簇堆在另一簇上面,不留一点缝隙,用老农的话是一堆摞在一堆上。

师：用老师的话说是(生笑)量词"簇"与动词"堆",有节奏的组合,准确形象地写出了树叶多。

生："一簇堆在另一簇上面",好像正在往上堆。

师：齐读,读出劳动的节奏。

生齐读：一簇——堆在——另一簇上面。

生：大榕树好茂盛啊! 一垛树叶压在另一垛树叶上,垛成了一大垛。(众生笑)

师：别笑,他扣上了总起句"茂盛"一词了。

生：我们家门前就是大场,你知道农民在场上堆的草垛有多大吗?

生：我见过,跟一座小山似的。大榕树的叶就那么多吧。

师：接着品味——

生读：那翠绿的颜色,明亮地照耀着我们的眼睛,似乎每一片绿叶上都有一个新的生命在颤动。这美丽的南国的树!

生：这是写树叶美。

生：写翠绿的树叶在阳光的照耀下闪闪发光。

生：应该是翠绿的树叶在霞光的映照下光彩夺目。

师：他们描述的是整幅画面,我们还可以细细地欣赏。"那翠绿的颜色,明亮地照耀着我们的眼睛",你知道是什么感觉吗?

生：是凉爽清新的感觉。

生：那翠绿的颜色的树叶,在微风吹拂下一闪一闪照耀着我们的眼睛。

生：我们把眼睛一眯,啊! 这不是童话世界吗——像亮晶晶的小星星跟我们眨眼睛。

师：他们好像看到——

生齐：似乎每一片绿叶上都有一个新的生命在颤动。

师：作者赞美道——

生齐：这美丽的南国的树!

【评点】这一段是从近处描述茂盛的大榕树,作者先概括,后具体描写。整个段落的学习没有教师的讲解,而是学生之间相互启发,互动学习。欣赏的重点、欣赏的方法都是学生自己提出、自己运用,学生们抓住主旨句、关键词,运用想象、体验等多种方式,体会榕树之美。

4.傍晚看"鸟的天堂"。

师:这是傍晚看"鸟的天堂"。

师:下面听读抢答大意。

生齐读:船在树下泊了片刻。岸上很湿,我们没有上去。

一生读:朋友说这里是"鸟的天堂",有许多鸟在这树上做巢,农民不许人去捉它们。

(抢答:这里是"鸟的天堂"。)

一生读:我仿佛听见几只鸟扑翅的声音,等我注意去看,却不见一只鸟的影子。只有无数的树根立在地上,像许多根木桩。土地是湿的,大概涨潮的时候河水会冲上岸去。"鸟的天堂"里没有一只鸟,我不禁这样想。

(抢答:我想"鸟的天堂"里没有一只鸟。)

一生读:于是船开了,一个朋友拨着桨,船缓缓地移向河中心。

(抢答:开船,船缓缓地移向河中心。)

【评点】通过齐读、个人读的方式,明确这一段的主要意思,学生以抢答的形式说出主要意思,为第二次欣赏"鸟的天堂"奠定了基础。

三、欣赏"鸟的天堂"

1.清晨又过"鸟的天堂"。

生读:第二天,我们划着船到一个朋友的家乡去。那是个有山有塔的地方。从学校出发,我们又经过那"鸟的天堂"。

(猜"又"的心理:这次"鸟的天堂"该有鸟了吧。)

2.百鸟鸣唱,千鸟飞腾。

生读:这一次是在早晨。阳光照耀在水面,在树梢,一切都显得更加光明了。我们又把船在树下泊了片刻。

(猜"又"的心理:还泊在这儿一定能看到鸟。)

师:有鸟,听——

【评点】从课文第一部分的"静"到这一部分的"动",以同一个"鸟的天堂"连在一起。文章用了两个"又"字,写出了作者的期待,也从"静"自然地转到了"动"。

生读:起初周围是静寂的。后来忽然起了一声鸟叫。

师:一声鸟叫,引来了万鸟喧腾——

生读:我们把手一拍,便看见一只大鸟飞了起来。接着又看见第二只,第三只。我们继续拍掌,树上就变得热闹了,到处都是鸟声,到处都是鸟影。大的,小的,花的,黑的,有的站在树枝上叫,有的飞起来,有的在扑翅膀。

师:我注意地看着,眼睛应接不暇——

生读:我注意地看着,眼睛应接不暇,看清楚了这只,又错过了那只,看见了那只,另一只又起来了。一只画眉鸟飞了出来,被我们的掌声一吓,又飞进了叶丛,站在一根小枝上兴奋地叫着,那歌声真好听。

师:考考你们,这段的关键词是哪一个?

生齐:应接不暇。

师:为什么?

数生:"应接不暇"在这里是概括地说,后面是具体地说。

师:"应接不暇"这个成语的关键字是哪个?

生齐:暇。

师:作何讲?

(生忙查词典)

生:暇:没事的时候;空闲。(《现代汉语词典》)

师:在这里"应接不暇"怎样解呢?

生:"应接不暇"是鸟太多了,看不过来。

师:这是凭感觉解释的,有这一步不错,在这一步的基础上,下一步是咬文嚼字解释。

生议后出示:

应:应付　　接:接应　　不:没有　　暇:空暇

生:应接不暇:应付接待,没有空暇。

师:到此还差一步,扣课文解释。

生:应接不暇,课文中是指飞鸟太多,看不过来。

生读:我注意地看着,眼睛应接不暇,看清楚了这只,又错过了那只,看见了那只,另一只又起来了。一只画眉鸟飞了出来,被我们的掌声一吓,又飞进了叶丛,站在一根小枝上兴奋地叫着,那歌声真好听。

师:下面我们创设情境朗读。

一女生读:起初周围是静寂的。

一男生读:后来忽然起了一声鸟叫。

一男一女读:我们把手一拍,便看见一只大鸟飞了起来。

一男生读:接着又看见第二只,

一女生读:第三只。

生齐读:我们继续拍掌,树上就变得热闹了,

一男一女读:到处都是鸟声,到处都是鸟影。

男生齐读:大的,小的,

女生齐读:花的,黑的,

男生齐读:有的站在树枝上叫,

女生齐读:有的飞起来,

男生齐读:有的在扑翅膀。

一男生读:我注意地看着,眼睛应接不暇,看清楚了这只,又错过了那只,看见了那只,另一只又飞起来了。

一女生读:一只画眉鸟飞了出来,被我们的掌声一吓,又飞进了叶丛,站在一根小枝上兴奋地叫着,那歌声真好听。

【评点】通过理解关键词"应接不暇",创设情境朗读,体会万鸟喧腾的画面。作者运用排比、短句等,细腻生动地描绘了百鸟飞鸣的动人场面,这样的语言特点、动人画面,非常适合情境朗读。学生在多种形式的朗读中,仿佛置身其中,看到了群鸟的纷飞,听到了鸟儿的呼唤。

师:再读"那歌声真好听"。

生读:那歌声真好听。

师:课文中几次用"真"? 分别表达怎样的情感?

生读:我有机会看清它的真面目,真是一株大树,枝干的数目不可计数。

一只画眉鸟飞了出来,被我们的掌声一吓,又飞进了叶丛,站在一根小树枝上兴奋地叫着,那歌声真好听。

生:前两个"真"是表达作者为看到这样大的榕树而惊喜。

生:第三个"真"是称赞画眉鸟歌声好听。

生:是为画眉鸟歌声叫好。

师:提到"叫好",我想到字典中"真"的另一注释。

出示 PPT:(生读)

真:精;淳。

真:精也。

真:淳也。

例句:发匣琴徽静,开瓶酒味真。(《汉语大字典》)

师:我想酒好,可用酒味真。歌唱得好可不可以"精也""淳也"?

生:可以。京剧唱得好,咱们天津话就叫他唱得"够味"。

生:前两个"真"是作者为有这样的大榕树而赞美、惊喜,后一个"真"是为画眉鸟的歌声喝彩。

生抢:三个"真"反复用是暗示大榕树是鸟的天堂。

师:不是暗示。三个"真"让我们联想到大榕树"大",大榕树"美",大榕树是鸟雀们唱歌的舞台,是鸟的天堂。

师:"画眉鸟",你们也唱首歌,歌唱鸟的天堂吧——

"画眉鸟":大榕树真茂盛,它是我的好家园。

"画眉鸟":农民伯伯保护我,小朋友爱护我,安居乐业好幸福。

"画眉鸟":河水畔,榕树上,绿成荫,把歌唱,吱吱吱,好舒畅。

【评点】抓住文中多次出现的"真",前后联系,整体体会"鸟的天堂"的特别之处,学生们充分感受到榕树的茂盛无比、鸟树幸福相依以及人鸟和谐相处的幸福。

四、尾声:的确是鸟的天堂啊!

(读与答)

生读:当小船向着高塔下面的乡村划去的时候,我回头看那被抛在后面的茂盛的榕树。我感到一点儿留恋。

师:用一词答,这两句写什么?

生齐:留恋。

师:为何留恋?

生:"我"看到了真真切切的鸟的天堂,而不是所谓的"鸟的天堂"。

生读:昨天是我的眼睛骗了我,那"鸟的天堂"的确是鸟的天堂啊!

师:用一句答,此句写什么?

生齐:那"鸟的天堂"的确是鸟的天堂啊!

师:下课!

【评点】作者在留恋鸟的天堂,欣赏了美景的学生也在留恋中完成了课文的学习,带着美好的感觉与学习收获,学生们结束了课堂学习。语文课要把学生带入课文,学生能在课文中与作者近距离接触,触摸作者的心灵与思想;语文课也要把学生带出课文,学生在学习课文中所收获的语文经验、人生经验会让学生更好地学习语文,更好地生活。

《草船借箭》课堂实录

一、谈背景,审清题目

师:咱们今天一起学习《草船借箭》。(板书课题)

师:《草船借箭》出自哪儿?

生:古典长篇小说《三国演义》。

师:"三国"是哪三国?

生:魏、蜀、吴。

师:课文中的主要人物是谁?

生:诸葛亮。(板书:诸葛亮)

师:你知道诸葛亮是三国中哪国的吗?

生:吴国的,不对,蜀国的。

师:对吗?

生齐:对!

师:文章中还有几个人物? 是谁?

生:还有周瑜,东吴的水军都督。(板书:周瑜)

生:还有东吴的鲁肃。(板书:鲁肃)

师:周瑜与鲁肃谁的官大?

生:周瑜官大,他是水军都督。鲁肃只是赞军校尉。

师:我想周瑜相当于现在的司令,鲁肃也就是个参谋吧。

师:还有个他们的对立面。

生:曹操。(板书:曹操)

师:打仗一般是两国打,怎么打出三国了?

生:曹操当时打败了刘备,又要接着打东吴。

生:孙权与刘备联合打曹操。

师:是这意思。那时曹操打败了刘备,又集结了百万大军,驻军江北,准备打东吴。曹操先是劝降,孙权是降是战犹豫不决。于是刘备派诸葛亮出使东吴游说,促使孙刘两家联合抗曹。鲁肃是主战,派积极撮合,最终促使孙吴联合抗曹。于是有了我们读的《草船借箭》。

【评点】《三国演义》对于学生来说并不陌生,教师通过提问让学生理清文章的主要人物及其关系,了解故事发生的背景,为深入学习课文奠定了基础。

二、读全篇,把握主旨

师:你们预习时分段了吗?

生:分了。

师:按什么顺序分的? 分了几段?

生:我是按事情发展的顺序"起因—发展—高潮—结果"分的,分了四段。

师:能讲得具体点吗?

生:第一段写周瑜逼诸葛亮借箭,这是事情的起因。第二段写诸葛亮向鲁肃借船,这是事情的发展。

生:第二段应该是写诸葛亮准备借箭。

师:两种说法都可以,只是角度不同。

生:第三段诸葛亮用草船借箭,这是故事的高潮。最后一段是借箭成功,这是故事的结果。

师:请三位同学读前三段,最后一段全班齐读。读的时候大家思考一个问题:这篇文章主要是夸谁的? 哪句话是点名夸他的? 画出来,也就是找中心句(点睛之笔),明白吗?

(读后汇报)

生:课文主要夸的是诸葛亮。直接夸他的句子是:"诸葛亮神机妙算,我真比不上他!"

师:有同学找的和他不一样吗?

生:我找的是第一句"周瑜对诸葛亮心怀妒忌"。

师:一句话都有个落脚点,看它的落脚点在哪儿。

一生:这句话主要说,因为诸葛亮很有才干,所以周瑜心里很妒忌。落脚点是"妒忌"。

师:对了,这句话是强调周瑜妒忌人。因此,这第一句话不是直接夸诸葛亮的,最后一句才是,明白了吗?

生:明白了。

师:大家一起读最后一句——点睛之笔。

生读:周瑜大吃一惊,长叹道:"诸葛亮神机妙算,我真比不上他!"

师:把中心句里的关键词画下来,一起读。

生齐:神机妙算。

师:所以你看,读书啊,你要把这篇文章的主旨抓住了,你就好读了。讲讲吧,"神机妙算"是什么意思?"神"?

生:非常神奇。

师:"妙"?

生:奇妙。

生:绝妙。

师:"机"与"算"呢?先看"算"。

生:计算。

师:诸葛亮数数曹操有多少战船,对吧?

生:我认为"算"是策划、计谋的意思。

师:"算"是策划、谋划的意思。妙算呢?

生:绝妙的谋划。

师:那"神机"呢?"神",非常神奇。"机"?

生:机灵。

师:"神机",这里的"机"是"机谋",是"策划"的意思。

生:"神机",神奇的策划。

师:讲"神机妙算"!

生:神奇的策划,巧妙的计谋。

生:是形容诸葛亮智谋特别高明。

师:与我们学过的哪个成语相似?

生:足智多谋。

生:料事如神。

【评点】这一环节完成了两个任务:依据情节发展理清文章结构,找出表达文章主旨的语句。对于学生有争议的地方,教师没有轻易放过,而是给出了争议的答案"两种说法都可以,只是角度不同"。教师在课堂上的关键回应,既让学生消除疑问、获得新知,更会驱动学生不断探究。

三、为大局,答应借箭

师:好,我们一段段地欣赏诸葛亮是怎样神机妙算的。看第一段的第一句,主要讲周瑜什么?

生读:周瑜对诸葛亮心怀妒忌。

师:"妒忌"是什么意思?

生：忌妒。（众生笑）

生：我查词典了，词典就是这样注释的。

师：词典上的确是这样注释的，那"忌妒"又是什么意思呢？

众生：妒忌。

师：如此循环还有完吗？

生：老师我查了。忌妒：对才能、名誉、地位或境遇等胜过自己的人心怀怨恨。

师：好！不查明白不罢休。"忌"本身就有"憎恶、怨恨"的意思。

生再读：周瑜对诸葛亮心怀妒忌。

师：开头一句话只十个字，写得妙！你发现有几妙？

生：点明《草船借箭》这个故事的主要人物是周瑜与诸葛亮。

生：因为诸葛亮很有才干，所以周瑜心里很妒忌。

生：下面要写周瑜怎样妒忌诸葛亮。

生：周瑜妒忌诸葛亮，心想你不是有才干吗，给你个造箭的任务，看你能完成吗。

师：为什么一"妒忌"就想起让人家造箭呢？这之前有个《蒋干盗书》的故事。

生：我知道。蒋干是曹操的部下，又是周瑜的同窗。

师：蒋干只是曹操的幕宾，是个帮闲文人。双方作战，一方是曹操，一方是周瑜；这边是主子，那边是同窗。这下蒋干可有用武之地了。

生：蒋干想要立功，就和曹操说，我去劝周瑜投降。周瑜可不是傻瓜，心想，你这是干吗来了？准是探子，我得防着你。于是周瑜摆酒款待，席间佯装大醉。周瑜说，干脆咱们老同学同住一室，同睡一床吧。周瑜装睡，不断说梦话。蒋干一看机会来了，忙在周瑜的一堆文书中乱翻，忽然见到曹操的两员水军大将写给周瑜的信，意思是双方开战时我们做你的内应。

一生（插话）：这两员水军大将一个叫蔡瑁，一个叫张允。他俩本是刘表的部下，后来投降了曹操。

师：信中写道："但得其便，即将操贼之首，献于麾下。"这是什么意思？

生：得机会，我俩砍了曹操的头，献给你周瑜。蒋干把盗来的这封书信交给曹操，曹操本来生性多疑，见此信，大怒，命武士将蔡瑁、张允斩了。

师：《蒋干盗书》讲得不错，不亚于评书演员。

生：一般，一般。

师：能用个古人的谦辞吗？

生：哪里，哪里。

师：有点味道了。

生:岂敢,岂敢!

生:不敢当,不敢当!(众生笑)

师:由于曹操生性多疑,中了周瑜的计,杀了两员大将,周瑜为此自鸣得意,派鲁肃到诸葛亮那儿探听是否得知此计。谁想,鲁肃一进门,诸葛亮就贺喜,鲁肃说你道的什么喜啊?诸葛亮说你家都督一封假信就让曹操杀了两员大将,不该道喜吗?不过请你千万别告诉你家都督我知此事。如果说我知道,他非得杀我。——因为诸葛亮知道周瑜怎么样?

生齐:妒忌。

师:鲁肃没做到,回来如实告诉了周瑜。周瑜大惊,说:"此人决不可留!吾决意斩之!"鲁肃忙劝:"若杀孔明,却被曹操笑也。"周瑜说:"吾自有公道斩之,教他死而无怨。"何以"公道斩之"?于是逼出了个诸葛亮——

生齐:草船借箭。

【评点】引入《蒋干盗书》这一片段故事,既让学生了解了《草船借箭》的故事背景,有利于学生深入理解人物性格特征,又将学生课内外阅读结合起来,引起阅读期待,激发阅读兴趣。

师:默读第2自然段,想一想:周瑜是怎样为难诸葛亮的?诸葛亮的态度如何?把周瑜为难诸葛亮的句子用直线画出来,诸葛亮的态度用波浪线画出来。

师(巡视):好多同学读得很认真,边读书,边动笔,动笔时思考。谁来说说周瑜是怎样为难诸葛亮的?按顺序说。

生1:周瑜对诸葛亮说:"我们就要跟曹军交战了。水上交战,用什么兵器最好?"

生2:周瑜为难诸葛亮说:"对,先生跟我想的一样。现在军中缺箭,想请先生负责赶造十万支。这是公事,希望先生不要推却。"

师:接着读。

生读:"十天造得好吗?"

师:这不是成心为难人家吗?造十万支箭,问人家十天造得好吗。接着读。

生读:"先生预计几天可以造好?"

师:这是为难还是商量?谁再接着读?

生读:周瑜很高兴,叫诸葛亮当面立下军令状。

师:立军令状,还能反悔吗?这是周瑜有意为难诸葛亮。诸葛亮面对周瑜的为难,态度怎样?

生:第一句是"用弓箭最好"。第二句是诸葛亮说:"都督委托,当然照办。"第三句是诸葛亮说:"既然就要交战,十天造好,必然误了大事。"

313

师:那几天造得好呢?

生:只要三天。

师:这是开玩笑吧?

生:诸葛亮说:"怎么敢跟都督开玩笑? 我愿意立下军令状,三天造不好,甘受重罚。"还有,诸葛亮说:"今天来不及了。从明天算起,到第三天,请派五百个军士到江边来搬箭。"

师:你们看他们俩对话客不客气?

生:客气。

师:相当客气,毕恭毕敬,彬彬有礼,是不是? 但在对话过程中两人各有自己的算盘,嘴里说的跟心里想的一点儿也不一样,暗藏杀机。你们读读这些对话,揣摩揣摩他们内心在想什么,看看这第一回合的智斗谁胜了谁败了。

生:平局。

师:打了个平局,一比一,你觉得呢?

生:周瑜胜了,诸葛亮败了。

师:依据呢?

生:周瑜让他造箭他就造了,人家说十天,他说三天,人家让立军令状,他就立了。周瑜胜了,诸葛亮败了。

师:两种意见,那看课文,到底谁胜谁败。先看周瑜的话,猜猜周瑜说这几句话时内心想的是什么。

师:"水上交战,用什么兵器最好?"我猜周瑜内心想:我是水军都督,你诸葛亮是个摇翎毛扇的军师,我考考你:水上交战你知道用什么吗? 是这个意思吗?

生1:是。

生2:不是,我认为周瑜是想为难诸葛亮。

生3:我认为这是给诸葛亮设下了一个圈套。

生4:这是引诸葛亮上钩。周瑜说这句话时心里默想:我用什么方法让他自投罗网呢? 怎么让他自己钻套呢? 一个问题,就钻进来了。

生:这是明知故问,看你上不上套。

师:原来是"明知故问"。

出示PPT:

"水上交战,用什么兵器最好?"(明知故问)

生齐读:"对,先生跟我想的一样。现在军中缺箭,想请先生负责赶造十万支。这是公事,希望先生不要推却。"

师:周瑜说这句话的时候,心里想什么?

生:周瑜心想:我让你进圈套,你就钻进来了,我赢了。

师:周瑜此时的心情如何?

生(大部分):高兴!

师:用个成语——

生:喜形于色。

生:沾沾自喜。

师:哪个好?

生:"沾沾自喜"好,是说周瑜在"自鸣得意"。

师:"自鸣得意"是这意思。这个"对"字读出来是什么味儿的?大家读读吧。

(生齐读)

师:味儿读出来。再看,"请先生负责赶造十万支",他为什么不用"制造"而用"赶造"呢?

生:因为马上就要交战了,如果不用"赶造",就会误了大事。

师:是完全从打仗取胜出发,是这意思吗?

生:是。

生:他用这个"赶造"不用"制造"还有一个原因,我猜,他想用短期造箭的事为难诸葛亮。

师:对,那前边要说"制造"的话,后边可以慢慢做,对不对?现在一个"赶造"就设下伏笔,底下就要谈什么了?

生:时间短。

师:周瑜简不简单?

生:周瑜不简单。他用每一个词时,都想尽办法把诸葛亮引进圈套。

师:进了圈套以后还不答应,还干什么?

生:往里推,让他别退出来。

师:底下又说"这是公事,希望先生不要推却"。为什么说是"公事"?"公事"是什么意思?

生:不是自己的事。

生:这是咱们两国的事,你不是主张共同抗曹吗?

师:不是你先跟我商量联合抗曹的吗?我交给你点任务,你不完成行吗?一下子又把诸葛亮怎么样了?

生:逼入圈套!

出示PPT:

　　"对,先生跟我想的一样。现在军中缺箭,想请先生负责赶造十万支。这是公事,希望先生不要推却。"(逼入圈套)

师:怕诸葛亮退套,接着说"希望先生不要推却","推却"什么意思?

生:拒绝的意思。

生:请不要拒绝,你一定得干,刚把你引入圈套,我可得把圈勒紧了,你别跑了。

师:好,大家一起读读这个"对……不要推却",把这句读出味儿来。

(生读)

师:你看逼入圈套以后,他甘心吗?

生:不甘心。接着问:"十天造得好吗?"步步紧逼。

出示PPT:

　　　　　　　"十天造得好吗?"(步步紧逼)

师:最后把诸葛亮逼到什么地步了?

生:我愿意立下军令状。

师:什么叫"军令状"? 相当于现在的什么?

生:保证书。

师:你写过保证书吗?

生:写过。

师:你要是写了保证书,结果没做到,老师怎么惩罚你?

生:请家长。

师:请家长,杀头吗?

生:不杀头。

师:军令状和保证书不一样的地方是什么? 立完以后完不成怎么样?

生:杀头。

师:这一下要把诸葛亮怎么样?

生:赶尽杀绝。

师:你比周瑜还狠,要灭九族。

生:应该是"置于死地"。

出示PPT:

　　　　　　叫诸葛亮当面立下军令状。(置于死地)

师:所以有同学说周瑜胜了,是不是这个意思? 谁胜谁败还得看看人家诸葛亮干不干。咱看看诸葛亮什么态度。(出示诸葛亮的话)

生读:"都督委托,当然照办。"

师:什么态度?

生:态度诚恳。

出示PPT:

"都督委托,当然照办。"(诚恳接受)

生:两军打仗,我是诚心诚意跟你联合,你的委托当然照办了。

师:当诸葛亮说"只要三天"时,心想,十天造不好是死,三天造不好也是死,早死早省心,是吗?

生:不是。诸葛亮识破了周瑜的诡计,将计就计,算好第三天有大雾,决定草船借箭,所以"只要三天"。

师:他用了一个很好的成语——

生齐:将计就计。

出示PPT:

"只要三天。"(将计就计)

生读:"我愿意立下军令状,三天造不好,甘受重罚。"

师:诸葛亮此时早已——

生:胸有成竹。

出示PPT:

"我愿意立下军令状。"(胸有成竹)

生读:"今天来不及了。从明天算起,到第三天,请派五百个军士到江边来搬箭。"

师:此时,诸葛亮——

生:十拿九稳。

生:胜券在握。

出示PPT:

"到第三天,请派五百个军士到江边来搬箭。"(胜券在握)

师:最终,谁胜了?

生齐:诸葛亮!

生:周瑜败得很惨,全蒙在鼓里,还摆了酒席招待诸葛亮。

生:诸葛亮占便宜了,还赚了几杯酒喝。

师:下面找两个同学读,一个读诸葛亮,一个读周瑜,大家读到"诸葛亮喝了几杯酒就走了"。

(生分角色读)

师:第一回合"智斗"充分显示了诸葛亮怎么样?

生:神机妙算。

出示PPT:

①周瑜为难诸葛亮:

"水上交战,用什么兵器最好?"(明知故问)

"对,先生跟我想的一样。现在军中缺箭,想请先生负责赶造十万支。这是公事,希望先生不要推却。"(逼入圈套)

"十天造得好吗?"(步步紧逼)

叫诸葛亮当面立下军令状。(置于死地)

②诸葛亮的态度:

"都督委托,当然照办。"(诚恳接受)

"只要三天。"(将计就计)

"我愿意立下军令状。"(胸有成竹)

"到第三天,请派五百个军士到江边来搬箭。"(胜券在握)

【评点】在上个环节对课文主旨句初步了解的基础上,本环节围绕两个重点人物周瑜与诸葛亮的对话展开,让学生在二人对话中分析各自语言,揣摩人物心理,走入故事情节,深入理解人物性格特点。通过分析二人的语言、心理,对课文表达的主旨有了进一步的理解。教师引导学生以四字词语概括二人的心理变化,有利于训练学生的思维与语言。

四、做准备,私下借船

师:第二部分写得简洁明了,咱快读,争取用四五分钟读完。这部分一共几个自然段?

生:有三个自然段。

师:我考考你们看谁读得最快。第3自然段是周瑜和鲁肃的对话,对吗?你看看周瑜讲了几点主要意思?

(生默读课文)

师:读完了吗?几个意思?

生:我认为周瑜讲了两点意思:第一,吩咐军匠们,叫他们故意迟延,造箭用的材料不给他准备齐全。第二,叫鲁肃探听诸葛亮的打算,回来报告。

师:读第4自然段,诸葛亮也有所求,也求鲁肃这个好人,看诸葛亮对鲁肃说的话有几点意思。

（生默读课文）

师：看好了吗？谁说第一句？

生：诸葛亮对鲁肃说的话有两个意思，第一个意思是让鲁肃借给他二十条船。

师：好，这样说最简单。

生：第二个意思是不让他把借船的事告诉周瑜。

师：这回鲁肃为难了，一个让探听虚实回来报告，一个是不要告诉周瑜。接着看，鲁肃听谁的了？从哪儿看出来？拿笔画出来。

（生读文、画）

师：谁来说？

生：鲁肃听了诸葛亮的话，"果然不提借船的事"。

生读：鲁肃答应了。他不知道诸葛亮借船有什么用，回来报告周瑜，果然不提借船的事……

师：你们可知道鲁肃是谁的部下？

生齐：周瑜的。

师：这稍不经意就告诉周瑜了，是不是？诸葛亮竟料定他不会告诉，说明诸葛亮了解人做到了——

生：神机妙算。

师：这句话中有一个词，说明诸葛亮看人相当准，圈出来，不让你告诉决不告诉。哪个词？

生齐：果然。

师："果然"是什么意思？

生：口头说的和心里想的一样。

师：是吗？

生：预先想的和结果一样。

师：说明什么？

生：料事如神。

师：如果这里改成一个"什么然"，诸葛亮就麻烦了？

生：改"突然"。

师：回来忘记告诉周瑜了，现在"突然"想起来了，快告诉吧。

生：不是，应该是"竟然"。

师：为什么？

生："果然"是在诸葛亮意料之中。

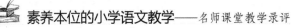

师:"竟然"呢?

生:意料之外。

师:改了一字,这句子就成了——

生:竟然提了借船的事。

生:诸葛亮借箭的计划就完了!

师:你改一字,诸葛亮头就没了。你看作者用词相当准确,一个"果然"充分显示诸葛亮怎样?

生齐:神机妙算!

师:第一部分"智斗"如果说诸葛亮"将计就计",第二部分"借船"用什么成语?

生:知己知彼。

师:诸葛亮在这段中主要完成了一个任务——

生:借船。

师:他对借的船有什么要求? 画下来。

(生画句子)

生齐读:"你借给我二十条船,每条船上要三十多名军士。船用青布幔子遮起来,还要一千多个草把子,排在船的两边。我自有妙用。"

师:最后说"我自有妙用",那么他有什么妙用呢? 下面便知。借船的要求鲁肃要记住,我们也要记住,如果鲁肃落了一条,诸葛亮命就没了。诸葛亮为借箭已准备停当,周瑜呢?

生读:周瑜疑惑起来,说:"到了第三天,看他怎么办!"

生:周瑜疑惑起来。

师:何为"疑惑"?

生:周瑜不明白这是怎么回事。

生:周瑜糊涂了,怎么什么材料也不要呢?

师:"不明白""疑惑",后应用"?"啊,他却用了个"!"。读——

生读:"到了第三天,看他怎么办!"

师:读出了什么意味?

生:"糊涂"了吧,还不想弄明白。

生:"糊涂"吧,还挺幸灾乐祸。

生:"到了第三天,看他怎么办!"你交不出箭,杀你没说的。

生:周瑜自以为胜券在握。

师:这第二回合,谁赢了? 谁败了?

生:周瑜败了!人家悄悄借了船,周瑜却被蒙在鼓里。

师:第二部分学得很快,只用了四五分钟。我们接着学第三部分吧。

【评点】这一部分是诸葛亮准备借箭的过程,从全文来看是故事的发展。在这一环节,教师主要让学生运用比较的方法来体会课文要表达的主旨。一是比较周瑜、鲁肃与诸葛亮、鲁肃的对话,在鲁肃对二人同样要求的不同回应中,看出诸葛亮的神机妙算。对"果然""竟然"二词结合语境的比较分析,让学生对这两个词要表达的意义理解得更深刻。二是比较诸葛亮的行动与周瑜的心理,在比较中看出二人的智谋,理解人物特点。

五、趁大雾,草船借箭

师:我们接着学第三部分吧。第三部分有几个自然段?

生:四个自然段。

师:读课文,看诸葛亮是怎样指挥二十条船借箭的,把每一段的重点句找出来,然后概括小标题。

(生按要求读课文)

师:第一段(第6自然段)是怎么指挥的?

生:诸葛亮吩咐把二十条船用绳索连接起来,朝北岸开去。

师:如果打仗,这第一步指挥员通常都要发一个词的命令——

生:出发!

师:接下去。

生读:诸葛亮下令把船头朝西,船尾朝东,一字摆开,又叫船上的军士一边擂鼓,一边呐喊。

师:你从这里找个词,一是出发,二是什么?

生:呐喊。

生:擂鼓。

师:合起来这叫——

生:进攻。

师:真进攻?

生:假攻。

生:佯攻。

师:战斗片都是真进攻,遇上假进攻就没词了。再看第三段(第8自然段)的指挥。

生齐读:诸葛亮又下令把船掉过来,船头朝东,船尾朝西,仍旧擂鼓呐喊,逼近曹军水寨受箭。

师:大家从这句里画一个词当它的小标题。一齐说——

生:受箭。

师:第四段(第9自然段)读——

生读:到雾散时,诸葛亮下令返回。船两边的草把子上都插满了箭。诸葛亮吩咐军士们齐声高喊"谢谢曹丞相的箭"。

师:刚开始是出发,这回是什么?

生:返回。

师:返回是胜了还是败了?

生:胜了。

师:那么返回又胜了,用个什么词?

生(部分):凯旋!

师:借箭经过分了四部分——

生读:出发—佯攻—受箭—凯旋。

【评点】用小标题的方式梳理故事情节,有利于理解情节的核心要点,把握情节发展的脉络。小标题的概括是在教师启发引导下,学生独立思考、提炼的过程,而不是教师强加给学生的,真正实现了过程方法与知识能力的结合。

师:诸葛亮真善于指挥。有成语称赞称赞吗?

生:神机妙算。

师:有其他的吗?

生:用兵如神。

师:好! 接着——

生:指挥若定。

生:措置裕如。

师:再说一遍——

生:措置裕如。

师:明白了,就是"应付裕如"的意思。好!

师:四个自然段都读懂了,那么咱再看看诸葛亮具体的指挥过程中,充分显示了什么。

生:神机妙算。

师:看看他有多神,有多妙。咱先看看他对人的算,这里算准了几个人?

生:两个,曹操和鲁肃。

师:看看对鲁肃算得准不准,他算到了什么,结果怎样了? 读一读,找书上句子说明,从哪儿看出了对鲁肃算得准?

生读:鲁肃私自拨了二十条快船……

师:说明什么?

生:说明鲁肃听了诸葛亮的话,布置好了一切。

师:"算"他听话,他就听话,说明什么?

生:神机妙算。

师:这里有一个词说明诸葛亮算得相当准,让鲁肃怎么做,鲁肃就怎么做,哪个词?

生齐:私自!

师:一个"私自"说明了什么?

生:诸葛亮神机妙算。

师:第二个算曹操。你看他算到曹操怎样? 结果曹操怎样了? 从书上找句子。

生:算定曹操一定不肯派兵来:"雾这么大,曹操一定不敢派兵出来。"

师:结果呢?

生:曹操还真没有派兵出来。

师:曹操是怎么听话的? 书上怎么说的?

生读:江上雾很大,敌人忽然来攻,必有埋伏,我们看不清虚实,不要轻易出动。

师:只不出兵就行了吗? 诸葛亮要什么?

生齐:箭!

师:曹操听话吗?

生接着读:拨水军弓弩手朝他们射箭便是。

师:曹操最听话,表现在哪个词上? 快圈出来。

生圈:便是。

生:"拨水军弓弩手朝他们射箭便是。"这语气,就是我允许你们射箭。

生:"便是"这语气,是我决定让你们射箭。

生:曹操下令说:"江上雾很大,敌人忽然来攻,必有埋伏,我们看不清虚实,不要轻易出动。拨水军弓弩手朝他们射箭便是。"敌人忽然来攻,本应出兵,但曹操因江上雾大,怕有埋伏,只得射箭,便"拨水军弓弩手朝他们射箭",加上"便是"就有些勉强。

生:曹操退了一步还是得射箭,说明曹操最后还是听了诸葛亮的话——射箭。

师:诸葛亮算得准不准?

生:准。

师:充分说明了诸葛亮怎么样?

生:神机妙算。

师:第二算,从时间上看他选了哪一天? 读——

生读:第一天,不见诸葛亮有什么动静;第二天,仍然不见诸葛亮有什么动静;直到第三天四更时候,诸葛亮秘密地把鲁肃请到船里。

师:有什么感觉?

生:一直等,早一会儿也不行,晚一会儿也不行,就在那儿等,等了三天,等到第三天,一更不行,二更也不行……一直等到四更。

生:诸葛亮好沉得住气。

师:为什么"直到第三天四更时候"?

生:这时候才大雾漫天。

师:这江上有大雾,什么时候料定的?

生:三天前就料定了。

师:可见诸葛亮——

生齐:神机妙算!

师:数数看,课文中几次提到"三天",看看可分几组,起什么作用。

(生读,圈画)

生:八次提到"三天"。第一组(三次)是答应造箭时:"只要三天"这是将计就计;"三天造不好,甘受重罚",这时已成竹在胸了;"到第三天,请派五百……"这时十拿九稳了。

生:第二组(两次):"三天怎么造得成呢?""到了第三天,看他怎么办!"让周瑜蒙在鼓里。

生:第三组(三次)是借船时:"三天……得请你帮帮我的忙";"第三天管保有十万支箭"。这是悄悄准备。"直到第三天四更时候……"这是去借箭。

师:分析得不错,为什么八次反复讲"三天"?

生:诸葛亮神机妙算,三天前,就料定第三天清晨大雾漫天。

生:诸葛亮足智多谋,只用了"三天"便得了十万支箭。

师:再看,他指挥得妙不妙? 前后座同学,以铅笔盒为战舰连接起来一字摆开。将前文借船的要求与后文的指挥借箭,前后照应着读,看诸葛亮借的船有多少妙用,至少找十妙。

(生读书,演示,议论)

(生谈指挥之"妙")

师:有找出十妙来的吗? 谁说第一妙?

生:第一妙是船用青布幔子遮起来,从远处看,看不清装的是什么。

师:好,能够模糊曹军视线。谁说第二妙?

生:把二十条船用绳索连接起来。

师:为什么连起来?

生:省得大雾天谁也看不见谁,待会儿找不着了,箭没借来,人丢了,船丢了,连在一起,可以行动一致。

师:第三妙?

生:横排,连成一排,便于受箭。

师:是这样。第四妙?

生:诸葛亮下令把船头朝西,船尾朝东,一字摆开,并命军士擂鼓呐喊。

师:妙在哪里?

生:妙在虚张声势,吓唬曹操。

生:一擂鼓,一呐喊,曹操以为真进攻了,于是快放箭。

师:第五妙?

生:诸葛亮下令把船掉过来,船头朝东,船尾朝西,擂鼓呐喊,逼近曹营去受箭。这一妙妙在,船要受箭,上面是稻草,射完了一个面,转过来,又接着射另外一面。

师:你再接着说明白了。

生:先射这面,然后掉过来再射另一面。

师:这多麻烦,掉来掉去的,要射一面多好呢?

生:射一面船容易倾斜,弄不好会翻船。

师:是啊,这是第几妙?

生:第五妙。

师:好,你接着讲,刚开始他让船头朝哪儿?

生:船头朝西,船尾朝东。

师:后来呢?

生:船头朝东,船尾朝西。

(画图:开始 ←头朝西,尾朝东→ 回来 ←尾朝西,头朝东→)

师:为什么这样? 他开始为什么不船头朝东,船尾朝西? 这里面有地理知识。

生:因为船头后来朝东,是顺水。

师:说明白了,你说说为什么会形成顺水的情况?

生:长江从西向东流。刚开始船头朝西,船尾朝东。回来时船头朝东,船尾朝西。箭受完了,马上顺水就跑了,做到了——

一生抢:船轻水急。

生:"顺水",保障了"水急",那"船轻"呢?

生:船上还有曹操送的十万支箭呢?

生:十万支箭装在二十条船上,一条船均背五千支。

生:五千支箭正好当压舱石,免得风浪中翻了船。

生:第六妙。

生:保障了"船轻水急"。

师:第七妙?

生:用草把子可以把箭插住。

师:对,要用木头墩就坏了,射不进,这是第几妙?

生:第七妙。

生:草把子必须得至少一千多个。

师:为什么要这么多?

生:要受十万多支箭,一千多个草把子,平均每个草把子受箭一百多支,要是每个草把子受箭太多了,箭就会掉在水中。

师:第八妙。另外这草把子还有什么用?

生:可以当人,吓唬吓唬曹操,一看船上站这么多人,都不怕死,怎么射不倒?

师:第九妙?

生:他用的人多,每个船上三十多个军士。

师:总共多少人?

生:六百多人。

生:俩指挥的,六百多个擂鼓、呐喊的,这一喊曹操真以为敌人要进攻了。

师:第十妙? 这六百多人还有用,讲。

生:万一曹兵出来了,那六百多人还可以打。

师:这是下策。

生:划桨摇橹快。骗了曹操的箭,人家得追,六百多人划桨摇橹跑得快。

师:第十妙。就数到这儿。

(生纷纷举手)

师:好,咱们再加一妙。

生:向曹操呐喊,谢谢曹丞相送箭。

师:妙在哪儿?

生:六百多人一起喊,气气曹操。

师:你们四十人一起喊——

生:谢谢曹丞相的箭!

师:四十人就这么大的声音!六百人喊声势浩大。骗了人家的箭,还气气人家,斗争艺术高超。这十一妙,充分显示了诸葛亮——

生齐:神机妙算!

师:刚出发时鲁肃还挺害怕,书上用了一个词形容他——

生:吃惊。

师:现在如何?看书中插图。

生:高兴,与诸葛亮谈笑风生。

师:精神了,是不是,和诸葛亮边喝酒,边聊天。那咱聊聊天吧,我当鲁肃,谁当诸葛亮跟我聊天?

师:咱俩谈的问题,你甭害怕,不离课文内容,那么咱们聊聊吧。

"鲁肃":诸葛亮先生,您真是活神仙啊!

"诸葛亮":不敢当!不敢当!（众生笑）

"鲁肃":三天之前,您怎么会料到今晨有大雾呢?

"诸葛亮":我略懂得点天文,推测出第三天四更时候有大雾。

"鲁肃":原来先生识天。借船时您为什么要背着我们都督?

"诸葛亮":我深知你们都督妒忌我,他一定会阻拦,加害我。

"鲁肃":原来先生对我们都督早已了如指掌。我要是告诉了我们都督您可怎么办?

"诸葛亮":我深知您一向忠厚,为了共同抗曹您一定不会出卖我。

"鲁肃":谢谢您对我的信任。那您怎么知道曹操必不出兵,一定放箭呢?

"诸葛亮":曹操这个人本来疑心就大,他刚刚上了你们都督的当,杀了两员大将,这次大雾漫天,看不清虚实,怕再上当,就更不敢出兵了,所以就命军士只射箭。

"鲁肃":先生是识天、知人,再加上您的巧指挥,所以您不费吹灰之力,就得了十万支箭。先生真是神机妙算。

"诸葛亮":岂敢!岂敢!

【评点】教师带领学生体会小说发展高潮——借箭的过程,前后文联系,注意每一个细节,充分分析了诸葛亮的"妙"。师生通过模拟人物对话,创设语言情境,再现诸葛亮的想法与智慧。

六、船靠岸,如期交箭

师:大家打开书,看最后一段,有多少句话?

生:四句。

师:这里的每一句,都与前文的某一句照应,找出来照应着读,我们享受享受照应之美妙。大家一起读第一句。

生读：二十条船靠岸的时候，周瑜派来搬箭的五百个军士已经等在江边了。

师：跟前面哪句话照应？快找。

生读："从明天算起，到第三天，请派五百个军士到江边来搬箭。"

师：妙啊！三天之前说派五百个军士搬箭，三天之后做到没做到？

生：做到了。

师：可见诸葛亮——

生：神机妙算。

师：再读第二句。

生读：每条船有五六千支箭，二十条船总共有十万多支。

师：照应的句子？

生读："你借给我二十条船……第三天管保有十万支箭。"

师：数一数全文中几次说二十条船？

生：五次。

师：你知道作者为什么反复五次提二十条船吗？

生：因为二十条船对诸葛亮借箭有重要的作用。

师：说具体点。

生：只靠二十条船就得了十万支箭。

师：本事大不大？而且这二十条船是哪儿来的？

生：找鲁肃借的。

师：借的，还不是自己的，是公开借的吗？

生：是"私自"借的。

师：妙啊——

生：偷偷摸摸借了二十条船，就借了十万支箭。

师：真可谓——

生：神机妙算！

师：这十万支箭，是"借"的吗？

生齐：骗的！

师：课题应改成《草船骗箭》。

生："借"好像显得文明一些。

师：是呀，堂堂诸葛亮怎能"骗"呢？

生：还是"借"好。诸葛亮现在借，打仗时，再还给曹军。

师：是呀，有借有还。借你的箭，打仗时再还你，多有讽刺的意味。可见诸葛亮——

生齐：神机妙算！

师：再读第三句。

生读：鲁肃见了周瑜，告诉他借箭的经过。

师：你们翻前边有一句话，刚上船时鲁肃说了什么话？

生读：诸葛亮秘密地把鲁肃请到船里。鲁肃问他："你叫我来做什么？"

师：叫鲁肃来干什么？

生：取箭。

师：没鲁肃，曹操就不给箭，是吗？叫鲁肃干什么？

生：诸葛亮是让鲁肃看借箭的经过，回来告诉周瑜。

师：为什么得让鲁肃告诉？

生：诸葛亮直接到周瑜那儿说，你看我多能耐，我刚骗了十万支箭，怎么好意思说呢。

生：诸葛亮直接告诉周瑜，你的诡计我早已识破，十万支箭，我骗来了，你杀不了我了，这有伤和气。

生：让鲁肃告诉周瑜借箭的经过最好，可以教育教育周瑜，别再妒忌人了。

师：诸葛亮太善于待人处事了。可见诸葛亮怎样？

生齐：神机妙算！

师：最后一句话——

生读：周瑜大吃一惊，长叹道："诸葛亮神机妙算，我真比不上他！"

师：呼应的句子是？

生读：周瑜对诸葛亮心怀妒忌。

众生：妙啊！

生：开始那么妒忌人，通过这一次草船借箭，结果服了。

生：诸葛亮"草船借箭"既教育了周瑜，又得了箭，气了曹操，一举两得。

师：再说个同义的成语——

生：一箭双雕。

生：一石二鸟。

师：这些成语合起来说明诸葛亮怎样？

生齐：神机妙算！

【评点】课文进入了结局交箭的环节，让学生把前面提到的准备借箭的过程和这里对应起来阅读，更能体会诸葛亮的神机妙算。

七、赞孔明,齐诵古诗

师:"用奇谋孔明借箭",《三国演义》中有诗赞曰——

生读:一天浓雾满长江,远近难分水渺茫。

　　　骤雨飞蝗来战舰,孔明今日伏周郎。

师:下课!

【评点】以古诗作结,使整堂课都具有古典文化味道。诵古诗,忆故事,赞孔明。

总评 zongping

　　整节课紧紧围绕课文要表达的主旨,按照故事发展的顺序展开,有详有略。在人物的联系中,通过对人物语言、行动及背后心理的分析,充分把握诸葛亮的特点,从而使学生更深刻地体会课文要表达的主旨。人物是小说的核心,情节是小说的骨架,环境是小说的背景。情节即人物之间的联系、矛盾等相互关系推动事件的发展,人物在情节的发展中逐渐鲜活、立体。教学中教师利用了小说的特点,在情节的发展中、细节的品味中,引导学生深刻领悟诸葛亮的神机妙算。对人物的分析重视方法策略,如前后联系、背景还原、比较分析、抓重点词句等,学生学习课文后,不仅熟知诸葛亮这个人,更学会了分析人物的方法。

《一只窝囊的大老虎》课堂实录

一、解清题目,提疑难

1.解题目。

师:读课题。

生读:《一只窝囊的大老虎》。

师:关键词——

生齐:窝囊。

师:何谓"窝囊"?

生:没能耐,窝囊废。

生:没精神,发蔫儿。

师:我们查查词典。

出示PPT:

> 窝囊:无能;怯懦。(《现代汉语词典》)

生读:窝囊:无能;怯懦。

师:对,这是《现代汉语词典》中的意思,我教你们怎么查字典。"无能"一听懂了,"怯懦"一听不懂,我们接着查字典。

出示PPT:

> 怯懦:胆小怕事。(《现代汉语词典》)

生:"怯懦"就是胆小怕事的意思。

师:这回我们"无能"也懂了,"怯懦"也懂了,那连在一起"窝囊"是什么意思?用你的话说说。

生:窝囊就是无能、胆小怕事。

师:太好了,这下子窝囊的意思就丰富起来了。咱小学生要有查字典的能力。我又查了《国语辞典》。"窝囊:颟顸(mān hān)怯懦之谓。"一查又不明白了,"怯懦"知道,"颟顸"又不知道了,我们再查"颟顸"。

生(查字典后)读:谓不明事理;又疏忽,不经心之意。

师:这下你知道了吧,"窝囊"一词这么多解释。"窝囊"这个词你排排队,都有什么意思?

生:窝囊:无能、怯懦、糊涂(不明事理)、敷衍(疏忽、不经心)。

师:原来有四个意思,这可得记住了,因为我们得看看这只大老虎最后"窝囊"在哪儿。你们读完这篇课文了,得说说大老虎"窝囊"在哪儿。

【评点】课文标题特别是标题中的关键词即题眼能够预测文章的主要内容,读课文先从解题抓题眼开始,有助于预测文章主要内容,更好地理解课文。题眼表达了课文的主旨,先从词意理解题眼为学生学习提供了基础。有些词虽然生活中在用,但我们可能不是很清晰地了解其准确含义,查字典是了解词意的好方法,有些词的解释中可能还会遇到不熟悉的词,可以继续查下去。还可以多查一些工具书,了解不同词典中词语的含义。用好工具书是形成语文独立学习能力的重要途径,语文老师在教学中要培养学生使用工具书的方法、习惯,让学生会利用工具书等相关资源自主阅读。

2.问疑难。

师:课后第一题要求你们默读课文,在不理解的地方做批注,和同学交流。你们做了预习,咱们先把不理解的地方提出来,一会儿再交流。

(生提问题)

(1)什么是"豁虎跳"?

豁虎跳:翻身跳跃。豁虎跳有双手、单手之别,单手难度大,一般都是双手。

(2)"窝囊"是扮演的角色窝囊,还是演的人窝囊?

(3)观众哄堂大笑的原因是什么? 是因为豁虎跳吗?

(4)老虎是凶猛的,为什么会窝囊? 窝囊在哪儿?

(5)"我"的表演之所以窝囊,和小哥哥的态度有关系吗?

(6)老师的话很少,为什么不评价"我"呢?

…………

【评点】部编课本四年级上册第二单元学习了提问阅读策略,这一单元学习批注的阅读方法,预习时把不理解的地方、自己的疑问批注在课本上是重要的阅读方法。有疑问学习才能深入,阅读的过程就是不断提问,不断解疑,在疑问的解决中走向深度阅读。

二、细读课文,辨"窝囊"

1. 设问题。

师:同学们问的问题不少,归纳一下,就是一问:"我"的演出"窝囊"吗?

2. 学读法。

师:"我"的演出窝囊吗? 为了解决这个问题,怎么做呢? 我教给你们一个读书方法。谁给读读?

出示 PPT:(生读)

> 围绕"'我'的演出窝囊吗?"作者通过细致地描写老师、小哥哥、"我"的动作、语言、神态来表达他们的心情变化。我们潜心阅读时要学会透过外表(动作、语言、神态)来揣摩人物的内心。

师:他们怎么想的都在心里藏着呢,我们通过动作、语言、神态来猜他们心里想什么。

【评点】汇总学生提出的问题,确定核心问题,提供给学生读书方法。

3. 辨"窝囊"。

(1)小朋友如何看大老虎的"豁虎跳"与"窝囊"?

①选角色。

师:分别读一读文中不同角色的表现。

生1:于是开始排练。我套上老虎皮,那是一件画着黑道道的黄布连衣裤,脸、手、脚都不露,我想上台露脸是露不成了。

生2:那个演哥哥的小朋友问我:"你会豁虎跳吗?""不会。"我只好照实说。

"不会豁虎跳算什么老虎。"他撇了撇嘴。

师:演哥哥的小朋友心里想什么呢? 咱猜猜。

生:这个小哥哥嫌弃"我",觉得"我"很窝囊很胆怯。

生:他不喜欢"我"。

生:"他撇了撇嘴",小哥哥瞧不起"我"。

生:小哥哥不服,凭什么你当老虎?

生:不会豁虎跳就不能演老虎。

生:"不会豁虎跳算什么老虎。"意思是不会豁虎跳就不配演老虎。

生:"撇了撇嘴"表示蔑视、瞧不起。

②排练时。

师:继续读——

生3:我还以为扮老虎是最容易不过的了,不用说话,不用露脸,没想到也这么难。

333

生4:那位演哥哥的小朋友话可多了。他说我这只老虎太窝囊,连豁虎跳也不会,只会在地上爬。还说他从没见过不会豁虎跳的老虎。

(点拨:"连……也……"表示强调,含有"甚而、至于"的意思。)

生:"连豁虎跳也不会"意思是演老虎起码要会豁虎跳。

生:世界上没有不会豁虎跳的老虎。

生:小哥哥嘲笑"我"这只老虎太窝囊。

③幕拉下。

师:接着读——

生5:老师倒没说什么。

生6:那位演哥哥的小朋友唉声叹气地对我说:"你一出场就豁几个虎跳,那就强多了。"

(点拨:惋惜、遗憾、差劲)

生:要是你会豁虎跳就好了,实在遗憾。

生:如果一出场就来几个豁虎跳就好了,而且是"唉声叹气"地说,可见小哥哥为没有豁虎跳十分惋惜。

生:表演了豁虎跳就不会砸锅了,太遗憾了。

生:差劲,连一个豁虎跳都没有。

【评点】这节课的核心问题是:"'我'的演出'窝囊'吗?"文中主要出现了三个人物:演哥哥的小朋友、班主任老师和"我",他们对"窝囊"的判断和老虎是否要有"豁虎跳"有关。教师带领学生从文中三个人物的视角紧抓"豁虎跳"与"窝囊"来辨别"我"的演出是否"窝囊"。分析"小哥哥"时紧扣三个场景——选角色、排练时、幕布拉下,找出人物的动作、语言、神态,学生自己阅读,自己分析,相互交流。这种非常有序的学习给了学生开放的空间,每个孩子都能独立思考、自由表达。

(2)老师如何看大老虎的"豁虎跳"与"窝囊"?

①选角色。

师:继续读——

生1:我多想在台上露露脸,尝尝大家都看着我、给我鼓掌是什么味道。

生2:分派到最后,她看了我半晌才下决心说:"就这样吧,你扮老虎。"

师:老师心里在想什么?

生:你能演好吗?

生:该不该让你演呢?

生:他能演个什么角色呢?

生:怕别的角色他演不好,给他一个简单的吧——演老虎。

生:老师看了"我"半晌"才"下定决心,担心"我"什么也演不好,最后才下决心:你凑合着演老虎吧——枪一响就躺下。

②排练前。

师:继续读——

生3:"不会豁虎跳算什么老虎。"

生4:老师真是个通情达理的好老师。她说:"不要紧,扮老虎不一定要豁虎跳。你先四脚着地爬上台,见了他们兄妹俩就站起来,啊呜啊呜叫着,向他们扑过去,他们逃,你就追。等到猎人上场,对你连开两枪,你就躺下来——死掉。记住了吗?"

"我":"记住了!"我连忙答应。我有充分的自信。

生:老师想"扮老虎不一定要豁虎跳",只求他别愣在台上。

生:老师反复叮嘱"我"听到枪响就"躺下来——死掉"。

生:千万别演砸了。

师:叮嘱"我"怎么演?

师:一——

生读:你先四脚着地爬上台,

师:二——

生读:见了他们兄妹俩就站起来,

师:三——

生读:啊呜啊呜叫着,

师:四——

生读:向他们扑过去,

师:五——

生读:他们逃,你就追。

师:六——

生读:等到猎人上场,对你连开两枪,你就躺下来——死掉。记住了吗?

师:你们帮"我"记住分几步演了吗?

生:爬、站、叫、扑、追、躺、死掉。

师:跟"豁虎跳"有关吗?

生齐:无关。

师:"我"答应了吗?

生:答应了。

③排练时。

师:读——

生5:我弯下身子向前爬,老师在一旁不断地提示:"向前爬,再向前爬,快站起来,你没看见他们吗?向他们扑过去!唉,你怎么不叫哇!嗓门要大。别忘了你不是猫,你是一只老虎。"

生6:我还以为扮老虎是最容易不过的了,不用说话,不用露脸,没想到也这么难。

生7:看来老师对我的演技并不满意,她倒没说什么。

师:老师什么态度?

生:"我"以为老师会不满意,老师倒没说什么。

生:老师"倒"没说什么,就是没想到老师没表态。

师:老师倒没说什么,是满意还是不满意?

生:老师想,我刚才跟你说的怎么演,你到底记住没有?

生:老师不满意,心想"老虎"的演技太差了。

生:老师想"老虎"该爬不爬,该站不站,该扑不扑……

生:老师想他演的不是一只老虎,倒像只猫。

生:老师倒没说什么,心想留着你凑合演吧。

师:老师"倒没说什么"与"我"没豁虎跳有关吗?

生:没关系。老师不满意的是"我"的演技,而不是有没有豁虎跳。

生:老师一开始就认为扮老虎不一定要豁虎跳。

④幕拉下。

生8:老师倒没说什么。

生9:那位演哥哥的小朋友唉声叹气地对我说:"你一出场就豁几个虎跳,那就强多了。"

师:写老师用了几次"倒"?说明什么?

生:两次。说不上满意,也说不上不满意,总算演完了。

生:总算没砸锅,凑合下来了。

【评点】从选角色、排练前、排练时、幕拉下四个场景来分析老师如何看大老虎的"豁虎跳"与"窝囊",每个场景呈现了老师和"我"或老师和小哥哥的动作、语言、神态,学生在横向比较和前后对比中,对老师和"我"的心理有了更深的揣摩,对老师的态度、看法也有了更深的认识。排练前老师详细地告诉"我"怎么演老虎,文中用了六个动词"爬、站、叫、扑、追、躺"清楚明白地写出了老虎的形象,这也是老师心目中演老虎的标准。侯老师在教学中特别提出:"叮嘱'我'怎么演?"然后让学生一一体会演老虎的步骤,品味动词运用得准确,描写得具体明白。通过提问与强调,学生很好地掌握了文章的重点。

(3)"我"如何看大老虎的"豁虎跳"与"窝囊"?

①选角色。

生1:我一直没在台上露过面,看着同班的小朋友在台上又唱又跳,边说边比画,我真个羡慕得要死。我多想在台上露露脸,尝尝大家都看着我、给我鼓掌是什么味道。

生2:有一回又逢到我们班表演,班主任在分派角色的时候,我殷切期待的目光可能引起了她的注意。分派到最后,她看了我半晌才下决心说:"就这样吧,你扮老虎。"

生:"我"只是想上台"露露脸",尝尝大家都看着"我"、给"我"鼓掌的味道。

生:演什么,怎么演,全没想,老师要"我"上台就好。

师:能用什么成语形容"我"期待演出的心情?

生:梦寐以求。

生:翘首以待。

②排练前。

师:读——

生3:"不会豁虎跳算什么老虎。"

生4:老师真是个通情达理的好老师。她说:"不要紧,扮老虎不一定要豁虎跳。你先四脚着地爬上台,见了他们兄妹俩就站起来,啊呜啊呜叫着,向他们扑过去,他们逃,你就追。等到猎人上场,对你连开两枪,你就躺下来——死掉。记住了吗?"

生5:"记住了!"我连忙答应。我有充分的自信。

师:"我"记住了什么?"我"有什么样的信心?

生:"我"一定要演好。

生:"我"记住了,猎人连开两枪,就死掉。

生:"我"信心百倍。

生:"我"自信不疑,枪一响"我"就能倒下。

③演出时。

师:读——

生6:我套上老虎皮,戴上老虎头罩,紧张地等候在后台的上场口。忽然背后有人轻轻推了我一把。我知道推我的是老师,立刻弯下身子爬上场去,嘴里啊呜啊呜直叫。只听见台下一阵哄堂大笑,笑得我脸上一阵热。我已经明白,我笨拙的表演把全场的老师同学都逗乐了,他们从没见过这样窝囊的老虎。

师:"我"怎样笨拙的表演使老师同学都"哄堂大笑"?

生:"我"想"我"把全场的老师同学都逗乐了,是因为他们从没见过这样窝囊的老虎。

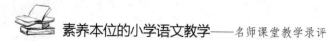

生："我"想观众是笑"我"没有豁虎跳。

生：这是自己瞎担忧。

生：其实观众就是笑他演得太差。

生：这是庸人自扰。

④幕拉下。

师：读——

生7：老师倒没说什么。

生8：那位演哥哥的小朋友唉声叹气地对我说："你一出场就豁几个虎跳，那就强多了。"

生9：我没回答他，可是心里想：是啊，要是我会豁虎跳，这场戏就不至于砸锅了。

生："我"心里想：要是"我"会豁虎跳，这场戏就不至于砸锅了。他是满心的自责。

生：还有悲伤。

生：用个成语是"汗颜无地"。

生：这是自惭形秽。

师：咱分析半天，演这场戏到底要不要豁虎跳？谁窝囊？

生（数人）：要豁虎跳。

生：可老师说不一定要豁虎跳。

师：小哥哥要豁虎跳，老师说不一定要豁虎跳，没反对，演老虎的人是听老师的呢，还是听小哥哥的呢？后来呢？

【评点】同前两个问题一样，这部分也是看几个场景中"我"与老师、小哥哥的表现，揣测不同人物的心理，分析几个人物对表演老虎标准的看法。教师引导学生思考"我"儿时的困惑，顺势把学生带到故事的结尾。

三、回读全文，探究竟

生：后来"我"到动物园去看真老虎，看个究竟。

出示PPT：

后来呢？后来我上动物园总要去看看老虎，想看看老虎是怎么豁虎跳的。可是老虎在笼子里不是打瞌睡，就是垂头丧气地踱来踱去，从没见过它们豁过什么虎跳。

师：读了"我"这段话后，你们再评价老师、小哥哥、"我"对豁虎跳的看法。

师：这段话像谁的观点？

生：老师。

师：哪句话证明老师是对的？

生读:可是老虎在笼子里不是打瞌睡,就是垂头丧气地踱来踱去,从没见过它们豁过什么虎跳。

生:可为什么"小哥哥"一直认为演老虎必须有豁虎跳?

生:可看了没有豁虎跳节目的老师同学为什么哄堂大笑呢?

生:"小哥哥"说的要有豁虎跳倒成对的了。

师:所以"我"至今还不明白。

出示PPT:

　　　　为什么不会豁虎跳就不能扮老虎呢?为什么没豁虎跳就会惹起哄堂大笑

呢?我至今还不明白。

师:谁解释解释?为什么不会豁虎跳就不能扮老虎呢?

生:因为没豁虎跳老虎就不威风了,人们喜欢看威风的老虎。

生:因为"小哥哥"一直演《兄妹历险记》,都有豁虎跳。

生:人们认为不会豁虎跳就没有才艺。

生:人们看惯了有豁虎跳的表演了,今天没豁虎跳就惹起同学们和老师哄堂大笑。

生:看惯了,都觉得有豁虎跳有意思,谁也不会去看看真老虎如何。

师:能用什么成语形容吗?

生:这是"相沿成习"。

生(手拿成语词典)读:习为故常:经常如此,养成习惯,就被当作常规了。

生:老师我这个成语更恰当。习焉不察:习惯于某种事物而发觉不了其中的问题。

师:我们生活中"习非成是"的事不少。

生:"小哥哥"一直认为"我"没有豁虎跳就是"窝囊"。现在证明真老虎也没有豁虎跳,那"我"就不窝囊了。

生:我觉得"我"还是一只窝囊的大老虎。

师:为什么?

生:"窝囊"有四个含义:无能、怯懦、糊涂(不明事理)、敷衍(疏忽、不经心)。

生:"我"怯懦,表演时胆小、窝囊。

生:"我"本来是想能上台"露露脸"就满足了,后来竟为了没豁虎跳而追悔莫及。

生:他本来充满信心地答应老师表演没有豁虎跳的老虎,可让"小哥哥"一忽悠就以为自己是错的了。

生:他没有主见,只听人家的摆弄。

生:所以我说他是一只"窝囊"的大老虎。

师:"窝囊"在哪儿?

生：窝囊在糊涂，不明事理。

师：他到最后也没明白，在结尾自问道："为什么不会豁虎跳就不能扮老虎呢？为什么没豁虎跳就会惹起哄堂大笑呢？我至今还不明白。"

师：他窝囊是因为不会豁虎跳吗？

生：不是，因为糊涂。

师：这两个问题你明白了吧？请你开导开导"我"。

生：不要别人说什么是什么，你要有自己的想法。

生：不要看别人说什么，你要看对不对。

生：不要别人说什么就是什么，你要有自己的想法，要有主见。

师：你有因习非成是、随大流、被人忽悠做错事的经历吗？课下说给同学听听，让同学们吸取教训。

【评点】由后来"我"在动物园看到的情景，引导学生对全文进行思考，究竟小哥哥和老师谁说的对？扮演老虎到底需要不需要豁虎跳？为什么大家都认为正确的反而是错误的？从文中的细节到全文整体的思考，培养孩子们批判思考的习惯。最后回到课文的题眼，让学生们一起探讨，究竟"我"窝囊不窝囊。有了对课文的整体理解，学生们结合上课伊始了解的"窝囊"多种含义进行评析，学生们有观点，有论据。小学语文课程不只是学习字词等基本技能，更要着眼于整体意义的理解；不只是了解课文讲了什么，更要对文章中的观点、问题进行探究，学会批判性地思考，能够产生自己的观点，论述自己的观点。唯此，才真正实现了语言、思维、人文的结合，真正提升语文核心素养，服务于学生未来的学习、工作。

《爬山虎的脚》课堂实录

一、聊天导入，激发读之趣

师：同学们好，知道为什么老爷爷想和你们一起读《爬山虎的脚》吗？猜猜看。

生：您家有很多爬山虎。

师（笑）：不是的。这是美好的回忆，在我和你们差不多年纪时，我的老师就教我读这篇文章，那时就觉得爬山虎特别有意思，想爬山虎是怎样爬的呢？后来，当了老师，又教学生读这篇文章。这美好的回忆，让我想和你们再读读这篇文章。你们说这篇文章怎么样？

生：好。

师：名篇。名篇的味儿得慢慢哑，读一遍好，再读一遍好，再读再读，一遍一遍越读越好，越美。这节课咱们就一起来欣赏欣赏爬山虎的美。

（生齐读课题，师板书课题）

【评点】教师以自己对这篇文章的情感激发学生阅读的兴趣，以自己儿时的好奇激起学生探究之心。教师上学的时候就学过这篇文章，后来做了教师又经常在教，这样的文章就是名篇。名篇怎么学，教师给了方法，就是要反复读，在不断的阅读中感受名篇之美。

二、初读课文，梳理文之脉

师：猜猜看我为什么这样书写课题。

板书：爬山虎的

脚

生：爬山虎是重点。

生：脚是重点，强调"脚"。

师：看这个"脚"，你有什么问题？

生：爬山虎为什么有脚？

生：爬山虎的脚是什么样子的？

生：爬山虎的脚长在哪里？

生：爬山虎的脚是什么颜色的？

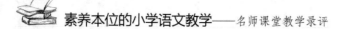

生：爬山虎的脚是怎么爬的？

师：你们真棒，会问问题！咱们今天就来研究爬山虎的脚是怎么回事。

【评点】教师以特别的方式板书课题，让学生发现课文的重点，并围绕重点提出问题。围绕课文标题提问是重要的阅读策略，既让学生发散思维，从多角度提问，又让学生对阅读课文充满期待。

生齐读：学校操场北边墙上满是爬山虎。我家也有爬山虎，从小院的西墙爬上去，在房顶上占了一大片地方。

师：这段写的什么内容？

生：爬山虎长在什么地方。

生：爬山虎是在墙上爬的。

出示PPT：

满墙的爬山虎。

师：我这样概括比你们好在哪儿？

生：您说出了爬山虎在哪儿爬。

生："满"写出了一片全都是。

生读：满墙的爬山虎。

【评点】学完一个段落要会概括段意，概括段意要凝练而准确。学生通过比较自己的概括与老师的概括，明白概括段意的要领。

指名读：爬山虎刚长出来的叶子是嫩红的，不几天叶子长大，就变成嫩绿的。爬山虎的嫩叶，不大引人注意，引人注意的是长大了的叶子。那些叶子绿得那么新鲜，看着非常舒服。叶尖一顺儿朝下，在墙上铺得那么均匀，没有重叠起来的，也不留一点儿空隙。一阵风拂过，一墙的叶子就漾起波纹，好看得很。

师：你们也概括个小标题。

生：叶子的颜色。

师：只写了叶子的颜色吗？

生：爬山虎的叶子怎么长的。

师：你觉得这叶子怎么样？

生：好看——好看的叶子。

生读：好看的叶子。

指名读：以前我只知道这种植物叫爬山虎，可不知道它怎么能爬。今年，我注意了，原来爬山虎是有脚的。爬山虎的脚长在茎上。茎上长叶柄的地方，反面伸出枝状的六七根细丝，这些细丝很像蜗牛的触角。细丝跟新叶子一样，也是嫩红的。这就是爬山虎的脚。

师:这段写的什么?

生:写脚长在什么地方。

生:写爬山虎的脚。

生读:爬山虎的脚。

指名读:爬山虎的脚触着墙的时候,六七根细丝的头上就变成小圆片,巴住墙。细丝原先是直的,现在弯曲了,把爬山虎的嫩茎拉一把,使它紧贴在墙上。爬山虎就是这样一脚一脚地往上爬。如果你仔细看那些细小的脚,你会想起图画上蛟龙的爪子。

师:这段写的什么?

生:写爬山虎是怎么爬的。

师:棒! 概括得准确。

生读:脚怎样爬。

指名读:爬山虎的脚要是没触着墙,不几天就萎了,后来连痕迹也没有了。触着墙的,细丝和小圆片逐渐变成灰色。不要瞧不起那些灰色的脚,那些脚巴在墙上相当牢固,要是你的手指不费一点儿劲,休想拉下爬山虎的一根茎。

师:这段写的什么?

生:写爬山虎的脚巴在墙上特别牢固。

师:还写了什么?

生:爬山虎的脚有能触着墙的,有触不着墙的。

生:触着墙的怎样? 没触着墙的怎样?

生读:脚的两结局。

结合板书理脉络:

      1. 满墙的爬山虎

      2. 好看的叶子

      3. 爬山虎的脚

      4. 脚怎样爬

      5. 脚的两结局

师:你们看,这篇文章层次是多么清晰,写得多么清楚明白,这就是这篇文章著名之处。

【评点】教师带领学生一段一段读课文,看每一段写了什么,并用小标题概括。全文读完了,每一段的小标题形成了文章的层次结构图,文章主要写了什么,每部分之间的关系一目了然。学习文章,首先要了解文章写了什么,文章的结构如何,这是细读文章的基础。

三、细读文章,欣赏叶之美

(出示图片:满墙的爬山虎)

师:看到这一墙的爬山虎,你会怎么描写?

生:爬山虎很茂盛。

生:一墙都是绿的。

生:叶子很密。

师:你们说的都是某一个方面,咱看看作者是怎样写的。

出示PPT:

学校操场北边墙上满是爬山虎。

师:叶圣陶先生用哪个词来形容学校这一墙爬山虎?

生:满是。

出示PPT:

我家也有爬山虎,从小院的西墙爬上去,在房顶上占了一大片地方。

生:一大片。

师:你们真棒,我还没问,你们都答出来了,这两个词都是形容叶子多,咱换一个个儿行吗? 为什么?

生:"满是"比"一大片"要多。学校比院子要大。

生:"满是"是"全是"。"一大片"不少,可不是"满是"。

师:是啊,你看名篇就是这样用词,相当准确。

【评点】本文是部编教材四年级上册第三单元的一篇课文,这一单元的语文要素是"体会文章准确生动的表达,感受作者连续细致的观察"。准确生动的表达源于连续细致的观察,没有连续细致的观察做基础,表达很难准确生动。准确生动的表达经常体现在用词的准确上,侯老师带领学生抓住关键词"满是""一大片"体会爬山虎叶之多,以及这两个词的区别。通过比较发现二者的区别以及为什么两个场所用词不一样。

(出示图片:红绿相间的爬山虎)

师:这怎么形容?

生读:爬山虎刚长出来的叶子是嫩红的,不几天叶子长大,就变成嫩绿的。

师提示:爬山虎的叶子好美啊,美在一字——

生齐:嫩。

生读:爬山虎刚长出来的叶子是嫩红的,不几天叶子长大,就变成嫩绿的。

师:美吧,接着读——

生读:爬山虎的嫩叶,不大引人注意,引人注意的是长大了的叶子。

师:读到这里,马上想到下面该写——

生:长大了的叶子。

师:从哪儿看出来的?

生:引人注意。

【评点】读句子猜想下面接着写什么,这不仅是阅读的策略,而且对学生的写作亦有帮助。

师:长大的叶子有三美——

生读:那些叶子绿得那么新鲜,看着非常舒服。

师:美在哪儿?

生:样子。

师:空话。

生:美在颜色。

(指名再读)

师:美在哪儿?

生:绿得美。

师:一语中的,清楚明白。

(生再读感受美)

师:"舒服"从哪里感受到的?

生:绿得那么新鲜。

师:所以是绿得美。

指名读:叶尖一顺儿朝下,在墙上铺得那么均匀,没有重叠起来的,也不留一点儿空隙。

师:美在哪儿?

生:密。

生:平整。

生:排得齐。

师:把你们说的合起来说就是——

生:整齐美。

生:均匀美更好。

师: 匀 ,这是小篆的"匀","匀"表示"勹"内有"二",意可一分为二。

师:古代的字典解释为——

出示PPT:(生读)

匀:均也。(《集韵》)

匀:齐也。(《玉篇》)

生:匀:均也。匀,平均。

生:比"平均"还"平均",一点不多,一点不少。

生:匀:齐也。匀,整齐。

生:一边齐,不长不短。

师:你们理解了"均""匀"二字再读,味道就不一样了。

生读:叶尖一顺儿朝下,在墙上铺得那么均匀,没有重叠起来的,也不留一点儿空隙。

生:在墙上铺得"那么均匀",行与行、叶与叶间的距离相等,整齐一致。

生齐:匀也。

生抢答:叶尖一顺儿朝下,方向一致,叶排得整整齐齐,谁也不压谁,也不留一点儿空隙。

生齐:齐也。

生:就像队列表演,横是横竖是竖。

师:均匀是一美,接着审美——

生读:一阵风拂过,一墙的叶子就漾起波纹,好看得很。

师:美在哪儿?

生:动得美。

生:动态美。

出示PPT:

动得好看。

师:哪个词写出来动得好看?

生:漾起波纹。

师:这就是美感。

齐读:一阵风拂过,一墙的叶子就漾起波纹,好看得很。

师:美在哪个字上?

生:漾。

生:"漾"字三点水,让我想起水的波纹。

生:叶子动的波纹和水的波纹是一样的。

出示PPT：

漾：水面微波荡漾。

师：你眼前出现什么？

生：湖上的波纹一起一伏。

生（美美地）读：一阵风拂过，一墙的叶子就漾起波纹，好看得很。

师：描绘描绘，怎么好看？

生：漾起波纹，波纹一圈一圈的。

生：一墙的叶子都漾起像水一样的波纹。

师：能感受到美，但说不出来，看来我们的词语还得丰富，语文就是要学习用什么词写得美。我看到这儿，想到了一句诗——

出示PPT：（生读）

风乍起，吹皱一池春水。

师：这回你再描绘描绘这"漾"字有多美，结合那句诗谈谈。

生：风吹过，池塘里的水就皱起了一池波纹。

师：平时咱们就要多记点，有了喜欢的古诗词就积累，时间长了就讲得更美了。

生描写：一池春水，春风吹拂而过，水面上荡漾着细纹微波。

生再读：一阵风拂过，一墙的叶子就漾起波纹，好看得很。

师：爬山虎叶的三美中最独特的一美美在哪儿？

生：独特的一美，美在一墙的叶子铺得那么均匀。

生再读：叶尖一顺儿朝下，在墙上铺得那么均匀，没有重叠起来的，也不留一点儿空隙。

师：你们有什么问题？

生：叶尖为什么会朝下？

生：它为什么铺得那么均匀？

生：为什么没有重叠起来的？

【评点】抓住关键词体会长大的叶子的三美。三美的体会能够从关键词入手，精准理解关键词，调动诗词积累，通过联想想象、相互联系走入文章所描写的境界，去感受体验。

四、精读课文，学观察之细

师：叶圣陶先生看了那么美的叶子也有了那么多问题，有了好奇心，后面才会细致观察。

出示PPT：

爬山虎的脚长在茎上。茎上长叶柄的地方，反面伸出枝状的六七根细丝，这些细丝很像蜗牛的触角。细丝跟新叶子一样,也是嫩红的。这就是爬山虎的脚。

师:认真读一读,每一句都写了什么?

生读:爬山虎的脚长在茎上。

生:脚长的位置。

生读:茎上长叶柄的地方,反面伸出枝状的六七根细丝,这些细丝很像蜗牛的触角。

生:细丝长在哪儿。

生:细丝像蜗牛的触角。

生:脚的样子。

生读:细丝跟新叶子一样,也是嫩红的。

生:细丝的颜色。

生读:这就是爬山虎的脚。

生:总结。

师:你会画图吗?(生画)

出示 PPT:

师:哪个是爬山虎的脚?你来指指爬山虎的脚。

生:茎上长叶柄的地方,反面伸出枝状的六七根细丝,每根细丝像蜗牛的触角。

师:这就是——

生:爬山虎的脚。

【评点】学习观察之细,需一句一句去品味,看每一句在写什么。

师:下面咱该看——

生:脚是怎么样爬的。

指名读:爬山虎的脚触着墙的时候,六七根细丝的头上就变成小圆片,巴住墙。细丝原先是直的,现在弯曲了,把爬山虎的嫩茎拉一把,使它紧贴在墙上。爬山虎就是这样一脚一脚地往上爬。如果你仔细看那些细小的脚,你会想起图画上蛟龙的爪子。

师:写爬山虎"爬"关键得用什么词?

生:动词。

师:圈出作者用了哪些动词,注意要找关于脚"爬"的动词。

生:触、巴、拉、贴。

师:这四个动词好在哪儿呢? 咱先来看"触"。你觉得"触"是什么意思?

生:碰到。

生:摸。

生:挨到。

生:触摸。

师:咱们查查词典看看这"触"的意思。

出示PPT:

触:抵也。(《说文解字》)

触:用角抵触。例:羝羊触藩。

师:读懂了吗?

生:用角抵触,似懂非懂。

师:再查。

生读:引申为——触:撞和碰;接触,挨上。

师:文中应是哪种解释?

生:接触,挨上。

师:再看"巴"。

出示PPT:

巴:虫也。或曰食象蛇。象形。(《说文解字》)

生:这"象形""象蛇"让我联想到蛇行走时一直贴着地,所以"巴"的意思是紧贴着。

师:联想得好。咱回头来看,"爬山虎的脚触着墙的时候"中的"触"是什么意思?

生:接触,挨着。

生:不是一般的接触,挨一挨,而是——

生齐:巴住。

师:怎么巴?

生:只要一"触"着墙,就紧贴着墙。

生:拼命地用身子紧贴住,就跟粘上一样,不然就都掉下来了。

师:接着,怎么拉才能拉住?

生:紧紧地拉住。

生:拼命地拉着。

生:关键是快快地拉。

师:最后怎么贴?

生:紧紧地贴着。

师:爬山虎为什么这么拼命地"触、巴、拉、贴"?读一读文章最后一段,找找答案。

【评点】爬山虎的脚怎样爬,关键要抓住几个动词。对于学生不常见或理解模糊的动词,教师引导学生查字典,结合语境,选出最确切的义项。对几个动词的理解能够相互联系,且带入语境体验,爬山虎一连串爬的动作形象地复活于学生头脑中。

五、回味课文,思自然之道

生读:爬山虎的脚要是没触着墙,不几天就萎了,后来连痕迹也没有了。

师:什么是"萎了"?

生:干死了。

生:巴不着墙的就干死了。

师:后来连痕迹也没有了。巴着墙的呢?

生读:触着墙的,细丝和小圆片逐渐变成灰色。不要瞧不起那些灰色的脚,那些脚巴在墙上相当牢固,要是你的手指不费一点儿劲,休想拉下爬山虎的一根茎。

师:你们看,这就是大自然的规律,有本事就活着,没本事就死。这就叫——

生:物竞天择。

生:遇到天旱,有的禾苗挺过来了,有的干死了,这叫物竞天择。

师:比赛时选择优胜的,不优胜的淘汰。这叫——

生:优胜劣汰。

生:比赛胜的是冠军,失败的就淘汰,叫优胜劣汰。

师:还叫——

生:适者生存。

师:做到"触、巴、拉、贴"就活着,做不到就死了。因此爬山虎想活着就要努力做到"触、巴、拉、贴",一点失误都不行。

师:爬山虎的脚的每一个动作都要尽力,品一品,每一个动作怎样尽职尽责,才能爬好?

生:敏捷地触。

师:为什么?

生:因为不敏捷,触不着墙就萎了。

生:尽力地巴。

师:为什么?

生:都是石头或砖墙,不拼命就巴不住。

生:坚韧地拉。

师:为什么?

生:因为它一头巴的是墙和石头,没有点韧性是拉不住的。

师:还能换什么词?

生:竭尽全力地拉。

生:玩命地拉。

生:紧密地贴。

师:为什么?

生:不贴紧就掉下来了。

师:每一个动作都要尽力,品味一下,每一个动作怎样努力才能爬好?

(提供词语供选择:尽力　敏捷　紧密　坚韧)

师生配合读:师:触——　　　生:触得敏捷。

　　　　　　师:巴——　　　生:巴得尽力。

　　　　　　师:拉——　　　生:拉得坚韧。

　　　　　　师:贴——　　　生:贴得紧密。

　　　　　　女:齐心协力　　　男:配合默契

师:这样做是因为——

生:物竞天择,优胜劣汰,适者生存。

生再读:爬山虎的脚触着墙的时候,六七根细丝的头上就变成小圆片,巴住墙。细丝原先是直的,现在弯曲了,把爬山虎的嫩茎拉一把,使它紧贴在墙上。爬山虎就是这样一脚一脚地往上爬。

师:这段描写是最精彩的一段,精彩在哪儿?

出示PPT:(生读)

　　　这里的"触、巴、拉、贴"用得多么准确,动词之间的呼应多么妥帖,把数日才能观察到的情景,浓缩在短瞬之间,让读者似乎看到了爬山虎是怎样一脚一脚往上爬的。

师:你看作者怎么样才能做到?

生:观察得太细致了。

生:作者太有耐性了,一观察就是几个月。

生齐读:爬山虎的脚触着墙的时候,六七根细丝的头上就变成小圆片,巴住墙。细丝原先是直的,现在弯曲了,把爬山虎的嫩茎拉一把,使它紧贴在墙上。爬山虎就是这样一脚一脚地往上爬。

师:咱们走路叫"一步一步"。叶圣陶讲的"一脚一脚"是不是错了? 为什么?

生:爬山虎有很多脚,人只有两只脚。

生:人走路靠两只脚,得一步一步地捯着走。

生:爬山虎每爬一步就要长一只脚爬,是一脚一脚地爬。

生:爬山虎爬的时候一只脚贴墙,然后长出另外的一只脚继续爬,所以爬山虎是一脚一脚地爬。

师:咱人走路时是用两只脚,一步一步地走。爬山虎是不断长出新脚,一脚一脚地往上爬,这句子看似简单,却只有文学大家才能这样准确地遣词造句。这就是名篇。

师:这篇文章准确、形象的句子比比皆是,找出来好好品味品味。别像我等白了少年头再品味。下课!

总评 zongping

学习这篇文章要聚焦作者连续细致的观察、准确生动的表达,作者所用的语言、所传达的自然之道都是连续细致观察的结果,都展现了准确生动的表达。作者写爬山虎往上爬用的是"一脚一脚",就是这样一个简单的词语蕴藏着作者观察的连续性。"一脚一脚"不仅是写动作上的攀爬,更写出了爬山虎的成长。教师以自己的文本探究引导学生透过语言去品悟作者的发现。名篇的阅读是语言的品味,也是意义的创建,正是在语言的品味中,读出了作者要表达的意义。这种意义的获得,是阅读的乐趣之一,会激励学生广阅读、多阅读。

这篇文章不仅描述自然现象,更揭示了自然规律。自然规律不仅存在于动植物界,对于人类也同样适用。教师没有去大讲特讲自然规律,以说教的方式对学生进行人生教育,而是让学生走入文本,对触着墙的、没触着墙的爬山虎进行比较,从文本中读出自然规律"物竞天择、适者生存、优胜劣汰",读出自然规律背后所隐藏的爬山虎的脚的品质。学生明白了自然之道,再回到前文写爬山虎的脚怎样往上爬的语句中,四个动词不仅仅是动作了,更写出了爬山虎的独特品质。准确生动的文字表达展示了作者长时间、细致耐心的观察,展现了作者对自然与生活的感情。

《王戎不取道旁李》课堂实录

一、读课题,看图讲大意

生读:《王戎不取道旁李》。

生解题意:王戎不摘取道路旁边的李子。

师:这是解题,要结合图说故事大意。

生:王戎是站在道边的扎两个小辫子的,树上面的小孩是摘李子的。

师:树底下的王戎呢?

生:他没有去摘。

师:从哪里看出没有去摘?

生:他站在树下,没有爬上去。

师:还有呢?

生:他摆手了,还很镇定。

师:这像我童年时代看"拉洋片",看了一片又一片,见嘛说嘛。谁说说故事的大意?

生:道边小孩们上树摘李子,王戎在原地待着摆手,表示不要去,而且很镇定。

师:为什么摆手? 想象想象。

生:他说不要去,而且还说李子是苦的,不要去摘。

生:王戎的伙伴上树摘李子,王戎站在原处不动,直摆手,说李子是苦的。

师:对,看封面我们就能讲故事,这是"书皮学",也是学语文。得好好练练。我小时候大街上有"小人书铺",书铺把小人书皮裁下来,贴在橱窗上吸引我们。我看书皮猜着

— 353 —

书中的故事,走进"小人书铺"看了《鲁智深倒拔垂杨柳》《庚娘》《桃园三结义》……看书皮想象故事内容,这是想象能力。

【评点】这篇课文的教学,侯老师采取给任务和方法、提目标和要求的策略,学生阅读从被动转向主动,从盲从教师到目标明确,在自主学习中学会阅读。对于小学生来说,学习文言文首先要了解大意。教师出示任务——"我读课题,我看图讲大意",学生们通过解题和看图想象,相互激发,共建图意。通过看标题、图片想象文章大意,有利于学生猜测文中不懂的字词,读懂文言文意思。

二、读课文,做到读音准,读得顺

(生各自练习读)

生齐读:王戎/七岁,尝/与诸小儿/游。看道边李树/多子折枝,诸儿/竞走取之,唯/戎不动。人/问之,答曰:"树在道边/而多子,此必/苦李。"取之,信然。

【评点】教师结合文言文特点,提出了朗读要求:读音准、读得顺。文言文与现代文语言模式不同,学生不是很习惯,读音准、读得顺既是朗读的重点,也是难点。要读得顺需要断好句,把握每句的搭配、停顿,学生借助PPT,在练习中做到"读音准,读得顺"。

三、师生互动,猜读文言文

师:尽管是文言文,好多词句和我们现代的词句也是相关的。现代语言是从古代语言发展来的。你觉得哪些字词和现在不同,不好理解?

生:尝。

师:还有?

生:信然。

生:竞走。

师:我们集中解决几个关键词,解决了就会翻译这篇古文了。

【评点】理解文言文重点在解决关键词,先让学生找出不懂的,教师再带领学生一起去解决。

1.我跟老师推测"尝"的意思。

出示PPT:(生读)

王戎七岁,尝与诸小儿游。

师:"尝"字的注释怎么推测呢?(随师生对话逐渐出示PPT)

旨←嘗(尝)

旨:美味。(《新华字典》)　旨:滋味美。(《现代汉语词典》)

↓

用口舌辨别滋味

尝尝味道美不美

↓

吃;食;吃一点儿

↓

滋味(味道)

↓

试探(《小尔雅》)

↓

经历;经受

(凡经历过者为尝,未经历过为未尝)

↓

曾经

师:通常我们用"尝"怎么造句呢?

生:这道边李子好甜啊,我们尝一尝吧!

师:对! 看这个"尝"底下是个圣旨的"旨",猜猜是什么意思?

生:当"让"讲。

师:不对,查词典。

生 1:旨:美味。(《新华字典》)

生 2:旨:滋味美。(《现代汉语词典》)

师:"旨"(美味)怎么跟"尝"连起来了?

生:因为是美味,所以我要尝一尝。

师:联想得好。读——尝:用口舌辨别滋味。

师:用自己的话说一说。

生:尝尝味道美不美。

生:尝尝滋味美不美。

师:怎么尝?

生:吃,吃一点儿。

师:于是"尝"从本义引申出"吃;食";" 吃一点儿"。

师:为什么只吃一点儿?

生:怕太咸。

生:怕是苦的!

师:尝一点儿,用个词,意思是——

生(议论后):试探。试探咸不咸,苦不苦。

生:我知道了"尝"从"吃一点儿"引申出"试探"。

师:苦、辣、酸、甜都"尝"过了,"试探"过了,还可以说——

生:苦、辣、酸、甜都"经历""经受"过了。

师:苦、辣、酸、甜都"经历"过了,必是"从前"经历过的,这个"从前经历过的"能换个同义词表达吗?

生(议论后):"曾经"经历过的。

生:这又从"经历"引申出"曾经"。

生:我知道了"王戎七岁,尝与诸小儿游"中的"尝"是"曾经"的意思,整句的意思是"曾经和许多小孩一起游玩"。

生1:"尝"在课本中有注释,还猜这么半天,白费力。

生2:这样联想挺有趣,让我们知道了为什么"尝"有那么多意思。

生3:还知道"尝"有本义,还有引申义,它们是联想出来的。

师:你们翻开《现代汉语词典》147 页看"尝"的注释——

生读:尝:①吃一点儿试试;辨别滋味。②经历;体验。③曾经。④姓。

生:原来词典中一个字下注了那么多条,在这里是有关联的,是联想出来的。

生:这里有本义,还有引申义。

生:查词典我学了一招。

师:咱们再学一招。

【评点】课文里有"尝"字的注释,但教师仍然引导学生一起推测文中"尝"的意思。汉字是形义结合的文字,汉字的意义随着时代的发展在不断衍生。对于文言文的字词理解,不能简单机械地让学生记住意思,而应该帮助学生在字词与意义之间建立起联系。这样既能帮助学生牢牢记住字词意思,又能丰富学生对字词的理解,更能使学生感受到汉字的魅力,学习汉字文化。推演汉字意义是建立联系的过程,对学生思维发展大有裨益。

2. 我们推测"诸"的意思。

出示PPT:(生读)

> 王戎七岁,尝与诸小儿游。

师:这句话中有个"诸"字,怎么讲?

生:诸位。

生:诸位认真听课。

生:各位。

师:诸位楼上请,这个"诸位"指多少人?

生:很多人。

生:众;许多。

师:对,"诸"是很多人,懂了吧。这个懂了,这句话就懂了。

生:"王戎七岁,尝与诸小儿游"的意思是:王戎七岁的时候,曾经和许多小孩一起游玩。

生:一字懂了,全句就通了。

【评点】对于"诸",学生平时听得最多的是"诸位",但他们不一定理解"诸位"中"诸"的意思,结合生活语境,学生明白了"诸"就是"众;许多"的意思。理解了"尝"与"诸",整句话就明白了。教师抓关键字词、学生不理解的字词,与学生一起推测意思,学生理解了这些关键字词的意思,全句意思就懂了。与简单地翻译、串讲相比,这种通过推测字义而读懂句意的方法,让学生收获了发现、探究的快乐,学习成就感更强。

3. 我们辨析多音字——折。

出示PPT:

> 看道边李树多子折枝。

生1读:看道边李树多子折(zhé)枝。

生2读:看道边李树多子折(shé)枝。

师:到底是读"zhé",还是"shé"?

出示PPT:

折(zhé)

折断;弄断。

折,断也。(《说文解字》)

例:锲而舍之,朽木不折。

折(shé)

断。折,断而犹连也。(《广韵》)

例:他打折了腿了。

生:折(zhé):折断;弄断。关键在一点儿也不连着。

生:"骨折(zhé)"是骨头断也。——一点儿也没连着。

生:折(shé):断。关键是"折,断而犹连也"。断了还连着些。

生:"枝折(shé)"是枝虽折(shé)了,但还连着些皮。

生读:看道边李树多子折(shé)枝。

师:为什么?

生:多子折枝:因果实多而压折了枝条。折(shé)枝,是枝虽然折(shé)了,可没断下来。

生:对,没断下来。李子太多了,压折(shé)了枝条。

生:"多子折枝"这句话太妙了。因果实多而压得枝条断而犹连也。(众生笑)

【评点】"折"作为多音字究竟是读"zhé"还是"shé",教师不是直接告诉学生,而是呈现了音和义,让学生比较什么义读什么音。学生结合课文,去判断课文里"折"是什么意思,应该读什么音。音义结合,学生记得更牢,理解得更深,整个句子的意思形象地呈现于学生头脑中。

4.我们欣赏古汉字"競"。

生读:诸儿竞走取之。

出示PPT:

競

(甲骨文)　　(金文)　　(小篆)　　(隶书)

生:老师,我觉得古汉字的"競"比现在的简化字好。

师:好在哪儿?

生:古汉字是两人竞赛相互追逐。简化字"竞"是一个人,自己跟自己追。

师:有同感。

生:"竞"的几种古汉字中,最好的是甲骨文 。

师:理由?

生:甲骨文 的笔画简洁明白,一看便知是两人相追逐。

众生:有同感。(学老师腔调,众生笑。)

师:甲骨文像上戴头饰的两个人相互追逐。

师:我查了字典:竞:角逐;竞赛。(《汉语大字典》)

生:我也查了:竞:竞争;竞赛。(《现代汉语词典》)

师:多查几种词典,可帮助我们从不同角度理解字词的意思。

【评点】查工具书是语文学习的重要手段,在课堂上要培养查工具书的意识、习惯。

5. 我们知道"走"的古今不同意义了。

出示PPT:

走

(甲骨文)

师:你们发现甲骨文的"走"有一个特点了吗?

生:双臂摆起来,步子迈得大。

生:像跑。

生:"兔走触株,折颈而死","兔"走"就是兔"跑"。

师:古汉字的"走"就相当于今天的"跑", 像人跑摇手形。

生:那今天的"走"古代用什么字表达?

出示PPT:(生读)

古代跑步叫"走",走路则称为"行"。

徐行曰步,疾行曰趋,疾趋曰走。

生:"疾趋"是跑的意思吗?

师:是。

生:古代"疾趋曰走",就是跑。

出示PPT:(生读)

诸儿竞走取之。

生1译:孩子们都抢着跑过去摘李子。

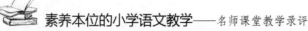

生2译：那些小孩都争着跑过去摘李子。

师：这两句译得不错，都含有"竞"的意思。

生：两个关键字"诸——很多""竞——角逐；比赛"的基本意思都对了。

【评点】汉字字形、字义不断演化，有些字比如"竞"看它的繁体字更能明白其意义，有些字古今意义不同，看它的早期字形才能明白其古义，比如"走"。要理解文言文字词的含义，呈现其繁体字以及甲骨文、金文、小篆、隶书等字形，是重要的方法。古代的"走"是跑的意思，学生一定有疑问：今天的"走"古代用什么字表达？教师课前已预测到学生可能的疑问，准备了相关材料，课上顺着学生的疑问呈现相关材料。教学就是要激起学生的疑问，满足学生的学习需求，这样的教学才是有效的、有意义的。

6."信然"可分开来看。

男生读：信：确实；的确。

女生读：然：（代词）相当于"如此""这样"。

生齐读："信然"合起来看——信然：的确如此，确实如此。

7.这些"之"都代表什么呢？

生齐读：王戎七岁，尝与诸小儿游。看道边李树多子折枝，诸儿竞走取之，唯戎不动。人问之，答曰："树在道边而多子，此必苦李。"取之，信然。

师：现代汉语代词有"你、我、他、她、它"，分得特清。古代就一个"之"全代表了。

师：这些"之"都代表什么呢？

生：诸儿竞走取之（李子）；人问之（王戎）；取之（李子），信然。

师：怎么知道的？

生：根据上下文猜的。

【评点】了解古今代词的不同之处，结合上下文推测"之"的意思。当学生能结合上下文推测"之"的意思时，对整篇文章也有了整体的理解。

四、练习译全文

王戎七岁，尝与诸小儿游。

生译：王戎七岁的时候，曾经和许多小孩一起游玩。

看道边李树多子折枝。

生译：他们看见路边李树结了很多李子，压得树枝都弯曲了。

诸儿竞走取之，唯戎不动。

生译：那些小孩都争着跑过去摘李子，只有王戎不动。

人问之,答曰:"树在道边而多子,此必苦李。"

生译:有人问他,他说:"树长在路边却有这么多李子,这一定是苦李子。"

取之,信然。

生译:摘来一尝,的确如此。

师:译得不错,说说有什么招数。

生:开始我们知道了故事的大意,后来您又帮我们理解了关键的字词,翻译时,我们就顺着大意,结合词义猜着译。

师:翻译前要把古文读顺,整体上把握大意,再有对字词理解的功夫,就可猜着译了。译后的关键是多读两遍,把不顺的地方理顺。

【评点】有了前面几个环节的铺垫,学生很容易地把古文转化成现代文。教师引导学生总结学习方法,对学习进行认知监控。

五、谈《世说新语》,说王戎

出示PPT:

此文选自《世说新语·雅量》。

师:什么叫"雅量"?

出示PPT:(生读)

雅量,指为人具有宽广之胸怀、淡定之气度、优雅之涵养。

师:这是夸人,咱就朦朦胧胧猜王戎有哪些雅量。

(一些学生忙查词典)①气度:气魄和度量;气概。②涵养:能控制情绪的功夫。③优雅:优美雅致。

生:王戎遇事淡定。

生:王戎遇事不慌不忙,不起哄、不凑热闹。

生:遇事淡然而平定。

师:举个例子。

生:见了道边苦李,诸儿竞走取之,唯戎不动。

师:还有——

生:有涵养,善于思考。别的孩子去抢道边的李子,而王戎却想:如果是甜李子早被摘走了,现在这么多肯定是苦的。

生:动作优雅。别的孩子见道边苦李,疯也似的抢,王戎一只手背在后面,一只手向群童摇手——此李苦也。(边说边表演)

生：像个小大人，很文雅。

生：王戎善于观察。

师：深入说。

生：李子甜早被摘走了，现在这么多肯定是苦的。

师：你可以说善于分析。

生：聪明机智。

师：对！这样的孩子叫有雅量。

师：再读这句话：雅量，指为人具有宽广之胸怀、淡定之气度、优雅之涵养。

生：王戎有雅量，所以被《世说新语》选入"雅量"篇中。

师：是这样。

生：王戎小时就如此聪慧，是何许人也？（因学用古文，众生笑）

师：学文言文，说几句文言这也是学习。

师：看这个王戎的"戎"字——

出示PPT：

（甲骨文）　　（金文）　　（小篆）　　（隶书）

师："戎"有一戈一盾相并一起之形。

生："戎"是兵器的总称，又可指军事、军队。

生：可能王戎他爸爸想要让他当兵上战场。

师：王戎没当兵，成了"竹林七贤"之一。你们印象中"贤"是什么样的人？

生：有文化。

师：还有呢？

生：聪慧。

生：又有文化又很聪明。

出示PPT:

> 竹林七贤:三国魏末七位名士(嵇康、阮籍、山涛、向秀、刘伶、阮咸、王戎)的合称。由于他们曾集于山阳竹林之下肆意酣畅,故世称"竹林七贤"。

【评点】这个环节的任务是"谈《世说新语》,说王戎"。课文是一篇写人叙事的文章,前面几个环节弄懂了大意,这个环节聚焦人物。将对人物的评析与文章的出处相连,以"雅量"一词引发学生从多层面评析王戎。

师:《世说新语》中还写了王戎一个故事,结合注释看看,一会儿讲讲这个故事。

出示PPT:

> 魏明帝/于宣武场上/断虎爪牙①,纵/百姓观之②。王戎/七岁,亦(yì)/往看。虎/承间(jiàn)/攀栏而吼,其声/震地,观者/无不/辟(bì)易颠仆(pū)③,戎/湛(zhàn)然不动④,了(liǎo)无/恐色。
>
> 注释:
> ①魏明帝:曹叡。宣武场:在洛阳宣武观北面。断:隔断。
> ②纵:放纵,听任。
> ③辟易:避开,退避。颠仆:跌倒。
> ④湛然:安适的样子。

(生自由讨论)

师:说说吧,读——

生读第一句:魏明帝/于宣武场上/断虎爪牙,纵/百姓观之。

师:什么意思?

生1:魏明帝在宣武场把老虎关在笼子里,让百姓观看。

生2:魏明帝在宣武场把老虎的爪牙割断,让百姓观看。

生:第一种译法好,像现在的动物园。第二种太血腥。

师:两种译法,一种是意译,一种是直译。我同意第一位同学的意译,译成:把老虎关在笼子里。

生:我也同意第一种译法,后面有一句"虎承间攀栏而吼",这里的"攀栏"就是攀住围栏。

师:注意了上下文。

师:读第二句,什么意思?

生:王戎七岁的时候也去看。

师:第三句,谁把它翻译一下?

生:老虎趁机攀住围栏吼叫,声音犹如地震了一样,观看的人们没有不退避跌倒的,只有王戎站在那儿不动,一点儿也没有恐惧。

师:"戎湛然不动,了无恐色"这一句似曾相识。

众生:诸儿竞走取之,唯戎不动。

生:"戎湛然不动""唯戎不动"。

生抢:雅量。

生读:雅量,指为人具有宽广之胸怀、淡定之气度、优雅之涵养。

师:《世说新语》挺好的,都是小故事。大家可以看看。

生:谢谢侯老师。

【评点】选取《世说新语》中写王戎的其他文章,让学生阅读理解,既练习如何读懂文言文,又进一步让学生认识王戎。从学生的回答中能看出,学生对王戎身上所体现的"雅量"有了更深的认识。有趣的故事激发了学生课后阅读《世说新语》的兴趣。

《牛和鹅》课堂实录

一、课题导入

（师出示课题，板书）

生齐读：牛——

生齐读：鹅——

生齐读：和——

师：合起来读。

生齐读：《牛和鹅》。

师：这样读有趣吗？

生：像读童话故事。

生：牛和鹅怎么会碰到一起了？

师：一会儿读读看。

【评点】《牛和鹅》是一篇童趣十足、语言生动、故事性强又蕴含一定哲理的文章。侯老师从课题导入，牛和鹅是学生熟悉的动物、熟悉的字，教师没有如其他教学一样去解构文字、解读标题，而是让学生一个字一个字地读，先读"牛"，再读"鹅"，然后读"和"，最后合起来读"牛和鹅"。四年级学生用这种最简单的读法去读最熟悉的动物，自然感到一种趣味，在感到有趣的同时，也带来了思考："牛和鹅怎么会碰到一起？"

二、明确目标

（师出示PPT）

师：谁给大家读一下？

一生读：童年啊！是梦中的真，是真中的梦，是回忆时含泪的微笑。（冰心）

生齐读：童年啊！是梦中的真，是真中的梦，是回忆时含泪的微笑。（冰心）

师：读得真好，让我也一下子就步入童年的梦当中了。

师：谁读读语文要素一？

出示PPT：

  1. 学习用批注的方法阅读。

  2. 通过人物的动作、语言、神态体会人物的心情。

生读：1. 学习用批注的方法阅读。

师:你怎样理解?

生:阅读时得想着批注什么,怎样批注。

师:这是很重要的,第一任务是学习如何边阅读课文,边用文字记录下自己的感受,写成批注。你看你的书页边上有字,那就是编者的批注。你们看看编者批注了什么,想想为什么这样批注,怎样批注。好,读第二个要求。

生读:2.通过人物的动作、语言、神态体会人物的心情。

师:怎样理解?

生:学习从人物的动作、语言、神态体会人物的心情。

生:不只是学习怎样体会,还得把体会写成批注。

师:也就是告诉咱们学习批注的时候,从哪里学,怎么练。这节课重点练从人物的动作、语言、神态来体会人物的情感,从这几方面下手批注,听懂了吗?两方面任务。

【评点】部编语文教材采用"双线组织单元结构",一条线是"内容主题",反映单元的主题思想;另一条线是"语文素养",明确单元语文知识能力、策略方法等学习目标与内容。两条线都在单元导语中有提示。这一环节,教师先让学生阅读单元导语,了解单元主题与单元要达成的语文方法目标、语文要素学习内容。学生朗读语文要素目标、内容后,先自己谈理解,然后教师明确提出学习任务,两个任务相结合,对批注的学习又有具体的要求和步骤。通过学生读、解,教师讲,侯老师让学生明确学习任务,引导学生完成本节课学习。

三、读课文,学批注

1.批注内容:提出"质疑"。

出示PPT:(生读)

　　　大家都说:牛的眼睛看人,觉得人比牛大,所以牛是怕人的;鹅的眼睛看人,觉得人比鹅小,所以鹅不怕人。

师:再读,男生读分号前的,女生读分号后的——

男生读:大家都说:牛的眼睛看人,觉得人比牛大,所以牛是怕人的;

女生读:鹅的眼睛看人,觉得人比鹅小,所以鹅不怕人。

师:好,你读的刹那间想到了什么?批注,赶快批注到你的书上。

一生:这是真的吗?可能吗?

一生:牛那么大,会怕人?鹅那么小,会不怕人?

一生:真的是这样吗?我不信。

一生:这是真的还是假的?有机会试试。

师:是啊,来,看看编者是怎样批注的。大家读——

生齐读:事情真的是这样吗?

师:你们真棒! 你们的批注和编者的批注一样。由此我们知道,我们批注时,可以批注什么?

生:读书时有什么问题,有什么质疑的地方,我们就可以批注上。

师:我们学了一个批注方法。批什么?

齐:疑问。

师:写到边上,批注时可以批注读书当中有什么疑问。

(生批注)

【评点】四年级学生以前在教师的要求下做过批注,但是自己很少主动做批注,对于何谓批注、批注什么、什么可以成为批注理解不深,这节课就以课文及编者的批注为例专门学习批注的内容、方法。基于文本内容与编者的批注,教师采取了不同的教学方法来学习不同的批注内容、方法。课文第一段与四年级学生的生活经验不是很符合,同学们读后一定如编者一样会有疑问。所以,教师先让学生读,然后让学生把自己的想法写到书上,再看编者写了什么,比较中学生认识到:读书中的疑问就可以批注到书上。最后,教师让学生们把自己总结归纳的学习成果"批注时可以批注读书当中有什么疑问"批注到书上。学生从批注开始,又以批注结束,开始的批注是阅读的疑问,最后的批注是学习的收获。学生在批注实践、比较认识中,学会了批注的内容之一。

2.批注内容:对比方法。

师:我们都不相信,但作者小时候却相信了这句话。相信的结果是什么样的? 分别找同学读这两段。

一男生读:所以我们看到牛,一点儿不害怕,敢用手拍它的背,摸它的肚子,甚至敢用树枝去触它的屁股呢! 可是牛像是无所谓似的,只是眨眨眼,把尾巴甩几甩。有的孩子还敢扳牛角,叫它跪下来,然后骑到牛背上去。我那时虽然不敢这样,可是用拳头捶捶牛背还是敢的。(批注:"我们"逗牛。)

一女生读:我们看到鹅,那就完全两样了:总是远远地站在安全的地方,才敢看它。要是在路上碰到鹅,就得绕个大圈子才敢走过去。(批注:"我们"怕鹅。)

师:假设老师是编者,写一条批注,大家一起读读,读——

生齐读:对牛和鹅的态度对比真鲜明啊!

师:你要与编者有同样的感想,也要有一个阅读过程。你读读这两段分别写了什么,然后分别批注上。

生批注:"我们"逗牛;"我们"怕鹅。

生:这是用对比的方法写的。

师:我们还可以进一步细批,从动作描写上批注,试试。

(生先阅读画出动作描写的词语)

对牛的:拍它的背、摸它的肚子、触它的屁股、扳牛角、叫它跪下来、捶捶牛背。

对鹅的:远远地站、绕个大圈子。

(生对比读)

生:这一读,我这才感受到孩子们对牛和鹅的态度不仅用了对比的手法,而且对比得真鲜明啊!

生:我还觉得作者动词用得太准确了。

师:对比得鲜明全在动词用得准,你也可以把你的感想批注上。

生批注:动词用得太准确了,把孩子们对牛与鹅的不同态度写得鲜明了。

师:很好,你们既读懂了批注,还练习了自己给课文加批注,边学边练。

生:我这是常说的"一石二鸟"。

【评点】批注是阅读中的感受、体验、疑问等的记录,记录的是结果,结果是通过阅读过程、运用阅读方法策略获得的。这一部分采用了不同于上一批注方法学习批注,不是先让学生写批注,而是先看教师仿编者写的批注,探寻批注是怎么来的。教师首先让学生总结两段写了什么内容,并要求学生做批注,学生从批注看到了这是对比的手法。接着,教师进一步引导学生如何把批注写得细致一些,注意两段中的动作描写。学生找出两段中的动作描写,在描写的对比中,体会到了批注的第二层意思"对比真鲜明"。通过这两步,学生知道了批注的由来,也掌握了比较体验的阅读方法。

3.批注内容:动词用得妙。

生齐读:有一次,我们放学回家,走过池塘边,看见有四只大白鹅在靠近岸边的水里游。我们马上都不说话了,贴着墙壁,悄悄地走过去。我的心里很害怕,怕它们看见了会追过来。

一男生读:这时,有一个顽皮的孩子故意要引它们来,就吁哩哩哩地叫了一声。鹅听见了,就竖起头来,侧着眼睛看了看,竟爬到岸上,一摇一摆地、神气地朝我们走过来;还伸长脖子,嘎嘎地叫着,扑打着大翅膀,好像在它们眼里根本没有我们这些人似的。

师:老师还仿编者写批注。

生读:几个具体的动词就把"我们"对鹅的恐惧写出来了。

师:能从编者的批注中问出问题吗?

生:作者用了哪几个动词写出了"我们"对鹅的恐惧?

师:这是第一要求,找出怕鹅的动词,然后再概括出"我们"有几怕,这样才更能体会"我们"对鹅的恐惧。

生：表示动作的词语有"贴着"——

生抢：还有"悄悄地走过去"。

生抢："不说话了"。

生：按顺序应是："不说话了"—"贴着墙壁"—"悄悄地走过去"。

师：为了了解"我们"为什么恐惧，你们还得想想"我们"怕什么。下面你们的任务是批注出第一怕什么、第二怕什么、第三怕什么，就在这三个动词旁边批注。

师：咱先看看第一个，"不说话了"怕什么呢？

生：怕它们听见。

师：批注"怕听见"。第二个批注什么？

生：怕鹅看见。

师：第三个怕什么？

生：怕鹅追上来，咬"我们"。

师：咱们配合读你们自己的批注。

师："不说话了"怕——

齐：怕鹅听见。

师："贴着墙壁"怕——

齐：怕鹅看见。

师："悄悄地走过去"怕——

齐：怕咬"我们"。

师：真棒，因此我这样批注，读——

出示PPT：

　　　　几个具体的动词就把"我们"对鹅的恐惧写出来了。

师：你们阅读过有什么感想？

生：作者对动作描写得好。

生：主要是几个不起眼的动词，用得妙。

师：你们也可以把这个感想批注上。

生：我们批注"动词用得妙"。

师：总结总结我们学到了什么。

生：我们读懂了批注：几个具体的动词就把"我们"对鹅的恐惧写出来了。

生：我们还批注了"我们"对鹅的三怕。

生："我们"为什么对鹅恐惧呢？几个具体的动词写出了"我们"的三怕。

生：我们批注了"动词用得妙"。

生:所以老师的批注是:几个具体的动词就把"我们"对鹅的恐惧写出来了。

生:为什么作者用几个具体的动词,就把"我们"对鹅的恐惧写出来了?

众生:几个具体的动词用得妙。

师:用一个成语形容我们的合作。

生:互相帮助。

师:这是成语?

生:相辅相成。

生:相得益彰。

师:你们学会了用批注的方法阅读。

【评点】学生利用批注深入阅读,在阅读中产生感想,把感想记在书上就是批注。通过反复批注实践,学生对批注有了深入认识。

4. 批注内容:步骤清楚,写得真实。

男生读:孩子们惊呼起来,急急逃跑,鹅追得更快了。我吓得脚也软了,更跑不快。(批注:逃跑。)

女生读:这时,带头的那只老公鹅就啪嗒啪嗒地跑了过来,嘎嘎,它赶上了我,嘎嘎,它张开嘴,一口就咬住了我当胸的衣襟,拉住我不放。在忙乱中,我的书包掉了,鞋子也弄脱了。(批注:被鹅咬住。)

生齐读:我想,它一定要把我咬死了。我就又哭又叫,可是叫些什么,当时自己也不知道,大概是这样叫吧:"鹅要吃我了! 鹅要咬死我了!"(批注:呼救。)

师:读编者写的什么。

生读:逃跑—被鹅咬住—呼救,那种惊慌失措写得很真实。

师:这是编者的批注,你看编者是从几个方面批注的?

生:先指出"逃跑—被鹅咬住—呼救"三部分。

师:来,分三部分加小标题:第一,逃跑;第二,被鹅咬住;第三,呼救。

师:这是批注什么?

生:"我"被鹅追的经过。

师:就像你们学课文的时候给每一段都会写一个小标题。

生:一看就知道,一步一步地写清楚,这就叫步骤清楚。

生:由于步骤清楚,"我"惊慌失措的样子就显得特真实。

师:是这样,懂了第一步,继续读编者批注中逗号后面的句子——

生:那种惊慌失措写得很真实。

师:为了读懂编者的批注"那种惊慌失措写得很真实",我们得从词语用得妙方面练习加批注,你们看看哪些词语能把"我"的惊慌失措给真实地表达出来。

生:"急急逃跑"。叠词写出了"我"的惊慌失措。

师:还有吗?

生:脚也软了,更跑不快。

生:一个"也",强调了"我"脚软。

生:"跑不快"还加了个"更"字,写出了本来就跑不快,现在更跑不快了。

师:一个脚"也"软了,一个"更"跑不快,就写出了"我"——

生:惊慌失措。

师:用同样的方法看第二组,哪里表现出了惊慌失措?

生:书包掉了,鞋子也弄脱了。

生:一"掉",一"脱",实在狼狈。

生:这一批注,更体会到编者批注的"那种惊慌失措写得很真实"。

师:为了读懂编者的批注,我们也得有个精读的过程,跟编者走一趟,产生共鸣(有同样的感受)。

生:这才能读懂编者的批注。

生:不仅读懂了编者的批注,还懂了编者为什么这样批注。

师:进步了。

【评点】在前面三次学习批注的基础上,学生已经能够很好地利用编者的批注去阅读。通过男生读、女生读、男女合读,学生对这一段的层次、内容已经有了初步认识,再读编者的批注,很快就明白了其对鹅追"我"的三个步骤的概括。沿着三个步骤,再去体会各步骤如何写出"惊慌失措"。掌握了方法后,孩子们的学习变得自如、有效。

5.批注内容:直接表达感情。

生读:也许是我的哭叫更惹怒了这只老公鹅。它用全身的力量来拖我,啄我,扇动翅膀来扑打我。我几乎被它拖倒了——因为当时我还很小,只不过跟它一样高呢!其他几只鹅在后面嘎嘎大叫着助威。

师:咱们抢答——让"我"来批注!

生1:好凶狠!

生2:好厉害!

生3:专欺软的!

师:把一刹那的感情记录下来也是批注。(生批注)

师:编者没批注的我们替他批注了。

【评点】编者没批注的内容,学生也会批注了,整节课以批注为中心学习课文,更是学习批注。

6.批注方法:用一词批注。

师:鹅也有狼狈的时候。

生读:就在这时候,池塘里划来了一只小船,捉鱼的金奎叔从船里跳上岸,飞快地走了过来(这些,我都是后来才知道的,当时是完全昏乱了)。金奎叔是个结实的汉子,他的胳膊比我的腿还粗。他一把握住了鹅的长脖子。鹅用脚爪划他,用嘴啄他。可是金奎叔的力气是那么大,他轻轻地把鹅提了起来,然后就像摔一个酒瓶似的,呼的一下,把这只老公鹅甩到了半空中。它张开翅膀,啪啪啪地落到了池塘中。这一下,其余三只鹅也怕了,纷纷张开翅膀,跳进池塘里,向远处游去。

师:遇到痛快淋漓的地方,可直接表达感情。一个词批注,好——

生:好怂包!

生:好狼狈!

生:好解气!

师:还可以从金奎叔一方说——

生:好样的!

生:好厉害!

生:好威风!

生:好解气!

师:这一批注把金奎叔的厉害写出来了,也把鹅的狼狈写出来了,鹅的狼狈和哪儿能对应上?

生:鹅之前的神气。

师:对,你看看编者怎么批注的。

生齐读:鹅之前多神气,现在多狼狈啊。

生:我们的想法与编者的一致了。

生:还多了个感受——"我们"神气了,鹅狼狈了。

师:感受丰富了。

【评点】学生们去读,用一词表达感情。把金奎叔的表现与鹅的表现以及现在的鹅和刚才的鹅的表现进行比较。

7.批注方法:引用名言。

生读:这一摔是那么痛快,远处的孩子们全笑了起来,我也挂着泪笑了。一切的恐怖,全消失了。因为在金奎叔的手里,鹅是那么弱,那么可笑,它,不过跟一个酒瓶子一样罢了!

师:读着这句话,我想到一位名人说过的一句有哲理的话——

生:螳螂捕蝉,黄雀在后。

师:你再想想,再读读。

生议:"挂着泪笑了",这是含泪的——

生:微笑!

师:想起开头冰心那句名言——

生齐读:童年啊! 是梦中的真,是真中的梦,是回忆时含泪的微笑。(冰心)

生:金奎叔这一摔,让"我"本来因为被鹅咬而哭泣,忽然就笑了,像做梦似的,是梦中的真,是真中的梦。

师:把这段话写上也是批注。联想到名言警句也是批注。

生:编者的批注就是这意思,由哭到笑变得太突然了,像做梦一样。

师:读读编者的批注。

生齐读:"挂着泪笑",事情的变化对"我"来说太突然了。

师:我们自己都会批注了,读懂编者的批注产生共鸣也是乐趣。

【评点】回到单元主题,用名言来批注。学生体会到同一个意思可以用多种说法来批注。批注不再陌生,学生可以自然地批注了。

8.批注方法:围绕主旨。

师:来,同学们读一下这一段总的要求。

生读:想想为什么"直到现在,我还记着金奎叔的话"。

师:找四位同学来读,其他同学思考金奎叔都说了什么话,什么意思。"我"记住了金奎叔哪句话?

师:读下面四段话:

(1)金奎叔帮我穿上鞋,拾起书包,用大手摸摸我的头,说:"鹅有什么可怕的! 看把你吓成这样。"

我说:"因为鹅把我们看得比它小哇!"

批注:"我"怕鹅就怕在觉得自己小。

(2)金奎叔说:"让它这样看好了! 可是,它要是凭这点来欺负人,那咱们可不答应,就得掐住它的脖子,把它摔到池塘里去。记着,霖哥儿,下次可别怕它们。"

批注:金奎叔能战胜鹅,是因为金奎叔强。

(3)我记住金奎叔的话,从此不再怕鹅了。有什么可怕的! 它虽然把我们看得比它小,可我们实在比它强啊! 怕它干吗? 果然,我不怕它,它也不敢咬我,碰到了,只是嘎嘎叫几声,扇几下翅膀,就摇摇摆摆走开了。

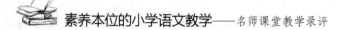

（4）看到牛，我也不再无缘无故欺负它了，我觉得它虽然把我们看得比它大，可我们平白地去欺负它干吗？

直到现在，我还记着金奎叔的话。

师：先读读编者的批注。

生读：看来鹅并不可怕！只要不怕它，鹅就不敢欺负人了。

师："我"为什么会改变对鹅的看法呢？

生：因为"我"听了金奎叔的话。

师：金奎叔的哪句话？

生读：让它这样看好了！可是，它要是凭这点来欺负人，那咱们可不答应，就得掐住它的脖子，把它摔到池塘里去。

师：试着给前两句话加批注。

生批注："我"怕鹅就怕在觉得自己小。

生批注：金奎叔能战胜鹅，是因为金奎叔强。

师：这是改变了对鹅的看法。对牛呢？

生：对牛也不能平白地去欺负它。

生：不能软的欺负，硬的怕。

师：真棒！为什么"我"能够记住金奎叔的话？就是因为"我"记住了这个道理。

生：在困难面前我们只要比困难强，我们就能战胜它。"我"不仅知道了为什么不怕鹅，还懂得了一个道理，所以直到现在，"我"还记着金奎叔的话。

师：回去了，你也可以写写自己的感想，你记住金奎叔的话了吗？为什么能记住？

【评点】围绕课文最后一段"直到现在，我还记着金奎叔的话"来学习课文的主旨，探析为什么总是"记着金奎叔的话"。读金奎叔的话，批注自己的感想。读书不是为了记住书里讲了什么，更重要的是自己有什么感想。教师鼓励学生要多想，把自己的感想记下来，读写融为一体。

四、小结收获

师：通过今天的学习，我们知道了什么是批注，学会了批注的方法。用你的话说说吧，批注是什么？

生：我们对文章的理解。

生：自己总结的道理。

生：自己的感受。

生：我不懂的问题。

生：知识的积累。

生:纠正字音。

生:联想到的名言警句。

师:我总结了同学们的收获,读——

出示 PPT:(生齐读)

把自己读书的理解感受以至疑惑等标记下来,以便再深入地读,或与他人交流。

师:可以回家读读《水浒传》,跟着金圣叹学学批注。下课!

总评 zongping

这一节课重点学习的是语文要素"批注",侯老师没有直接给学生讲什么是批注,批注主要批什么,而是充分利用教材中编者的批注,把课文阅读与批注学习结合起来,在学生充分体会、比较、实践的基础上,最后自己总结什么是批注,批注批什么。

部编教材重视语文能力、语文素养的培养,在教学实践中要注意几个问题:一是不能把教材中每一单元学习的语文要素作为知识去教,去讲解、灌输。要重视在语文实践中总结语文知识,这样的知识才能指导学生语文实践,有利于学生语文能力的形成。二是某种语文能力的培养,不能脱离文本阅读,就能力而训练能力,应把语文能力培养与文本阅读结合起来,在文本意义获取中运用阅读方法,形成语文能力。比如这篇课文,不能不管文章内容,只看编者的批注,只去学什么是批注、怎么批注,这样学习的语文方法是无用的方法。

《白鹅》课堂实录

一、朗读课文,整体感知

师:读课题。

生读:《白鹅》。

师:动物是有性格特点的,之前读的老舍先生笔下"猫"的性格特点是——

生抢答:猫的性格实在有些古怪。

师:前后四人一组按照你们的理解分工朗读《白鹅》全文。

思考:

1. 体会丰子恺笔下"鹅"的性格特点。

2. 点题之句、点睛之笔往往在开头、结尾中,画出点睛之句。

3. 初步感知丰子恺先生的语言趣味。

(读后师生共议)

生:丰子恺笔下"鹅"的性格特点是"高傲"。

生:我是从点睛之笔中找到的:它伸长了头颈,左顾右盼,我一看这姿态,想道:

数生参与读:好一个高傲的动物!

生齐读:它伸长了头颈,左顾右盼,我一看这姿态,想道:"好一个高傲的动物!"

师:重点落在哪一句上?

生齐读:好一个高傲的动物!

师:谈谈丰子恺先生的语言趣味。

生:丰子恺先生是漫画家,他的语言也像他的画那样幽默风趣——

生读:鹅的吃饭,常常使我们发笑。我们的鹅是吃冷饭的,一日三餐。它需要三样东西下饭:一样是水,一样是泥,一样是草。先吃一口冷饭,再喝一口水,然后再到别处去吃一口泥和草。大约这些泥和草也有各种可口的滋味。——泥、水、草吃出滋味来有意思。

生读:鹅老爷偶然早归,伸颈去咬狗,并且厉声叫骂,狗立刻逃往篱笆,蹲着静候。——好厉害,鹅真有老爷派。

生:我们儿童爱读。

生:有儿童趣味——它常傲然地站着,看见人走来也毫不相让;有时非但不让,竟伸过颈子来咬你一口。

生:像个男子汉!绝不挨欺负。

生:我再读几句。

师:慢慢来,有的读。

【评点】《白鹅》是部编教材四年级下册第四单元的一篇课文,该单元三篇课文都是动物题材,每个动物都有独特的特点,作家们用富有趣味的语言表达了对动物的特别情感,描述出一个个颇具特点的动物。教学一开始,侯老师就让学生通过点睛之句,找出丰子恺所写的"鹅"的性格特点,初步感知丰子恺先生的语言趣味。这一环节既让学生明白了学习重点,也能使教师了解学生的学习起点。

二、理清层次,概括要点

师:读点睛之段——

生齐读:这白鹅,是一位即将远行的朋友送给我的。我抱着这雪白的"大鸟"回家,放在院子里。它伸长了头颈,左顾右盼,我一看这姿态,想道:"好一个高傲的动物!"

师:读点睛之句——

生齐读:好一个高傲的动物!

师:读点睛之词——

生齐:高傲!

师:点睛之字——

生齐:傲!

生惊讶:啊!

师:惊讶什么?

生:好严谨。段—句—词—字。

生:层次分明,有条不紊。

生:画家的笔法,差一点就不像了。

师:我们就用这严谨的态度读《白鹅》。

1.傲。

生:我查了。傲:骄傲。傲慢,倨傲:这个人有点傲。(《现代汉语词典》)

师:我也查了。傲:骄傲;傲慢。(《汉语大字典》)

生:我发现你们查的"傲"都是贬义的,可"傲"还有褒义的啊。

师:"傲"的贬义来自《说文解字》。

出示 PPT：

傲：倨也。（《说文解字》）

倨：谓傲慢。（《字源》）

师：傲，傲慢，这是本义。后来在用字过程中才衍生出褒义。

生：人不可有傲气，但不可无傲骨。

生：前面的傲气是贬义的，后面的傲骨是褒义的。

2. 高傲。

师：我们再理解"高傲"。

生：我查了。高傲：自以为了不起，看不起别人；极其骄傲。（《现代汉语词典》）

师：我也查了——

出示 PPT：

高傲：谓人高亢；亦有骄傲之义。（《国语辞典》）

高亢：谓刚直不屈。（《辞海》）

生：老师，我发现，《现代汉语词典》的注释强调了"高傲"的本义——极其骄傲。《国语辞典》同时关注了两方面：高亢（谓刚直不屈）；亦有骄傲之义。

师：我们品味《白鹅》的"高傲"性格时，要注意褒贬义。

师：对"傲""高傲"有了了解，可以帮助我们品评"高傲的鹅"是怎样的鹅了。

师：读点睛之笔——

生齐读：好一个高傲的动物！

师：鹅的高傲表现在哪儿？

生齐读：鹅的高傲，更表现在它的叫声、步态和吃相中。

师：读书，同学间小议此句的作用。

生：这句是过渡句。

生：点出下面从"叫声""步态""吃相"三方面写鹅的高傲。

师：同学们默读划分结构层次。

师：汇报《鹅》段落结构。

（生汇报）

好一个高傲的动物！（点睛之笔）

鹅的高傲，更表现在它的叫声、步态和吃相中。（过渡句，点出全文结构层次。）

生：根据"鹅"高傲的三大表现可分三大段，每一大段都有一个概括句：

生读：（1）鹅的叫声，音调严肃郑重，似厉声呵斥。

（2）鹅的步态，更是傲慢了。

（3）鹅的吃饭，常常使我们发笑。

【评点】写文章先要有个中心意思，然后确定文章的结构，即怎么围绕中心意思来表达。读文章要先找文章的点睛段、点睛句、点睛词、点睛字，找到了这些，就能大致明白作者要表达的意思。明白了文章的点睛词句后，再看文章的结构以及各部分的主要意思，看文章怎么把一个想表达的核心意思写具体。先找中心词句再梳理结构，是阅读文章的一种思路、模式。这样读不仅能够迅速把握文本主要意思，而且能够深入理解文本意义，对学生自己的表达也有帮助。

课文最大的特点是明贬实褒，在明贬实褒中传达出作者对白鹅的喜爱之情。理解课文点睛之词"高傲"的意思对于体会明贬实褒的特点非常重要，教师并没有直接向学生呈现"高傲"的褒贬义，而是让学生通过几个词典的查阅去找寻"高傲"的不同意义，并进行比较分析，以发现"高傲"不仅有贬义，而且有褒义，读课文时要注意其褒贬义。

三、精读"鹅的叫声""鹅的步态""鹅的吃饭"

1. 精读"鹅的叫声"。

（1）师：读鹅叫声高傲的概括句——

生读：鹅的叫声，音调严肃郑重，似厉声呵斥。

师：鹅的"高傲"具体表现在哪儿？

生齐读：凡有生客进来，鹅必然厉声叫嚣；甚至篱笆外有人走路，它也要引吭大叫，不亚于狗的狂吠。

（2）师：品味具体描述部分。

师：分号分清了什么？

生：分号前是写生客进院鹅必然厉声叫嚣；分号后是写路人走在篱笆外鹅也引吭大叫。

生：分号前是写篱笆内，分号后是写篱笆外。

师："厉声叫嚣"与"引吭大叫"可调换吗？

生：这两个词可调换，都是大叫把生人吓走。

生："厉声叫嚣"与"引吭大叫"两个词都表达的是鹅的音调严肃郑重，厉声呵斥。

生："厉声叫嚣"与"引吭大叫"的意思有区别。

生：我发现了：生客进院鹅必然厉声叫嚣，进院的生客近在身边，鹅只要"厉声叫嚣"就可吓退。篱笆外的路人离得远，隔着篱笆就得"引吭大叫"——伸长脖子叫。

生："厉声叫嚣"是大声地叫。"嚣"中间的"页"表示"头"。头上有四张口一起叫，那叫声能不大吗?

师:好! 他从字理上分析得好。

师:你们看古汉字"囂"。

出示PPT:

(金文大篆)   (小篆)

生:一个脑袋(头)长四张嘴一起喊,声音好大呀!

生:震耳欲聋。

生:那叫声吓得我直喊妈——我姥姥家的鹅就叫着追过我。

师:我查了《字源》——

出示PPT:(生读)

囂:会意字。"页"是突出人首的人形,四个口表示发声喧哗。

生:鹅好高傲啊!

生:"引吭大叫"就不同了。路人在院外,鹅只得伸长脖子大叫。

生:不是伸长脖子叫,是张大喉咙叫。吭:喉咙。(《现代汉语词典》)

生:吭:喉咙;颈项。(《辞海》)"颈项"是脖子,"引吭大叫"应是伸长脖子,张开喉咙大叫。

师:我也为此很纠结。我也查了——

出示PPT:

亢,人颈也。(《说文解字》)

从大省,像颈脉形。(《汉语大字典》)

生:《说文解字》讲的是"亢",不是"吭"。

生:我查了。"亢"同"吭"。(《现代汉语词典》)

师:对,一起来看——

出示PPT:

吭:喉咙;颈项。(《辞海》)

(金文大篆)   (小篆)

生:这的确像颈脉形,还挺长。

生:这"吭"就有三个注释了——

《说文解字》的注释是:亢,人颈也。

《现代汉语词典》的注释是:吭,喉咙。

《辞海》的注释是:吭,喉咙;颈项 。

师:有意思,这才叫研究性学习。我又查了《字源》——

出示PPT:

古时候"亢"读 gāng ,象形字。本义指项颈,可特指咽喉。

生:可找到根了。"亢",本义指项颈,可特指咽喉。

生:《辞海》的注释全面:吭,喉咙;颈项 。

师:我从《字源》中还查到了:人颈位于人体高处,故亢又指高,引申为高傲、刚强。

生惊喜:"引吭大叫"不只是伸长脖子,张开喉咙叫,而且是"高傲""刚强"地叫。

生读:凡有生客进来,鹅必然厉声叫嚣;甚至篱笆外有人走路,它也要引吭大叫,不亚于狗的狂吠。

生齐:好一个高傲的动物!

师:"鹅的叫声"表现出的这一"高傲"是褒义还是贬义?

生:是褒义的,看守门户,忠于职守。

生:进院的生客它必然厉声叫嚣,篱笆外生人必定厉声呵斥,一丝不苟。当然是褒义的高傲,那雄赳赳的姿态,比看门的狗强。

【评点】学习"鹅的叫声"部分,从写鹅叫声高傲的概括句到写鹅叫声的具体表现,从具体表现分号前后两部分到两部分中两个四字词语的学习,重点关注了语言的结构层次。语言建构的外在表征是语言结构,内在活动则是言语思维。语言学习学的是语言结构,但训练的是逻辑思维,帮助学生更好理解作者的言语思维活动。分号的学习、词语的解释服务于整句话意义的理解,学生在对分号前后两个词语的比较中,不仅体会到用词的精准,更体会到作者表达意义的缜密、丰富。对词语的学习放在语言环境中,通过对词语中关键字的字源解释,从词语的本义到引申义,学生对这段话要表达的主题也有了进一步的把握。

2. 精读"鹅的步态"。

(1)师生共读,感悟"但"的作用。

齐读:鹅的步态,更是傲慢了。大体上与鸭相似,

师读:但——

女生齐读:鸭的步调急速,有局促不安之相

男生齐读:鹅的步调从容,大模大样的,颇像京剧里的净角出场。

生:"但"前面一个分句是说鹅的步态与鸭的步态"傲慢"大体相似。"但"一转折,后面一个分句是说鹅的步态与鸭的步态"傲慢"也有细微不相似的地方。

生:"但"后面的分句述说鹅与鸭的步态也有细微之处的不一样。

生:不一样。鸭的步调急速,有局促不安之相;鹅的步调从容,大模大样的,颇像京剧里的净角出场。

生:鹅与鸭步态大体相似,但有雅与俗之分。

生:说具体点:鹅与鸭步态大体相似,但有文雅与粗俗之分。

生:悟出了鹅与鸭步态貌似神不似,鹅步调的傲慢,鸭是不可比的。

师:鸭与鹅步态的对比更显出鹅步调的——

生齐:高傲!

(2)师:将鸭的"急速""局促不安"换成意思相近的四字语——

出示PPT:

鸭的步调急速,有局促不安之相

鸭的步调慌慌张张,手足无措

生:这一换四字语,就更能想象出鸭"六神无主""魂不守舍"的样子。

生:鸭的步态俗不可耐。

(3)师:将鹅的"从容""大模大样"换成意思相近的四字语——

出示PPT:

鹅的步调从容,大模大样的

鹅的步调不慌不忙,落落大方

生:通过换词语更悟到鹅步态的高傲之雅。

生:鹅有大家风范。

生:这高傲的步态特像京剧里落落大方的净角出场。

生:净角我知道,京剧里的大花脸。

生:京剧里的包公就是净角。架子开阔,步子有顿有挫,一看就是大官。

生:那步态就带着高傲。

生:看戏时,净角一出场观众就会叫好的。

(4)播放视频:"颇像京剧里的净角出场。"

(5)感悟"傲然"。

出示 PPT：

　　它常傲然地站着，看见人走来也毫不相让；有时非但不让，竟伸过颈子来咬
你一口。

（生汇报）

师：分号分清了什么？

生：分号前是说鹅站在那儿也是那么傲然，看见人走来也毫不相让，厉声叫嚣；分号后用"非但"进一步说明不但毫不相让，还得咬你一口。

生：厉害，好高傲的鹅！

生：用一分号告诉我们鹅的高傲表现在两个关键词上：毫不相让；咬你一口。

生：不但毫不相让，而且还得咬你一口，更进一步写出鹅的厉害。

生：鹅的步态这段话中，开头一句"鹅的步态，更是傲慢了"中有"傲慢"一词；后面一句"它常傲然地站着"中有"傲然"一词，这两句中的"傲慢"与"傲然"都有骄傲的意思吧，换换位置可以吗？

师：这个问题问得好，这是练习遣词造句的问题。大家讨论讨论。我给你们提供几本词典，供你们查阅。

众生：嚯！《词源》《辞海》这么大，这么厚！

（生查后交流）

生1：在《词源》第247页有："傲慢：骄傲怠慢。"

生2：在《辞海》第734页有："傲慢：骄傲怠慢。"例《论衡·谴告》：子弟傲慢，父兄教以谨敬。（从例句中，我们知道了"傲慢"的反义词是"谨敬"。）

生议：傲慢：骄傲。这一点上权威词典上的注释是一致的，这里的"傲慢：骄傲"是贬义的。

生议：作者讲"鹅的步态，更是傲慢了"，这里的傲慢是作者喜爱白鹅用的反语——"高傲"。

（生查"傲然"）

众生：《词源》《辞海》《国语辞典》这三本词典中都没有"傲然"的注释。

生：我在《现代汉语词典》中查到了："傲然：高傲，坚强不屈的样子。"这个注释可是褒义的。

生：一个"傲慢"是贬义词，一个"傲然"是褒义词，这是一个不同点，显然"傲慢""傲然"是不可互换的。

众生议："它常傲然地站着"，"傲然"有赞美的意味——好高傲啊！

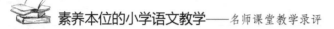

众生议:"傲慢"与"傲然"从感情色彩上看也不可互换。

生:"它常傲然地站着",意思是自身形象不可侵犯的样子。

生:"傲然地站着",那姿态好像是说:"我鹅是不好惹的。"

生:"我鹅是不好惹的"有点贬义,应说:"我鹅是不可侵犯的。"

生:可说鹅像战士傲然屹立着。

生:这就有高傲、坚强不屈的样子了。

生:鹅是一位威武英俊的战士。

师:说说为什么称鹅"威武英俊"。

生:鹅头戴橘红鹅冠,身着雪白的礼服,高高的橙黄的鹅腿下长着一对厚实的鹅蹼。它那长颈一伸,傲然屹立,好不威武英俊。

师:再欣赏欣赏傲然屹立、威武英俊的白鹅吧。

生读:它常傲然地站着,看见人走来也毫不相让;有时非但不让,竟伸过颈子来咬你一口。

【评点】对"鹅的步态"的学习与上一部分"鹅的叫声"一样,指向作者想表达的主题,感受作者心中白鹅是什么样子的。有了整体学习目标,语言知识技能的学习不再零碎,而且更有意义。通过鹅鸭比较、词语替换、视频播放、词语对比,学生真切地感受到鹅的高傲、坚强不屈。

3.精读"鹅的吃饭"。

出示 PPT:(生齐读)

鹅的吃饭,常常使我们发笑。

师:关键词——

生齐:发笑。

师:读课文,从鹅的"吃相"中悟出令人"发笑"。

(生读课文后,汇报交流)

生读:我们的鹅是吃冷饭的,一日三餐。它需要三样东西下饭:一样是水,一样是泥,一样是草。

生:我们高傲的鹅一日三餐竟是吃冷饭。高傲的鹅吃冷饭,可笑。

生:高傲的鹅它需要三样东西下饭:一样是水,一样是泥,一样是草。还吃出了滋味。这与"高傲"不匹配,可笑。

生:最可笑的是这冷饭——水、泥、草,竟吃得有板有眼,一丝不苟。

生读:这些食料并不奢侈,但它的吃法,三眼一板,一丝不苟。譬如吃了一口饭,倘若水盆放在远处,它一定从容不迫地大踏步走上前去,饮一口水,再大踏步走去吃泥、吃草。吃过泥和草再回来吃饭。

师:你们知道"三眼一板"是什么意思吗?

(生多数摇头)

生:我查了没有"三眼一板",只查出"一板三眼"是什么意思。"一板三眼"是成语,板、眼是指传统戏曲的节拍。四拍的节奏叫"一板三眼"。每小节中最强的拍子叫板,其余的叫眼。(手击拍节)

师:咱们实践一下鹅的"三眼一板"——

齐读:这些食料并不奢侈,但它的吃法,三眼一板,一丝不苟。

一女生读:①譬如吃了一口饭,倘若水盆放在远处,它一定从容不迫地大踏步走上前去,饮一口水,

一男生读:②再大踏步走去吃泥、

一女生读:③吃草。

一男一女读:④吃过泥和草再回来吃饭。

〔轻击拍①(饮水句);轻击拍②(吃泥句);轻击拍③(吃草句);重击拍④(再回来吃饭句)〕

师:说说感受——

生:好可笑!

生:好台步!

生:好派头!

生:好气派!

生:好高傲!

生:好滋味!

生:可笑的是水、泥、草,鹅竟品出了滋味。

生:这滋味是什么样的味道呢?

师:咱们品品"滋味"是怎样的味道。

生读:滋味:味道。(《现代汉语词典》)

生:关键是什么样的味道呢?

师:为此,我查了"滋"——

出示PPT:(生读)

滋:美味;滋味。(《汉语大字典》)

《广韵·之韵》:滋,旨也。(《汉语大字典》)

生:"美味",这食品一定好吃。

生:"旨也"又不懂了。

师:不懂接着查——

生读:《说文》旨:美也。(《汉语大字典》)

师:美啊——

生读:味美;美味。(《汉语大字典》)

众生议:这一查,我们也馋鹅的美餐了——吃的是美味,吃起来觉得味美。

师:咱们再三板一眼地"吃"一遍鹅的美餐吧——

生齐读:这些食料并不奢侈,但它的吃法,三眼一板,一丝不苟。

一女生读:(一眼)①譬如吃了一口饭,倘若水盆放在远处,它一定从容不迫地大踏步走上前去,饮一口水,

一男生读:(二眼)②再大踏步走去吃泥、

一女生读:(三眼)③吃草。

一男一女读:(一板)④吃过泥和草再回来吃饭。

〔轻击拍①(饮水句);轻击拍②(吃泥句);轻击拍③(吃草句);重击拍④(再回来吃饭句)〕

师:用四字语描绘鹅三眼一板的吃法——

"三眼一板"地吃。

"一丝不苟"地吃。

"有条不紊"地吃。

"不紧不慢"地吃。

"不慌不忙"地吃。

师:概括起来是怎么个吃法——

生(稍思):从容不迫地吃。

生读:这样从容不迫地吃饭,必须有一个人在旁侍候,像饭馆里的堂倌一样。

生:"从容不迫"地吃饭,是什么样子?

生读:从容不迫:从容,镇定沉着。不迫,镇定沉着,不慌张。(《新华成语词典》)

师:我们变换个读法——分角色朗读。咱们聘请导演分配角色——

"导演":我们分配一下角色。

"导演":你为人随和,你扮"堂倌"。

"导演":你眼睛很有神,你扮演"狗"。

"导演":其余同学扮"群狗"。("群狗"齐:汪!汪!)

"导演":你最大方,有好吃的总给大家吃,你扮演"白鹅"。("群狗"齐:同意。)

"白鹅":我不愿意扮"白鹅",这段"鹅吃狗盗"中的鹅,纯属老爷,看着狗在吃它的食,也不管,反而呵斥堂倌。

"导演":哈哈!你没读懂"白鹅"。

(众生议)

"导演":你知道鹅吃饭时,为什么要堂倌侍候吗?

"白鹅":鹅需要从容不迫地吃饭。

"导演":你喜欢鹅这样从容不迫地吃饭吗?

众生:我们都喜欢!

齐背:这些食料并不奢侈,但它的吃法,三眼一板,一丝不苟。譬如吃了一口饭,倘若水盆放在远处,它一定从容不迫地大踏步走上前去,饮一口水,再大踏步走去吃泥、吃草。吃过泥和草再回来吃饭。

"导演":附近的狗更喜欢。

众生读:因为附近的狗,都知道我们这位鹅老爷的脾气,每逢它吃饭的时候,狗就躲在篱边窥伺。等它吃过一口饭,踏着方步去喝水、吃泥、吃草的当儿,狗就敏捷地跑过来,努力地吃它的饭。

"白鹅":狗就躲在篱边窥伺呢!

"导演":"窥伺"是什么意思?

"白鹅":不就是"偷偷地看"吗?

"导演":可不是一般的偷看。

出示PPT:

师:读读看,能读懂多少?

生:窥(形声字),上面是"穴宝盖",表示洞穴。

生:我查《现代汉语词典》了。窥:①从小孔或缝隙里看。②暗中察看。

生:狗在暗中察看。

师：我也查了——

出示PPT：

> 窥：窥，小视也。（《说文解字》）
>
> 本义是从孔隙中或隐蔽处偷看。（《字源》）

生：这一查，就理解得更透彻了。狗躲在篱笆的孔隙中，或躲在篱笆后的隐蔽处偷偷地看。

出示PPT：

> 伺：观察；守候。例：伺机：窥伺时机。（《现代汉语词典》）
>
> 伺：侦察。（《国语辞典》）

生：不是一般的偷看，狗躲在篱笆后侦察，窥伺时机。

生：毛贼，鼠窃狗偷。

生：一个是鹅老爷的脾气，非"三眼一板"的吃法不吃；一个是躲在篱笆后侦察，窥伺时机的狗，吃不上不走。

生：针尖对麦芒。

生：针锋相对。

"白鹅"：两军相逢勇者胜。鹅把狗赶跑啊！

生：鹅赶狗了——

生读：鹅老爷偶然早归，伸颈去咬狗，并且厉声叫骂，狗立刻逃往篱边，蹲着静候；

"白鹅"：一句话你只读了半句。分号后的半句呢？

生接读：看它再吃了一口饭，再走开去喝水、吃泥、吃草的时候，狗又敏捷地跑上来，把它的饭吃完，扬长而去。

"白鹅"：鹅是碰巧遇上狗，在不影响自己"三眼一板"地摆谱的情况下赶赶狗。鹅要像狗那样，抓机会敏捷地跑上来，把它的饭吃完，扬长而去，还不至于把食让狗抢吃了吧！

（有的生点头）

生：鹅不"三眼一板，一丝不苟"地吃，那还是鹅吗？

生：倒也是。

生读：这些食料并不奢侈，但它的吃法，三眼一板，一丝不苟。譬如吃了一口饭，倘若水盆放在远处，它一定从容不迫地大踏步走上前去，饮一口水，再大踏步走去吃泥、吃草。吃过泥和草再回来吃饭。

"白鹅"：更说不过去的是，"等到鹅再来吃饭的时候，饭罐已经空空如也。鹅便昂首大叫，似乎责备人们供养不周。这时我们便替它添饭，并且站着侍候"。鹅食让狗抢走，它竟责备人们供养不周。这究竟是为什么?

众生:为"三眼一板,一丝不苟"地吃饭。

生读:这些食料并不奢侈,但它的吃法,三眼一板,一丝不苟。譬如吃了一口饭,倘若水盆放在远处,它一定从容不迫地大踏步走上前去,饮一口水,再大踏步走去吃泥、吃草。吃过泥和草再回来吃饭。

"白鹅":我们不胜其烦,以后便将饭罐和水盆放在一起,免得它走远去,让鸡、狗偷饭吃。

数生:也是个办法。

"白鹅":然而它所必需的泥和草,所在的地点远近无定。为了找这些食物,它仍是要走远去的。因此鹅吃饭时,非有一个人侍候不可。

生1:太可气了,连饭罐、水盆挪个地方都不成。

生2:饭罐、水盆不能挪个地方。

生1:为什么?

生2:为了"三眼一板,一丝不苟"地吃饭哪。

生:我们家在农村住时就养过鹅。在院里把几个食盆子放在一起,白搭。鹅照样在一个食盆子吃完,在院子里美滋滋地溜一圈,回来再吃另一个盆子里的食——这叫谱儿。

生读:譬如吃了一口饭,倘若水盆放在远处,它一定从容不迫地大踏步走上前去,饮一口水,再大踏步走去吃泥、吃草。吃过泥和草再回来吃饭。

"白鹅":改改不就得了。

"导演":改哪儿?

生:哪儿也不能改。

生:改了,就不是鹅的"三眼一板,一丝不苟"的吃法了。

生:所有的飞禽只有鹅是"三眼一板,一丝不苟"地吃。

师:这是鹅的习性。"习性"是什么意思?

出示PPT:(生读)

习性:谓习惯与性情。(《国语辞典》)

习性:长期在某种自然条件或社会环境下所养成的特性。(《现代汉语词典》)

"导演":改变了鹅的"三眼一板,一丝不苟"的吃态,鹅就不是鹅了。

生:如果熊猫不吃竹子,那就不是熊猫了。

"导演":鹅为了保持"三眼一板,一丝不苟"的吃态,它有时不去驱狗,要人伺候都是为了保持鹅这一种群的习性。

生:鹅保持了这一习性,才会让我们永远看到"三眼一板,一丝不苟"的吃态的鹅。

生:"鹅吃饭时,非有一个人侍候不可,真是架子十足!"这是赞美鹅恪守自己种族的习性。

"白鹅":叫你们这一分析,我也认同鹅是一个高傲的动物。

生齐:好一个高傲的动物!

"导演":理解一致了,按分配的角色练习朗读吧。

"白鹅":我先读鹅的吃态,然后再分角色朗读。

"白鹅":它的吃法,三眼一板,一丝不苟。譬如吃了一口饭,倘若水盆放在远处,它一定从容不迫地大踏步走上前去,饮一口水,再大踏步走去吃泥、吃草。吃过泥和草再回来吃饭。

"导演":按角色读开始!

(生按角色读)

师:读得够味,让我们看到一个高傲的鹅。下课!

(图)丰子恺

【评点】文章用了三个自然段来写鹅的吃饭,是全文最精彩的部分。对于鹅的吃饭,作者一开始就表达了自己的感受"常常使我们发笑",接着具体描写鹅的吃相,说明为什么"使我们发笑"。学习这一段,重点是让学生读出鹅的吃相令人发笑之处,并体会鹅的本性特点。写吃相关键词是"三眼一板",抓住这一关键词,多个学生合作读鹅饮一口水、去吃泥、吃草、再回来吃饭的句子,通过多次朗读,并结合对"滋味"一词的理解,学生仿佛置于情境中,体会到鹅吃饭的自得之乐。鹅的吃相、习性特点在与狗的对峙中,得到了深刻凸显。利用分角色扮演,抓关键词"窥伺",反复朗读写鹅吃态的中心句等方法,学生体会到鹅高傲的本色。

作者用活泼、诙谐、准确的语言描绘了自己心中高傲的白鹅形象,表达了对白鹅的特殊感情。要读出这份感情,唯有走进作者的语言文字,去揣摩作者的独特情感。整个教学引导学生充分把握课文的结构层次,通过抓关键句、关键词、反复朗读、前后联系读等方式进入作者所描绘的情境中,学生在语言品味、情境体验中感悟作者的情感。

《乡下人家》课堂实录

一、乐谈,乡间美

师:今天我与同学们一起读——

生齐:《乡下人家》。

师:我们住在近郊,对农村很熟悉。有谁是乡下长大的? 有谁常去乡下?

生:我爷爷奶奶还住在老家,放暑假我都回老家。老家可好玩了。夏天,摸鱼、逮虾、捉知了。

生:我常去老家。住农家大院,吃农家饭。农家饭可好吃了——吃的青菜是我亲手在菜园摘的。

师:老师是城里人,可在农村教书半生。那时我家在场边上盖了几间土坯房。土坯是用土和麦秸脱成的坯。土坯房冬暖夏凉。住在场边远望引河堤,绿树荫荫,夏天雨后,树根下,就会长出一圈黑黑的木耳。采回家,吃着木耳炒鸡蛋,背着陶渊明的诗句:"方宅十余亩,草屋八九间。榆柳荫后檐,桃李罗堂前。暧暧远人村,依依墟里烟。狗吠深巷中,鸡鸣桑树颠。"那可是独特的享受。好,我们来欣赏课文里的乡间美景吧。

【评点】上课伊始,一方面让学生描绘乡下生活经历,唤醒乡下生活体验,为课文学习奠定基础;另一方面教师很有诗意地讲述自己的乡下生活,并引用了陶渊明的诗句,展现了乡下生活的独特与美好,以引起学生对课文的阅读期待。

二、赏画,取画名

师:课文共七个自然段,有六个自然段是描绘乡间生活画面的,你们边读边想象画面,给每一幅画起一个画名。

(生读课文起画名)

生议画名,定出六幅画名:

绿藤红瓜　鲜花青竹　鸡群觅食

群鸭戏水　庭院晚餐　月下虫鸣

【评点】学生自己阅读课文,想象画面,并给每幅画起一个画名。画名由学生基于文本,商议讨论确定,不是由教师直接给答案,充分训练了概括能力。

三、谈景，互交流

师：咱们一幅一幅欣赏，互相交流感受。

绿藤红瓜

1. 朗读课文。

乡下人家总爱在屋前搭一瓜架，或种南瓜，或种丝瓜，让那些瓜藤攀上棚架，爬上屋檐。当花儿落了的时候，藤上便结出了青的、红的瓜，它们一个个挂在房前，衬着那长长的藤，绿绿的叶。青、红的瓜，碧绿的藤和叶，构成了一道别有风趣的装饰，比那高楼门前蹲着一对石狮子或是竖着两根大旗杆，可爱多了。

2. 最美图画。

出示 PPT：

3. 品味欣赏。

师：你对课文描写的哪些景致最感兴趣？和同学交流交流。

生读：乡下人家总爱在屋前搭一瓜架，或种南瓜，或种丝瓜，让那些瓜藤攀上棚架，爬上屋檐。

生：几间土坯房衬上爬到棚架房檐的南瓜、丝瓜的嫩绿藤蔓，一进院就见嫩绿藤蔓在招手，欢迎客人到来。

生：看到这房前瓜藤攀上棚架，爬上屋檐，我想到范成大的诗句："童孙未解供耕织，也傍桑阴学种瓜。"多美的田园生活！

生：那可漂亮了："当花儿落了的时候，藤上便结出了青的、红的瓜，它们一个个挂在房前，衬着那长长的藤，绿绿的叶。"这一"衬"太妙了！房前只是一片绿叶，不抢眼，藤上结出了青的、红的瓜，它们一个个挂在藤叶上相互映衬，叶绿绿的，瓜青青的、红红的，就成了一幅对比鲜明的美丽的国画。

生：那绿绿的叶一衬，青的、红的瓜就显眼了。你瞧，那红的倭瓜，绿的丝瓜。

生：我还发现了一组对比衬托。

师:找出来欣赏欣赏。

生:瓜的颜色"青的、红的"也是映衬。

生:"青的"淡雅,"红的"鲜艳,对比起来,青的更青,红的更红,就更好看了。

生:不但有色彩而且活活泼泼有生气……让那些瓜藤"攀上棚架,爬上屋檐"。

生:你读"攀上棚架,爬上屋檐",让我看到它们在竞赛,谁也不甘落后。

生:物竞天择,优胜劣汰,看一架瓜你攀我爬在竞赛长劲。

生读:青、红的瓜,碧绿的藤和叶,构成了一道别有风趣的装饰,比那高楼门前蹲着一对石狮子或是竖着两根大旗杆,可爱多了。

生:高楼、石狮子、大旗杆,让人感到严肃、拘谨。

生:感到威严。

生:不敢喘大气。

生:在农家小院就不同了。

生:青、红的瓜,碧绿的藤和叶是鲜活的。

生:有生气。

生:到了农家小院我也疯了,一会儿爬梯子摘瓜,压水冲凉。

生齐:青、红的瓜,碧绿的藤和叶,构成了一道别有风趣的装饰,比那高楼门前蹲着一对石狮子或是竖着两根大旗杆,可爱多了。

【评点】欣赏绿藤红瓜图,教师没有讲解,而是提了一个开放性问题:"你对课文描写的哪些景致最感兴趣?"呈现了两幅生活图,让学生自由交流。学生们走进语言文字,联系生活经验、古诗词,抓住关键字词,运用学习过的对比衬托等语文知识,欣赏品味乡下美景,感悟作者所表达的情感,并相互交流自己的体会。一位同学的感受启发着另一位同学,大家在倾听交流中,学会了鉴赏散文。

鲜花青竹

1.朗读课文。

有些人家,还在门前的场地上种几株花,芍药,凤仙,鸡冠花,大丽菊,它们依着时令,顺序开放,朴素中带着几分华丽,显出一派独特的农家风光。还有些人家,在屋后种几十枝竹,绿的叶,青的竿,投下一片浓浓的绿荫。几场春雨过后,到那里走走,你常常会看见许多鲜嫩的笋,成群地从土里探出头来。

2. 最美图画。

出示 PPT：

　芍药　　　　　　凤仙花　　　　　　　鸡冠花　　　　　　大丽菊

3. 品味欣赏。

师：继续欣赏"鲜花青竹"。

生读：有些人家，还在门前的场地上种几株花，芍药，凤仙，鸡冠花，大丽菊，它们依着时令，顺序开放，朴素中带着几分华丽，显出一派独特的农家风光。

师：你们认识这几种花吗？

生：我全认识。凤仙花最熟悉，姥姥叫它染指甲花。她摘下花朵，把花瓣放在小瓷盘里，加上明矾，慢慢地捣成花泥，给我敷到指甲上，等干后去掉花泥，指甲就红了。

生：每到中秋节前后，院子里的鸡冠花开得可旺了。晚上拜月时奶奶总要采两株鸡冠花拜月，也许玉兔喜欢鸡冠花。

生：这些花好养易活，农家小院多种些这样的花，一进院姹紫嫣红，色彩缤纷。

生：一进农家小院五颜六色，美丽而有光彩。

生：这么好看的花，好养易活，菊花还修根，年年自生自长，越长越多，越长越旺。

师：这是农家小院一大特色——

生读：朴素中带着几分华丽，显出一派独特的农家风光。

师：这民俗，还有一雅——

生：风雅。

生读：还有些人家，在屋后种几十枝竹，绿的叶，青的竿，投下一片浓浓的绿荫。

生：种几根竹子就更风雅了？

生背：可使食无肉，不可居无竹。无肉令人瘦，无竹令人俗。

生：诗人学者喜欢的竹也种到了"寻常百姓家"。

生：农民的文化品位提高了。

师：我们再欣赏欣赏竹笋吧。

生读：几场春雨过后，到那里走走，你常常会看见许多鲜嫩的笋，成群地从土里探出头来。

生：这个"探"有意思。

师:鲜笋稚嫩,对外界好奇悄悄探出头来,看看春雨后的庭院,春笋背了一首古诗抒怀,是哪一首?

生争猜:土膏欲动雨频催,万草千花一饷开。舍后荒畦犹绿秀,邻家鞭笋过墙来。

师:欣赏得不错,谈古论今有了文化味道。

【评点】这一段重点写了门前的鲜花和屋后的青竹,花与竹是春天的代表性植物,"鲜"与"青"两字则展现了春天赋予万物蓬勃的生命力。整个画面的欣赏,与上段一样,教师呈现了图片,从花到竹,引导学生有顺序地欣赏。学生看着几种花图,自由地谈着自己所熟悉的花,逐渐悟出这些花共同的特点是好养易活、色彩缤纷,对作者所说的"朴素中带着几分华丽"有了感悟。语文的学习就是要从学生的生活经验出发,通过多种方法、手段,引导学生接近作者所表达的人生经验。对竹没有像花一样赏析色彩特性,而是引导学生关注竹在中国传统文化中的所指,体会其所代表的风雅的特点。学生背诵"可使食无肉,不可居无竹。无肉令人瘦,无竹令人俗",初步体会到乡村要有文化品位,对物质与精神、美食与美德、风景与品位等有了朦胧的感悟,随着学生知识、生活经验的丰富,积累的诗句在未来逐渐发酵,引领他们追求高尚的情操和精神境界。这一段最后一句,学生抓住关键字"探",联想古诗词,体验到春天生命的蓬勃向上,在春雨的频催之下,万物竞相生长。

鸡群觅食

1. 朗读课文。

鸡,乡下人家照例总要养几只的。从他们的房前屋后走过,你肯定会瞧见一只母鸡,率领一群小鸡,在竹林中觅食;或是瞧见耸着尾巴的雄鸡,在场地上大踏步地走来走去。

2. 最美图画。

出示PPT:

3. 品味欣赏。

师:欣赏画作,哪个特写最感人?

生读:一只母鸡,率领一群小鸡,在竹林中觅食。

师:哪个词最突出细节?

生:觅食。

师:最形象的一个字?

生齐:觅!

出示PPT:

生:太形象了。"爫"多像鸡爪,在那儿刨食。

师:想象得不错。

继续出示PPT:

(金文)　　　　(大篆)　　　　(繁体)

会意字。金文从见,从爪,会寻找之意。

生:我懂得了。"觅"是会意字,由"见""爪"两部分组成,表示寻找的意思。

生读:一只母鸡,率领一群小鸡,在竹林中觅食。

生:伟大的母爱! 连母鸡都有的天性。

师:见过母鸡孵小鸡吗?

数生:见过。

生:半夜听到嘚嘚的声音,原来是蛋壳里的小鸡在啄蛋皮。蛋皮破了,小鸡探出头来。过了一会儿就从壳里钻出来。

师:母鸡孵小鸡可是辛苦的事,鸡鸡廿一,母鸡二十一天不能离窝,怕闪了蛋。

生读:从他们的房前屋后走过,你肯定会瞧见一只母鸡,率领一群小鸡,在竹林中觅食;或是瞧见耸着尾巴的雄鸡,在场地上大踏步地走来走去。

生:母鸡有母爱,公鸡也有母爱?

生:"母爱"是"慈爱"的代名词。

生:"耸着尾巴的雄鸡,在场地上大踏步地走来走去",那是在巡逻,保护母鸡与小鸡。

生:有我公鸡在这里护驾,看谁敢欺负我的儿女!

师:你看这一家多么和睦、幸福啊!

【评点】教师呈现了一幅非常生动形象的图片,学生借助图片体会这段话的特写之处,并感受作者所表达的情感。散文不是对客观事物的叙述,作者所描写的事物、场景融入了其个人情感。学生通过对写母鸡、公鸡的重点语句、关键字词的学习,体会到母爱、慈爱以及家庭的和睦、幸福。母鸡、公鸡在家庭中所扮演的角色、承担的责任与孩子们的日常感知很接近,画面的欣赏、情感的体验进一步强化了小学生对于父母爱的体悟。

群鸭戏水

1.朗读课文。

他们的屋后倘若有一条小河,那么在石桥旁边,在绿树荫下,你会见到一群鸭子游戏水中,不时地把头扎到水下去觅食。即使附近的石头上有妇女在捣衣,它们也从不吃惊。

2.最美图画。

出示PPT:

3.品味欣赏。

生读:他们的屋后倘若有一条小河,那么在石桥旁边,在绿树荫下,你会见到一群鸭子游戏水中,不时地把头扎到水下去觅食。

生:好一幅水彩画! 茅屋座座,小河清清,绿树掩映,青石小桥。

生:这特像我姥姥家。

生:一群鸭子,游戏水中,时而戏水,时而觅食。见到此景,我想到一首古诗:"鹅鹅鹅,曲项向天歌。白毛浮绿水,红掌拨清波。"

(众生笑)

生:笑什么?

生:你背的是鹅。

生:可是情境是一样的。

师:我们背一首描写鸭的诗吧。

数生:春草细还生,春雏养渐成。茸茸毛色起,应解自呼名。

生:你背的是刚长茸毛的小鸭,听我背首吧:"竹外桃花三两枝,春江水暖鸭先知。"

生:青竹衬桃花,绿水衬白鸭——美!

生:还有一美,即使附近的石头上有妇女在捣衣,它们也从不吃惊。

师:美在哪儿?

生:青石旁村姑捣衣,绿水上群鸭戏水。

生:好一幅和谐的水乡生活画!

师:好! 有生活气息。

【评点】欣赏了三幅画面后,学生们已经被作者所勾画的美景所吸引。学习本幅画,他们已然置身于乡下美好生活中,入情入境,从自己的记忆仓库中调取积累的古诗词,抒发对乡村生活的喜爱。

庭院晚餐

1.朗读课文。

若是在夏天的傍晚出去散步,你常常会瞧见乡下人家吃晚饭的情景。他们把桌椅饭菜搬到门前,天高地阔地吃起来。天边的红霞,向晚的微风,头上飞过的归巢的鸟儿,都是他们的好友。它们和乡下人家一起,绘成了一幅自然、和谐的田园风景画。

2.最美图画。

出示 PPT:

3.品味欣赏。

师:这一段咱们在朗读中边想象文中情境,边体味文中表达的情感。

一读:天高地阔地吃起来。(想象"天高地阔地吃"的情境)

生读:他们把桌椅饭菜搬到门前,天高地阔地吃起来。

师:咱们天高地阔地吃起来吧。

一女生读:天边的红霞,向晚的微风,头上飞过的归巢的鸟儿,都是他们的好友。

生齐读:它们和乡下人家一起,绘成了一幅自然、和谐的田园风景画。

二读:天高地阔地吃起来。(师生对读,想象"天高地阔地吃"的画境)

生读:他们把桌椅饭菜搬到门前,天高地阔地吃起来。

师领:向远看——

生齐:天边的红霞。

师领:吃热了解开衣襟,迎面吹来——

生齐:向晚的微风。

师:回头看屋檐上的鸟巢——

生齐读:头上飞过的归巢的鸟儿,都是他们的好友。

女生齐读:它们和乡下人家一起,绘成了一幅自然、和谐的田园风景画。

三读:天高地阔地吃起来。(配古诗,师生对读,想象"天高地阔地吃"的诗境)

生读:他们把桌椅饭菜搬到门前,天高地阔地吃起来。

师领:向远看——

生齐:天边的红霞。

一女生:晚日低霞绮,晴山远画眉。

师领:吃热了解开衣襟,迎面吹来——

生齐:向晚的微风。

一女生:风生高竹凉,雨送新荷气。

师:回头看屋檐上的鸟巢——

一女生:山气日夕佳,飞鸟相与还。

生齐读:头上飞过的归巢的鸟儿,都是他们的好友。

女生齐读:它们和乡下人家一起,绘成了一幅自然、和谐的田园风景画。

师:读得不错,富有诗情画意,唤起了我甜甜的回忆,我在农村教书时,傍晚一家人在院子里吃饭时就是这情境。

【评点】教师带领学生们边读边想象,师生共同构建了美妙的情境,学生自然而然地体会到作者所表达的对乡下生活的赞美之情,不由得爱上乡下这美好的生活。第一次读依照原文来感知;第二次读融入了真实的生活情境,更具生活趣味;第三次读结合了古诗词,增加了诗情画意。

月下虫鸣

1.朗读课文。

秋天到了,纺织娘寄住在他们屋前的瓜架上。月明人静的夜里,它们便唱起歌来:"织,织,织,织啊!织,织,织,织啊!"那歌声真好听,赛过催眠曲,让那些辛苦一天的人们,甜甜蜜蜜地进入梦乡。

2.最美图画。

出示PPT:

3.品味欣赏。

师:在农村住过吗?

众生:住过!

师:什么时候?

一生:冬天。

生:冬天热炕头上,嗑着奶奶炒的转莲子(瓜子),听着爷爷讲那过去的事情——

生:课文讲的是秋天到了——

生:秋天到了,月明人静的夜里,青蛙便唱起歌来:呱,呱,呱!呱,呱,呱!

生笑:哈哈!

生:笑什么? 咱们这儿没有青蛙。

生:我建议这一段月下虫鸣也创设情境读吧。

师:好啊,你们分分工吧。

(创设情境读)

一女生读:秋天到了,纺织娘寄住在他们屋前的瓜架上。

一组女生读:月明人静的夜里,它们便唱起歌来:"织,织,织,织啊! 织,织,织,织啊!"

一男生读:那歌声真好听,赛过催眠曲,让那些辛苦一天的人们,甜甜蜜蜜地进入梦乡。

师引读:月光皎洁,夜阑人静,小朋友们伴着纺织娘的歌声,吟起了唐诗:人闲桂花落——

生:夜静春山空。月出惊山鸟,时鸣春涧中。

师:乡村的夜晚也那么诗意浓浓,情意绵绵。

【评点】通过情境朗读,学生继续体会月下虫鸣的画面。这节课的特点之一,是把课文的学习与古诗词结合了起来,今天的乡下美景与古代诗人所写的山水诗相互联系,互为理解支架。

四、歌唱，家乡好

师：乡下人家"六景"都有标题了，最后一段总地赞美家乡独特、迷人的风景，倒连个标题都没有了。起个标题吧。

生：叫"独特、迷人的风景"。

生：是哪儿呀？

生：叫"乡下人家好"。

生：一般。叫"夸家乡"。

生：叫"谁不说俺家乡好"。

生：这是人家的歌词。

师：可以借用，不过要填赞美乡下人家的歌词。

生：我填第一景：一架架碧绿瓜藤上屋檐，

　　　　　　　一个个青红的瓜高高悬。

生：应改成：一条条碧绿瓜藤上屋檐，

　　　　　　一个个青红的瓜高高悬。

生：请听第二景：家家都是大花园，

　　　　　　　院院皆是竹成荫。

生：我再说第二景：门前鲜花朴素又华丽，

　　　　　　　　　屋后绿叶青竹成浓荫。

数生：第二位同学的好，紧扣课文特点。

师：就选第二位同学的。下面各段分小组写吧。

（分小组写，各组评价后汇报）

第三景歌词：母鸡率领小鸡觅虫吃，

　　　　　　雄鸡耸尾昂首护鸡群。

第四景歌词：小河清一群白鸭戏水上，

　　　　　　石板亮村上妇女捣衣忙。

第五景歌词：望鸟归天高地阔吃晚餐，

　　　　　　赏红霞诗情画意好舒畅。

第六景歌词：月光下听纺织娘把歌唱，

　　　　　　歌声中甜甜蜜蜜进梦乡。

师：儿童版的《谁不说俺家乡好》谁来唱？

生：老师，我来唱。

师：好！大家伴唱。

谁不说俺家乡好（歌词）

一

一条条碧绿瓜藤上屋檐，一个个青红的瓜高高悬。

得儿哟依儿哟，青红的瓜高高悬。

二

门前鲜花朴素又华丽，屋后绿叶青竹成浓荫。

得儿哟依儿哟，绿叶青竹成浓荫。

三

母鸡率领小鸡觅虫吃，雄鸡竖尾昂首护鸡群。

得儿哟依儿哟，竖尾踏步护鸡群。

四

小河清一群白鸭戏水上，石板亮村上妇女捣衣忙。

得儿哟依儿哟，村上妇女捣衣忙。

五

望鸟归天高地阔吃晚餐，赏红霞诗情画意好舒畅。

得儿哟依儿哟，诗情画意好舒畅。

六

月光下听纺织娘把歌唱，歌声中甜甜蜜蜜进梦乡。

得儿哟依儿哟，甜甜蜜蜜进梦乡。

尾声

哎，谁不说俺家乡好。纯朴的乡村，一道道风景真独特，一幅幅画卷好和谐。

师：下课！

【评点】课文最后一段对全文进行了总结，独特、迷人显现于每幅画面中。教师设计了让学生自拟歌词并歌唱的形式总结全文，不仅回顾了课文所写内容，而且把体会到的情感通过歌声表达了出来。

《美丽的小兴安岭》课堂实录

一、标题——兴安"丽"点睛

师:同学们好!

生:老师好!

师:今天,我们一起来学习《美丽的小兴安岭》,大家齐读课题。

生齐读:《美丽的小兴安岭》。

师:请同学们拿出笔记本,把课题写在本子上。再请一位同学把课题写在黑板上。

(生写课题)

师:大家一起再读一遍课题。

生齐读:《美丽的小兴安岭》。

师:人有眼睛,一篇文章的标题也有题眼,大家圈出题眼。课题当中的关键词是哪个?

生齐:美丽。

师:真好! 小兴安岭让"美丽"一点睛,一下就靓丽起来。我们怎样欣赏小兴安岭的"美丽"呢? 我介绍一种欣赏方法。

出示 PPT:

绿叶映衬红花

师:这是一朵没叶的花和一朵有叶的花,哪个更美?

生:有绿叶显得花更美。

师:有了绿叶来映衬,红花就显得更美了。今天我们学习的小兴安岭是以树为"主",

但课文中还描写了其他的景物做"宾"来陪衬它,使小兴安岭显得更美。在学习的过程中,我们要学习这种"绿叶衬红花"的写法。

【评点】课文标题中的题眼"美丽"是学生常见的词语,怎么欣赏"美丽"呢?教师介绍了一种"绿叶衬红花"的欣赏方法。

二、林海——绵延"绿"笼罩

师:谁来读读课文的第一句话?

生读:我国东北的小兴安岭,有数不清的红松、白桦、栎树……几百里连成一片,就像绿色的海洋。

师:品一品,这句话好在哪里?

生:树的品种很多,而且还用了比喻句。

师:你知道为什么用个比喻句吗?

生:因为这样就显得小兴安岭的树很多。

师:只是显得多吗? 老师告诉你们吧,因为作者想你们大都没去过小兴安岭,但是可能见过海,所以作者就用了一个比喻句,打了个比方,把大森林比成海。你们读一读。

生读:就像绿色的海洋。

师:你们想一想,小兴安岭的树林与海洋有什么相似的地方?

生:它们都非常大。

师:对,你能用个四字词语来形容吗?

生:无边无际。

生:一望无际。

生:一望无垠。

师:你们的语汇真丰富。还有什么相似点吗?

生:颜色,海洋是蓝色的,小兴安岭的树木是绿色的。

师:是啊,它们的颜色相似。还有——

生:"浪",风一吹,就掀起了波浪。

生:波涛汹涌。

师:那森林,风一吹,远远看去也怎么样?

生:层层起伏。

师:对呀! 看,森林和海洋有哪些相似点?

生(杂说):颜色、广阔、波浪。

师:你们能不能把这几点连起来想象? 说一说,小兴安岭的森林怎样美?

生:森林就像一望无垠的、绿色的波涛汹涌的海洋。

生:森林就像绿色的、无边无际的、波涛汹涌的海洋。

师:真棒!林海绵延千里,全是绿的。欣赏欣赏吧!读——

生齐读:我国东北的小兴安岭,有数不清的红松、白桦、栎树……几百里连成一片,就像绿色的海洋。

师:能背下来吗?

(生背)

【评点】学习课文第1自然段,教师提了三个问题:"品一品,这句话好在哪里?""你知道为什么用个比喻句吗?""你们想一想,小兴安岭的树林与海洋有什么相似的地方?"从这几个问题可以看出,教学的目的不在于让学生判断用了什么修辞手法、用修辞有什么效果等知识性内容,而是立足于学生欣赏能力的培养,让学生走进文本,想象画面,体验美丽。学生们通过比较树林与海洋的相似点,展开想象,仿佛置身于树林之中。读文本想象画面,再用语言把头脑中的画面表达出来,是学习写景文章的重要方法。

三、四季——树木"帅"当先

师:《美丽的小兴安岭》主要写树,每个季节都是先写树,树挂帅。读一读,看写了哪几个季节的树。

(生读书,圈画季节)

师:边读边圈画,这是读书的好方法。写了哪几个季节的树?

生:第一个是春天,第二个是夏天,第三个是秋天,第四个是冬天。

师:本文有个特点,每个自然段一开头就点出季节。我们把这四个季节写在你们的笔记本上。

(生写春、夏、秋、冬)

师:这几个自然段,都是开始写小兴安岭的树的丰姿,然后写其他景物来映衬小兴安岭,把它衬得更加美丽了。认真读一读,把描写各个季节的树的句子画出来。

(学生边读边画,教师巡视)

师:谁来读一读写春天的树的句子?

生读:春天,树木抽出新的枝条,长出嫩绿的叶子。

师:这位同学有两个词读得很好,听出来了吗?

生:抽出和嫩绿。

师:齐读——

生读:春天,树木抽出新的枝条,长出嫩绿的叶子。

师:夏天呢?

生读:夏天,树木长得葱葱茏茏,密密层层的枝叶把森林封得严严实实的,挡住了人们的视线,遮住了蓝蓝的天空。

师:这位同学把复叠词语读得挺有节奏的,大家学着读一读。

生齐读:夏天,树木长得葱葱茏茏,密密层层的枝叶把森林封得严严实实的,挡住了人们的视线,遮住了蓝蓝的天空。

师:秋天的。

生读:秋天,白桦和栎树的叶子变黄了,松柏显得更苍翠了。秋风吹来,落叶在林间飞舞。

师:这位同学读时突出了表示颜色的词语,读得很好。大家一起来读。

生读:秋天,白桦和栎树的叶子变黄了,松柏显得更苍翠了。秋风吹来,落叶在林间飞舞。

师:冬天——

生读:冬天,雪花在空中飞舞。树上积满了白雪。

师:这一读,我们又发现这篇文章的一大特点——

生:这篇文章最大的特点就是,每个季节都是先写树木,然后再写其他景物。

师:对,先写树木,然后再写其他景物,把森林映衬得更美。这就是我们学习这四段的思路:先品一品每个季节的树木怎么美,再品一品其他景物怎样把小兴安岭映衬得更美。记住了吗?重复一下吧。

生:先品树木怎么美。

生:再想其他景物怎样把小兴安岭映衬得更美。

【评点】这一环节学习每个季节写树的句子,先找出句子,然后个人读、集体读,教师通过对读的反馈与评价,引导学生关注每个季节树的独特之处。通过读,发现四个季节写法上思路一致,都是先写树木怎么美,然后再写其他景物以映衬。文章的思路决定了教学的思路、学习的路径,教师特别强调要按照先品树木,再品映衬的景物的顺序来学习。阅读教学要重视不同类型的文章阅读方法的指导,以培养学生独立阅读的能力。

四、春枝——新绿"汇"溪水

师:我们一起来欣赏欣赏小兴安岭春天的树木。

出示PPT:

> 春天,树木抽出新的枝条,长出嫩绿的叶子。

师:品一品,哪些词语写出了小兴安岭春天的树木的勃勃生机?先读一读吧。

生(自读自品):春天,树木抽出新的枝条,长出嫩绿的叶子。

生:"抽出"和"嫩绿",显得树更美。

师:对,还有吗?

生:长出。

师:对。这些词都写出了春天的勃勃生机,我们来体会体会。"抽出"是什么意思?你体会到了什么?

生:"抽出"就是长出的意思,我体会到了"抽出"是枝条长出得很快。

师:对,"抽出"就是长出的意思。那我们看看这样写行不行。

出示PPT:

春天,树木长出新的枝条,长出嫩绿的叶子。

师:这样好吗?

生:不好。这样写重复了。而且,"抽出"还有别的意思,它有快而有力的意思,而"长出"却没有。

师:那再改一改,咱就不重复了。读一读。

出示PPT:

春天,树木长出新的枝条,抽出嫩绿的叶子。

师:这样就不重复了,好吗?

生:不好,因为"抽出"不适合叶子,叶子是小小的、长圆的。

师:这就是品味。原文是"抽出新的枝条",什么情况下用"抽"呢?

生:就是一下子"抽"出来了,快。

生:"抽出"用在枝条上,细长的枝条是抽出来的。

生:从里面抽出来的,像蚕丝一样特别"柔"。

生:那细细的、长长的、柔柔的、嫩嫩的枝条不知是谁,一下子就抽出来了。

师:不知是谁"抽出新的枝条",一下子就想起了一首唐诗——

生齐背:碧玉妆成一树高,万条垂下绿丝绦。不知细叶谁裁出,二月春风似剪刀。

【评点】写春天的树木只用了一句话,但含义丰富。教师通过几个连续递进的问题和任务,让学生充分感受到春天的生机勃勃。第一个问题是:"哪些词语写出了小兴安岭春天的树木的勃勃生机?"有了前一环节朗读指导的铺垫,学生很快找出了"抽出""嫩绿""长出"三个词语。第二个问题是:"'抽出'是什么意思?你体会到了什么?"学生回答"抽出"就是长出的意思。教师在肯定学生回答的同时,又出示了句子"春天,树木长出新的枝条,长出嫩绿的叶子",让学生判断这样写行不行。学生马上意识到一句话用同样两个词重复了,有同学还提出"抽出"包含"长出"的意思,但还有别的意思。既然重复了,教师马上又出示了一个不重复的句子"春天,树木长出新的枝条,抽出嫩绿的叶子",把"长出"和"抽出"对调,让学生看这样行不行。通过设计这些连续的任务,学生的认识不断从平衡到不平衡,不断生出新的困惑,对"抽出"含义的理解逐步深化,最后还联想到唐诗中的"不知细叶谁裁出,二月春风似剪刀"。

小兴安岭的美丽是需要对语言文字进行品味的,对于三年级同学来说,教师不能只是让学生自由品味,应该提供一定的路径,设计一些问题和任务。这种品味应该始终和语境相连,注意让学生在语境中比较体悟,这样学的语言是活的语言,能内化为学生个人化的言语。

师:你看,又细又柔又嫩的枝条就展现在眼前了。品读完树木,第二步该干什么了?

生:品一下其他景物怎样映衬小兴安岭。

师:是呀,读一读,文中还写了哪些景物来衬托?

生:溪水和小鹿。

师:我们一起来画出描写雪水和小溪的句子,读一读。

生齐读:山上的积雪融化了,雪水汇成小溪,淙淙地流着。

师:咱们分层次读一读,边读边感受一下:你感觉那溪水是什么样子的?

一组读:山上的积雪融化了,

另一组读:雪水汇成小溪,

生齐读:淙淙地流着。

师:你感觉到了什么?

生:溪水是碧绿的。

生:溪水叮咚响。

师:再读一读,品一品。

生:溪水在流着。

生:溪水潺潺。

生:溪水淙淙地流着。

师:对,是在动着。我们再分组读一读,想想我们为什么会感觉到溪水是动的呢。

生读:山上的积雪融化了,雪水汇成小溪,淙淙地流着。

生:我发现了三个动词:融化,汇成,流着。

师:你们再读读,看这三个动词,哪个动词一下子牵动着整个溪水的流动? 读一读,圈一圈。

生齐:汇成。

师:来看这个"汇"字。

出示PPT:

生边看溪水汇集边描述:一条小小溪流奔腾过来,又一条小小溪流奔腾过来,又一条小小溪流奔腾过来……

师:条条小溪都汇合在这个池塘(匚)之中。这个"匚"叫三框旁。在这里表示——

生:池塘。

师:这个"汇"字就表示那么多的雪水融化汇合在一起。我们在本子上写一写这个字。

(生写"汇"字)

师:再欣赏欣赏这溪水吧。

生齐读:山上的积雪融化了,雪水汇成小溪,淙淙地流着。

师:接下来,写了什么景呢?

生:小鹿。

师:对。把描写小鹿的句子找出来,读一读。

生读:小鹿在溪边散步,它们有的俯下身子喝水,有的侧着脑袋欣赏自己映在水里的影子。

师:想一想,品一品,哪个词语写出小鹿特别可爱?

生:小鹿悠闲地"散步"。

生:它还侧着脑袋"欣赏"自己映在水里的影子。

师:小鹿多可爱啊!它还会欣赏呢。小鹿在怎样"欣赏"?

生:它边看着自己的影子,边想,我长得多漂亮啊!

生:我的角多么标致,我的身段多么匀称。

生:我的角多么像珊瑚呀!

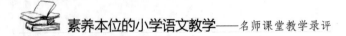

生：我的衣服上的图案多像一朵朵梅花呀！

师：描绘得好！现在能说说"欣赏"的意思了吧？

生：越看越觉得好看。

生：越看越觉得美。

师：我们再看看词典中的解释。

出示 PPT：（生读）

欣赏：享受美好的事物，领略其中的情趣。

师：小鹿怀着欣喜的感情细细地观赏，领略其中的情趣。描绘描绘——

生：小鹿左看看、右看看自己的倒影，越看越觉得自己漂亮，越看心里越美滋滋的。

师：不错，你平时一定很会欣赏。

师：同学们，这样读书就感悟到美了。我们美美地读读吧。

生读：小鹿在溪边散步，它们有的俯下身子喝水，有的侧着脑袋欣赏自己映在水里的影子。

师：我们再读读"春天"这段文章。一起读"树木"，你来读"小溪"，你来读"可爱的小鹿"。

（生读文）

师：我们欣赏了"春天"的景色。下面的段落争取你们自己欣赏欣赏。我们来回顾一下学习"春天"一段的思路。

生："春天"一段我们是这样学的：先品一品春天的树木怎样美，再品一品还有哪些景物把小兴安岭映衬得更美，然后我们在诵读当中欣赏春天小兴安岭美丽的景色。

【评点】按照之前确定的学习路径，接着学习映衬小兴安岭的景物"溪水"和"小鹿"。学生们找到了描写溪水的句子，教师设计了一个分组读，每组读句子的一部分，最后两组共同读最后一部分。学生在分组读中，能充分感受到溪水的动态美。课堂上怎样读，应该有一定的目的，方式不一样，达到的目的也不一样。写溪水作者用了三个动词，教师重点强调了"汇"字，从"汇"的字形出发，解读了"汇"的含义。学生结合图片，把"汇"字的意义放到句子中，把自己想象的溪水的画面讲出来，从学生的语言中能看到他们体会到的美的画面。

写小鹿作者用了一个词语"欣赏"，教师先让学生根据自己对"欣赏"的理解，想象小鹿怎么"欣赏"，然后呈现了词典中"欣赏"的含义，进一步让学生想象描绘小鹿怎么在"欣赏"中领略情趣。在学生对这一段理解想象的基础上，大家一起读这段文字，此时的读，头脑中一定充满了美丽的画面。

五、夏树——葱茏"浸"晨雾

师:我们一起来欣赏欣赏小兴安岭夏天的树木。

生读:夏天,树木长得葱葱茏茏,密密层层的枝叶把森林封得严严实实的,挡住了人们的视线,遮住了蓝蓝的天空。

师:体会到什么了?

生:树木十分茂盛。

生:树木葱葱茏茏。

师:哪些词语把树木的茂盛写出来了?

生:"葱葱茏茏""密密层层""严严实实"写出了树木的茂盛。

师:真会读书!还有哪些词语让我们感觉到了树木的茂盛?

生:挡住了人们的视线,遮住了蓝蓝的天空。

师:真好!我们一起来配合读一读这段文字。

师领:走进夏天的树林,只见——

生读:树木长得葱葱茏茏,密密层层的枝叶把森林封得严严实实的,

师:抬头望去——

生读:挡住了人们的视线,遮住了蓝蓝的天空。

师:作者就是这样写出了夏天树木的茂盛。我们一起再来读一读,重读加着重号的词语。

生读:夏天,树木长得葱葱茏茏,密密层层的枝叶把森林封得严严实实的,挡住了人们的视线,遮住了蓝蓝的天空。

师:这些词语叫复叠词语。这些叠音词读起来很好听。我们把它们换成两字词语。

生:"葱葱茏茏"换成"葱茏"。

生:"密密层层"换成"茂密"。

生:"严严实实"换成"严实"。

师:我们对比着读一读,看看换了好不好,想想为什么。

生对比读:

夏天,葱茏的树木,茂密的枝叶把森林封得很严实,挡住了人们的视线,遮住了蓝蓝的天空。

夏天,树木长得葱葱茏茏,密密层层的枝叶把森林封得严严实实的,挡住了人们的视线,遮住了蓝蓝的天空。

生:复叠词语更显出小兴安岭的美丽。

师:太空了,美在哪儿呢?

生:"葱葱茏茏"让人觉得树很密,很绿;"葱茏"就不如"葱葱茏茏"那么密,那么绿。

生:"密密层层""严严实实"让人觉得那枝叶,你压着我,我压着你,不透光也不透气。"茂密"虽然也是形容枝叶很密,但不如"密密层层"更让人有身临其境的感觉。

生:"严实"不如"严严实实"形象。

生:复叠词语读起来朗朗上口,很好听。

师:真棒!你给大家读一遍,让我们感觉感觉。

生读:夏天,树木长得葱葱茏茏,密密层层的枝叶把森林封得严严实实的,挡住了人们的视线,遮住了蓝蓝的天空。

师:好。刚才有个同学说"挡住了人们的视线,遮住了蓝蓝的天空"写出了森林很茂密。"挡住"与"遮住"能交换一下吗?

生:"挡住"就是"遮住"的意思,可以交换。

生:不能换。"挡住"只挡住了"人们的视线",只挡了人的眼睛。"遮住",枝叶就像大棉被一样把天空蒙上了。(众生笑)

师:别笑,有点意思。"密密层层""严严实实"的枝叶的确像床大棉被把整个大森林掩盖起来,我们抬头看那枝叶——

生齐读:遮住了蓝蓝的天空。

生:"挡"是挡住我自己的眼睛,想看天看不见。"遮"是遮住辽阔的天空——把天空密封了。

【评点】按照之前提到的方法,先欣赏这个季节的树木,再品映衬树木的其他景物。树木是小兴安岭的主要景物,不同的季节展现出不同之美,不同季节的不同映衬之物,更让树木显出多样的美丽。品析欣赏必须走进语言文字,教师引导学生抓住关键词,通过比较分析理解词语意思,理解词语的过程也是想象的过程。学生在教师的引导下,自主思考,相互激发,体会语言之美、景物之美。

师:这才是在森林的感觉。这树木葱茏的森林用什么景物来映衬啊?

生:是雾。

生:是阳光,是鲜花。

师:好,先读读"雾"吧。

生读:早晨,雾从山谷里升起来,整个森林浸在乳白色的浓雾里。

师:哪个字写出了雾中森林的美?圈出来。

生:浸。

师:我们再来读一读这句话,重读一下"浸"字。

生读:早晨,雾从山谷里升起来,整个森林浸在乳白色的浓雾里。

师:"浸",美在哪儿?

生:整个森林都浸泡在雾里了,很美。

生:云雾缭绕,很美。

生:朦朦胧胧的,像仙境。

师:品一品,"浸"为何如此之美?

生:我查词典了。浸,泡在液体里。

生:我觉得应选"液体渗入或渗出"的义项,在这里的意思是浓雾在森林中慢慢渗入、渗出。

师:有意思! 其实汉字看懂了更美。看——

(师板书)

师:三点水"氵"表示什么?

生:水。

师:"氵"在这里表示浓浓的水雾。"冖"表示什么? (生:表示覆盖。)在这里表示"缭绕""笼罩",表示云雾缭绕把森林笼罩起来了。上面的"彐"表示手,下面的"又"也表示手。想象一下,那浓浓的水雾笼罩着整个森林,好像大自然用双手提着轻纱,向前移动,向后移动,向左移动,向右移动。(学生边做动作边描述)

师:谁来描述描述这"浸"之美?

(师指导,生练习后描述)

生:这个"浸"字用得多妙呀! 早晨,浓浓的雾(氵),笼罩(冖)着森林,那情景就像大自然用双手(彐、又)提着轻纱,不停地移动着。雾中的景色真美啊!

师:妙,太美了! 咱们再修饰修饰。谁读读?

出示PPT:

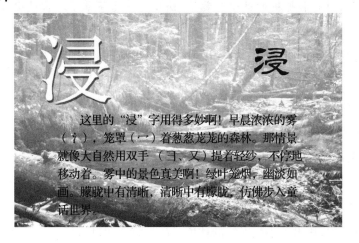

这里的"浸"字用得多妙啊! 早晨浓浓的雾(氵),笼罩(冖)着葱葱茏茏的森林。那情景就像大自然用双手 (彐、又)提着轻纱,不停地移动着。雾中的景色真美啊! 绿叶笼烟,幽淡如画。朦胧中有清晰,清晰中有朦胧,仿佛步入童话世界。

生读:这里的"浸"字用得多妙啊! 早晨浓浓的雾(氵),笼罩(冖)着葱葱茏茏的森林。那情景就像大自然用双手(彐、又)提着轻纱,不停地移动着。雾中的景色真美啊! 绿叶笼烟,幽淡如画。朦胧中有清晰,清晰中有朦胧,仿佛步入童话世界。

(生边轻轻描述,边想象,步入雾朦胧的境界)

师:多美呀! 我们把"浸"字也写在本子上吧。还有什么景物来衬托夏天小兴安岭的美景?

生:阳光。

师:读一读,品一品。

生读:太阳出来了,千万缕耀眼的金光穿过树梢,照射在工人宿舍门前的草地上。草地上盛开着各种各样的野花,红的、白的、黄的、紫的,真像个美丽的大花坛。

师:这段话中有一个字,有了它,整个画面就美起来了,读一读,找一找。

生:这里有了"射"字,整个森林就靓起来了。

师:读一读吧!

生读:太阳出来了,千万缕耀眼的金光穿过树梢,照射在工人宿舍门前的草地上。

师:这一照,就照出了个森林中的大花园——

生读:草地上盛开着各种各样的野花,红的、白的、黄的、紫的,真像个美丽的大花坛。

【评点】一个"浸",一个"射",把映衬之物与树木连在了一起,形成了一幅灵动的、多彩的画面。把对"浸"字的理解与整句话的描述结合了起来,让孩子们去想象、描述,汉字学习与句子理解相融合,实现了思维、语言、人文的统一。这样的语文课堂,语文味道浓厚,孩子们学得有意思,也有意义。

六、秋叶——缤纷"献"硕果

师:秋天呢? 大家一起来读一读,欣赏欣赏吧——

生读:秋天,白桦和栎树的叶子变黄了,松柏显得更苍翠了。秋风吹来,落叶在林间飞舞。

师:用我们积累的四字词语、古诗句,描绘描绘这秋天的美景吧!

生:落叶纷飞,彩蝶飞舞。

生:树树皆秋色,山山唯落晖。

师:好,唐诗上来了。

生:况属高风晚,山山黄叶飞。

师:真棒,背点唐诗宋词,可增强我们的欣赏能力。

生:改一改就更好了:树树黄叶飞。

师:好,这一化,化出了小兴安岭的秋色。还可添下句,更显——

生抢答:更显松柏翠。

生:树树黄叶飞,更显松柏翠。

【评点】读一个句子,让学生用四字词语或诗词来描述,既是概括训练,又是联想训练;既能激活学生积累的词语,又能激发学生创作的活力。

师:作者还写了哪些景物映衬出小兴安岭的秋色美?

生读:森林向人们献出了酸甜可口的山葡萄,又香又脆的榛子,鲜嫩的蘑菇和木耳,还有人参等名贵药材。

师:读读看,你们发现作者用了什么方法把这些"土特产"描绘得这么诱人?

这时候,森林向人们献出了

生:作者不光写有什么特产,还写了这些特产怎么好。

生:山葡萄加上个"酸甜可口",就惹得你流口水。

生:榛子用"又香又脆"引得你想尝尝。

师:这都是加上修饰词语写出口感。

生:蘑菇和木耳"鲜嫩的"好。

师:这是质感。

生:人参等药材用"名贵"形容,说明太珍贵了。

师:我们再读读、品品这些修饰词语的作用。

生读:这时候,森林向人们献出了酸甜可口的山葡萄,又香又脆的榛子,鲜嫩的蘑菇和木耳,还有人参等名贵药材。

师:小兴安岭的"秋"美在一字上——

生齐:献!

出示 PPT：

师：这个“献”字美在哪儿呢？上面这个是甲骨文。左半部分像什么？（生：像锅。）一口锅，古时候叫“鼎”。右半部分像什么？（生：像狗。）一条站起来的狗。古时候，祭给神灵、神仙，要敬献狗肉。繁体字写成“獻”，后来简化成“献”。当我们看到左边的“南”字时，不要想成东西南北的南，而是——（生：鼎，是锅。）谁读一读，“献”表示什么呢？

生：表示把最好吃的狗肉（犬），放在炊具（南）中煮熟，敬献给祖宗、神灵。

生：小兴安岭的大森林把珍贵的特产“献”给我们，这是奉献美。

师：森林还向人们献出了五味子、灯笼果、灵芝、狗枣子……你们也来加一加修饰语。如口感、颜色、质感，或是想象成什么都可以。动笔写一写。

出示 PPT：

生：柠檬黄的灯笼果。

师：写出了灯笼果的色彩。

生:像灯笼一样闪闪发光的灯笼果。

师:真棒!

生:像小伞一样的灵芝。

生:一串串漂亮的五味子。

生:像珍珠一样的五味子。

生:酸酸的五味子。

生:样子奇特的狗枣子。

师:大自然向我们献出这么多的美味。我们把"献"写在本子上。

(生写)

【评点】先让学生品味土特产的修饰语以体会土特产的诱人之处,从直观上感受小兴安岭的奉献之美。接着重点解读了"献"的字理,学生在学语言中受到人文感染,对小兴安岭的奉献精神有了更深切的感触。最后教师给出几种果实和药物,让学生展开想象加修饰语,这是学生在受到奉献精神感染后的自然表达。

七、冬林——空中"舞"雪花

师:该进入冬天了。

生读:冬天,雪花在空中飞舞。树上积满了白雪。

生:一读"雪花在空中飞舞",我就想到了一句唐诗:"忽如一夜春风来,千树万树梨花开。"

师:是呀,冬天飞舞的雪花,多富有诗情画意,把森林衬托得真美啊!"美"在哪个字上?

生:"舞"!这个"舞"字本身就像在翩翩起舞。

出示PPT:

舞:双脚相背(舛),手持舞具(無)翩翩起舞。

417

师:这个"舞"字,下面是两只脚(舛),一只脚脚趾朝左(夕),一只脚脚趾朝右(屮),像在跳舞,想象一下,上面的两只手还举着花束跳起来。

师:我们一起来欣赏一下美丽的雪景。我们师生配合读一读。

师:抬头望——

生读:冬天,雪花在空中飞舞。树上积满了白雪。

师:看大地——

生读:地上的雪厚厚的,又松又软,常常没过膝盖。

师:你再听——

生读:西北风呼呼地刮过树梢。

师:啊——

生:啊,多美呀!

生:啊,好冷啊!

师:大雪覆盖的森林多寂静啊!于是作者又写了——

生:动物。

师:读一读。

生读:黑熊躲进自己的洞里冬眠。紫貂捕捉野兔当美餐,松鼠靠秋天收藏在树洞里的松子过日子,有时候还到枝头散散步,看看春天是不是快要来临。

师:动物要动啊,看看用了哪些动词,圈一圈。

(生边读边圈)

师:我们再读一读。

生读:黑熊躲进自己的洞里冬眠。紫貂捕捉野兔当美餐,松鼠靠秋天收藏在树洞里的松子过日子,有时候还到枝头散散步,看看春天是不是快要来临。

师:你们看,在漫山飘雪的森林之中,动物增添了许多情趣。可爱的小松鼠到枝头散步,仿佛看到了春天的小兴安岭——

生:小松鼠仿佛看到树木钻出了嫩芽。

生:它仿佛看到了溪水潺潺地流着,漂亮的小鹿在溪边喝水。

生:小松鼠吱吱地叫着,呼唤着春天的到来。

师:动物们都盼望着春天的到来。

【评点】有了前面几个季节的学习,学生会运用相应的方法自主学习。

八、尾声——回味"赞"兴安

师:文章我们已经读完了,你能夸一夸这美丽的小兴安岭吗?

生读:小兴安岭一年四季景色诱人,是一座美丽的大花园,也是一座巨大的宝库。

师:不错,用了课本上的结尾句赞美小兴安岭。小兴安岭四季中最美的景物是什么?

生齐:树!

师:试着背背每个季节中开头描写树的句子。

(生背)

师:每个季节除了写树,还写了哪些景物来映衬?

生:"春"用溪水、小鹿映衬。

生:"夏"写了雾、阳光、野花。

生:"秋"写了好吃的野果和名贵的药材。

师:"野果"还加上了"好吃的",好馋啊!(生笑)"冬"写了——

生齐:雪!

生:还有动物。

师:这四季的森林各有一个动词为文章增色——

生齐:汇、浸、献、舞。

师:这四个动词真好啊!讲讲怎么好。

(生沉浸回味中)

生:小兴安岭一下就"动"起来了!

生:春,溪水潺潺。

生:夏,晨雾蒙蒙。

生:秋,硕果累累。

生:冬,雪花翩翩起舞。

生:显得小兴安岭更"美"!

师:开头,我们步入林海中,背——

生背:我国东北的小兴安岭,有数不清的红松、白桦、栎树……几百里连成一片,就像绿色的海洋。

师:小兴安岭那"绿色的海洋"就够美了。游览之后才发现那里不仅是大花园,还是巨大的宝库。背结尾——

生背:小兴安岭一年四季景色诱人,是一座美丽的大花园,也是一座巨大的宝库。

师:小兴安岭的四季美景在向你们招手呢!下课!

【评点】回顾课文所学,内化记忆积累,从课文的片段走向整体,从理解体验走向背诵积累,学习自然顺畅,符合学生的认知规律。全文学习后,再看课文的开头和结尾,既是对课文内容的总结,也是对首尾与全文关系的揭示,还能感受到首尾呼应之美。

《麻雀》课堂实录

一、读题——概述故事

师:读课题。

生齐读:《麻雀》。

出示PPT:(生读)

本文由两个突然事件和一个没料到的结局,构成了一个惊心动魄、哲理深邃的故事。

师:今天咱们就来一起学习这个故事。

【评点】课文标题是一个动物名称,只有两个字,学生读题很难产生任何期待和兴趣。教师呈现了一句话,让学生读,这句话既能引起学生的阅读期待和兴趣,又明确了阅读的重点,给学生阅读全文以引导。

二、读文——走进故事

1. 打猎归来,发现野物。

出示PPT:(生齐读)

我打猎回来,走在林荫路上。猎狗跑在我的前面。

师:你们来思考一下,这段话描写了怎样的环境? 气氛如何?

生:树荫很多。

生:特别凉爽。

生:茂密的深林,周围很安静。

师:你们读得真棒,从一个"林荫路"就读出来了安静,树多,到处都是阴凉。

师:气氛如何? 从哪些词语可以看出来?

生:很平静。

生:很开心。

生:心情很愉快。

生:心情很舒畅。

师:你们说得真棒,是怎么体味出来的?

生:打猎回来,自然有收获,林荫路上凉爽,猎狗跑在前面轻松悠闲。

师:你们理解得真棒。我们再来读故事的开头。

生读:我打猎回来,走在林荫路上。猎狗跑在我的前面。

【评点】阅读就是要透过文字悟出其背后的意义,教阅读就是要带领学生进入文本,走进故事所描绘的情境。学生只有体会到这句话所描写的氛围、心境,才能整体把握故事的惊心动魄,才能更好地理解下文的"突然"二字。

出示PPT:(生齐读)

突然

师:这个"突然"让你的心情怎样?

生:害怕。

生:开始紧张起来。

师:很好。我们来看,是什么事使气氛紧张起来了呢?

一生读:突然,我的猎狗放慢脚步,悄悄地向前走,好像嗅到了前面有什么野物。

(生齐读第2自然段)

师:这回的气氛如何?大家来说一说。

生:猎狗开始提高警惕。

生:气氛紧张起来,从"放慢""悄悄"和"嗅"可以看出来。

生:对,尤其这个"嗅"字,特像猎狗发现猎物。

【评点】学生抓住关键字、关键词,悟出故事气氛的变化。

师:尤其这个"嗅"字,把猎狗的形象描述得特别逼真。咱来看这个"嗅"字。

师:"嗅"字其实是从"臭"演变发展来的。"臭"的本义为用鼻子辨别气味,也就是

"嗅"。甲骨文中"臭"的字形为 。下面是小身子和小尾巴,像什么?

生:像狗。

生:上面是个大脑袋,那三竖像是喘着气呢。

生:鼻子是在嗅呢,很形象。

PPT出示小篆"臭":

师:你们来猜一猜,上面的" (自)"代表什么?(代表的是狗的鼻子)。下面的

"(犬)"代表什么?(代表狗身子)。合起来就读"xiù",怎么理解呢?来读一读。

出示 PPT:(生读)

> 狗的鼻子(自)与狗(犬)构成"臭(xiù)"字,表示气味或者闻到气味。

师:狗嗅了嗅是闻到气味了吧。后来,"臭"特指难闻的气味,读作"chòu"。把"臭"加上"口",写作"嗅",用来表示用鼻子闻。

生读:嗅(xiù)。

生齐读:突然,我的猎狗放慢脚步,悄悄地向前走,好像嗅到了前面有什么野物。

【评点】从汉字的演变,了解"嗅"的含义,感受汉字文化,增强对祖国语言文字的热爱之情。

2. 无奈小雀,凶恶猎狗。

生读:风猛烈地摇撼着路旁的白桦树。我顺着林荫路望去,看见一只小麻雀呆呆地站在地上,无可奈何地拍打着小翅膀。它嘴角嫩黄,头上长着绒毛,分明是刚出生不久,从巢里掉下来的。

师:读完这段,你们来画出表现小麻雀"小"和"可怜"的词语。

出示 PPT:

小麻雀

无可奈何

小翅膀

嘴角嫩黄

长着绒毛

刚出生不久

师:大家把"小"和"可怜"都读出来了。你来猜猜看,这"无可奈何"当什么讲啊?

生:一点办法也没有了。

生:没有任何办法,一点事也做不了。

师:这个就是我们结合上下文和生活实践理解词语的意思。

师:同时来了一只厉害的大狗。

出示 PPT:(生读)

> 猎狗慢慢地走近小麻雀,嗅了嗅,张开大嘴,露出锋利的牙齿。

师:请你们找出表现猎狗走近小麻雀特别凶恶的词语。

出示 PPT：

猎狗

走近小麻雀

嗅了嗅

张开大嘴

露出锋利的牙齿

师：为什么之前"好像嗅到了前面有什么野物"，用一个"嗅"。这里不用"嗅"字，而用"嗅了嗅"呢？养过狗的可能会知道，狗在什么时候会"嗅了嗅"呢？

生：闻到了能吃的东西，就会"嗅了嗅"。

生：闻到了食物。

生："嗅了嗅"说明猎狗该吃猎物了。

师：现在有两组词语，一组是表示小麻雀的，一组是表示猎狗的。

出示 PPT：

小麻雀	**猎狗**
无可奈何	走近小麻雀
小翅膀	嗅了嗅
嘴角嫩黄	张开大嘴
长着绒毛	露出锋利的牙齿
刚出生不久	

师：想一想，在通常情况下猎狗遇到小麻雀会怎样？可以用上面的词语编一个故事。加上一些想象，让你的故事更加感人一些。

生：猎狗看到一只头上长着绒毛、扇动着小翅膀的小麻雀，于是走近小麻雀，露出锋利的牙齿。小麻雀看见这么庞大的怪物，非常害怕，害怕猎狗张开大嘴一口把自己吃掉。

师：不错。能不能讲得再丰富一点。如果这样讲，别人知道了故事的内容，可是故事并不感人，能不能加上自己的想象，添上一些词语，讲得更再感人一点。

生：猎狗发现了一只才出生不久、长着绒毛的小麻雀，于是它走近小麻雀，露出锋利的牙齿要吃掉小麻雀，小麻雀见到了这个庞大的怪物只好无可奈何地拍打着小翅膀。猎狗走近小麻雀张开血盆大嘴一下子就把小麻雀吞进了肚子里。

师："一下子就把小麻雀吞进了肚子里"，这里的"一下子"用得好，这就是创造。光用课文中的词还不行，多添上几个词就讲得更清楚了。留个作业：回家后把这个写好。

师：通常情况下猎狗会把小麻雀吃掉，而在文中却是另一种结果。

【评点】教师采取比较阅读的策略，对描写小麻雀和猎狗的两组词语进行比较，凸显

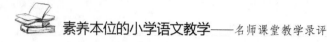

了小麻雀的弱小与无可奈何。联系前文的"嗅",结合生活常识,体会"嗅了嗅"所表达的含义,更能感受到小麻雀濒临绝境、危在旦夕。通过比较阅读和抓关键词,学生熟悉了故事,进入了情境。在此基础上,教师引导学生展开想象,带着情感,创编小麻雀与猎狗的故事。读写结合自然一体,语言的综合运用融词语理解、词语积累、情感体验等为一炉,将知识技能的学习指向了培养学生的综合素养。

3.老雀落下,拯救幼儿。

出示PPT:(生读)

> 猎狗慢慢地走近小麻雀,嗅了嗅,张开大嘴,露出锋利的牙齿。

出示PPT:(生齐读)

> 突然

师:这一"突然",你有怎样的感觉?

生:紧张和恐慌。

师:能说一个四字词语吗?

生:惊心动魄。

生:紧张得魂都没了。

师:把胆都吓破了——

生齐:心惊胆战。

师:吓得肉都跳了,有词吗?

生齐:心惊肉跳。

【评点】创设语言情境,在师生的言语互动中,扩充词汇,丰富语言,入境入情。

师:突然发生了一件什么事呢?

出示PPT:(生读)

> 突然,一只老麻雀从一棵树上飞下来,像一块石头似的落在猎狗面前。它挓挲起全身的羽毛,绝望地尖叫着。

师:像……落……,这个比喻句用得真好啊,真妙啊。

生:好在它把老麻雀落下来的那种重量感体现出来了。

生:表现老麻雀速度很快。

生:老麻雀飞得很快,它毫不犹豫地救自己的孩子。

生:它迅猛地飞下来。

师:这简直就是一个高空抛物图。

师:第一——

生:快!

师:第二——

生:重!

师:第三——

生:准!

【评点】语言的学习需要反复品味、咀嚼,在文章精彩处,教师点出句子的妙,却没有讲妙在哪里,而是由学生自己咀嚼,在学生回答的基础上,教师再带领学生总结妙的地方,教学效果更显著。

师:落下的老麻雀要干什么?

生齐:拼命!

生读:它挓挲起全身的羽毛,绝望地尖叫着。

生:羽毛都竖起来了,拼命地叫着——我拼了!

出示PPT:(生读)

老麻雀用自己的身躯掩护着小麻雀,想拯救自己的幼儿。可是因为紧张,它浑身发抖,发出嘶哑的声音,准备着一场搏斗。

师:读第一句:老麻雀用自己的身躯掩护着小麻雀,想拯救自己的幼儿。

师:这里的关键词是什么?

生齐:拯救。

师:怎么拯救呢? 你来想个必能拯救的办法。

生:用鸟喙啄它。

生:用翅膀扑它。

生:用爪抓它。

师:这些办法可行吗?

生:老麻雀都不具备,这只有老鹰才能。

师:于是文中用了一个"可是"。

出示PPT:(生读)

老麻雀用自己的身躯掩护着小麻雀,想拯救自己的幼儿。可是因为紧张,它浑身发抖,发出嘶哑的声音,准备着一场搏斗。

师:现在老麻雀只能怎样?

生:紧张,浑身发抖,发出嘶哑的声音。

师:它能拯救小麻雀吗?

生:不能。

师:但是它仍然——

生:准备着一场搏斗。

师:可见——

生:老麻雀非常爱自己的幼儿——小麻雀。

生:不具备条件可是还要拯救。

出示PPT:(生读)

　　在它看来,猎狗是个多么庞大的怪物啊!可是它不能安然地站在高高的没有危险的树枝上,一种强大的力量使它飞了下来。

师:面对庞大的怪物,它可以求生。

出示PPT:(生齐读)

　　　　　　安然地站在高高的没有危险的树枝上

师:你们知道"安然"的同义词有哪些吗?

生:安全。

生:安心。

生:平安。

生:安定。

师:还有"平静",它可以——

生:它可以平安地站在高高的没有危险的树枝上。

生:它可以平静地站在高高的没有危险的树枝上。

师:但是作者用了一个"可是"。大家一起读——

出示PPT:(生齐读)

　　　　　可是它不能安然地站在高高的没有危险的树枝上……

师:又是为什么呢?

生:因为它自己的幼儿快被吃掉了。

生:它要拯救它的孩子。

师:于是,在大家都在想老麻雀为什么要拼命的时候,作者屠格涅夫在原文中讲了这样一段话:

　　爱,我想,比死和死的恐惧更加强大。只有依靠它,依靠这种爱,生命才能维持下去、发展下去。　　　　　　　　(此段文字为《麻雀》原文中的一段,选作课文时已删去)

　　(生齐读)

生:有了母爱就不怕死。

生:生命是靠母爱维持下去、发展下去的。

生:没有母爱,就没有生命了。

师:理解得很透彻。

【评点】屠格涅夫写的是事,但表达的是情,是人生哲理。语文课不能脱离语言文字去讲人生哲理,进行思想教育;也不能不管文章表达的主旨,只是学语言文字。作者通过语言文字去表达心中所想、心中所感,读者要透过语言文字读出作者所表达的情感、思想。语文学习的过程就是在语言文字与思想情感之间建立联系,这个联系建立得越深,阅读越有收获,也越有助于形成自己的思想情感。这一段教师引导学生抓住"拯救""安然""可是"等词语,前后联系,深刻体会老麻雀即使不具有拯救小麻雀的能力,但也要准备一场搏斗;本可以安然地站在高高的没有危险的树枝上,但为了救小麻雀,不顾安危,像一块石头似的落在猎狗面前。学生在语言逻辑中,感悟到母爱的力量、母爱的珍贵,得到的不仅是人生哲理,更是一种语言能力。教师适时地把教材编者删减的原文的一段作者的感想呈现给学生,升华了学生的阅读感悟,让学生受到了很好的人文教育。

4.猎狗愣住,猎狗后退。

师:下面遇到"没料到"这个词了。

出示PPT:

没料到

师:指的是没料到什么?

出示PPT:(生读)

猎狗愣住了,它可能没料到老麻雀会有这么大的勇气,慢慢地,慢慢地向后退。

我急忙唤回我的猎狗,带着它走开了。

师:猎狗为什么要向后退呢?"我"为什么要唤回"我"的猎狗,带着它走开呢?

生:猎狗傻了,它从没见过麻雀跟自己这样斗过。

生:愣,就是失神,猎狗"呆"了。

生:猎狗不是怕,而是折服于老麻雀的勇气。

师:猎人呢?

生读:我急忙唤回我的猎狗,带着它走开了。

生:"我"被老麻雀的行为所感动。

生:"我"也被猎狗的行为所感动。

师:你们听屠格涅夫的回答:

出示PPT:(生齐读)

是啊,请不要见笑。我崇敬那只小小的、英勇的鸟儿,我崇敬它那爱的冲动。　　　　　(此段文字为《麻雀》原文中的一段,选作课文时已删去)

师:他崇敬什么?

生:他崇敬那只小小的、英勇的鸟儿,它那爱的冲动。

师:把它紧缩到一个词语,是崇敬什么?

生:是"爱"。

【评点】学习了两个突然事件后,到了一个没料到的结局,整个故事如开头教师提示的那样惊心动魄,惊心动魄的背后蕴含着一个深邃的哲理。老麻雀在爱的驱使下释放出的勇敢,折服了猎狗、感动了"我",作者正是通过这样一个故事去表达对母爱的崇敬之情。

三、启示——母爱伟大

师:让我们背诵屠格涅夫的名言:

爱,我想,比死和死的恐惧更加强大。只有依靠它,依靠这种爱,生命才能维持下去,发展下去。

(生背诵)

师:咱们中国字把"爱"写得很美。我写的这个"爱"是繁体字,繁体字突出了这颗爱"心"。

出示PPT:

> "愛":用手(爫)
>
> 抚(冖)心(心)
>
> 长跪(夂),
>
> 表示"慈爱""仁爱""博爱"。

师:繁体字的"爱"上面的爪字头表示手,下面的秃宝盖表示抚摸,也就是用手抚摸着心。底下的反文表示长跪,连起来就是用手抚摸着心长跪。表示什么?

生:慈爱、仁爱、博爱。

【评点】一些教师讲到最后总要大力渲染文章的主题,以对学生进行人文教育。如有的教师在课堂最后一个环节总结升华时讲道:"爱是伟大的,往往会创造奇迹,就算是动物也不例外! 让我们再次回到课文。"然后带领学生读由教师总结的文章的主要内容,最后问学生"这是什么力量",学生回答"爱的力量"。这样的场面是我们经常看到的,看似很震撼,师生群情激昂,但实际上,真正伟大永恒的主题不是靠渲染、造势就能打动学生的。侯老师最后一个环节很简单,在学生体会全文的基础上,让他们背诵屠格涅夫在《麻雀》原文中抒发情感的句子,然后解读了"爱"的字形字义。没有情感的渲染和强化,但学生对爱、母爱的理解可能更深,更触及他们的心灵。

　　《麻雀》是部编版语文四年级上册第五单元的第一篇课文,该单元语文要素是"了解作者是怎样把事情写清楚的"。很多教师在上这一课的时候,首先让学生找故事的起因、经过、结果;然后带领学生重点学习课文中描写小麻雀、猎狗以及老麻雀的句子,学习如何抓住老麻雀的神态、动作、心理把故事写清楚、写生动;最后会总结升华,对学生进行爱的教育,安排读写训练或布置回家讲故事的作业。这样上课没有突出《麻雀》的故事性,没有把故事与要表达的主题充分结合,只是机械地进行知识技能、读写能力的训练,既枯燥乏味,也不能真正让学生学会怎么讲故事、写事情。侯老师这节课注意故事的整体性、情节的曲折性,不仅强调故事的起因、经过、结果,而且突出两个突然事件和一个没料到的结局,抓住两个"突然"与"没料到"三个词语,从整体上把握事件和结局的关系、事件和事件的关系。推动故事情节发展的是老麻雀的出现以及老麻雀对小麻雀的母爱,故事情节的安排蕴含着主题的表达,把故事情节的梳理与主题的把握相结合,既有利于理解故事,也有利于学生写事、讲故事能力的提升。在情节的梳理中,学生抓住描写小麻雀、猎狗、老麻雀的词语去品悟。词语的品悟不是为了学习怎么写这些动物,而是为了更好地理解课文所要表达的主题。在词语和句子的学习中,特别注意前后联系、相互比较,在联系比较中,学生对文章表达的母爱有了切实的感触。写故事的时候,经常是心中有一个要表达的思想,然后选取合适的内容进行巧妙安排来表达这一思想。所以阅读一个故事,无论对情节的把握还是词句的学习都要置于理解主题的大前提下,这样的阅读才能真正帮助提升写作,才是真正的读写结合。

《好的故事》课堂实录

一、黑暗社会

师：今天咱们读一篇鲁迅先生写的文章。

生读课题：《好的故事》。

师：鲁迅先生这篇文章写于1925年，是在北京。1925年是什么时代？谁知道？

（生摇头）

师：读鲁迅先生的文章要注意他写作的时代背景，1925年是什么时代呢？（出示第一幅画面）

生读：帝国主义和北洋军阀统治下的北京城。

师：你看这个画面，当时北京城的人们生活怎么样？

生：贫困，饥饿，破烂。

师：能不能用四字词语来形容？

生：饥寒交迫，衣衫褴褛。

师：可以。

生：民生凋敝。

师："民生凋敝"这个成语形容得好。"敝"就是破败，那时候的人们生活十分贫苦，到处破破烂烂，对吧？

生：还有一个成语——民不聊生。

师：可以。"聊"是指依赖，人们的生活没有依赖。来，两个成语一起读。

生读:民生凋敝,民不聊生。

师:看到画面,联想词语,这也是读写结合。(出示第二幅画面)

帝国主义和北洋军阀统治下的北京城

生:这大路上躺着许多尸体。

师:用成语形容。

生:尸体遍野。

生:应是"哀鸿遍野"。

师:好!这个成语形容得好,连大雁都冻死了,你想想那种生活有多么贫困。还有哪个成语?

生:饿殍遍地。

师:你们的语汇真丰富。你看"殍"的偏旁是"歹","歹"一般表示什么?

生:跟死人有关,在这里指死人满街都是。

生读:哀鸿遍野,饿殍遍地。

师:这就是鲁迅先生写《好的故事》的背景,当时那个社会是什么样的社会?你用个成语形容。

生:民穷财尽。

生:生灵涂炭。

生:不见天日。

生:人间地狱。

师:一句话,那个社会太黑暗了——

生齐:暗无天日。

师:对,当时鲁迅先生写这篇文章的时候,北京城正是暗无天日的时候,社会黑暗。在这种情况下,鲁迅先生盼望光明,于是就写了《好的故事》。今天咱们来读《好的故事》。

【评点】作者的作品都是在一定语境之下创作的,语境有多个层次,包括时代语境、生活语境、交际语境等。读者要想明白作者表达的意义,首先要走入作品创作时的语境。鲁迅对民族、国家具有强烈的责任感、使命感,其作品打着深刻的时代烙印,对于生活在今天的儿童来说,要走入鲁迅作品,必须了解当时的时代。

教材的编者在这篇文章的末尾加了该文写作日期"一九二五年二月二十四日",侯老师上课就从这个时间入手,聚焦这个时间的北京,让学生关注文章创作的时代背景。语文课怎么让学生了解时代背景,是一个长期困扰教师的问题。侯老师在这里没有向大家讲述当时的历史,也没有通过视频呈现当时的境况,他找了两幅很典型的图片,让学生看图想象并用词语来说明帝国主义和北洋军阀统治下的北京城。这样的背景学习一方面突出了学生的主体地位,学生在看图中想象建构当时的历史,对文章的创作语境有更深刻的理解;另一方面体现了语文课的宗旨就是学习语言文字的运用,学生用词语概述自己从图中看到的内容,从图到词,从一个词到另一个词,学生的思维、语言得到了发展。侯老师这种介绍时代背景的方式在一定程度上解决了长期困扰教师的问题,语文课的时代背景应该用语文的方式,不同于历史课等其他课程。

二、昏沉的夜

师:开头第一部分(第1~3自然段)谁给大家读一下?

出示PPT:(生读)

　　灯火渐渐地缩小了,在预告石油的已经不多;石油又不是老牌,早熏得灯罩很昏暗。鞭爆的繁响在四近,烟草的烟雾在身边:是昏沉的夜。

　　我闭了眼睛,向后一仰,靠在椅背上;捏着《初学记》的手搁在膝髁上。

　　我在蒙胧中,看见一个好的故事。

师:读得真好,好多字不好认,都读对了。

师:谁给大家再读第1自然段,结合写梦前环境的关键词,说说分号与冒号的作用。

(生带着问题,自读第1自然段)

师:咱们先读有分号的句子。

生齐读:灯火渐渐地缩小了,在预告石油的已经不多;石油又不是老牌,早熏得灯罩很昏暗。

师:说说分号在这儿的作用。关于分号你知道多少?

生:分号起分开的作用。

师:对啦,分开。两部分并列地站着,用分号分开。那你看这分号前边是什么,找关键词语。

女生读:灯火渐渐地缩小了,

男生读:在预告石油的已经不多。

生(找关键词语):灯火缩小,石油不多。

师:分号后边呢?

生(找关键词语):不是老牌,灯罩昏暗。

师:也就是现在的石油更次。大家读第一句。

生读:灯火渐渐地缩小了,在预告石油的已经不多;石油又不是老牌,早熏得灯罩很昏暗。

师:因此第一句话落在哪个词语上?

生:昏暗。

师:语文这样读才是精读。我们再看第二句,读——

生读:鞭爆的繁响在四近,烟草的烟雾在身边:是昏沉的夜。

师:冒号的作用是——

生:解释说明。

师:说明什么?

生:说明前面写的是"昏沉"的夜。

师:真棒!这儿的"昏沉"是对前面的总括,总括昏沉的夜。这两句话有两个词:"昏暗"与"昏沉"。"昏暗"当什么讲?

生:亮度极小,特别暗。

师:真棒!那"昏沉"呢?

生:也是夜很黑,灯又很暗,比昏暗更暗。

师:你再读读这句。

生读:鞭爆的繁响在四近,烟草的烟雾在身边:是昏沉的夜。

师:那你看看这句话有"夜很黑,灯又很暗"的意思吗?

(生摇头)

师:"昏沉"总括了什么?

生读:鞭爆的繁响在四近,烟草的烟雾在身边。

师:对于不理解的词语,我们查查词典。

生(查字典后)读:昏沉:①暗淡。②头脑迷糊,神志不清。

生:我觉得在这里"昏沉"包含两个意思:一是灯不亮,屋里暗淡;一是鞭爆繁响,烟草的烟雾熏,作者头脑迷糊,神志不清。

生:鞭爆响烟草熏,就头脑迷糊,神志不清,是不是太严重了?

师:我也是这样觉得。于是我查了《国语辞典》。

出示PPT:

沉:谓暂睡、微憩,如言沉了一个盹儿。(《国语辞典》)

生:这个注释我觉得合适,这里的"昏沉"意思应是暂睡、微憩,打了一个盹儿。

生:说痛快点,这夜晚鞭爆的繁响、烟草的烟雾,是让人迷迷糊糊总打盹儿的昏沉的夜。

生:夜又黑,烟又熏,让作者迷迷糊糊,朦朦胧胧的总打盹儿。

师:在这种环境下作者读了本什么书?

生读:我闭了眼睛,向后一仰,靠在椅背上;捏着《初学记》的手搁在膝髁上。

师:《初学记》是本什么书?

出示PPT:

《初学记》,类书名,唐代徐坚等辑,三十卷。取材于群经、诸子、历代诗赋及唐初诸家作品。

生:喔!

师:惊讶什么?

生:都是古文,特难读。

师:这是唐人撰修的一部类书,相当于现代的百科全书。

生:昏暗的油灯,鞭炮响,烟草熏,再读这么一本难读的书,实在无聊。

师:那鲁迅先生呢? 读——

生读:我闭了眼睛,向后一仰,靠在椅背上;捏着《初学记》的手搁在膝髁上。

生:灯是昏暗的,烟草又熏,再读一本枯燥的书,准打盹儿。

师:盹儿打上了,梦接着"梦"就来了。

生读:我在蒙胧中,看见一个好的故事。

师:蒙胧,现在写作"蒙眬"。看看"蒙眬"的注释,选哪个好些?

出示PPT:

蒙眬:快要睡着或刚醒时,两眼半开半闭,看东西模糊的样子。(《现代汉语词典》)

蒙眬:将睡时眼欲闭而又欲张之状。(《国语辞典》)

生:选第二个好:将睡时眼欲闭而又欲张之状,形象。

生:眼欲闭又欲张之状,是困得实在难受了,这才叫打盹儿。

师:于是在这蒙胧中,"我"做了个好梦,看到了一个——

生齐:好的故事。

【评点】上一环节主要学习的是本文产生的时代语境,这一环节聚焦文章写作的生活语境。传统的语文课经常包括作者与写作背景介绍、划分段落、归纳中心思想等内容,新课程改革之后,这样的课堂慢慢消弭,取而代之的是体验、活动、合作、探究、感悟等。其实,背景与作者的了解、段落结构的划分本身没有错,错在我们经常把这几个内容割裂开来,忘掉了为什么要介绍背景、划分结构。侯老师的课很重视文章的结构,他虽然没有让学生分段,但一个环节经常就是学习一个结构段,这一环节他带领学生学习的就是"好的故事"发生的生活语境。与传统语文课不同,侯老师的课以帮助学生建构文本意义、提高阅读理解能力为核心,学习时代背景、课文结构等,背景的了解、结构的梳理服务于文本的理解。与课改之后的很多课堂不同,侯老师始终记得语文课的根本是什么,而不是忘掉根本去追求课堂形式的变化。当语文课失去了灵魂之后,教学方式、学习方式、教学手段的变革都失去了意义。

本文写于现代文学初创时期,其时的语言表达与现在有一定差异,学生读起来较难懂。教师让学生通过关注分号、冒号和找关键词来理解梦前环境。有了教师的方法指导,学生很快就初步理解了句意。在学生初步理解的基础上,教师进一步激疑"昏暗"与"昏沉"有什么区别,将理解引向深入。学生借助上下文仍然不能清晰理解这两个词的时候,教师呈现了两个词典中的解释,培养学生借助工具书深入探究的意识与能力。学生在教师的引导下,结合课文语境,对词典的几个义项进行比较分析,深刻理解了这昏暗、昏沉的"夜"。

这一环节先分析当时的环境,又分析了作者读了一本什么样的书,其教学逻辑让学生更好地理解了"我在蒙胧中,看见一个好的故事"。通过第一环节对时代语境和这一环节对生活语境的学习,学生对"好的故事"发生的语境有了更深刻的体验。

三、好的故事

生读:我在蒙胧中,看见一个好的故事。

师:现在理解了吗? 为什么写屋内昏暗?

生:四周黑洞洞,做梦就想亮堂堂。

师:联系社会呢?

生:社会黑暗,就梦想美好的生活、光明的生活。

师:梦见——

生抢答:好的故事。

师:现在大家能理解吧?

生:因为现实太黑暗了,所以鲁迅希望有一个美好的生活。于是在蒙胧中看到一个好的故事。

【评点】从上面学生的发言,能看出前两个环节的学习效果。

师:作者做了两个梦。这是梦中两个故事的开头段,认真读一读,从课文中画出这两段话,讲讲这两段话的相同与不同之处。

出示PPT:(生读)

这故事很美丽,幽雅,有趣。许多美的人和美的事,错综起来像一天云锦,而且万颗奔星似的飞动着,同时又展开去,以至于无穷。

现在我所见的故事也如此。水中的青天的底子,一切事物统在上面交错,织成一篇,永是生动,永是展开,我看不见这一篇的结束。

生:这两段话都是概括地写两次梦游山阴道。

生:这两段话可以帮着分段,分出先梦游与后梦游。

生:相同的是这两个故事都很美丽。

【评点】呈现梦中两个故事的开头,学生议论两段话的作用及共同点。

生读:这故事很美丽,幽雅,有趣。

现在我所见的故事也如此。

生:这些景物都是水中的倒影,所以"错综""交错"的是动态的。

生:两幅画面都是"飞动"的、"展开"的。

生:都很美,织成"一天云锦"。

师:云锦是我国一种历史悠久的高级提花丝织物,色彩鲜艳,花纹瑰丽如彩云。因其色泽光丽灿烂,美如天上云霞而得名。(出示第三幅画面)

生:鲁迅先生梦中的云锦是指河中的倒影错综起来像云锦,而且是飞动的。

生:"万颗奔星似的飞动着","奔星"就是流星呀,万颗流星飞动,美啊!

生(惊喜):流星雨!

生:柳亚子《浣溪沙》词"火树银花不夜天",像火树银花。

师:这两幅故事画面有细微不同吗?

生:第二幅比第一幅更生动——"永是生动",更宏大——"永是展开"。

生:"以至于无穷"与"我看不见这一篇的结束"意思一样,但味道不一样,第二幅画面更觉得无穷无尽——看不见这一篇的结束。

师:由此看来,鲁迅先生文笔怎么样?

众生:高!

师:表达方式不同,但意思一样,情感又有微妙变化。这就是大家的文笔。

(生再读这两段话)

师:这梦越做越美,这个梦美就美在三个词上——

生:美丽,幽雅,有趣。

师:讲讲怎么美。

生:"美丽",好看,漂亮。

生:"有趣",有趣味,有意思。

师:这梦境的确美丽、有趣,那"幽雅"呢?

(生相互观望)

师:"幽雅"是由"幽"与"雅"两字组成的。"幽"什么意思?

生:"幽",幽雅。

师:闹市能幽雅吗?

生:偏僻的山野才能幽雅。

出示PPT:

幽:隐也。(《说文解字》)

生:隐,没人、特静的地方。

生:隐蔽的地方。

师:这是怎样的环境?

生:清净。

生:寂静。

生:恬静。

师:在这个地方小憩感觉如何?

生:美!

生:舒服。

生:舒适。

生:惬意。

— 437 —

生：自在。

师：这种感觉可称"闲适"。

生：让人觉得"雅"。

生：幽雅。

师：再看"雅"。用"雅"组词——

生：文雅、淡雅、高雅、雅兴、雅致、雅座。（生笑）

师：别笑，雅座，那是很雅致的。"雅"组的词都是褒义的。古人讲——
出示PPT：

雅：幽雅也。（《玉篇》）

师：美好的、艳丽的都称"雅"。

师："幽雅"呢？

生：幽静淡雅。

生：恬静高雅。

生：清净雅致。

师：把我们刚才对"幽雅"的理解，结合词典的注释归纳一下。

幽	幽雅	雅
幽：隐也。（《说文解字》）	幽静而雅致	雅：幽雅也。（《玉篇》）
幽静隐蔽的地方	清雅有致	美好；艳丽
恬静 清静		文雅 淡雅
高雅 闲适		雅致 雅兴

师：经过一番品析玩味，词语就丰富起来，就步入优美的境界了。

【评点】抓住两段话开头中的关键词，联想、想象画面，在比较、分析中体会故事的美好。重点关注"美丽、幽雅、有趣"三个词，特别是对"幽雅"一词的理解玩味，引导学生步入作者所描述的美好境界。

师：来，咱们朗读第一梦，想象这个故事怎么美丽、幽雅、有趣。

（生自读，互相交流）

师：你对山阴道知道多少？

生读课本注释：指浙江绍兴西南一带风景优美的地方。

出示PPT：（生读）

王子敬云：从山阴道上行，山川自相映发，使人应接不暇。若秋冬之际，尤难为怀。（《世说新语·言语》）

译文：王献之说：在山阴道上行走，山光水色互相辉映，使人看了这一景，又忙着赏那一景。如果是深秋初冬之时,其美景更使人难以忘怀。

师:还有你们读过的陆游的《游山西村》,游的也是山阴道。

出示PPT:(生读)

> 莫笑农家腊酒浑,丰年留客足鸡豚。
>
> 山重水复疑无路,柳暗花明又一村。

（宋·陆游《游山西村》）

师:无论是王献之还是陆游游的山阴道,你注意到是怎样游的吗?

生:王献之是在山阴道上行走,陆游是"山重水复疑无路",都是路上游。

【评点】让学生利用课本注释,辅助自己阅读。引入写山阴道的名篇诗作,一方面拓展、复习了相关内容,培养学生联系阅读的意识、习惯;另一方面让学生看看陆路看到的景象是什么,以更好地烘托鲁迅笔下的水上游。

师:鲁迅先生呢?

众生:水上游,划船。

师:咱们也荡舟游山阴道,读课文想象想象,"随着每一打桨"在景物描写上起了什么作用?

一女生读:我仿佛记得曾坐小船经过山阴道,两岸边的乌桕,新禾,野花,鸡,狗,丛树和枯树,茅屋,塔,伽蓝,农夫和村妇,村女,晒着的衣裳,和尚,蓑笠,天,云,竹,……都倒影在澄碧的小河中,

男生齐读:随着每一打桨,

一男生读:各各夹带了闪烁的日光,并水里的萍藻游鱼,一同荡漾。诸影诸物,无不解散,而且摇动,扩大,互相融和;刚一融和,却又退缩,复近于原形。边缘都参差如夏云头,镶着日光,发出水银色焰。凡是我所经过的河,都是如此。

生:开始描写水中的倒影,"随着每一打桨",这些倒影都动起来了。

生:开始是静态描写,"随着每一打桨",就变成动态描写了。

【评点】采用男女对读、集体读、个人读的方式清晰地理出了第一幅美景的结构,有岸上的,有水中的,有静态的,有动态的,为接下来的欣赏美景奠定了基础。

师:一静一动,相应相称,我们欣赏欣赏怎样美吧。

师:你看看"静"的有多少种景物。

生数:19种。

生:不止,后边还有省略号呢。

生:两岸是田野、树木、乡村,还有天、云、竹,都倒影在河里。

生:这么多景物倒影在水里,随着一打桨,全部乱了。

生:令人眼花缭乱。

师:咱们读读看,这一打桨打出怎样的美景?

生读:随着每一打桨,各各夹带了闪烁的日光,并水里的萍藻游鱼,一同荡漾。

师:美在哪个词上?

生:美在"荡漾"上。

师:何为"荡漾"?

生:水面一摇一晃。

生:波纹一起一伏。

师:再读读,说说有什么感觉。

(生读)

生:日光闪闪烁烁。

生:萍藻起起伏伏。

生:鱼游来游去。

师:荡舟的你呢?

生:摇摇晃晃——,摇摇晃晃——

师生共赏:划船时你见过双桨荡起的水花吗?欣赏过涟漪酿起的水中倒影吗?享受过小船一起一伏的美吗?

①师生议:随着每一打桨,击起的圈圈涟漪扩展、扩展,景物也随着"解散""摇动""融和";接着扬起木桨,圈圈涟漪缩小,于是刚才扩大的倒影"退缩","复近于原形"。随着桨不断的一击一扬,水中的倒影不断地变换着,奇幻无穷。

②意象化读:我们荡起双桨,小船经过山阴道。(边读边想象随着木桨一击一扬水中诸影诸物的变化。)

师击桨,生齐读:诸影诸物,无不解散,而且摇动,扩大,互相融和;

师扬桨,生齐读:刚一融和,却又退缩,复近于原形。

击桨……扬桨……(反复三次)

生(有的低唱):让我们荡起双桨,小船儿推开波浪……

师:此时水中的倒影好美呀!读——

生读:边缘都参差如夏云头,镶着日光,发出水银色焰。

师:哪一字点染了这一天云锦?

生:一个"镶"字点染了一天云锦。

生:这一景的关键是"云头"。

生:"云头"不就是一堆云的头吗?

生：（黑板画）这叫"云头"，是云状的图案花纹。天津古文化街的宫灯上就贴有"云头"。

生：所以说"边缘都参差如夏云头"。

生：水中诸影诸物的倒影就够美了，"边缘都参差如夏云头"就更美了。

生：这"云头"边上还镶着日光，发出水银色焰。

生：就像节日的夜晚给高楼大厦的边缘镶上霓虹灯似的。

师：让你们这一想象，这一天云锦还镶上了日光，发出水银色焰，就更美了。

【评点】在教师的引导下，学生充分展开想象，鲁迅笔下的山阴道风景完整地呈现于学生头脑中，一个个意象连成一个非常美丽、幽雅、有趣的意境。想象与诵读是学习散文、诗歌的重要方法，怎么引导学生从文本出发，从实景走向虚实结合，从单个意象走向整体意境，是想象需解决的关键问题。在促进想象上，教师主要用了以下方法：1.意象是形成意境的基础，对所描述景物即对意象进行梳理。2.品味一些关键词如"荡漾""镶"，这两个动词与诸影诸物相连，呈现出动态与色彩美。3.入境体验，教师与学生一起荡着双桨，在一击一扬中体验想象。4.联系生活，对"云头"样子的理解结合了天津古文化街的宫灯。

师：咱们再读第二梦，大家先读概括性的句子。

生读：水中的青天的底子，一切事物统在上面交错，织成一篇，永是生动，永是展开，我看不见这一篇的结束。

师：第二次梦境看到的景色，谁读一遍？

生读：河边枯柳树下的几株瘦削的一丈红……就要织进塔，村女，狗，茅屋，云里去。

【评点】先读概括段，再读具体写景色段，概括、具体结合，概括具体化，具体概括化。

师：咱先解决词。先看"晕"。

生读：晕(yùn)：日光或月光通过云层中的冰晶时经折射而形成的光圈。

生：就是太阳光周围的光圈。"没有晕"就是这些景物周围没有光圈，看上去很清楚。

生接着读：泼剌：鱼跃声。

生：我划船时还真见过鱼跃。

师：这里有时是鱼跃声，有时是船桨击水声像鱼跃声。

生继续读：迸(bèng)：散开；发射；跳跃。

师：桨一打入水中，水花或散开，或发射，或跳跃，这就是"迸"。

生："晕""泼剌""迸"这三个词的意思明白了，声音画面就出来了。

【评点】查阅词典，结合上下文语境，理解几个生僻又关键的字词，如学生所言，字词意思明白了，声音画面就出来了。学生不仅习得了字词意思，还悟出了学习方法。

师：是这样，尤其是读鲁迅先生的文章，更要把词语弄懂。读读吧，这个画面以哪个景物为主？是从哪些词语看出来的？

出示PPT：（生读）

河边枯柳树下的几株瘦削的一丈红，该是村女种的罢。大红花和斑红花，都在水里面浮动，忽而碎散，拉长了，如缕缕的胭脂水，然而没有晕。茅屋，狗，塔，村女，云，……也都浮动着。大红花一朵朵全被拉长了，这时是泼剌奔迸的红锦带。带织入狗中，狗织入白云中，白云织入村女中……。在一瞬间，他们又将退缩了。但斑红花影也已碎散，伸长，就要织进塔，村女，狗，茅屋，云里去。

生：这个画面以"一丈红"为主，还写了大红花、斑红花、胭脂水、红锦带……

生：这些景物都围绕着一丈红的"红"字。

生：整个画面让人不禁想到一句诗：半江瑟瑟半江红。

师：好！白居易的诗句用在这里了。

意象化读：

（女生齐）河水被红色笼罩着，桨击水发出"泼剌"声，（男生齐）红色的水花"奔迸"，（一女生惊呼）水花像散开的红锦带，水花像发射的红锦带，水花像跳跃的红锦带。

生分角色读：

（一女生）河边枯柳树下的几株瘦削的一丈红，该是村女种的罢。

（另一女生）大红花和斑红花，都在水里面浮动，忽而碎散，拉长了，如缕缕的胭脂水，然而没有晕。茅屋，狗，塔，村女，云，……也都浮动着。

（全体齐）大红花一朵朵全被拉长了，

（一女生）这时是——

（女生齐）泼剌（男生齐）奔迸（女生惊呼）水花像散开的红锦带。

（女生齐）泼剌（男生齐）奔迸（女生惊呼）水花像发射的红锦带。

（女生齐）泼剌（男生齐）奔迸（女生惊呼）水花像跳跃的红锦带。

师领：好美呀！这一天云锦——

生：有形，有声，有色。

【评点】教师提出一个关键问题："这个画面以哪个景物为主？是从哪些词语看出来的？"让学生明白了这一段的核心，很快地把前后文联系了起来。在此基础上，教师让学生通过分角色读进一步体会画面的意象美。阅读教学中，教师的问题很关键，问题引导着阅读的方向，提供给学生阅读的方法和策略，帮助学生学会阅读，获得探究的乐趣。

师：这红锦带织入河面的倒影中，变幻万千。我们欣赏织锦之美，每一"织入"你见到哪些景物与红锦带织入云锦中？

意象化读：

（生齐读）大红花一朵朵全被拉长了，这时是泼剌奔迸的红锦带。

（一生领）织啊——

（生齐读）带织入狗中,

（一生领）织啊——

（生齐读）狗织入白云中,

（一生领）织啊,织啊——

（生齐读）白云织入村女中……

师:接着省略号继续织——

生:村女织入茅屋中……

生:茅屋织入斑红花中……

师:可无穷无尽地织下去,因为——

生读:水中的青天的底子,一切事物统在上面交错,织成一篇,永是生动,永是展开,我看不见这一篇的结束。

师:越看越美,抒发起感情了。朗读这两句话,体会作者见到"好的故事"时的心情,然后填在括号内。（生纷纷抢答中,师择优填入括号）

出示PPT:（生读）

现在我所见的故事清楚起来了,美丽,幽雅,有趣,而且分明。（赞美）

青天上面,有无数美的人和美的事,我一一看见,一一知道。（自豪）

四、追回美梦

师:作者越欣赏这"好的故事"越觉得——

生:美丽啊!

生:幽雅啊!

生:有趣啊!

师:读!

生读:我就要凝视他们……。

师:"凝视",我查了两本词典,比较哪一注释语意更强些?

出示PPT:

凝视:聚精会神地看。（《现代汉语词典》）

凝视:精神凝聚。（《国语辞典》）

（生比较两个注释,选"精神凝聚"）

师:为什么"精神凝聚"语意更强些呢? 我们看"凝"的注释。

出示PPT:

凝:冰,水坚也。（《说文解字》） 引申:专注;集中。

凝:严肃;庄重。(《汉语大字典》)

生:这一查我明白了,鲁迅先生可不是要一般地看,而是——

生:专注、集中、严肃地看。

生:可见他是喜爱那"好的故事"。

生:他寄托着美好的希望。

生:只可惜那一天云锦已"皱蹙,凌乱"了。

生读:我正要凝视他们时,骤然一惊,睁开眼,云锦也已皱蹙,凌乱,仿佛有谁掷一块大石下河水中,水波陡然起立,将整篇的影子撕成片片了。我无意识地赶忙捏住几乎坠地的《初学记》,眼前还剩着几点虹霓色的碎影。

师(指生):心情?

生1:好惋惜啊!

生2:太遗憾了!

生读:我真爱这一篇好的故事,趁碎影还在,我要追回他,完成他,留下他。我抛了书,欠身伸手去取笔,——何尝有一丝碎影,只见昏暗的灯光,我不在小船里了。

师(指生):心情?

生1:痛苦。

生2:悲伤。

生3:留恋。

生读:但我总记得见过这一篇好的故事,在昏沉的夜……。

师(指生):心情?

生1:有希望。

生2:有奔头。

生3:追回美的梦境。

师:课后读读文后的"阅读链接",想想鲁迅先生在"好的故事"中有哪些象征与寄托。

【评点】"凝视"在课文中出现两次,这一学生常见的词语却引起了教师的注意,教师查阅了两本词典,同学们结合语境,经过比较分析选取了"精神凝聚"这一义项。对"凝视"的准确理解,有利于理解鲁迅先生梦醒后的心情。上一环节,教师引导学生总结了梦中的心情,这一环节教师又引导学生总结梦醒后的心情,两相比较,学生对课文的主题理解得会更深刻。主题的理解也让学生有了进一步探究的欲望,教师给学生留了课后任务:读文后的"阅读链接",想想鲁迅先生在"好的故事"中有哪些象征与寄托。这一任务会进一步把学生的阅读引向深入。六年级的学生要学会查阅相关资料,进行研究性阅读。

论 文 类

增强语感——培养学生的想象能力

语感就是对语言的感受力。语感强的学生会把眼前的文字变成生动的画面、鲜明的形象、丰富的情感,从而能更好地体会文章词语的含义、语句的优美、思想的深刻。培养学生的语感我分三步:绘形、进境、入情。

一、绘形

绘形就是让学生养成一种习惯,在读书时按文章的内容在头脑中绘出一幅幅活生生的画面、一个个鲜明的人物形象。我是从以下几个方面培养学生绘形的:

1. 绘出方位。

作者写景或者描绘一个场面总是要以空间为序的。读书时边读边在头脑中绘出方位图,有助于学生理出文章的序。例如讲《少年闰土》开头一小节,我让学生边读课文边安排这个画面,并说明是根据哪些词语安排这个画面的。在这一节中"天空中""下面""一望无际""其间"这些词语都标记了空间方位。学生边读边在头脑中安排着画面,也就理解了这些词语。这样呈现在学生眼前的是一幅立体的画面:天空中的圆月,下面的沙地,放眼望去是一望无际的瓜地。在瓜地中一个英俊的少年在刺猹。

2. 涂上色彩。

任何一个画面都有一个格调,而色彩最能影响这个格调。格调有明朗的也有昏暗的,有艳丽的也有淡雅的。让学生想象出这些色彩,可以把学生引到文章的意境中去。还以上面那一小节为例,我对学生说:画面的轮廓我们画出来了,你们再读读课文,看一看给它涂上什么色彩。这时学生眼前就会浮现出"深蓝的天空,金黄的圆月,碧绿的瓜地"这样一幅色彩谐调而艳丽的画面。

3. 绘出连续动作的分解图。

讲《少年闰土》中闰土谈怎样捕鸟那一小节,我就引导学生将捕鸟的过程分解成四步:扫空地、支竹匾、撒秕谷、拉绳子。这样学生不仅在想象中理出了捕鸟之序,而且眼前像放映连续幻灯片似的展现出一个个活动的画面,体会到雪天捕鸟的情趣。

在绘形的过程中发展着学生的形象思维。他们要想象,要联想,要把文字这抽象的符号变成一幅幅的画面,就得去理解词义、句意及文章之序;要把文字变成画面,他们就要把脑海中积累的一个个表象端出来,挑出最合文意的,创造性地组合成一个生动的画面。

在绘形的过程中同时也发展着学生的逻辑思维能力。空间方位、动作先后、场面的整体或局部等都要符合生活的逻辑,不然就会闹笑话。这种逻辑思维是伴随着形象思维进行的。

二、进境

绘形是为了引导学生进境。"境"是指文章的意境。就是形象鲜明、情景交融、意义深远、富有强烈感染力的艺术境界。读文章时,只要把文字读"破",形象也就呈现在眼前了,读书的人也就进入到意境中去了。从另一方面说,读一篇文章只有进入艺术境界,文字才能生色,语句才能生辉,我们才能领略到文章的情趣。

拿《小英雄雨来》第五节中的一段景物描写来说,当学生感受到那蓝天绿水罩上一片红色时,我就问学生:前面刚刚写了鬼子枪毙雨来,接着作者为什么又描绘出这样一幅鲜红的画面呢?学生说这是在赞美雨来有志不在年高。接下去我追问:你怎么会想到这是在赞美呢?他们说电影《吉鸿昌》中,敌人枪毙吉鸿昌时,枪声一响就出现了一片红色,那是在歌颂吉鸿昌死得伟大。可见学生进入了意境,就体会出那景中之情了。

语文中的许多东西只能引导学生意会,不可过多地言传。言传过多,只能是给学生贴标签,文章的意境是你给贴上的,学生并没有体会到。只有引导学生反复诵读,几经推敲,仔细琢磨意会到的东西,才是真正学到的东西,也只有这个过程才能发展学生的思维。

体会一段景物描写的作用需要把学生引入意境中去,就是理解一个词,我也尽量把学生引入意境中去理解。例如《少年闰土》中有几处用了"便"字。像"闰土来了,我便飞跑去看……",从字面上讲,"便"只能解成"马上"或"就"的意思,我没有这样讲。我让学生想一想:"我""日日盼望新年,好容易到了年末"这句刻画了"我"当时什么样的心情?"我"这样急切地期待着闰土到来,闰土果真到来,"我便飞跑去看",这里用上一个"便"字就描绘出"我"怎样的神态?这样就引导着学生想象出"我"那喜出望外、欣喜若狂的神态。"我"这个形象在学生眼前就栩栩栩如生了,"便"这个副词在这儿的作用也就体现出来了。

三、入情

入情就是深入地体会文章的思想感情。古人云"披文以入情",绘形、进境都是为了入情,让学生受到文章的感染熏陶,激起学生们强烈的爱憎情感,从而达到文道统一。

例如《卖火柴的小女孩》的结尾描绘了一个画面:把红润的面颊、微笑的面容、初升的红日与那小小的尸体、那烧过的火柴梗、阴暗的墙角同绘在一个画面上,是极不谐调的。我就问学生:作者为什么把小女孩描绘得那样美?作者为什么还同时描写了那阴暗的墙角、冻僵的尸体和烧过的火柴梗？作者为什么要把这美好的画面和凄惨的情景同画在一个画面上呢？教师要启发学生体会到那美好的画面是写小女孩临死前还沉浸在美好的向往之中，那凄惨的画面是说明在现实中小女孩美好的向往只能像烧过的火柴梗那样灰飞烟灭。就这样通过咬文嚼字引起学生的想象、联想，在学生浮想联翩之时教师多追几个"为什么"，使学生的认识升华，与作者的思想感情产生共鸣，体会到文章所表达的思想感情。

为了增强学生的语感，培养学生的想象力，还要丰富学生观察生活的良好习惯，让学生在脑海中不断地积累各种表象。我们在边远的郊区，没有条件边讲语文边放电影、幻灯片或是展示画片，但我们也有得天独厚的美好的大自然，有丰富多彩的生活。我让学生去观赏红日碧水、青草白羊，去体味白鹅下水、鸭子捉鱼的乐趣，去摄取农村中那鲜活的生活镜头，并让他们记下来。当读到与自己生活经历相关的文章时，学生们便会浮想联翩。除了观察自己周围的一切，我还让学生多看电影、电视，随着电影、电视去"行万里路"，丰富自己的见闻。我还鼓励学生多背诵一些写景的古诗，培养学生的语言感受能力和想象力。

我很注重指导学生有感情地朗读和引申复述，朗读时让学生读出文章的轻、重、缓、急的节奏，读出喜、怒、哀、乐的情感。

语感能力增强了，想象能力提高了，就会像袁微子老师所说的那样：上语文课时学生感到如坐春风，师生仿佛在春风荡漾中一起学习，一起思考。

（发表于《小学语文教学》1983 年第 4 期）

遵路　入境　悟神

——《语文教学二十韵》学习体会

叶圣陶先生的《语文教学二十韵》中关于阅读教学的韵句,是我们进行阅读教学的指南,深刻地阐明了阅读教学的基本方法。《语文教学二十韵》中说:"甚解岂难致?潜心会文本。"意思是深入理解一篇文章有什么难的呢?只要认真阅读、精心揣摩就可以了。怎样认真阅读,精心揣摩呢?叶老讲了三条:一是作者思有路,遵路识斯真;二是作者胸有境,入境始与亲;三是一字未宜忽,语语悟其神,唯文通彼此,譬如梁与津。这就是说,要读懂一篇课文,必须以作者的思路为轨道,让字、词、句、段、篇的各个教学环节都循着这个轨道进行。在这个过程中领悟文字的精神,进入文章的意境,陶冶学生的情感。我一直遵循这三条原则进行阅读教学,下面谈三点体会。

一、作者思有路,遵路识斯真

"作者思有路,遵路识斯真。"这是说作者的思想是有一条路的,看一篇文章,要看它怎样开头的,怎样写下去的,跟着它走并且要理解它为什么这样走,这样就会认识文章的真谛。要让学生循着文章的思路读书,首先要引导学生学会摸清文章的思路。我的做法是:

1. 析开头,摸思路。

"文章的开头犹如一幕戏剧刚开幕的一刹那的情景",它"奠定全幕的情调,笼罩全幕的气氛"。仔细分析文章的开头,可帮助学生揣测出全文的思路。例如讲《卖火柴的小女孩》,在学生预习的基础上,我抓住故事的开头,让学生概括出小女孩现实的生活:寒冷袭人,饥饿难忍,没有欢乐,备受欺凌。这样,文章的序幕就拉开了。我接着让学生推测一下小女孩在擦燃火柴后会产生什么幻象。学生自然地由寒冷袭人推测到小女孩希望得到温暖;由饥饿难忍推测到小女孩渴望得到美餐;由没有欢乐推测到小女孩向往生活的欢乐;由备受欺凌推测到小女孩渴求亲人的疼爱。最后让学生在此基础上想想会有怎样的尾声。学生会立即答出:小女孩在大年夜冻死在街头。

这样,学生就从文章的开头揣摩文章的发展、高潮、尾声,摸清了作者的思路。

2. 看结尾,推思路。

结尾是作者思路的归宿。好的结尾或是余韵无穷,或是画龙点睛,或是与开头呼应。这样的结尾往往会引起读者的回味、深思,抓住这回味深思的时机,可引导学生逆推出全文的思路。例如,《我的伯父鲁迅先生》开头讲鲁迅先生得到许多人的爱戴,我问学生:为什么鲁迅先生得到那么多人的爱戴? 学生从结尾找到了答案:"伯父就是这样的一个人,他为自己想得少,为别人想得多。"接下去我让学生仔细读一读课文,看看作者是从几个方面来表达这一中心的,学生回答是用了四个故事——谈《水浒传》、谈碰壁、同情车夫、关心女佣,来表达这一中心的。这样,全文的中心就明确了。

最后用板书表示出来:

> 为什么伯父得到这么多人的爱戴?
>
> 谈《水浒传》
>
> 谈碰壁
>
> 同情车夫
>
> 关心女佣
>
> 为别人想得多　为自己想得少

3. 扣词句,揭思路。

有些文章的思路是围绕一些关键词句展开的。扣住这些词句,就可以揭示文章的思路。比如《林海》中作者三次写来到大兴安岭感到"亲切与舒服",我让学生认真阅读课文,思考作者每一次因为什么感到"亲切与舒服"。学生很容易理解到,第一次是因为那里景美;第二次是因为那里物富;第三次是因为那里人勤。这样,全文的思路就一目了然了。由于大兴安岭的景美、物富、人勤,作者感到"亲切与舒服",因此作者由大兴安岭的名字联想到了兴国安邦。最后我用板书将此思路加以明晰:

> 亲切与舒服
>
> 景美——物富——人勤
>
> 兴国安邦

4. 辨题目,寻思路。

一篇文章的题目关系着它的内容、体裁。叙事的文章多用点明内容的短语为题,如《飞夺泸定桥》《跳水》《赶集》等。抒情的散文多用抒情色彩的语句为题,如《别了,我爱的中国》《再见了,亲人》等。记人的文章多用人名为题,如《詹天佑》《江姐》《少年闰土》等。这里讲的是一般规律。总之,题目是思路的路标,它给学生指出理清全文思路的大致方向。比如《飞夺泸定桥》中的"飞"是指飞速行军,"夺"是指夺取天险。审清了题目,学生一下就抓住了事件的发展及高潮:事件是怎样发生的呢? 红军北上抗日只有一座铁索桥可以通过。事件的结果呢? 红军飞过了天险,奔赴抗日前线。这样,一篇文章的思路从题目上就寻找出来了。

5. 分体裁,找思路。

文无定法,却有规律,文章的体裁决定着文章的基本结构。记叙一事或以一事写人的多是按事情发展的顺序安排材料的,游记、参观记一般是按空间转移安排材料的,散文大多是用一根感情的线贯串着全文的各个部分。学生只要分清了体裁,一下就抓住了文章的基本结构,为理清思路找到了向导。例如《再见了,亲人》,只要一认出是抒情散文,就马上可想到一根感情的线贯串全文的结构形式。这条线是以依依惜别的感情,把告别大娘—告别小金花—告别大嫂—列车上的告别等串联起来。

6. 抓线索,理思路。

作者写文章往往以一物、一事、一情、一景为线索安排材料,抓住线索一理,全文的思路就呈现在眼前了。比如《避雨》是以雨为线索:路上遇雨—第一次避雨—第二次避雨,避雨中认识了有心计的气象员姑娘。《一个苹果》以苹果为线索:给苹果—传苹果—吃苹果——一个苹果传深情。理清一篇文章的思路,往往不是单一地用一种方法,有时需要几方面去考虑,综合地运用几种方法。理清文章思路的方法有很多,也不仅仅这六条。但有一个共同的规律,那就是要从词、句、段的内在联系中去认识作者的思路;从文章的形式与内容的联系中认识作者的思路。学生的思维经过多层次的综合—分析—综合,达到提高逻辑思维能力的目的。

二、作者胸有境,入境始与亲

"作者胸有境,入境始与亲。"这是说作者心胸里有一个形象鲜明、情景交融、意义深远、富有强烈感染力的艺术境界。你进入了作者的艺术境界,就会跟作者的思想感情产生共鸣,仿佛作者的所见就是自己的所见,作者的所感就是自己的所感,与作者的心情相契合。

我在小学语文阅读教学中是从下面几个方面引导学生进入意境的:

1. 因图析文,图文结合,进入意境。

课文中的插图,把抽象的文字变成形象的画面。我通常引导学生观察插图,因图析文,便于启发学生的思维,丰富学生的想象,使学生进入文章的意境。

《林海》的第五小节是写"花"的。课本配有彩色插图,画面青山起伏,白桦闪闪,流水潺潺,野花烂漫,形成一个淡雅秀丽、生机盎然的美好意境。在学习这一节时,我请一位同学有感情地朗读课文,让其余的同学带着问题欣赏彩色插图,想象一下:你来到大兴安岭的山脚下,你是站在哪儿看眼前的景物?你的目光是从哪儿看到哪儿的?每一部分的特点是什么?那儿的境界怎么美?这样就创设了一个情境。那位同学绘声绘色的朗读仿佛是导游在解说。同学们听着"导游词",欣赏着彩图,体察着山水美,好像与作者同站在小河边,随着作者的目光放眼望去,那两岸的野花、松影下纷飞的蝴蝶、花丛间的小红豆,历历在目。青山、白桦、流水、野花、蝴蝶,形成了一个和谐的画面。此时学生们仿佛见到了清可见底的小河,听到了潺潺的流水声,见到了翩翩起舞的蝴蝶迎接着远方的客人,看到了珊瑚珠似的小红豆点缀着烂漫的山花,欣赏了身穿青衫、腰系白裙、脚着绣花鞋的小姑娘婀娜的舞姿。图文相印,情景交融,学生步入美好的意境中去,体会到了祖国的山河美。

2. 化静为动,静动结合,进入意境。

环境、景物有静有动。一刹那的动态可以看成静态来描写,然而在静态的描写之中,孕育着动态。抓住静态的特征去想象,就会化静为动,步入栩栩如生、生机勃勃的意境之中。

比如《火烧云》中有这样一幅静态描写的画面:"一会儿,天空出现一匹马,马头向南,马尾向西。"读到这一句时,一个学生说马尾向西不对,应该向北。另一个学生立即反驳:"马尾向西对,马尾甩起来了。"我顺势问:"那马头呢?"一个学生一边向上抬头学着马昂头的样子,一边说:"马头昂起来了。"我又追问:"那整匹马呢?"学生脱口而出:"马要飞奔了!"想象和联想让这幅静态画面有了神态,有了情感,有了生机。化静为动,静动结合,想象让学生进入到文章的意境中去感受动态美。

3. 注意联系,引发情感,进入意境。

一篇文章是一个整体。记一件事,它的起因、发展、高潮、结果像一条链索环环相扣。写一个人的性格、思想、行为是一步一步发展变化的。前文是后文的铺垫,后文是前文的发展,形成一个密不可分的艺术整体。读书时注意文章各部分之间的内在联系,就会使学生对事物、人物有一个整体的认识,学生便随着文章的发展进入到文章的艺术境界中去。

比如,在学习《飞夺泸定桥》中二十二位英雄夺桥那一段时,其中有一句:"二十二位英雄拿着冲锋枪、短枪,背着马刀,带着手榴弹,冒着敌人密集的枪弹,攀着铁链向对岸冲去。"我问学生:你们读过之后觉得我们的战士是怎样的人? 有的学生答道:"我觉得这二十二位英雄很威武很勇敢。因为'拿着''背着''带着'这些动词生动地刻画了战士们威武的英姿。'冒着''攀着'又表现了战士勇猛无畏的精神。"我说:"不仅如此吧。请同学们联系前文想一想。"片刻之后一位同学说:"我觉得这二十二位英雄不仅威武、勇敢,而且还很顽强,他们像钢打铁铸的战士。因为这些战士行军二十多个小时,赶了二百四十里路,白天他们翻山越岭,沿路击溃了好几股阻击的敌人,一整天没顾得上吃饭,夜里他们又冒着雨,踩着泥泞的路继续行军,赶到泸定桥,就立即参加夺桥战斗,在战斗中他们仍然那么英姿飒爽、矫健威武,所以我觉得这些战士是钢铁战士。"文章的内在联系,使战士的形象更加完美,触动了学生的情感,使学生进入到艺术形象中去,体味到战士的形象美。

4. 感受景物,体验情感,进入意境。

课文中有不少描写风光景物的文章。作者描写自然景物并不是纯客观的模仿,而是蕴含着作家独特而富有新意的感受。读这类文章必须透过风光景物的描写,去寻求那些蕴含在风光景物中的、与人的美好的思想感情有对应关系的感受,引起共鸣,进入意境。

《海上日出》中作者描绘了日出时的三幅画面:红日冲破云霞;阳光穿过浮云;太阳透出重围。我一方面引导学生欣赏这三幅艳丽、明快、富有生机的"奇观";一方面抓住结尾"这不是很伟大的奇观吗?"这个画龙点睛的句子问学生:"奇观"我们欣赏到了,然而"伟大"在哪儿呢? 我与学生一起去分析去思考:太阳负着重担上升,冲破云霞跳出海面的情景不是使我们获得一股喷薄而出、奋发向上的精神力量吗? 阳光透过云堆直射到水面,水天一色,一片灿烂,不是使我们产生一种雄浑开阔的感觉吗? 太阳透出重围,把光明洒给人间,不是使我们增强了排除阻力、创造光明的信心吗? 尽管学生们是用孩子的语言表达的,他们说:"我们觉得太阳有一股拼搏精神,它不怕困难,不怕阻力,不灰心,不泄气,决心把光明洒向人间。"但这正说明了学生们进入到那诗情画意的意境中去了,与作者那奋发向上,向往光明,深信光明必然代替黑暗的精神共鸣了。

5. 体察情态,激发爱憎,进入意境。

一篇文艺性的课文,作者是通过描写、记叙、抒情、议论等方法来讴歌美、揭露丑、赞美善、鞭挞恶的,肯定是的,否定非的,用此来触动读者的情感。体察情态,就是引导学生去体察课文中最能触发情感的地方,激发学生的爱憎情感,使学生进入意境。

例如《卖火柴的小女孩》的结尾两小节,描绘了一个画面,把红润的面颊、微笑的面容、初升的红日这光明美好的细节与那烧过的火柴梗、阴暗的墙角,这凄惨暗淡的细节同画在一个画面上,显得极不谐调。为了激发学生的情感,我一方面让学生想象那画面,一方面让学生思考,引导学生体会到那美好的画面是告诉人们小女孩临死前还沉浸在美好的向往之中,从而激发学生对那富人的天堂、穷人的地狱的憎恶,对那天真稚气的小女孩的同情,让文章的艺术境界陶冶着学生的情感。

6. 紧扣人物,揣摩内心,进入意境。

抓住人物内心的矛盾发展变化刻画人物,这是写人的文章常用的方法。人物的内心矛盾反映着周围的环境,体现着人物的性格特征。教学紧扣人物,揣摩内心,学生会如见其人,如临其境。

《江姐》一文中,有一节描写江姐在城门前见到丈夫老彭的头颅挂在木笼内的情景。这里作者着重刻画了江姐的内心活动。我让学生仔细读课文,找出刻画江姐内心矛盾的语句,并想象一下当时的情景:江姐"不忍看",但是"再一想,不对……";江姐"要痛哭一场",但是"让眼泪往肚里咽";江姐想"应该马上离开",但是她又"朝那木笼望了最后一眼"。这矛盾的心情,这矛盾的举动,一下就使学生想象到斗争环境的严酷。江姐热爱亲人、憎恶敌人、对党忠贞、坚毅顽强的形象一下就呈现在学生面前了。学生讲到这儿时,好像看到江姐在用爱怜的目光望了亲人最后一眼,毅然地转过身,昂起头,挺起胸,踏着泥泞的路朝前走去。

进入意境的方法不仅仅是这六种。比如《穷人》中写西蒙的死那一节,抓住僵死的西蒙与酣睡的孩子同床的细节就可以引导学生进入那凄惨哀伤的境界。在《火烧云》中抓住那艳丽的色彩变化"红彤彤,金灿灿……",想象这些色彩组成的画面,学生会进入到那恬静、艳丽、令人陶醉的境界中去。

归纳一下入境的方法,有一条共同的规律,就是联系经验,驱遣想象,激发情感,感性升华。

三、一字未宜忽,语语悟其神

"一字未宜忽,语语悟其神,唯文通彼此,譬如梁与津。"对"一字未宜忽",叶老这样讲过:"阅读的方法不仅是机械地解释字义,记诵文句,研究文法修辞的法则,最紧要的还在多比较,多归纳,多揣摩,多体会,一字一语都不轻易放过,务必发现它的特性。"对"语语悟其神",叶老讲过:"理解了词句所表明的意思还嫌不够,要进一步理解它为什么这么表明;含蓄在话里的意思和情趣,都要把它体会出来。""唯文通彼此,譬如梁与津"是什么意思? 叶老讲:"文字是一道桥梁。这边的桥堍站着读者,那边的桥堍站着作者。通过了这一道桥梁,读者才和作者会面。不但会面,并且了解作者的心情,和作者的心情相契合。"

我们的阅读教学就是要设法使学生通过文字这道桥梁与作者会面并且使情感契合。我是从四个方面帮助学生通过文字这道桥梁的。

1.感受其形。

记叙文是靠语言塑造的形象、描绘的生活画面来抒发情感、感染读者的,学生通过语言的中介,间接地感受到课文中所塑造的艺术形象和生活画面。这就需要我们在阅读教学中把语言与画面结合起来,通过语言来理解、想象,对作者的描绘有一个完整、清晰、生动的感知并留下鲜明的印象。

例如在讲《再见了,亲人》时,学生问:"全文是写朝鲜人民为志愿军送行,可是为什么文中没有描写送行的情景呢?"显然学生没有把每节第一层志愿军与朝鲜亲人告别时所讲的那些充满深情的话想象成画面。我就启发学生把"大娘,停住您送别的脚步吧!……""小金花,不要哭了,擦干眼泪,再给我们唱个《捣米谣》吧!……""大嫂,请回吧! 看,您的孩子在您背上睡熟了……"这些深情的话想象成画面。学生想象出白发苍苍的大娘、泪痕满面的小姑娘、架着双拐的大嫂,她们边走边说,边说边哭。而志愿军呢,搀扶着大娘,夸赞着小金花,劝慰着大嫂。这样一幅中朝人民依依惜别的画面就浮现在学生面前了。

2. 领悟其神。

作者所描绘的形象和画面之中饱含着作者对生活的感受与体验。阅读教学要在引导学生感受形象的基础上,把语言的理解与生活的体验结合起来。体会语言中的蕴含——领悟其神。比如,《赶集》的第二节有一句是描写坐马车的情趣的:"一辆大车往往挤着一二十人,偏着身子,挨着肩膀,有些人两条腿挂着车沿那么一颠一荡按着韵律前进。"学生说这句描写得好。我问学生:"你们是怎样体会到的?"学生说:"我们都喜欢坐马车,马跑起来,马蹄嗒嗒地响,人的身子随着大车一颠一晃荡,美极了。"这"马蹄嗒嗒响""一颠一晃荡",不就是有节奏的韵律吗? 解读"韵律"这个词,结合着学生的生活体验,让学生领悟了它的情趣。这比死背注释"韵律——有一定节奏和规律的声音",理解得更深。

3. 体味其情。

古人讲"夫缀文者情动而辞发,观文者披文以入情",这就是说作者先有了情思再发为文辞,读者则先看了文辞再了解情思。由此可见情感是一篇文章的主旨。在阅读教学中教师必须把语言的理解与情感的体味结合起来,使学生透过文章的字字句句感受到作者起伏的情感。

比如《再见了,亲人》与大嫂告别一节末尾的反问句:"您为我们付出了这样高的代价,难道还嫌它不够表达您对中国人民的友谊?"如果写成陈述句:"您为我们付出了这样高的代价,它足够表达您对中国人民的友谊。"这样就失掉了反问句的情感色彩。我让学生改成陈述句后,抓住一方嫌不够,一方觉得足够了,进一步体会这个反问句中蕴含的情感。一个学生说朝鲜大嫂为志愿军失去双腿,还嫌不够表达对中国人民的友谊。仍架双拐,背孩子,走路送行几十里。这几十里中步步都渗透着朝鲜大嫂对志愿军的深情厚谊。另一个学生说志愿军认为大嫂失去双腿这代价太高了,这足够表达对中国人民的友谊了。现在大嫂又来送行,十分过意不去,生怕大嫂累着,这又表现了志愿军对朝鲜大嫂的深情厚谊。最后一个学生说,这个反问句表达了中朝两国人民之间的深厚情谊。就这样经过反复体味,学生步步深入地体会到了字里行间洋溢的真挚情感。

4. 认识其理。

情理是一篇文章的精华。感受其形、领悟其神、体味其情的目的就是为了认识其理。把对字字句句的感性认识上升到理性认识,让融于鲜明的形象、生动的画面之中的情理潜移默化地陶冶学生的心灵。

读《海上日出》,学生获得一股奋发向上的精神力量;读《落花生》,学生学会怎样做人;读《江姐》,学生懂得对敌人必须像江姐那样英勇不屈;如此等等。我们就这样把语言的理解与认识情理结合起来,把文与道统一起来。

总之,要做到"一字未宜忽,语语悟其神",教师就必须训练学生字词句的基本功,增强学生的语感,让学生能感受到文字中的形、神、情、理。学生通过文字这道桥梁与作者会面并使情感契合。

阅读教学必须从"遵路""入境""悟神"三方面抓起。然而它们之间又不是孤立的,我觉得"悟神"是理清作者思路、进入文章意境的基础。如果连文章的一字一语都读不懂,根本就提不上理清思路、进入意境。把文章的语言、作者的思路和文章的意境联系起来加以考察,学生通过字字句句的咀嚼和揣摩,触发联想,唤起想象,发掘蕴蓄,把握精髓,这是悟神的重要途径。把"遵路""入境""悟神"融为一体,就会达到"学子由是进,智赡德日新"了。比如,在讲《赶集》一文时,开始我让学生阅读课文,思考两个问题:"全文围绕着一个什么中心? 全文表达了一种什么情感?"学生很容易地看出全文是围绕着赶集来写的,表达了翻身后的农民高兴的情感。顺着这种直觉的感受,很快读懂了三段的内容:赶集的人喜气洋洋;赶集的车多,坐车的人美;集市上热烘烘,一派繁荣的景象。思路明晰了,情感鲜明了,那字字句句就生辉了。我问学生是从哪儿看出赶集的人都是喜气洋洋的。学生从老汉衔着旱烟管的"衔"想象出老汉双手背后,脸上乐滋滋,走起路来兴冲冲的神态;从拄着拐杖而走起路来"挺松爽"的老太太,想到了"人逢喜事精神爽";从壮年男子跑得热了的"热"字,看到了他们的兴致勃勃;从"插朵菊花"的年轻妇女,想到她们有说有笑、喜气洋洋的情景。字字句句的理解使学生明晰了思路,进入了意境;文章的思路、意境又帮助学生体味到文字的蕴含,使"衔""松爽""热""插朵菊花"这普普通通的词语饱含了翻身农民的喜悦。

一篇文章就像一个热血沸腾的人,它有脉搏,有情感。我们按住脉搏就会感受到血液的奔腾,体验到情感的起伏。愿我们的语文教学还其文章生机勃勃的面貌,改变那种僵化的教学局面。

(发表于《天津市小学语文教学改革采薇》,天津人民出版社,1988 年版)

在阅读教学中培养学生的直觉思维能力

直觉思维与有步骤、有条理、渐进的逻辑思维不同,它是一种没有经过明显的严密的推理,而蓦然地抓住问题的精要的思维形式。在阅读教学中注意培养学生这种思维能力,会大大提高学生的阅读水平。下面谈谈自己在这方面的几点尝试:

一、鼓励机灵的推测,训练学生思维的敏捷性

直觉思维可以使人从已知推测出未知,从现象推测出本质,从局部推测出整体。这一点运用到阅读教学中,可帮助学生从整体上去理解课文。

每接触一篇新课文,我总是引导学生根据文章的体裁、题目、开端,推测全文的思路结构、大致的内容、可能要表达的中心思想等,对这些做一番探索性的理解。

例如,讲《卖火柴的小女孩》时,在学生预习的基础上,我抓住故事的开端,让学生概括出小女孩的现实生活是:寒冷袭人,饥饿难忍,没有欢乐,备受欺凌。在此基础上,我让学生推测一下小女孩在擦燃火柴后会产生什么幻象,作者将怎样有条理地讲这个故事。学生自然而然地由寒冷袭人推测出小女孩希望得到温暖;由饥饿难忍推测出小女孩渴望得到温饱;由没有欢乐推测出小女孩向往生活的欢乐;由备受欺凌推测出小女孩渴求亲人的疼爱;也推测出幻象过后作者还要交代一下故事的结局。这样,学生就基本探寻出文章的结构,抓住了作者的思路,为进一步理解课文打下了基础。

再比如讲《飞夺泸定桥》时,我就引导学生从课题推测出文章的结构。我让学生结合课文分别讲一讲"飞"和"夺"各是什么意思。学生讲"飞"是飞速行军,"夺"是夺取泸定桥。我又问这篇文章的重点是写什么。学生回答,重点是写飞速行军和夺取泸定桥。我接着问:只写这两部分行吗? 学生说开头要说明为什么要夺桥,结尾还要交代结果怎样。学生就这样推测出了全文的结构:为什么夺桥—怎样夺拆(飞速行军夺取泸定桥)—结果怎样。在探索和推测中培养了学生思维的敏捷性。

二、寻求阅读捷径,培养学生思维的跳跃性

思维的跳跃性是指思考问题比较灵活,克服定势的影响,敢于跃进、跳跃。我们读一篇文章往往会由这篇文章的内容、结构、词句、写作特色,想到另一篇文章的有关内容,使思维由此跳到彼,在相似的类比和相反的对比中,得到启迪。讲《卖火柴的小女孩》的结尾那美好的幻境"谁也不知道,她曾经多么幸福地跟着奶奶一起走向新年的幸福中去",

我引导学生想《凡卡》结尾那甜蜜的梦。学生立即体会到那甜蜜的梦中隐含着凡卡的痛苦和失望,而这美好的幻境中也饱含着卖火柴的小女孩的可怜和悲惨。思维的跳跃获得了触类旁通的效果。

这种思维的跳跃有时还可以从一篇文章的前跳到后,从尾跳到头,或者从内容跳到中心思想,寻捷径而行,不受步步为营的分析法所束缚。比如讲《小英雄雨来》时,从第四部分"一滴一滴的血滴下来,溅在课文那几行字上:'我们是中国人,我们爱自己的祖国'",我引导学生跳到第二部分"雨来上夜校",从前后的联系上使学生的认识深化,理解雨来的宁死不屈是由于爱国主义思想植根于他的心灵中。再如讲《我的伯父鲁迅先生》,开篇抓住"爱戴"一词问学生为什么鲁迅先生得到那么多人的"爱戴",这样一下就使学生从文章的头跳到尾去找答案,直接触到"伯父是为自己想得少,为别人想得多"这一中心思想,然后再让学生思考作者用了哪些事例来表达这一中心。这样从整体上通观全文,更便于学生深入体会文章的结构以及选材是怎样为表达中心思想服务的。

三、形成认知结构,提高学生的直觉性

无论推测还是跳跃,反映在思维上的都是跃进、越级。这种思维的跃进、越级靠的是学生所掌握的知识结构。它就像经纬交织、四方伸延的蛛网,心理学上称它为认知结构。学生凭着这种认识结构,可以把新旧知识接通,把相关的知识相连,把失掉的环节补全,使思维四通八达,活跃异常。比如前面讲到的学生从《飞夺泸定桥》的课题推出全文的思路,这是因为学生的头脑里早已存在着事物发生—发展—高潮—结果这样一个认知结构。为了促成学生把知识形成结构,我在阅读教学中根据知识的内在规律,相互间的联系,从一定的教学目的出发组成或大或小的知识结构,在大量的阅读实践中使学生逐步掌握这些结构,促成学生认知结构的形成。比如学生掌握了叙事文章的纵向基本结构是发生—发展—高潮—结果以后,不仅可用此规律去分析类似的课文,还可以像滚雪球似的扩展知识,学生在对比中认识《江姐》一文的插叙特点。认识《少年闰土》的补叙特点。在讲《凡卡》时,我一方面让学生用已经掌握的纵向结构知识把全文分成写信前、写信中、写信后三部分;另一方面让学生抓住写信中对农村生活的回忆与现实城市生活相并列的横向结构。学生掌握了叙事文章的从纵到横,再到纵横交错的知识结构,在头脑中便形成了一环套一环的认知结构,有了它,学生思维的直觉性会大大提高。

四、树立自信心,增强学生的果断性

直觉思维往往产生在瞬息之间,稍纵即逝。自信心强的学生会迅速地毫不犹豫地捕捉直觉的思维火花,优柔寡断、瞻前顾后的学生往往会失去这样的良机。在阅读教学中我十分注意树立学生的自信心,引导他们大胆、果断地捕捉直觉的思想闪念。每讲一篇

新课,课文的新异性都会引起学生的极大兴趣,这正是产生直觉思维的最好时机。于是,我就让学生说一说自己初读课文的体会,帮助他们抓住可贵的直觉感受。比如初读《少年闰土》后,我就问:"你觉得闰土这个孩子怎么样?"学生马上就会说出闰土是个天真活泼、生活经验丰富的孩子。而这正是文章的中心所在。读了《海上日出》,我问学生:"除了觉得景色美之外,你还有什么感受?"有的学生说初升的太阳不怕阻力,不怕困难。尽管这种感受是幼稚的,但却与作者那排除万难、向往光明的情感共鸣了。

学生凭直觉得出的答案,我不求尽善尽美,而是引导他们用逻辑思维方法去验证,使之在检验中不断修改达到完善。就是全错了也不过多指责,而是帮助学生找出错的原因,树立自信心。自信心增强了,有利于直觉思维能力的提高。

在阅读教学中直觉思维能力的培养不是孤立进行的。它以逻辑思维为基础,又受逻辑思维的验证。这两者只有恰当结合,才能提高学生的思维能力。

（发表于《天津教育》1986 年第 2 期）

小学散文教学如何让学生基于内容想开去

——以《丁香结》一课为例①

部编小学语文教材六年级上册第一单元的语文要素是"阅读时能从所读的内容想开去"。阅读的本质是建构意义,"从所读的内容想开去"就是读者基于自己独特的生命体验,与文本之间交互作用形成意义。散文是作者通过个人化的言说对象和言说方式,表达自己的所见所闻、所感所思。阅读散文就是透过作者的语言文字,去感受其所描述的带有个人情感的景和物、人和事,去体认作者的感与思。下面以《丁香结》一课为例,探讨小学散文教学如何让学生基于文本内容想开去,感受、体认作者宗璞所描述的美景、所抒发的情思。

一、解文题——为"想开去"奠基

阅读意义的建构包括对句、段的理解和对文本深层主题的理解。散文的阅读从内容想开去,既有对作者所描写景物的想象理解,也包括对作者表达的人生思考的感悟理解,二者相互联系,才能建构文本的整体意义。标题是文章内容和主题的高度概括,教学时从解释文题开始,可使学生初步预测文章的内容和主题,既有利于阅读句、段时立足整体意义想开去,也有利于整合局部理解,深入建构文本意义。《丁香结》一文中,作者赋予古人寄托愁怨的丁香以灵动幽雅、洁白无瑕、可爱芬芳的情感,表达了其从容、豁达、积极的人生态度。课文前三个自然段写了如结一样的丁香花的形状、颜色、气味,处处渗透着作者的喜爱和赞美之情;后三个自然段从古人"丁香结"的诗句开始,写到了人生的愁怨和不顺心的事,表达了生命需要"结"的人生认识。"结"贯串全文,由花的"结",想到心的"结",由具体事物引发人生思考。无论是由具体事物想象美景,还是读懂文章所表达的哲理,都离不开对标题"丁香结"字面、文化意义的理解。下面是《丁香结》课题教学片段。

师: 今天我们来学习当代作家宗璞的《丁香结》,齐读课题。

生齐读:《丁香结》

师: 解题,要解哪个字?

生: 结。

---

①本文系天津市教育科学"十三五"规划重点课题"职前教育对小学初任教师专业生活影响研究——基于卓越教师培养的视角"(BE1100)阶段性成果,作者为丰向日、侯秉琛。

（师出示 PPT）

結　　結

（金文大篆）　　　　　　（小篆）

结:缔也。

师:看注释,有不明白的吗?

生:"缔"是什么意思?

（PPT 呈现《说文解字》中"缔"的注释:缔,结不解也。生齐读注释）

师:谁说说这是什么意思?

生:结,解不开。

师:所以说,读书得不断地提出问题,这才叫会读书。（拿出一根红绳系上一个疙瘩并展示）这叫什么?

生:缔,结不解也。疙瘩解不开的地方就叫"缔"——结不解也。

师:《现代汉语词典》上是这样注释的（PPT 呈现）,谁来读读?

生:结,在条状物上打疙瘩或用这种方式制成物品。

师:比一比,哪种注释更好?

生:《说文解字》的注释,简洁有味。

师:什么味?

生:韵味。

生:有文化味。

师:中国的汉字特别有文化的味道。上古时期没有汉字,人们就采用结绳记事的方法。举个例子:打了一只兔子就系一个结,打了两只兔子就系两个结。

（生恍然大悟）

师:中国人对"结"特别感兴趣,就出现了打结子。

（生读词语:打结、死结、蝴蝶结）

师:你们看我的衣服（唐装）扣子,是不是打结?

生:是。

师:最早的衣服没有今天的纽扣、拉链等配件,所以若想把衣服系牢,就只能借助将衣带打结这个方法。

师:（出示中华结图片）这是什么?

生:中华结。

师： 我们读古诗时又发现一个词——丁香结。什么叫丁香结呢？

生读： 丁香的花蕾。

师： 哪首诗中用过？

生： 陆龟蒙的《丁香》："殷勤解却丁香结，纵放繁枝散诞春。"

师： 谁说说诗的意思？

生： 谁勤快一点，帮我解开这个丁香结。

师： 为什么要解开丁香结呢？

生： "纵放繁枝散诞春"，给春天增加春色。

师： 丁香结的一个意思就是丁香的花蕾。（出示丁香花图片）指指图上哪个是花蕾？

（生指）

师： 对，就是图上的花骨朵，懂了吗？还有一个注释。

生读： 丁香结，也作含苞不吐之意。

师： 含苞不吐之意，也就是说花刚要开，就称作——

生： 含苞不吐，就是花朵刚咧嘴。

（出示李商隐《代赠》："芭蕉不展丁香结，同向春风各自愁。"生齐读）

师： 不伸展的芭蕉与含苞不吐的丁香对着春风在干什么？

生： 各自愁。

师： "丁香结"指两种情景——

生： 丁香结，丁香的花蕾。

生： 丁香结，也作含苞不吐之意。

上述教学片段紧抓"结"与"丁香结"的字面意义与文化含义，特别是引用诗句分别解释丁香结的两种含义，建构两种情景，为学生阅读课文时从文章内容想开去奠定基础。"丁香结"的两种含义紧密相连，两种情景与课文两部分内容相对应，对于学生建构文章整体意义，统整景、情、理，深刻理解作者的人生态度有很大帮助。

很多老师教学《丁香结》一课时也从题目入手，主要有两种方式：一种是介绍丁香这一植物的习性、用途等，并呈现丁香花的图片；另一种是出示梅花、菊花、牡丹等的图片，介绍它们分别象征什么，让学生带着问题"丁香结又象征什么""作者赋予丁香结怎样的情感"来学习课文。这两种方法都没有关注到题目中的关键字"结"以及"丁香结"的含义。第一种方法希望以丁香的图片把学生引入作者所描写的图景中，但这些图片对于学生"基于作者描写丁香的文字想开去"支持不够。第二种方法直接关注每种花的象征意义，对于学生理解古诗中丁香结的象征意义以及作者所表达的情思，都不能很好地发挥支撑作用，也不易于学生学习课文后有更多的拓展想象。

二、抓词句——"想开去"的方法

散文是由语言所营造的世界，作者细微的感官所触、细腻的心绪情感都是通过个性化的语句表达的。阅读散文想触及作者的心扉，就须走入语言文字，借助想象、联想、推想等心理活动，在头脑中把作者的语言描述转化为形象画面。很多老师在教学中也非常重视想象，如教学《丁香结》时布置任务"自由读课文，画出描写丁香花的语句，边读边想象，把你认为最美的画面分享给大家"。然而，仅仅依靠学生自己的读和想，想象是难以展开、深入的。想象等心智功能的培养，需要教师有目的地设计一些活动、问题，通过重点提示、方法点拨给学生的想象以支持，为"想开去"架设"鹰架"。《丁香结》第一部分写了城里街旁、城外校园、斗室外的丁香，每一处的丁香都是一幅画。对此，可设计一些以抓词句为中心的问题或活动，让学生掌握"想开去"的方法，体会富有趣味的丁香之美。

1. 抓住关键字句，形成整体画面。

在欣赏城里街旁的丁香花时，可以设计这样的活动："读第 1 自然段，边读边思考，一字写出大街花之多，一字画出宅院花之美，一字表出诗之情，找出来欣赏欣赏。"学生阅读思考后，依次从花之多、花之美、诗之情来品析。每一品，根据学生的情况，可设计更具体的问题或活动。品花之多时，教师可以通过"想象画面，先找出哪句话写出花之多，再想哪个字能点亮此画""这花'白'到什么程度"等问题，引导学生体会哪些字写出了花之多。在教师的点拨下，学生明白丁香花白得"顿使人眼前一亮"，"亮"字表现出花之多。接着放飞想象，有的说"'雪白'的花太多了，白得特别显眼"，有的说"花多得就像街灯一样亮"。然后品花之美，学生很容易找到"缀"字写出了花之美，但仅此还很难完全体会到花的美丽。教师可以呈现"缀"字的大篆、小篆字形，让学生观察：左边是丝线，右边是四手相连。段玉裁《说文解字注》解释为"连之以丝也"，引申义有"连结、挂"等，词典概括为"装饰、点缀"。"这里的'缀'应取哪个意思？"有学生说是"装饰、点缀"，有学生说"'装饰、点缀'太概括，选'挂'好，星星般的小花'挂'满枝头，多形象多美"。在这个学生的启发下，同学们更形象地说出了眼前的美景。最后品花之情，学生很容易找到句子以及"窥"字所传达的诗情。可以看出，通过教师层阶式的活动、问题设计，以及课堂上师生、生生的互动，学生能够有效地抓住关键字句展开想象，在脑海中形成一幅丁香美景图。

2. 明确词语意思，化抽象为具体。

描写城外校园丁香花的关键句是："月光下白的潇洒，紫的朦胧。还有淡淡的幽雅的甜香，非桂非兰，在夜色中也能让人分辨出，这是丁香。"对此，很多老师往往设计这样的问题："你从这句中能知道什么？ 在晚间能辨出丁香花的原因是什么？"这属于直接提取信息类的问题，对于六年级学生来说，很容易完成。然而，借助这样的问题，学生很难展开想象感受作者所描写的画面。

要想让学生从上述句子想开去,关键是能够将抽象的"潇洒""朦胧""幽雅"具体化。具体化的一个重要方法就是用清楚明白的语言表述这三个词语。下面是城外校园赏花的教学片段:

师:读一读,说说你品出了几美。

生:颜色美,气味美。

师:太空洞,具体点。

生:一美,月光下的潇洒美。

师:"白的潇洒"是什么样子的?

生:气度不凡。

生:没有拘束。

生:风度翩翩。

师:老师教你们怎么丰富想象。

PPT 出示词典意思:

潇洒:①(精神、举止、风貌等)自然大方,有韵致,不拘束。②无拘无束。

潇:风雨暴疾。水清深貌。洒:涤也。

师:把这几条注释与月光下潇洒的白丁香结合起来想象,吸纳注释中的语汇,描绘月光下白丁香的潇洒。

生:月光下的白丁香开得自然大方。

生:月光下的白丁香开得那么有韵味,无拘无束。

生:月光下的白丁香像一位穿着白色西装的绅士。

生:白得像水洗过一样,那么干净,那么透彻。

生:白丁香自然、大方地开放,纯洁得好像被水洗过一样。

生:月光下的白丁香一尘不染,十分纯洁。

生:绽放的白丁香花仿佛小溪里的溪水,清澈、活泼。

师:描绘得越来越美了,语言也越来越丰富了。

生:二美,月光下的朦胧美。

(师出示 PPT:朦胧,月光不明、不清楚。)

生:"月光不明、不清楚",是说有种模模糊糊的美。

师:什么是"紫的朦胧"?查完词典后,需要我们想象画面。

生:紫丁香像蒙了一层纱,朦朦胧胧的。

生:紫色丁香花在月光下若隐若现。

生： 紫丁香像小女孩蒙上轻纱，远远看去，朦朦胧胧，若隐若现。

师： 我们学会想象，就美了。

生： 三美，甜香之雅。

师： 欣赏了月光下丁香花的潇洒、朦胧，我们再品品丁香花的甜香之雅。

生读： 还有淡淡的幽雅的甜香，非桂非兰，在夜色中也能让人分辨出，这是丁香。

（出示 PPT）

师： 有诗云——

女生读： 有木名丹桂，四时香馥馥。

男生读： 兰为王者香，芬馥清风里。

生： 桂花"香馥馥"，香气是浓的。

生： 兰花"芬馥清风里"，香气是淡淡的。我们家就养着兰花。

生： 丁香花却是淡淡的幽雅的甜香。

师： 幽，里边是"丝"，外框是"大山"，在大山中飘来丝丝的淡淡的甜香，吸一口就觉得这香气是那么——

生： 高雅。

生： 文雅。

生： 清雅。

师： 是啊，非桂非兰，那么幽雅，那么不俗。

在教师的导引下，学生明白了赏析的重点。通过呈现词语的多个意思，丁香花的潇洒美、朦胧美变得触手可及，学生掌握的不只是写了什么颜色，而且颜色也变得鲜活起来。通过与桂花、兰花香味的比较，丁香花的独特味道也变得清晰起来。可以看到，明确了一些词语意思，能够助力学生"想开去"，在学生头脑中形成色香俱全的丁香画面。

3. 融词义于语境，在联系中想象。

作者写斗室窗前的丁香，着力点在色彩："从外面回来时，最先映入眼帘的，也是那一片莹白，白下面透出参差的绿，然后才见那两扇红窗。"很多教师讲到这里，会讲"莹白""参差"的意思，但讲的都是词典里的意思，如对"参差"的解释是"长短、高低、大小不齐；不一致"，没有让学生将其置入语境中，结合色彩去理解、想象。有的教师还会讲到"莹白"的修辞手法是借代，是借用事物的特征来代替事物本身。词语意思、用法的学习只是停留于知识层面，没有服务于整体意义的建构。要感受作者所描绘丁香的色彩之美，只停留于词语的一般意义显然是不够的，必须让学生对词语有更直观真切的理解，能在语境中解词，融词义于语境中，从而服务于整体意境的创建。课文开始写丁香是"雪白"，这里用了"莹白"，要引导学生重点看"莹"字。"莹"字下边是"玉"，学生由玉的纯净、剔透联想到词语"冰清玉洁"。"莹"字理解了,看见"莹白",眼前就会出现"晶莹剔透的丁香花,像玉一样洁白,像冰一样透彻"的画面。对"参差"一词不能单独理解,而要整体体会"参差的绿",让学生说说"白下面透出参差的绿是怎样的美"。以"参差"的词典义为基础,结合语境,学生会想到"绿不是单一的,与白连接在一起""不是纯绿,是一条一条的绿,像水墨画一样散开来""绿色是流动的,不是静止的"。当学生把"参差"的意义融入语境中,他们也就打开了想象空间。绿不再单调,变得更加丰富。白在参差的绿的映衬下显得更加洁白,更加优美。最后可以让学生想象有红色作背景的感受,学生仿佛置身于作者所处的环境,"白花、绿叶、红窗,庭院幽深恬静",一幅色彩缤纷的图景跃然眼前。

三、补空白——"想开去"的支撑

作者写散文不仅是为了写景,更重要的是抒发情感,传递人生经验。读者读散文也不仅是为了欣赏美景,更重要的是获取自己在日常生活中所没有、所不可能有的人生经历和经验。写景部分基于文本抓住词句,学生就可以"想开去",形成画面建构意义,但抒情说理之处通过文本则很难直接理解、体会。对此,很多教师习惯通过对作者所表达的哲理进行阐释、延伸的办法,把作者的经验化作学生的人生经验。事实上,这种讲道理说教式的教学很难产生效果,学生获取作者的人生经验与欣赏作者勾勒的美景一样,也需要教师搭建"鹰架",让学生能够自己"想开去",自悟自得。作者所抒发的情和思源于作者自己的生活,是文章中没有写明的,这就需要教师能提供作者的一些生活资料,补充文章中的空白。学生能够通过阅读这些资料"想开去",从而触摸作者内心的想法,内化作者的人生经验,也可联系自己的生活"想开去",品悟人生得失。

《丁香结》一文写了多处丁香,从街旁到校园再到居住近三十年的斗室,作者对丁香的喜爱之情越来越强烈。为什么会有这样的情感呢?文中有作者发出的感慨:"我经历过的春光,几乎都是和这几树丁香联系在一起的。"这句话就为读者留下了空白。教师可以向学生介绍作者宗璞一直与父母住在一起,看到丁香就会想到生活在丁香花下的经历,并向学生提供作者写的以下材料:

我俯身为他掖好被角,正要离开时,他疲倦地用力说:"小女,你太累了!""小女"这乳名几十年不曾有人叫了。"我不累",我说,勉强忍住了眼泪。

(《三松堂断忆》)

母亲为一家人真操碎了心。在没有什么东西的情况下,变着法子让大家吃好。她向同院的外国邻居的厨师学烤面包,用土豆作引子,土豆发酵后力量很大,能嘭的一声,顶开瓶塞,声震屋瓦。

(《我的母亲是春天》)

学生读到这两段一定能感受到当年父母对作者的疼爱,感受到作者生活在一个温馨

的家庭里。正因为这样,作者对丁香、对生活特别热爱,对人生的态度更多是乐观豁达。文章最后一句:"结,是解不完的;人生中的问题也是解不完的,不然,岂不太平淡无味了吗?"这是作者的人生感悟,也是学生理解的难点。有教师讲到这里,让学生结合自己的生活实际来理解。事实上,六年级的学生仅凭自身的生活经验,是很难理解人生中的"结结"和"解结"的。作者的感悟一定源于她自己的生活经历,所以教师应该补充一些资料。比如作者的《记冯友兰与梁漱溟的一次会晤》一文,讲述她父亲冯友兰和梁漱溟两位著名哲学家"结结"和"解结"的故事,为学生理解作者的感悟提供支持。学生一边读两位哲学家的故事,一边想象,对作者所抒发的人生思考会有一些初步的理解。其实,对于这个年龄段的学生,即使借助作者的生活经历也很难完全体悟其对人生的思考,因而教学中不必强求学生完全理解,关键是让他们能够通过拓展阅读,对作者的思考"想开去",能够受到作者思考的启蒙。这样的"想开去"也有益于学生感悟生活,在生活中多一些思考。

（发表于《语文建设》2020 年第 4 期）

后记

聚焦课堂教学，汲取名师智慧

丰向日

2009 年，我从山西师大调入天津师大从事小学语文教学与研究工作，此前我虽学习过语文课程与教学论，但对小语研究了解不深，也没有执教过《小学语文教学论》课程，对于即将开始的工作心中很是忐忑。初等教育学院领导带我拜见了我国小语研究专家田本娜先生，第一次见到田先生就感到学术大家的和蔼慈祥、深厚积淀、睿智通达，先生学术人格魅力很快消除了我见大家前的胆怯，在如沐春风的聊天中，先生给我指点迷津、鼓舞信心。田先生告诉我研究小学教育、语文教学必须得深入实践，特别要研究小学一线名师的课堂教学，能与名师直接对话。没过多久，田先生就给我联系了侯秉琛先生，我们在田先生家里有了第一次相见。

此后，我有幸经常走入侯先生的课堂，听着侯先生的课，我深切地体会到田先生对我这个后学者谆谆教诲的真谛。侯先生的课堂让我大脑里的教育心理理论开始复活，原本抽象的理论变得鲜活了起来，我慢慢对理论的奥秘和价值有了一些理解。侯先生是从农村成长起来的特级教师，对教育充满真挚的情怀，受田先生的影响，他很早就开始阅读布鲁纳的《教育过程》、巴班斯基的《教学过程最优化》等教育名著，他把自己的读书所得、对教育的理解充分贯彻于每节课中，融入每一个教育细节中。他的课堂不是简单机械地运用教育理论，而是对理论深刻顿悟之后，开展的创造性教育实践。侯先生的语文课展现了他对语言文字、语文课程、师生关系、教学矛盾等的理解，从他的课中能发现很多语文教育的规律原理。教育新知识的产生离不开教育实践，一线名师基于时代、植根基层、指向未来,具有强烈的问题意识、目标意识、生本意识,他们用自己的教育实践创造着教育新知识。侯先生的这本课堂实录里就孕育着语文教育的新知识,一线老师、教育研究者从中学到的不仅是某篇课文怎么教,更应体会先生通过课堂所展现的语文教育新知识。

每次听完侯先生的课,我总爱讲讲自己的感受体验,尽管这些感受体验很粗浅,但先生很乐意跟我交流,先生身上那种质朴谦逊、学习探索精神让我感动不已。2012年我开始兼任了行政工作,下去听课的时间少了,但先生每次上完课会整理好实录发给我,让我写个点评。我不能坐在课堂中听课了,但很幸福还能看到先生的实录。每次我都是怀着一种渴望急切的心情看先生的实录,我在大学课堂上给未来老师讲的原理,在先生课堂上总能找到实践的最好注释;我对课程改革的新趋势迷惑困顿的地方,在先生课堂上总能找到答案。先生的课堂实录成为我培训一线老师、培养未来教师的典型案例,这些案例给了一线教师、准教师智慧的引领、实践的导航。

侯先生的课堂充满浓浓的语文味、文化味,学生在语言文字的品味运用中感受着汉字、汉语独特的魅力,吸吮着博大精深的中华文化,丰富着自己的生活经验、人生经验,焕发出无限的生命活力、语言创造力。在这样的课堂中,学生收获着成长的快乐、学习的幸福以及对未知的探究欲望。听这样的课,对于一线语文老师来说,不仅能获取语文教育智慧,更能明确发展的方向、努力的路径。

侯先生的语文课堂之所以能给学生带来诸多收获,让学生对语文课兴趣浓厚。我觉得有以下几个原因:

一是先生的语文课把学生的成长放在第一位,立足学生阅读文本的需求开展教学。因而在教学中总能把人文教育自然而然地融入学生的语言文字运用中,把语文字词、知识技能的学习统整于课文意义的整体理解中。阅读教学始终有一条主线,这条主线就是文本意义的建构,正是有这条主线的统领,教学没有为知识而知识,知识技能的学习不再零碎而无意义。

二是侯先生有深厚的语言文字、语文素养根基。对于语文教师来说,语文学养始终是第一位的,语文教师自己的语言文字功夫、文本解读能力等直接决定着语文课的深度、广度。如果老师自己没有深厚的语文学养,很难让学生成为语言学习的主体,学生的语言学习只能是浅层次的,学生的自主合作探究也只能流于形式。在当下教育改革的大背景下,学科教师不能只是研究教育方法、学习教育理念,应高度重视其对所教学科的理解,提升学科理解力、学科智能。一个拥有学科智能的教师才会超越学科事实,更好地把握学科本质,引领学生体会学科背后的思维,运用学科知识于生活实践、问题解决中。

三是侯先生备课的精力更多在自我学习与如何促进学生学习上。阅读课堂能否给学生带来收益,能否充分发挥学生的主体性,关键在备课时教师能否独立钻研文本,能否立足学生阅读,设计一些支架性的活动、问题,以助力学生阅读的探索发现。在先生的课堂上,我们看到学生总能在与文本的互动中,建构深层的意义,学会一些阅读的策略方法,这源于先生自己备课时对文本的探索。只有老师自己运用策略方法去建构文本意义,上课时才能培养学生的独立阅读能力。如果老师备课的时候只是从教参搬用一些已知的结论,而没有自己咀嚼的过程,上课就只能是传递式教学或假性探究合作了。

　　侯先生的课堂有很多特点,这些特点也需要我们的读者自己去发现探秘。我的点评只是个人的一些感受,希望引起大家的思考,对于课堂我们可以从多个视角去审视,相信大家一定会从先生的课堂上得到众多启发。